Gewerkschaftspluralismus im Betrieb

Schriften zum Deutschen und Europäischen Arbeits- und Sozialrecht

Herausgegeben von Ulrich Preis

Band 7

PETER LANG
Frankfurt am Main · Berlin · Bern · Bruxelles · New York · Oxford · Wien

Jan Botterweck

Gewerkschaftspluralismus im Betrieb

PETER LANG
Europäischer Verlag der Wissenschaften

Bibliografische Information der Deutschen Nationalbibliothek
Die Deutsche Nationalbibliothek verzeichnet diese Publikation in der Deutschen Nationalbibliografie; detaillierte bibliografische Daten sind im Internet über <http://www.d-nb.de> abrufbar.

Zugl.: Trier, Univ., Diss., 2006

Umschlagabbildung:
Siegel der rechtswissenschaftlichen Fakultät der
Universität zu Köln.
Abdruck mit freundlicher Genehmigung der
Universität zu Köln.

D 385
ISSN 1861-4582
ISBN 978-3-631-56185-0

www.peterlang.de

Meiner Familie

Vorwort

Die vorliegende Arbeit wurde von der Rechtswissenschaftlichen Fakultät der Universität Trier im Sommersemester 2006 als Dissertation angenommen. Literatur und Rechtsprechung konnten bis einschließlich Juli 2006 berücksichtigt werden.

Dank gebührt zunächst meinem Doktorvater, Herrn Prof. Dr. Thomas Raab. Er hat von Anfang an das von mir gewählte Thema des Gewerkschaftspluralismus im Betrieb unterstützt und mich zudem mit sicherer Hand durch das Promotionsverfahren geführt. Bedanken möchte ich mich auch bei Herrn Prof. Dr. Dres. Rolf Birk für die Erstellung des Zweitgutachtens. Darüber hinaus gilt mein besonderer Dank Herrn Prof. Dr. Peter Schüren, der während meiner Tätigkeit als Wissenschaftlicher Mitarbeiter an seinem Lehrstuhl stets Verständnis für meine zeitliche wie fachliche Inanspruchnahme durch das Erstellen der Dissertation gezeigt hat. Nicht unerwähnt bleiben dürfen in diesem Zusammenhang auch meine beiden Kolleginnen, Frau Kathrin Lalla und Frau Fleur Prop, LLM., ohne die das ausgewogene und angenehme Arbeitsumfeld dieser Zeit nicht denkbar gewesen wäre.

Ebenfalls danken möchte ich Herrn Prof. Dr. Ulrich Preis für die freundliche Aufnahme der Arbeit in die Schriften zum Deutschen und Europäischen Arbeits- und Sozialrecht.

Gewidmet ist die Arbeit all den prächtigen Menschen meiner Familie. Hervorzuheben sind hier insbesondere meine Eltern, Herr Alexander Botterweck und Frau Marlies Botterweck. Ohne ihre – bei Weitem nicht nur finanzielle- Unterstützung wäre mir ein vertieftes Studium, welches letztlich ausschlaggebend für meinen Wunsch zum Verfassen dieser Dissertation gewesen ist, nicht möglich gewesen. Gleiches gilt auch für meine Frau Birgit Botterweck, deren Geduld und Verständnis mir sehr geholfen haben, die Höhen und Tiefen des Promotionsverfahrens unbeschadet zu überstehen. Diese Widmung ist Ausdruck meines Dankes ihnen allen gegenüber.

Inhaltsverzeichnis

Literaturverzeichnis

Alexy, Robert: Theorie der Grundrechte. 3. Auflage, Frankfurt am Main 1996 (zitiert: Alexy, Theorie der Grundrechte).

Anschütz, Gerhard: Die Verfassung des Deutschen Reiches. 14. Auflage, Berlin 1933 (zitiert: Anschütz, Die Verfassung des Deutschen Reiches).

Band, Maren: Tarifkonkurrenz, Tarifpluralität und der Grundsatz der Tarifeinheit. Schriften zum Arbeitsrecht und Wirtschaftsrecht, Bd. 28. Frankfurt am Main 2003. Zugleich Uni-Dissertation Göttingen 2003 (zitiert: Band, Tarifkonkurrenz).

Bauer, Thorsten/*Meinel*, Gernod: Die Vereinheitlichung der Arbeitsbedingungen im Betrieb-Individualrechtliche Lösung statt Grundsatz der Tarifeinheit. In: NZA 2000, 181 ff.

Bauer, Jobst-Hubertus: Betriebliche Bündnisse für Arbeit vor dem Aus? In: NZA 1999, 957 ff.

Bauer, Jobst-Hubertus: Betriebliche Bündnisse für Arbeit. In: Brennpunkte des Arbeitsrechts 2000, 23 ff.

Bauer, Jobst-Hubertus/*Haussmann*, Katrin: Betriebliche Bündnisse für Arbeit und gewerkschaftlicher Unterlassungsanspruch. In: NZA Beil. 24/2000, 42 ff.

Baumbach, Adolf/*Hefermehl*, Wolfgang: Wettbewerbsrecht. 24. Auflage, München 2006 (zitiert: Baumbach/Hefermehl-Bearbeiter, Wettbewerbsrecht).

Beater, Axel: Unlauterer Wettbewerb. München 2002 (zitiert Beater, Wettbewerbsrecht).

Bechtold, Rainer: GWB – Kartellgesetz und Gesetz gegen Wettbewerbsbeschränkungen. 3. Auflage, München 2002 (zitiert: Bechtold, GWB).

Bechtold, Rainer: Zur Anwendung des Kartellverbots auf wettbewerbsbeschränkende Tarifverträge. In: RdA 1983, 99 ff.

Beer, Hans: Zum Betriebsfrieden. In: AuR 1958, 236 ff.

Belling, Detlev H.: Die Verantwortung des Staats für die Normsetzung der Tarifpartner. In: ZfA 1999, 547 ff.

Bengelsdorf, Peter: Tarifliche Arbeitszeitbestimmungen und Günstigkeitsprinzip. In: ZfA 1990, 573 ff.

Bennecke, Martina: Anmerkung zu BAG, Beschluss vom 25.9.1996. In: SAE 1998, 54 ff.

Berthold, Norbert/*Hank*, Rainer: Bündnis für Arbeit: Korporatismus statt Wettbewerb. Tübingen 1999 (zitiert: Berthold/Hank, Bündnis für Arbeit).

Bettermann, Karl August/*Nipperdey*, Hans Carl/*Scheuner*, Ulrich: Die Grundrechte. Band III/1, 2. Auflage, Berlin 1972 (zitiert: Bettermann/Nipperdey/Scheuner, Die Grundrechte Band III/1). Band III/2, 2. Auflage, Berlin 1972 (zitiert: Bettermann/Nipperdey/Scheuner, Die Grundrechte Band III/2).

Biedenkopf, Kurt Hans: Grenzen der Tarifautonomie. Karlsruhe 1964 (zitiert: Biedenkopf, Tarifautonomie).

Bill, Helmut: Der Nebel über der Zeitarbeit beginnt sich zu lichten. In: Blickpunkt Dienstleistung 4/2004, 10 ff.

Birk, Rolf: Die Rechtmäßigkeit gewerkschaftlicher Unterstützungsmaßnahmen. Reutlingen 1978 (zitiert: Birk, Die Rechtmäßigkeit gewerkschaftlicher Unterstützungsmaßnahmen).

Birk, Rolf/*Konzen*, Horst/*Löwisch*, Manfred/*Raiser*, Thomas/*Seiter*, Hugo: Gesetz zur Regelung kollektiver Arbeitskonflikte. Entwurf und Begründung. Tübingen 1988 (zitiert: Birk/Konzen/Löwisch/Raiser/Seiter, Entwurf).

Bischoff, Werner: Änderungen in der Verbandslandschaft – Gewerkschaften. In: NZA Beil. 24/2000, 4 ff.

Blank, Michael: Die Tarifzuständigkeit der DGB-Gewerkschaften. In: Schriften der Hans-Böckler-Stiftung Bd. 27. Baden-Baden 1996 (zitiert: Blank, Tarifzuständigkeit).
Blomeyer, Wolfgang: Die rechtliche Bewertung des Betriebsfriedens im Individualarbeits- und Betriebsverfassungsrecht. In: ZfA 1972, 85 ff.
Blomeyer, Wolfgang: Die Zulässigkeit von Tarifverträgen zugunsten gewerkschaftlicher Vertrauensleute. In: DB 1977, 103 ff.
Boecken, Winfried: Arbeitsrecht und Sozialrecht – Insbesondere zu den rechtlichen Grundlagen der Einführung von Kurzarbeit. In: RdA 2000, 7 ff.
Böhm, Franz: Wettbewerb und Monopolkampf. Köln 1933 (zitiert: Böhm, Wettbewerb und Monopolkampf).
Böhm, Franz: Reden und Schriften über die Ordnung einer freien Gesellschaft, einer freien Wirtschaft und über die Wiedergutmachung. Karlsruhe 1960 (zitiert: Böhm, Ordnung der Wirtschaft).
Böhm, Wolfgang: „Billig-Tarifverträge" in der Zeitarbeit – Risiken für die Kunden. In: DB 2003, 2598 f.
Bösche, Burkhard/*Kirchgäßner*, Georg/*Trautwein*, Norbert/*Rose*, Wolfgang/*Schmidt*, Frank: DGB-Organisationsreform – Verändern ohne Konzept? In: GewMH 1996, 17 ff.
Borsdorf, Ulrich (Hrsg.): Grundlagen der Einheitsgewerkschaft. Köln und Frankfurt am Main 1977 (zitiert: Borsdorf, Grundlagen der Einheitsgewerkschaft).
Brecht, Hans-Theo: Kommentar zum Betriebsverfassungsgesetz nebst Wahlordnung. Herne 1972 (zitiert: Brecht, BetrVG).
Brock, Martin: Gewerkschaftliche Betätigung im Betrieb nach Aufgabe der Kernbereichslehre durch das Bundesverfassungsgericht. Schriften zum Sozial- und Arbeitsrecht, Bd. 202. Berlin 2002. Zugleich Uni-Dissertation Köln 2000 (zitiert: Brock, Gewerkschaftliche Betätigung).
Brox, Hans: Die Folge der Beteiligung des Arbeitnehmers am Streik für die Arbeitspflicht und den Anspruch auf Arbeitsvergütung. In: JA 1980, 628 ff.
Brox, Hans/*Rüthers*, Bernd/*Schlüter*, Wilfried: Arbeitskampfrecht. 3. Auflage, Stuttgart 1997 (zitiert: Brox/Rüthers, Arbeitskampfrecht).
Bruhn, Claus-Jürgen: Tariffähigkeit von Gewerkschaften und Autonomie. Schriften zum Sozial- und Arbeitsrecht Bd. 123. Berlin 1993. Zugleich Uni-Dissertation Erlangen 1992 (zitiert: Bruhn, Tariffähigkeit).
Buchner, Herbert: Die Rechtsprechung des Bundesarbeitsgerichtes zum Gewerkschaftsbegriff. In: 25 Jahre Bundesarbeitsgericht, S. 55 ff. München 1979.
Buchner, Herbert: Leiharbeit: Ablösung der Verpflichtung zur Gewährung der im Entleiherbetrieb geltenden Arbeitsbedingungen (§ 10 Abs. 4 AÜG) durch Tarifregelungen. In: DB 2004, 1042 ff.
Buchner, Herbert: Der Unterlassungsanspruch der Gewerkschaft – Stabilisierung oder Ende des Flächentarifvertrages. Zum Beschluss des BAG vom 20.4.1999. In: NZA 1999, 897 ff.
Buchner, Herbert: Betriebsverfassungsnovelle auf dem Prüfstand. In: NZA 2001, 633 ff.
Buchner, Herbert: Das Gesetz zur Änderung des Betriebsverfassungsgesetzes, über Sprecherausschüsse der leitenden Angestellten und zur Sicherung der Montan-Mitbestimmung. In: NZA Beil. 1/1989, 2 ff.
Buchner, Herbert: Tarifverträge im Wettbewerb? In: ZfA 2004, 229 ff.
Buchner, Herbert: Der „Funktionseliten"-Streik. Zu den Grenzen der Durchsetzbarkeit von Spartentarifverträgen. In: BB 2003, 2121 ff.
Buchner, Herbert: Tarifzuständigkeit bei Abschluss von Verbands- und Firmentarifverträgen. In: ZfA 1995, 120 ff.
Buchner, Herbert: Mitgliedschaft in Arbeitgeberverbänden ohne Tarifbindung. In: NZA 1994, 5 ff.

Buchner, Herbert: Das Zusammenwirken von Gewerkschaft und Betriebsrat nach dem neuen Betriebsverfassungsgesetz. In: DB 1972, 1236 ff.

Bulla, Gustav Adolf: Aktive Parteifähigkeit von Gewerkschaften im Zivilprozess. In: DB 1965, 620 ff.

Bunte, Hermann-Josef: Kartellrecht. München 2003 (zitiert Bunte, Kartellrecht).

Bydlinski, Franz: Juristische Methodenlehre und Rechtsbegriff. 2. Auflage. Wien/New York 1991 (zitiert: Bydlinski, Methodenlehre).

Bydlinski, Franz/*Mayer-Maly*, Theo: Die ethischen Grundlagen des Privatrechts. Wien/New York 1994 (zitiert: Bydlinski/Mayer-Maly, Die ethischen Grundlagen des Privatrechts).

von Caemmerer, Ernst: Gesammelte Schriften. Band 1: Rechtsvergleichung und Schuldrecht. Tübingen 1968 (zitiert: v. Caemmerer, Gesammelte Schriften, Bd. 1).

Canaris, Claus-Wilhelm: Verfassungs- und europarechtliche Aspekte der Vertragsfreiheit in der Privatrechtsgesellschaft. In: Festschrift für Peter Lerche zum 65. Geburtstag, S. 874 ff. München 1993.

Däubler, Wolfgang: Ein Anti-Dumping-Gesetz für die Bauwirtschaft. In: BB 1999, 726 ff.

Däubler, Wolfgang: Neue Grundsätze im Arbeitskampf? In: AuR 1998, 144 ff.

Däubler, Wolfgang: Das soziale Ideal des Bundesarbeitsgerichts. Frankfurt/Köln 1975 (zitiert: Däubler, Ideal).

Däubler, Wolfgang: Gewerkschaftsrechte im Betrieb. 10. Auflage, Neuwied/Berlin/Kriftel 1992 (zitiert: Däubler, Gewerkschaftsrechte).

Däubler, Wolfgang: Tarifvertragsrecht. 3. Auflage, Baden-Baden 1993 (zitiert: Däubler, Tarifvertragsrecht).

Däubler, Wolfgang/*Kittner*, Michael/*Klebe*, Thomas: Betriebsverfassungsgesetz. Kommentar für die Praxis. 10. Auflage, Frankfurt am Main 2006 (zitiert: Däubler/Kittner/Klebe, BetrVG).

Däubler, Wolfgang (Hrsg.): Kommentar zum TVG. Baden-Baden 2003 (zitiert: Däubler-Bearbeiter, TVG).

Däubler, Wolfgang (Hrsg.): Arbeitskampfrecht. 2. Auflage, Baden-Baden 1987 (zitiert: Däubler-Bearbeiter, Arbeitskampfrecht).

Deinert, Olaf: Zur Tariffähigkeit einer Arbeitnehmerkoalition. In: AuR 2004, 212 ff.

Denninger, Erhard/*Hoffmann-Riem*, Wolfgang/*Schneider*, Hans-Peter/*Stein*, Ekkehart:
Kommentar zum Grundgesetz für die Bundesrepublik Deutschland. Reihe Alternativkommentare. Loseblattsammlung, Stand August 2002. 3. Auflage, Neuwied/Kriftel 2002 (zitiert: AK-GG-Bearbeiter).

Dieterich, Thomas/*Hanau*, Peter/*Henssler*, Martin/*Oetker*, Hartmut/*Wank*, Rolf/*Wiedemann*, Herbert: Empfehlungen zur Entwicklung des Tarifvertragsrechts. In: RdA 2004, 65 ff.

Dieterich, Thomas (Hrsg.): Erfurter Kommentar zum Arbeitsrecht. 6. Auflage, München 2006 (zitiert: Erfurter Kommentar-Bearbeiter).

Dreier, Horst (Hrsg.): Grundgesetz. Band 1 (Präambel, Art. 1 – 19 GG). 2. Auflage, Tübingen 2004 (zitiert: Dreier-Bearbeiter).

Dütz, Wilhelm: Verhaltenspflichten der Koalitionsmitglieder. In: Festschrift für Marie Luise Hilger und Hermann Stumpf, S. 103 ff. München 1983.

Dütz, Wilhelm: Aktuelle Fragen zur Arbeitsgerichtsgesetznovelle 1979. In: RdA 1980, 81 ff.

Dütz, Wilhelm: Abschaffung des Minderheitenschutzes durch das BetrVG-ReformG 2001. In: DB 2001, 1306 ff.

Dütz, Wilhelm: Soziale Mächtigkeit als Voraussetzung eines einheitlichen Koalitionsbegriffs? In: AuR 1976, 65 ff.

Duvernell, Helmut: (Hrsg.): Koalitionsfreiheit und Tarifautonomie als Probleme der modernen Demokratie. Berlin 1968 (zitiert: Duvernell-Bearbeiter, Koalitionsfreiheit und Tarifautonomie als Probleme der modernen Demokratie).

Emmerich, Volker: Kartellrecht. 9. Auflage, München 2001 (zitiert: Emmerich, Kartellrecht).

Emmerich, Volker: Das Recht des unlauteren Wettbewerbs. 7. Auflage, München 2004 (zitiert: Emmerich, Das Recht des unlauteren Wettbewerbs).

Eitel, Martin: Die Ungleichbehandlung der repräsentativen und nicht repräsentativen Gewerkschaften durch den Staat. Schriften zum Sozial- und Arbeitsrecht, Bd. 108. Berlin 1991. Zugleich Uni-Dissertation Berlin 1989 (zitiert: Eitel, Ungleichbehandlung).

Erman, Walter (Begr.): Handkommentar zum Bürgerlichen Gesetzbuch. Band 1. 11. Auflage Münster 2004 (zitiert: Erman-Bearbeiter, BGB).

Fenn, Herbert: Zivilprozessualer Rechtsschutz unter rivalisierenden Gewerkschaften – BGHZ 42, 210. In: JuS 1965, 175 ff.

Feudner, Bernd: Die „im Betrieb vertretenen Gewerkschaften". In DB 1995, 2114 ff.

Feudner, Bernd: Tarifzuständigkeit der Gewerkschaften. In: BB 2004, 2297 ff.

Fezer, Karl-Heinz: Verantwortete Marktwirtschaft. In: JZ 1990, 657 ff.

Fezer, Karl-Heinz: Lauterkeitsrecht. Kommentar zum Gesetz gegen den unlauteren Wettbewerb, Band 1: §§ 1–4 UWG, München 2005. Band 2: §§ 5–22 UWG. München 2005 (zitiert: Fezer, Lauterkeitsrecht).

Fitting, Karl/*Engels*, Gerd/*Schmidt*, Ingrid/*Trebinger*, Yvonne/*Linsenmaier*, Wolfgang: Betriebsverfassungsgesetz. Handkommentar. 23. Auflage, München 2006 (zitiert: Fitting).

Focken, Jan: Tarifverhandlungen fingen bei Null an. In: Westfälische Nachrichten vom 24.12.2003, 13 ff.

Franzen, Martin: Tarifrechtssystem und Gewerkschaftswettbewerb – Überlegungen zur Flexibilisierung des Flächentarifvertrages. In: RdA 2001, 1 ff.

Frey, Herbert: Zum Problem der Friedensvorstellungen als Elemente des Arbeitsrechts. In: DB 1970, 1926 ff.

Galperin, Hans/*Löwisch*, Manfred: Kommentar zum Betriebsverfassungsgesetz. 6. Auflage, Heidelberg 1982 (zitiert: Galperin/Löwisch, BetrVG).

Galperin, Hans: Inhalt und Grenzen des kollektiven Koalitionsrechts. In: AuR 1965, 1 ff.

Gamillscheg, Franz: Sozialpolitische Bedeutung und Repräsentativität im deutschen und im ausländischen Recht. In: Festschrift für Wilhelm Herschel zum 85. Geburtstag, S. 99 ff. München 1982.

Gamillscheg, Franz: Die Differenzierung nach der Gewerkschaftszugehörigkeit. Berlin 1966 (zitiert: Gamillscheg, Differenzierung).

Gamillscheg, Franz: Kollektives Arbeitsrecht Band 1. Ein Lehrbuch. München 1997 (zitiert: Gamillscheg, Kollektives Arbeitsrecht).

Gartz, Hubert: Änderungen in der Verbandslandschaft – Gewerkschaften. In: NZA Beil. 24/200, 6 ff.

Gaul, Dieter: Zuständigkeitsregelung und kollektivrechtlicher Gestaltungsspielraum der Tarifvertragsparteien. In: ZTR 1991, 443 ff.

Gerhardt, Michael: Das Koalitionsgesetz. Berlin 1977 (zitiert: Gerhardt, Koalitionsgesetz).

Germelmann, Claas-Hinrich: Der Betriebsfrieden im Betriebsverfassungsrecht. Schriften zum Arbeitsrecht Bd. 1. Frankfurt am Main 1972 (zitiert: Germelmann, Betriebsfrieden).

Germelmann, Claas-Hinrich/*Matthes*, Hans-Christoph/*Prütting*, Hanns/*Müller-Glöge*, Rudi: Arbeitsgerichtsgesetz. 5. Auflage München 2004 (zitiert: Germelmann/Matthes/Prütting/Müller-Glöge, ArbGG).

Gitter, Wolfgang: Durchsetzungsfähigkeit als Kriterium der Tariffähigkeit für einzelne Arbeitgeber und Arbeitgeberverbände. In: Festschrift für Otto Rudolf Kissel zum 65. Geburtstag, S. 268 ff. München 1994.

Glöckner, Jochen: Richtlinienvorschlag über unlautere Geschäftspraktiken, deutsches UWG oder die schwierige Umsetzung von europäischen Generalklauseln. In: WRP 2004, 93 ff.

Grunsky, Wolfgang: Anmerkung zu BAG, Beschluss vom 15.3.1977. In: JZ 1977, 470 ff.

Grunsky, Wolfgang: Arbeitsgerichtsgesetz. 7. Auflage, München 1995 (zitiert: Grunsky, Arbeitsgerichtsgesetz).

Grunsky, Wolfgang: Anmerkung zu BAG, Urteil vom 4.7.1977. In: BAG, AP Nr. 25 zu Art. 9 GG.

Hänlein, Andreas: Die Legitimation betrieblicher Rechtsetzung. In: RdA 2003, 26 ff.

Hänlein, Andreas: Rechtsquellen im Sozialversicherungsrecht – System und Legitimation untergesetzlicher Rechtsquellen des deutschen Sozialversicherungsrechts. Berlin 2001 (zitiert: Hänlein, Rechtsquellen des deutschen Sozialversicherungsrechts).

Hanau, Peter. Zum Kernbereich des Koalitionswesens. In: AuR 1983, 257 ff.

Hanau, Peter; Das Verhältnis des MitbestG zum kollektiven Arbeitsrecht. In: ZGR 1977, 397 ff.

Hanau, Peter: Zur Neuregelung der leitenden Angestellten und des Minderheitenschutzes in der Betriebsverfassung. In: AuR 1988, 261 ff.

Hanau, Peter: Gemeingebrauch am Tarifvertrag? BAG, AP Nr. 13 zu Art. 9 GG. In: JuS 1969, 213 ff.

Hanau, Peter/*Kania*, Thomas: Gestaltung einer Gewerkschaftsfusion. In: AuR 1994, 205 ff.

Harte-Bavendamm, Henning/*Henning-Bodewig*, Frauke: Gesetz gegen den unlauteren Wettbewerb (UWG). München 2004 (zitiert: Harte-Bavendamm/Henning-Bodewig-Bearbeiter, UWG).

Hauck, Friedrich/*Helml*, Ewald: Arbeitsgerichtsgesetz. 2. Auflage, München 2003 (zitiert: Hauck/Helml, ArbGG).

Heinze, Meinhard: Tarifautonomie und so genanntes Günstigkeitsprinzip. In: NZA 1991, 329 ff.

Hemmen, Wolfgang: Durchsetzungsfähigkeit als Kriterium des Gewerkschaftsbegriffes im Tarifvertragsrecht. Münster 1988. Zugleich Uni-Dissertation Münster 1988 (zitiert: Hemmen, Durchsetzungsfähigkeit).

Henning-Bodewig, Frauke: Das neue Gesetz gegen den unlauteren Wettbewerb. In: GRUR 2004, 713 ff.

Herschel, Wilhelm: Tariffähigkeit und Tarifmacht. Mannheim 1932 (zitiert: Herschel, Tariffähigkeit und Tarifmacht).

Herschel, Wilhelm: Leistungsfähigkeit – eine Voraussetzung arbeitsrechtlicher Koalitionen. In: AuR 1976, 225 ff.

Hess, Harald/*Schlochauer*, Ursula/*Worzalla*, Michael, *Glock*, Dirk : Kommentar zum Betriebsverfassungsgesetz. 6. Auflage, Neuwied 2003 (zitiert: Hess/Schlochauer/Worzalla/Glock, BetrVG).

Hessel, Peter: Zwei Grundsatzfragen aus dem Tarif- und Arbeitskampfrecht. In: BB 1955, 1028 ff.

Hettlage, Manfred C.: Keine Arbeitskämpfe gegen den Willen der Mehrheit. In: BB 2004, 714 ff.

Hoffmann, Reinhard: Gewerkschaftliche Betätigung im Betrieb. In: AuR 1969, 73 ff.

Höfling, Wolfram/*Burkiczak*, Christian: Die unmittelbare Drittwirkung gemäß Art. 9 Abs. 3 Satz 2 GG. In: RdA 2004, 263 ff.

Hommel, Klaus-Dieter/*Hansen*, Norbert: Zusammenarbeit ist sinnvoll und notwendig. In: transnet-inform 11/2004, 10 f.

Hottgenroth, Ralf: Die Verhandlungspflicht der Tarifvertragsparteien. Köln 1989 (zitiert: Hottgenroth, Verhandlungspflicht).

van Hooven, Eckart/*Süchting*, Joachim: Handbuch des Bankmarketing. 3. Auflage Wiesbaden 1998 (zitiert: Van Hooven/Süchting-Bearbeiter, Bankmarketing).

v. Hoyningen-Huene, Gerrick: Betriebsverfassungsrecht. 5. Auflage, München 2003 (zitiert: v. Hoyningen-Huene, Betriebsverfassungsrecht).

v. Hoyningen-Huene, Gerrick: Rechtmäßigkeitsvoraussetzungen aktueller Arbeitskampfmittel der Gewerkschaften. In: JuS 1987, 505 ff.

Hromadka, Wolfgang: Tarifeinheit schützt Tarifautonomie. In: Frankfurter Allgemeine Zeitung vom 14.5.2003, 19.

Hromadka, Wolfgang/*Maschmann*, Frank: Arbeitsrecht Band 2. 3. Auflage, Berlin/Heidelberg 2004 (zitiert: Hromadka/Maschmann, Arbeitsrecht Bd.2).

Hu, Hui-Ning: Verfassungsrechtliche Grundsätze und Garantien zur Sicherung des freien und unverfälschten Wettbewerbs. München 2000. Zugleich Uni-Dissertation München 2000. (zitiert Hui-Ning Hu, Verfassungsrechtliche Grundsätze).

Huber, Ernst Rudolf: Wirtschaftsverwaltungsrecht Bd. II. 2. Auflage, Tübingen 1954 (zitiert: Huber, Wirtschaftsverwaltungsrecht Bd. II).

Hueck, Alfred/*Nipperdey*, Hans: Lehrbuch des Arbeitsrechtes. Band II/1 von Hans Carl Nipperdey. 7. Auflage, Berlin/Frankfurt am Main 1967 (zitiert: Hueck/Nipperdey, Arbeitsrecht II/1). Band II/2 von Hans Carl Nipperdey unter Mitarbeit von Franz-Jürgen Säcker. 7 Auflage, Berlin/Frankfurt am Main 1970 (zitiert: Hueck/Nipperdey/Säcker, Arbeitsrecht II/2).

Isensee, Josef/*Kirchhof*, Paul (Hrsg.) : Handbuch des Staatsrechts, Bd. V. Allgemeine Grundrechtslehren. 2. Auflage, Heidelberg 2000 (zitiert: Kirchhof/Isensee-Bearbeiter, Handbuch des Staatsrechts V).

Immenga, Ulrich/*Mestmäcker*, Ernst-Joachim/Danneker, Gerhard: Gesetz gegen Wettbewerbsbeschränkungen. 3. Auflage, München 2001(zitiert: Immenga/Mestmäcker, GWB).

Jacobs, Matthias: Tarifeinheit und Tarifkonkurrenz. Schriften zum Sozial- und Arbeitsrecht Bd.168. Berlin 1999. Zugleich Uni-Dissertation Berlin (zitiert: Jacobs, Tarifkonkurrenz).

Jacobs, Matthias: Anmerkung zu BAG, Urteil vom 4.4.2001. In: BAG, AP Nr. 26 zu § 4 TVG Tarifkonkurrenz.

Jacobs, Matthias: Die Erkämpfbarkeit von firmenbezogenen Tarifverträgen mit verbandsangehörigen Arbeitgebern. In: ZTR 2001, 250 ff.

Jarass, Hans/*Pieroth*, Bodo: Grundgesetz für die Bundesrepublik Deutschland. 7. Auflage, München 2004 (zitiert: Jarass/Pieroth-Bearbeiter).

Jühe, Reinhard/*Niedenhoff*, Host-Udo/*Pege*, Wolfgang: Gewerkschaften in der Bundesrepublik Deutschland. 2. Auflage, München 1982 (zitiert: Jühe/Niedenhoff/Pege, Gewerkschaften).

Kaskel, Walter/*Dersch*, Hermann: Arbeitsrecht. 3. Auflage von Walter Kaskel, Berlin 1928 (zitiert: Kaskel, Arbeitsrecht, 3. A.). 5. Auflage von Hermann Dersch, Berlin 1957 (zitiert: Kaskel/Dersch, Arbeitsrecht, 5. A.).

Kempen, Michael: Zwischen Gemeinwohlpostulat und demokratischen Verfahrensgarantien. In: Der Staat 18 (1979), 81 ff.

Kempen, Otto Ernst/*Zachert*, Ulrich: Tarifvertragsgesetz – Kommentar für Praxis, 4. Auflage, Köln 2006 (zitiert: Kempen/Zachert, TVG).

Kempen, Otto Ernst: „Form follows function". Zum Begriff der "Gewerkschaft" in der tarif- und arbeitskampfrechtlichen Rechtsprechung des Bundesarbeitsgerichts. In: Festschrift 50 Jahre Bundesarbeitsgericht, S. 733 ff. München 2004.

Kempen, Otto Ernst: Staatliche Schutzpflicht gegenüber der Tarifautonomie? In: Festschrift für Wolfgang Gitter zum 65. Geburtstag, S. 427 ff. Tübingen 1995.

Kemper, Michael: Die Bestimmung des Schutzbereichs der Koalitionsfreiheit (Art. 9 III GG). Schriften zum Wirtschaftsverfassungs- und Wirtschaftsverwaltungsrecht, Bd. 25. Heidelberg 1989. Zugleich Uni-Dissertation Köln 1988 (zitiert: Kemper, Die Bestimmung des Schutzbereichs).

Kissel, Otto Rudolf: Arbeitsrecht und Staatsvertrag. In: NZA 1990, 545 ff.

Kissel, Otto Rudolf: Arbeitskampfrecht. Ein Leitfaden. München 2002. (zitiert: Kissel, Arbeitskampfrecht).

Kissel, Rudolf/*Mayer*, Herbert: Gerichtsverfassungsgesetz. 4. Auflage, München 2004 (zitiert: Kissel, GVG).

Kittner, Michael: Rechtsschutz für Tarifverträge. In: Festschrift für Eugen Stahlhacke zum 70. Geburtstag, S. 247 ff. Neuwied 1995.

Kloepfer, Michael: Arbeitsgesetzgebung und Wesentlichkeitstheorie. In: NJW 1985, 2497 ff.

Klosterkemper, Heinrich: Das Zugangsrecht der Gewerkschaften zum Betrieb. Schriften zum Arbeitsrecht, Bd. 8. Konstanz 1980. Zugleich Uni-Dissertation Konstanz 1980 (zitiert: Klosterkemper, Zugangsrecht der Gewerkschaften).

v. Köhler, Karl-Heinz: Reicht der Hinweis auf die Forderung nach freiem Wettbewerb aus, um das Kartellverbot zu rechtfertigen? In: DÖV 1961, 921 ff.

v. Köhler, Karl-Heinz: Der verkannte § 81 GWB und das Problem einer Teilrezeption. In: NJW 1962, 1942 ff.

Köhler, Helmut: Das neue UWG. In: NJW 2004, 2121 ff.

Köhler, Helmut/*Piper*, Henning: Gesetz gegen den unlauteren Wettbewerb. 3. Auflage, München 2003 (zitiert: Köhler/Piper-Bearbeiter, UWG, 3. A.).

Könke, Günther: Die IG Metall in Ostdeutschland – der Arbeitszeitkonflikt 2003 und seine Vorgeschichte. In: GewMH 3/2004, 175 ff.

von Köppen, Joachim: Bankstrategie und Bankpolitik in Europa. 2. Auflage, Frankfurt am Main 1998 (zitiert: v. Koeppen, Bankstrategie).

Konzen, Horst: Tarifeinheit im Betrieb. In: RdA 1978, 146 ff.

Konzen, Horst: Grundlagen und Grenzen des vorbeugenden Rechtsschutzes unter Tarifparteien. In: Festschrift für Rudolf Kissel zum 65. Geburtstag, S. 571 ff. München 1994.

Konzen, Horst: Koalitionsfreiheit und gewerkschaftliche Werbung im Betrieb. In: Jahrbuch des Arbeitsrechts, Band 18 (1980), 19 ff.

Konzen, Horst: Die Rechtsprechung des Bundesarbeitsgerichts im Jahre 1977. In: ZfA 1978, 456 ff.

Konzen, Horst: Tarifbindung, Friedenspflicht und Kampfparität beim Verbandswechsel des Arbeitgebers. In: ZfA 1975, 401 ff.

Konzen, Horst: Die Tarifzuständigkeit im Tarif- und Arbeitskampfrecht. In: Festschrift für Alfons Kraft zum 70. Geburtstag, S. 567 ff. Neuwied/Kriftel 1998.

Konzen, Horst: Der Sympathiestreik bei inkongruenter Tarifzuständigkeit der Tarifparteien. In: DB 1990 Beil.6, 1 ff.

Koopmann, Peter: Gewerkschaftliche Betätigung im Betrieb. Schriften zum Sozial- und Arbeitsrecht, Bd. 173. Berlin 2000. Zugleich Uni-Dissertation Regensburg 1998/1999 (zitiert: Koopmann, Gewerkschaftsfusion und Tarifautonomie).

Kraft, Alfons: Die Regelung der Rechtsstellung gewerkschaftlicher Vertrauensleute im Betrieb. In: ZfA 1976, 243 ff.

Kraft, Alfons: Abschied von der Tarifzuständigkeit als Wirksamkeitsvoraussetzung eines Tarifvertrages. In: Festschrift für Schnorr von Carolsfeld zum 70. Geburtstag, S. 255 ff. Köln 1972.

Kraft, Alfons: Einzelvertragliche Bezugnahme auf Tarifverträge, Tarifpluralität und das Prinzip der Tarifeinheit. In: Festschrift für Wolfgang Zöllner zum 70. Geburtstag, Bd. II, S. 831 ff. Köln 1998.

Kraft, Alfons: Tarifkonkurrenz, Tarifpluralität und Grundsatz der Tarifeinheit. In: RdA 1992, 161 ff.

Kraft, Alfons: Probleme im Spannungsfeld zwischen Betriebsverfassungsrecht und Koalitionsfreiheit. In: ZfA 1973, 242 ff.

Kraft, Alfons/*Wiese*, Wolfgang/*Kreutz*, Peter/*Oetker*, Hartmut/*Raab*, Thomas/*Weber*, Christoph/*Franzen*, Martin: Betriebsverfassungsgesetz. Band I: §§ 1 – 73b mit Wahlordnungen. Gemeinschaftskommentar. 8. Auflage, Neuwied/Kriftel 2005. Band II: §§ 74 – 132 mit Kommentierung des BetrVG 1952. Gemeinschaftskommentar. 8. Auflage, Neuwied/Kriftel 2005 (zitiert: GK-BetrVG-Bearbeiter).

Kreutz, Peter: Grundsätze der Zusammenarbeit zwischen Arbeitgeber und Betriebsrat nach dem neuen Betriebsverfassungsgesetz. In: BlStSozArbR 1972, 60 ff.

Kriele, Martin: Vorbehaltlose Grundrechte und Rechte anderer. In: Recht, Vernunft und Wirklichkeit. 1990, 604 ff.

Larenz, Karl: Methodenlehre der Rechtswissenschaft. 6. Auflage, Berlin 1991 (zitiert: Larenz, Methodenlehre).

Lehmann, Michael: Das Prinzip Wettbewerb. In: JZ 1990, 61 ff.

Leisner, Walter: Organisierte Opposition in Verbänden und Parteien? In: ZRP 1979, 275 ff.

Lembke, Mark: Die Arbeitskampfbeteiligung von Außenseitern. Berlin 2000. Zugleich Uni-Dissertation Heidelberg 1999 (zitiert: Lembke, Die Arbeitskampfbeteiligung von Außenseitern).

Lettl, Tobias: Der Schutz der Verbraucher nach der UWG-Reform. In: GRUR 2004, 449 ff.

Lieb, Manfred (Hrsg.): Arbeitskampfrecht. Symposium Hugo Seiter zum Gedächtnis. Berlin 1990 (zitiert: Lieb, Arbeitskampfrecht-Symposium für Hugo Seiter).

Lieb, Manfred: Erkämpfbarkeit von Firmentarifverträgen mit verbandsangehörigen Arbeitgebern. In: DB 1999, 2058 ff.

Lieb, Manfred: Anmerkung zu BAG, Urteil vom 22.3.1994. In: SAE 1995, 254 ff.

Lieb, Manfred: Arbeitsrecht. 8. Auflage, Heidelberg 2003 (zitiert: Lieb, Arbeitsrecht).

Lieb, Manfred: Zur Rechtmäßigkeit von Unterstützungsarbeiten insbesondere im Druck- und Verlagsbereich. In: RdA 1991, 149 ff.

Link, Harald: Grundfragen der Tarifzuständigkeit. In: AuR 1966, 38 ff.

Löwisch, Manfred: Suspendierende Stilllegung als Arbeitskampfmaßnahme. In: Festschrift für Wolfgang Gitter zum 65. Geburtstag, S. 533 ff. Wiesbaden 1995.

Löwisch, Manfred: Der Einfluss der Gewerkschaften auf Wirtschaft, Gesellschaft und Staat. In: RdA 1975, 53 ff.

Löwisch, Manfred: Die Voraussetzungen der Tariffähigkeit. In: ZfA 1970, 295 ff.

Löwisch, Manfred: Monopolisierung durch Mehrheitsschutz? In: BB 2001, 726 ff.

Löwisch, Manfred: Verfassungswidrigkeit der Quoren für die Wahlen nach dem Mitbestimmungsgesetz 1976. In: Festschrift für Wolfgang Zöllner zum 65. Geburtstag, S. 847 ff. Köln 1998.

Löwisch, Manfred: Deliktsschutz gegen abtrünnige Mitglieder? In: BB 1999, 2080 ff.

Löwisch, Manfred/*Kaiser*, Dagmar: Betriebsverfassungsgesetz. 5. Auflage, Heidelberg 2002 (zitiert: Löwisch/Kaiser, BetrVG).

Löwisch, Manfred/*Rieble*, Volker: Tarifvertragsgesetz. 2. Auflage, München 2004 (zitiert: Löwisch/Rieble, TVG).

Lorz, Jens-Oliver: Standortwettbewerb bei internationaler Kapitalmobilität. Tübingen 1997 (zitiert: Lorz, Standortwettbewerb).

Lutter, Marcus: Theorie der Mitgliedschaft. In: AcP 180 (1980), 85 ff.

von Mangoldt, Hermann/*Klein*, Hans/*Starck*, Christian: Grundgesetz. Präambel – Art. 19 GG. 5. Auflage München 2005 (zitiert: v. Mangoldt/Klein/Starck-Bearbeiter).

Mann, Thomas: Zeitliche Austrittsbeschränkungen in Tarifverbänden. Berlin 1995 (zitiert: Mann, Zeitliche Beschränkungen in Tarifverbänden).

Martin, Peter: Tarifverträge in der Leiharbeit (Übersicht). In: AuR 2004, 247 ff.

Matthes, Hans-Christoph: Der Arbeitgeber als Tarifvertragspartei. In: Festschrift für Günter Schaub zum 65. Geburtstag, S. 250 ff. München 1998.

Maunz, Theodor/*Dürig*, Günter: Grundgesetz. Kommentar von Theodor Maunz, Günter Dürig, Peter Badura, Ulrich Di Fabio, Hans Klein, Peter Lerche, Albrecht Randelzhofer, Rupert Scholz, Hans-Jürgen Papier, Eberhard Schmidt-Aßmann, Stefan Korioth und Roman Herzog. Loseblattsammlung, 43. Ergänzungslieferung, Stand Februar 2004. München 2004 (zitiert: Maunz/Dürig-Bearbeiter).

Mayer, Udo: Zum Streit über die Zulässigkeit von Vereinbarungen zum Schutz gewerkschaftlicher Vertrauensleute. In: BlStSozAR 1977, 17 ff.

Mayer-Maly, Theo: Der Verhandlungsanspruch tariffähiger Verbände. In: RdA 1966, 201 ff.

Mayer-Maly, Theo: Anmerkung zu BGH, Urteil vom 18.5.1971. In: BAG, AP Nr. 6 zu Art. 5 GG Meinungsfreiheit.

Mayer-Maly, Theo: Anmerkung zu BAG, Urteil vom 14.2.1967. In: BAG, AP Nr. 10 zu Art. 9 GG.

Meissinger, Hermann: Betriebseinheit und Tarifeinheit. In: DB 1952, 101 ff.

Meissinger, Hermann: Tarifhoheit in der sozialen Selbstverwaltung. In: RdA 1951, 48 ff.

Merten, Philip: Das Prinzip der Tarifeinheit als arbeitsrechtliche Kollisionsnorm In: BB 1993, 572.

Mikosch, Ernst: Vertrauensvolle Zusammenarbeit der Tarifvertragsparteien. In: Festschrift für Thomas Dieterich zum 65. Geburtstag, S. 368 ff. München 1999.

Müller, Gerhard: Die Tarifautonomie in der Bundesrepublik Deutschland. Berlin 1990 (zitiert: Müller, Tarifautonomie).

Müller, Gerhard: Die Drittwirkung von Grundrechten und Sozialstaatsprinzip. In: RdA 1964, 121 ff.

Müller, Gerhard: Tarifautonomie und gesetzliche Regelung des Arbeitskampfes. In: DB 1992, 269 ff.

Müller, Gerhard: Betriebsratsamt und gewerkschaftlicher Vertrauensmann. In: RdA 1976, 47 ff.

Müller, Gerhard: Zur Stellung der Verbände im neuen Betriebsverfassungsrecht. In: ZfA 1972, 213 ff.

Müller, Gerhard: Richterliche Rechtsfortbildung im Arbeitsrecht. In: JUS 1980, 627 ff.

Müller, Gerhard: Ablösung betrieblicher Einheitsregelungen durch Tarifvertrag. Düsseldorf/Frankfurt am Main 1983 (zitiert: Müller, Ablösung).

Müller, Gerhard: Die Auswirkung des kollektiven Arbeitsrechts auf das Arbeitsverhältnis (I). In: DB 1967, 903 ff.

Müller, Gerhard: Arbeitskampf und Recht. Frankfurt am Main 1987 (zitiert: Müller, Arbeitskampf).

von Münch, Ingo/*Kunig*, Philip: Grundgesetz-Kommentar, Bd. 1. 5. Auflage, München 2000 (zitiert: v. Münch/Kunig-Bearbeiter).

Nikisch, Arthur: Arbeitsrecht, Band II. 2. Auflage, Tübingen 1959 (zitiert: Nikisch, Arbeitsrecht Bd. II).

Nicklisch, Fritz: Gesetzliche Anerkennung und Kontrolle von Verbandsmacht. In: Festschrift für Gerhard Schiedermair zum 70. Geburtstag, S. 459 ff. München 1976.

Nordemann, Wilhelm: Wettbewerbs- und Markenrecht. 10. Auflage, Berlin 2004 (zitiert: Nordemann, Wettbewerbsrecht).

Nyberg, Minka N.: Verhaltensrisiken in der Vermögensverwaltung und im Kreditgeschäft. Bern/Wien/Stuttgart 1998. Zugleich Uni-Dissertation St. Gallen 1998 (zitiert: Nyberg, Verhaltensrisiken).

Oeter, Stefan: Grundrechtsdrittwirkung und Privatautonomie. In: AöR Bd. 119 (1994), 535 ff.

Oetker, Hartmut: Anmerkung zu BAG, Beschluss vom 12.11.1996. In BAG, AP Nr. 11 zu § 2 TVG Tarifzuständigkeit.

Oetker, Hartmut: Der Vertrag über die Schaffung einer Währungs- Wirtschafts- und Sozialunion – Rechtshistorisches Dokument oder aktuelles Interpretament für die Arbeitrechtsordnung? In: Festschrift für Eugen Stahlhacke zum 70. Geburtstag, S. 363 ff. Neuwied 1995.

Oetker, Hartmut: Die Beendigung der Mitgliedschaft in Arbeitgeberverbänden als tarifrechtliche Vorfrage. In: ZfA 1998, 41 ff.

Oetker, Hartmut: Anmerkung zu BAG, Urteil vom 17.2.1998. In: BAG, AP Nr. 87 zu Art. 9 GG.

Oetker, Hartmut: Anmerkung zu BAG, Beschluss vom 6.6.2000. In: BAG, AP Nr. 55 zu § 2 TVG.

Ohly, Ansgar: Das neue UWG – Mehr Freiheit für den Wettbewerb? In: GRUR 2004, 889 ff.

Oldiges, Martin: Neue Aspekte der Grundrechtsgeltung im Privatrecht. In: Festschrift für Karl-Heinrich Friauf zum 65. Geburtstag; S. 191 ff. Heidelberg 1996.

Ostrowicz, Alexander/*Künzl*, Reinhard/*Schäfer*, Horst: Der Arbeitsgerichtsprozess. 2. Auflage, Berlin 2002 (zitiert: Ostrowicz/Künzl/Schäfer, Arbeitsgerichtsprozess).

Otto, Sven-Joachim: Die rechtliche Zulässigkeit einer tarifbindungsfreien Mitgliedschaft in Arbeitgeberverbänden. In: NZA 1996, 628 ff.

Papier, Hans-Jürgen: Der verfassungsrechtliche Rahmen für Privatautonomie im Arbeitsrecht. In: RdA 1989, 137 ff.

Picker, Eduard: Die Regelung der Arbeits- und Wirtschaftsbedingungen. In: ZfA 1986, 199 ff.

Pieroth, Bodo/*Schlink*, Bernhard: Grundrechte. 21. Auflage, Heidelberg 2005 (zitiert: Pieroth/Schlink, Grundrechte).

Piper, Henning: Zur wettbewerbsrechtlichen Zulässigkeit der Bereitstellung von Versicherungsschutz für Vereinsmitglieder. In: Festschrift für Otto-Friedrich Freiherr von Gamm, S. 147 ff. Köln 1990.

Popp, Klaus: Der Ausschluss von Gewerkschaftsmitgliedern nach Betriebsratswahlen. In: ZfA 1977, 401 ff.

Potthoff, Heinz: Arbeitsrecht. Leipzig 1931 (zitiert: Potthoff, Arbeitsrecht).

Preu, Peter: Freiheitsgefährdung durch die Lehre von den grundrechtlichen Schutzpflichten. In: JZ 1991, 265 ff.

Pröpper, Martin: Die Vereinigung der Vertragsspieler als Gewerkschaft – Ist der Schritt zum Tarifvertragsrecht im deutschen Profifußball vollzogen? In: NZA 2001, 1346 ff.

Raab, Thomas: Betriebliche Bündnisse für Arbeit – Königsweg aus der Beschäftigungskrise? In: ZfA 2004, 371 ff.

Raab, Thomas: Negatorischer Rechtsschutz des Betriebsrats gegen mitbestimmungswidrige Maßnahmen des Arbeitgebers. Schriften zum Sozial- und Arbeitsrecht, Bd. 122. Berlin 1993. Zugleich Uni-Dissertation Mainz 1992 (zitiert: Raab, Negatorischer Rechtsschutz).

Raisch, Peter: Juristische Methoden. Heidelberg 1995 (zitiert: Raisch, Methoden).

Rebmann, Kurt/*Säcker*, Franz-Jürgen/*Rixecker*, Roland: Münchener Kommentar zum Bürgerlichen Gesetzbuch. Band 2a, Schuldrecht Allgemeiner Teil §§ 241–432. 4. Auflage, München 2003 (zitiert: MünchKommBGB-Bearbeiter).

Rehbinder, Manfred: Müssen Gewerkschaften überbetrieblich organisiert sein? In: DVBl 1982, 135 ff.

Reichert, Bernhard: Handbuch des Vereins- und Verbandsrechts. 9. Auflage, München 2003 (zitiert: Reichert, Handbuch des Vereins- und Verbandsrechts).

Reuß, Wilhelm: Arbeitskampfbereitschaft als Voraussetzung der Tarifhoheit. In: RdA 1964, 364 ff.

Reuter, Dieter: Anmerkung zu BAG, Beschluss vom 15.3.1977. In: JuS 1977, 482 f.

Reuter, Dieter: Anmerkung zu BVerfG, Beschluss vom 24.2.1999. In: RdA 2000, 99 ff.

Reuter, Dieter: Die ethischen Grundlagen des Privatrechts – formale Freiheitsethik oder materiale Verantwortungsethik? In: AcP 189 (1989), 199 ff.

Reuter, Dieter: Die Arbeitskampffreiheit in der Verfassungs- und Rechtsordnung der Bundesrepublik Deutschland. In: Festschrift für Franz Böhm zum 80. Geburtstag, S. 529 ff. Tübingen 1975.

Reuter, Dieter: Die problematische Tarifeinheit. In: JuS 1992, 105 ff.

Reuter, Dieter: Umfang und Schranken des gewerkschaftlichen Zutrittsrechts zum Betrieb unter besonderer Berücksichtigung der Seeschifffahrt. In: ZfA 1976, 107 ff.
Reuter, Dieter: Gewerkschaftliche Präsenz im Betrieb. In: Festschrift für Gerhard Müller zum 65. Geburtstag, S. 387 ff. Berlin 1981.
Rewolle, Hans-Dietrich: Die Werbung der Gewerkschaften im Betrieb. In: DB 1965, 364 ff.
Richardi, Reinhard: Der Gesetzesentwurf zur Verstärkung der Minderheitenrechte in den Betrieben und Verwaltungen (MindRG). In: AuR 1986, 33 ff.
Richardi, Reinhard: Anmerkung zu BAG, Beschlüsse vom 22.12.1980. In: BAG, AP Nr. 70 und Nr. 71 zu Art. 9 GG Arbeitskampf.
Richardi, Reinhard (Hrsg.): Betriebsverfassungsgesetz. 10. Auflage, München 2006 (zitiert: Richardi-Bearbeiter, BetrVG).
Richardi, Reinhard: Der CGM-Beschluss des ArbG Stuttgart: Tariffähigkeit und Tarifzensur. In: NZA 2004, 1025 ff.
Richardi, Reinhard: Die Rechtsstellung der Gewerkschaften im Betrieb. In: Festschrift für Gerhard Müller zum 65. Geburtstag, S. 413 ff. Berlin 1981.
Richardi, Reinhard: Gewerkschaftsfusion und Tarifautonomie. In: Festschrift für Alfons Kraft, S. 509 ff. München 1998.
Richardi, Reinhard: Arbeitsvertrag und Tarifgeltung. In: ZfA 2003, 655 ff.
Richardi, Reinhard: Kollektivgewalt und Individualwille. München 1968 (zitiert: Richardi, Kollektivgewalt und Individualwille).
Richardi, Reinhard: Zugangsrecht der Gewerkschaften zum Betrieb. In: DB 1978, 1736 ff.
Richardi, Reinhard/*Wlotzke*, Otfried (Hrsg.): Münchener Handbuch zum Arbeitsrecht, Band 3. Kollektives Arbeitsrecht. 2. Auflage, München 2000 (zitiert: MünchArbR-Bearbeiter).
Rieble, Volker: Der Fall Holzmann und seine Lehren. In: NZA 2000, 225 ff.
Rieble, Volker: Relativität der Tariffähigkeit. In: Festschrift für Herbert Wiedemann zum 70. Geburtstag, S. 519 ff. München 2002.
Rieble, Volker: Der CGM-Beschluss des ArbG Stuttgart. In: BB 2004, 885 ff.
Rieble, Volker: Tarifvertrag und Beschäftigung. In: ZfA 2004, 1 ff.
Rieble, Volker: Der Tarifvertrag als privatautonomer Vertrag. In: ZfA 2000, 5 ff.
Rieble, Volker: Arbeitsmarkt und Wettbewerb. Der Schutz von Vertragsfreiheit und Wettbewerbsfreiheit im Arbeitsrecht. Berlin/Heidelberg 1996 (zitiert: Rieble, Wettbewerb).
Rieble, Volker: Anmerkung zu BAG, Beschluss vom 20.11.1990. In: SAE 1991, 316 ff.
Rieble, Volker: Die Akteure im kollektiven Arbeitsrecht. In: RdA 2004, 78 ff.
Rieble, Volker: Zulässigkeit des Lokführerfunktionselitenstreiks. In: BB 2003, 1227 ff.
Rieble, Volker: Pervertierte Tarifautonomie. In: Handelsblatt vom 18.2. 2002, 19.
Rieble, Volker/*Klebeck*, Ulf: Lohngleichheit für Leiharbeit. In: NZA 2003, 23 ff.
Rolfs, Christian: Zur Zulässigkeit von Streikbruchprämien im Arbeitskampf. In: DB 1994, 1237.
Roth, Wulf-Henning: Tarifautonomie und Kartellrecht. FIW-Schriftenreihe, Bd. 136. Köln 1990 (zitiert: Roth, Tarifautonomie).
Rüthers, Bernd: Die Zulässigkeit von Sympathiearbeitskämpfen im Medienbereich. BB 1990/Beil. 25, 1 ff.
Rüthers, Bernd: Arbeitsrecht und Wettbewerbsordnung. Zu Missbrauchsgefahren in der Tarifautonomie und in der erweiterten Mitbestimmung. In: WuW 1980, 392 ff.
Rüthers, Bernd: Das Recht der Gewerkschaften auf Information und Mitgliederwerbung im Betrieb. In: RdA 1968, 161 ff.
Rüthers, Bernd: Das Recht der Gewerkschaften auf Information und Mitgliederwerbung im Betrieb. München 1968 (zitiert: Rüthers, Recht der Gewerkschaften).

Rüthers, Bernd: Nachwirkungsprobleme bei Firmentarifverträgen desselben Arbeitgebers mit verschiedenen Gewerkschaften. In: Festschrift für Gerhard Müller zum 65. Geburtstag, S. 445 ff. Berlin 1981.

Sachs, Michael (Hrsg.): Grundgesetz-Kommentar. 3. Auflage, München 2003 (zitiert: Sachs-Bearbeiter).

Sachse, Wolfgang: Der Ausschluss von Gewerkschaftsmitgliedern wegen Kandidatur auf konkurrierenden Listen bei Betriebsratswahlen. In: AuR 1999, 387 ff.

Sack, Rolf: Irreführende vergleichende Werbung. In: GRUR 2004, 89 ff.

Sack, Rolf: Vergleichende Werbung nach der UWG-Novelle. In: WRP 2001, 327 ff.

Säcker, Franz-Jürgen: Gewerkschaftliches Zutrittsrecht zum Betrieb. In: AuR 1979, 39 ff.

Säcker, Franz-Jürgen: Das neue Entgeltfortzahlungsgesetz und die individuelle und kollektive Koalitionsfreiheit. In: AuR 1994, 1 ff.

Säcker, Franz-Jürgen: Grundprobleme der kollektiven Koalitionsfreiheit. Düsseldorf 1969 (zitiert: Säcker, Grundprobleme).

Säcker, Franz-Jürgen: Anmerkung zu BVerwG, Urteil vom 23.10.1970. In: JZ 1971, 289 ff.

Säcker, Franz-Jürgen: Zur Verfassungsmäßigkeit des Unterschriftenquorums in § 12 Abs. 1 Satz 2 MitbestG. In: RdA 2005, 113 ff.

Säcker, Franz-Jürgen: Gewerkschaftliches Zutrittsrecht zum Betrieb. In AuR 1979, 39 ff.

Säcker, Franz-Jürgen/*Oetker*, Hartmut: Tarifeinheit im Betrieb – ein Akt unzulässiger Rechtsfortbildung? In: ZfA 1993, 21 ff.

Säcker, Franz-Jürgen/*Oetker*, Hartmut: Grundlagen und Grenzen der Tarifautonomie. München 1996 (zitiert: Säcker/Oetker, Tarifautonomie).

Salje, Peter: Anmerkung zu BAG, Urteil vom 20.3.1991. In: SAE 1993, 75 ff.

Sauter, Eugen/*Schweyer*, Gerhard/*Waldner*, Wolfram: Der eingetragene Verein. 17. Auflage, München 2001 (zitiert: Sauter/Schweyer/Waldner, Der eingetragene Verein).

Schaub, Günther: Arbeitsrechtshandbuch, 11. Auflage, München 2004 (zitiert: Schaub, Arbeitsrechtshandbuch).

Schaub, Günther: Wahlpropaganda für Betriebsratswahl innerhalb des Betriebes. In: DB 1965, 1326 ff.

Schaub, Günther: Aktuelle Streitfragen zur Kostensenkung bei der Arbeitsvergütung. In: BB 1994, 2007 ff.

Schiemann, Harald: Arbeitsvertragliche Verweisung auf Tarifverträge. In: Sonderbeilage NZA 2003, 29 ff.

Schleef, Heinz: Neue Wege in der Tarifarbeit am Beispiel der JenOptik-AG. In: AuA 1996, 296 ff.

Schleef, Heinz/*Oetker*, Hartmut: Tarifpolitik im Wandel: Eine tarifpolitische und tarifrechtliche Studie am Beispiel des Tarifkonflikts bei der JenOptik-AG. München 2000 (zitiert: Schleef/Oetker, Tarifpolitik im Wandel).

Schliemann, Harald: Tarifkollision – Ansätze zur Vermeidung und Auflösung. In: NZA Beil 24/2000, 24 ff.

Schmidt, Uwe: Die Mitgliedschaft in Verbänden. Europäische Hochschulschriften; Reihe 2, Bd. 812. Frankfurt am Main 1989. Zugleich Uni-Dissertation Köln 1988 (zitiert: Schmidt, Die Mitgliedschaft in Verbänden).

Schmidt-Preuß, Matthias: Soziale Marktwirtschaft und Grundgesetz vor dem Hintergrund des Staatsvertrages zur Währungs-, Wirtschafts- und Sozialunion. In: DVBl. 1993, 241 ff.

Schmidt-Rimpler, Walter: Grundfragen einer Erneuerung des Vertragsrechts. In: AcP 147 (1941),130 ff.

Schmidt-Rimpler, Walter: Zum Vertragsproblem. In: Festschrift für Ludwig Raiser zum 70. Geburtstag, S. 3 ff. Tübingen 1974.

Schmiegel, Dorothee: Die Inhaltskontrolle von Koalitionsvereinbarungen. Schriften zum Arbeits- und Sozialrecht, Bd. 139. Berlin 1995. Zugleich Uni-Dissertation Freiburg im Breisgau 1994 (zitiert: Schmiegel, Die Inhaltskontrolle von Koalitionssatzungen).

Schmoldt, Hubertus: Ein starker DGB in einer sozialen Gesellschaft. In: Gewerkschaftliche Umschau 1995, 4 ff.

Schneider, Michael: Kleine Geschichte der Gewerkschaften. Bonn 1989 (zitiert: Schneider, Kleine Geschichte der Gewerkschaften).

Schnorr, Gerhard: Bundesverfassungsgericht und kollektives Arbeitsrecht. In: RdA 1955, 3 ff.

Scholz, Rupert: Die Koalitionsfreiheit als Verfassungsproblem. In: Münchener Universitätsschriften, Juristische Fakultät Bd. 18. München 1971 (zitiert.: Scholz, Koalitionsfreiheit).

Scholz, Rupert: Verfassungsrechtliche Grundlagen des Arbeitskampfrechtes. In: ZfA 1990, 377 ff.

Scholz, Rupert/*Konzen*, Horst: Die Aussperrung im System von Arbeitsverfassung und kollektivem Arbeitsrecht. Schriften zum Sozial- und Arbeitsrecht, Bd. 49. Berlin 1980 (zitiert: Scholz/Konzen, Aussperrung).

Schöne, Steffen: „Billig-Tarifverträge" in der Zeitarbeit: Wo genau liegt das Risiko? In: DB 2004, 136 f.

Schroeder, Wolfgang/*Weßels*, Bernhard (Hrsg.): Die Gewerkschaften in Politik und Gesellschaft der Bundesrepublik Deutschland. Wiesbaden 2003 (zitiert: Schroeder/Weßels-Bearbeiter, Gewerkschaften).

Schünemann, Wolfgang B.: „Unlauterkeit" in den Generalklauseln und Interessenabwägung nach neuem UWG. In: WRP 2004, 925 ff.

Schüren, Peter: Die Legitimation der tariflichen Normsetzung. Schriften des Instituts für Arbeits- und Wirtschaftsrecht der Universität Köln, München 1990 (zitiert: Schüren, Legitimation tariflicher Normsetzung).

Schüren, Peter: Arbeitnehmerüberlassungsgesetz. 2. Auflage, München 2003 (zitiert: Schüren, AÜG).

Schwab, Norbert/*Weth*, Stephan: Arbeitsgerichtsgesetz. Kommentar. München 2004. (zitiert: Schwab/Weth, ArbGG).

Schwarze, Roland: Die verfassungsrechtliche Garantie des Arbeitskampfes. In: JuS 1994, 653 ff.

Schwerdtner, Peter: Anmerkung zu BAG, Urteil vom 14.2.1978. In: SAE 1980, 108 ff.

Seiter, Hugo: Anmerkung zu BAG, Urteil vom 11.11.1968. In: SAE 1969, 226 ff.

Seiter, Hugo: Streikrecht und Aussperrungsrecht. Tübingen 1975 (zitiert: Seiter, Streikrecht und Aussperrungsrecht).

Singer, Reinhard: Tarifvertragliche Normenkontrolle am Maßstab der Grundrechte? In: ZfA 1995, 611 ff.

Söllner, Alfred: Grundriss des Arbeitsrechtes. 12. Auflage, München 1998 (zitiert: Söllner, Arbeitsrecht).

Söllner, Alfred: Das Begriffspaar der Arbeits- und Wirtschaftsbedingungen in Art. 9 III GG. In: Jahrbuch des Arbeitsrecht, Bd. 16, 17 ff.

Söllner, Alfred: Mächtigkeit und Leistungsfähigkeit als typologische Merkmale der arbeitsrechtlichen Gewerkschaften. In: AuR 1976, 321 ff.

Söllner, Alfred: Tarifmacht – Grenzen und Grenzverschiebungen. In: NZA Beil. 24/2000, 33 ff.

Söllner, Alfred: Anmerkung zu BVerfG, Beschluss vom 30.11.1965. In: JZ 1966, 401 ff.

Soergel, Hans Theodor (Begr.): Kommentar zum Bürgerlichen Gesetzbuch. Band 1, Allgemeiner Teil 1. §§ 1–103. 13. Auflage, Stuttgart/Berlin/Köln 1999. Band 2, Schuldrecht I, §§ 241–432. 12. Auflage, Stuttgart/Berlin/Köln 1990 (zitiert: Soergel-Bearbeiter, BGB).

Stahlhacke, Eugen: Sozialpolitische Bedeutung als Voraussetzung der Tariffähigkeit. In: DB 1964, 697 ff.

Stahlhacke, Eugen: Das Gesetz zur Beschleunigung und Bereinigung des arbeitsgerichtlichen Verfahrens. In: RdA 1979, 401 ff.

Staudinger, Julius von (Begr.): Kommentar zum Bürgerlichen Gesetzbuch mit Einführungsgesetz und Nebengesetzen. Erstes Buch. Allgemeiner Teil. §§ 164 – 240. 13. Auflage, Berlin 1995. Zweites Buch, Recht der Schuldverhältnisse, Einl. zu §§ 241 ff., §§ 241–243. 13. Auflage, Berlin 1995 (zitiert: Staudinger-Bearbeiter, BGB).

Stege, Dieter/*Weinspach*, Friedrich-Karl/*Schiefer*, Bernd: Betriebsverfassungsgesetz. 9. Auflage, Köln 2002 (zitiert: Stege/Weinspach/Schiefer, BetrVG).

Stelling, Rainer: Das Erfordernis der Überbetrieblichkeit – ein Anachronismus des modernen Gewerkschaftsbegriffes. In: NZA 1998, 920 ff.

Stern, Klaus/*Sachs*, Michael: Das Staatsrecht der Bundesrepublik Deutschland. Band III/2. Allgemeine Lehren der Grundrechte. München 1994 (zitiert: Stern/Sachs, Staatsrecht III/2).

Streek, Wolfgang: Gewerkschaftsorganisation und industrielle Beziehungen. In: GewMH 1979, 721 ff.

Stumpfe, Werner: Reformprojekt "Flächentarif". In: AuA 1998, 289 ff.

Süchting, Joachim/*Heitmüller*, Hans-Michael: Handbuch des Bankmarketing. 3. Auflage, Wiesbaden 1998 (zitiert: Süchting/Heitmüller-Bearbeiter, Bankmarketing).

Teubner, Gunther: Organisationsdemokratie und Verbandsverfassung. Tübingen 1978 (zitiert: Teubner, Organisationsdemokratie).

Thümmel, Hans-Wolf: Betriebsfrieden und Politplakette. Heidelberg 1985 (zitiert: Thümmel, Betriebsfrieden und Politplakette).

Thüsing, Gregor: Equal pay bei Leiharbeit. In: DB 2003, 446 ff.

Thüsing, Gregor: Der Außenseiter im Arbeitskampf. Zur Rechtsstellung des nicht und des anders organisierten Arbeitnehmers und Arbeitgebers bei Streik und Aussperrung. Schriften zum Sozial- und Arbeitsrecht, Bd. 148. Berlin 1996. Zugleich Uni-Dissertation Köln 1996 (zitiert: Thüsing, Der Außenseiter im Arbeitskampf).

Tillmann, Michael: Große Freiheit mit Stolpersteinen. In: AuA 2004, 21 ff.

v. Tuhr, Andreas: Der Allgemeine Teil des Deutschen Bürgerlichen Rechts. Band 1. Berlin 1910 (zitiert: v. Tuhr, Der Allgemeine Teil des Deutschen Bürgerlichen Rechts, Band 1).

Umbach, Dieter/*Clemens*, Thomas (Hrsg.): Grundgesetz-Mitarbeiterkommentar. Heidelberg 2002 (zitiert: Umbach/Clemens-Bearbeiter).

Umbreit, Paul: Fünfundzwanzig Jahre deutscher Gewerkschaftsbewegung. Berlin 1915 (zitiert: Umbreit, Gewerkschaftsbewegung).

Vetter, Heinz-Oskar. Einheitsgewerkschaft – historische Errungenschaft, Verpflichtung für die Zukunft. In: Festschrift für Eugen Loderer zum 60. Geburtstag, S. 35 ff. Köln 1980.

Vetter, Heinz-Oskar: DGB und politische Parteien. In: GewMH 1974, 201 ff.

Vitt, Erwin: Gewerkschaften: Notwendiger Ordnungsfaktor. In: Soziale Ordnung 5/2003, 12 ff.

Vorderwülbecke, Martin: Rechtsform der Gewerkschaften und Kontrollbefugnisse des Gewerkschaftsmitglieds. Schriften zum Sozial- und Arbeitsrecht, Bd. 95. Berlin 1988. Zugleich Uni-Dissertation München 1987/88 (zitiert: Vorderwülbecke, Rechtsform der Gewerkschaften).

Waas, Bernd: Das Spannungsverhältnis von Tarifvertrag und Gesetz beim Grundsatz der Entgeltgleichheit im neuen AÜG. In: BB 2003, 2175 ff.

Waas, Bernd: Tarifkonkurrenz und Tarifpluralität. Baden-Baden 1999 (zitiert: Waas, Tarifkonkurrenz).

Waddington, Jeremy/*Hoffmann*, Reiner: Gewerkschaften in Europa. Reformen, Organisation und Umstrukturierung. Münster 2000 (zitiert: Waddington/Hoffmann, Gewerkschaften).

Wallisch, Jochen: Die tarifvertraglichen Einwirkungspflichten. Arbeits- und Sozialrecht, Bd. 50. Baden-Baden 1998. Zugleich Uni-Dissertation Freiburg im Breisgau 1997 (zitiert: Wallisch, Die tarifvertraglichen Einwirkungspflichten).

Waltermann, Raimund: Zu den Grundlagen der Tarifautonomie. In: ZfA 2000, 53 ff.

Wank, Rolf: Die Auslegung von Gesetzen. Köln 1997 (zitiert: Wank, Auslegung von Gesetzen).

Wank, Rolf: Anmerkung zu BVerfG, Beschluss vom 14.11.1995. In: JZ 1996, 629 ff.

Wendeling-Schröder, Ulrike: Arbeitsrecht und Gewerkschaften. In: RdA 1999, 139 ff.

Wertenbruch, Wilhelm: Die rechtliche Einordnung wirtschaftlicher Verbände in den Staat. In: Peters-Gedächtnisschrift, S. 615 ff. Berlin 1967.

Weyand, Joachim: Anmerkung zu BAG, Beschluss vom 22. 11. 1988. In: SAE 1991, 319 ff.

Wiedemann, Herbert: Leistungsprinzip und Tarifvertragsrecht. In: Festschrift für das BAG, S. 635 ff. München 1979.

Wiedemann, Herbert: Die deutschen Gewerkschaften – Mitgliederverband oder Berufsorgan? In: RdA 1969, 321 ff.

Wiedemann, Herbert: Arbeitsrechtliche Probleme der Betriebsausgliederung. In: Festschrift für Hans-Joachim Fleck zum 70. Geburtstag, S. 447 ff. Berlin/New York 1988.

Wiedemann, Herbert (Hrsg.): Tarifvertragsgesetz. 6. Auflage, München 1999 (zitiert: Wiedemann, TVG).

Wiedemann, Herbert: Anmerkung zu BAG, Beschluss vom 15.3.1977. In: BAG, AP Nr. 24 zu Art. 9 III GG.

Wiedemann, Herbert/*Arnold*, Markus: Tarifkonkurrenz und Tarifpluralität in der Rechtsprechung des Bundesarbeitsgerichtes (Teil I). In: ZTR 1994, 399 ff.

Wiedemann, Herbert/*Thüsing*, Gregor: Gewerkschaftsfusionen nach dem Umwandlungsgesetz. Teil I und Teil II. In: WM 1999, 2237 ff. und 2277 ff.

Winkler, Andreas: Hat der Flächentarifvertrag eine Zukunft? In: NZA Beil. 24/2000,10 ff.

Winkler, Andreas: Sächsische Metall- und Elektroindustrie auf dem Weg zu einer regionalen Tarifpolitik. In: AuA 1999, 11 ff.

Wlotzke, Otfried: Die Änderungen des Betriebsverfassungsgesetzes und das Gesetz über Sprecherausschüsse der leitenden Angestellten. In: DB 1989, 111 ff.

Zacher, Hans F.: Gewerkschaften in der rechtsstaatlichen Demokratie einer Arbeitnehmergesellschaft. In: Festschrift für Hans Böhm zum 80. Geburtstag, S. 707 ff. Tübingen 1975.

Zacher, Hans F.: Richterrecht für Verbände? In: Festschrift für Ludwig Fröhler zum 60. Geburtstag, S. 509 ff. Berlin 1980.

Zachert, Ulrich: Firmentarifvertrag als Alternative? In: NZA Beil. 24/2000, 17 ff.

Zachert, Ulrich: Verfassungsrechtlicher Schutz für „Gelbe Gewerkschaften"? In: AuR 1986, 321 ff.

Zachert, Ulrich: „Wilder Streik" – noch zeitgemäß? In AuR 2001, 401 ff.

Zippelius, Reinhold: Juristische Methodenlehre. 9. Auflage, München 2005 (zitiert: Zippelius, Methodenlehre).

Zöllner, Wolfgang/*Loritz*, Karl-Georg: Arbeitsrecht. 5. Auflage, München 1998 (zitiert: Zöllner/Loritz, Arbeitsrecht).

Zöllner, Wolfgang: Anmerkung zu BAG, Beschluss vom 9.7.1965. In: SAE 1969, 140 f.

Einleitung

A. Die aktuelle Situation der Gewerkschaften in der Bundesrepublik Deutschland

Die tragende Rolle der deutschen Gewerkschaften für die Entwicklung und den Bestand des Sozialstaates der Bundesrepublik Deutschland ist heute unbestritten.

Auch darin mag der Grund dafür liegen, dass derjenige, der sich mit der Frage nach der Existenz mehrerer Gewerkschaften in der Bundesrepublik näher beschäftigt, schnell an jene diffuse Grenze stößt, welche Recht und Rechtspolitik voneinander trennt. Schlagwortartig wird der Begriff des Gewerkschaftspluralismus gerne von den Vertretern unterschiedlicher Verbände und Parteien jedweder Ausrichtung herangezogen, um ihre Sichtweise einer effektiven Gestaltung des Arbeitsmarktes näher zu erläutern. Das dabei gezeichnete Bild des Gewerkschaftspluralismus erinnert ein wenig an Hans-Christian Andersens Märchen vom hässlichen Entlein: für die einen[1] scheint der Begriff Synonym für das hässliche Entlein einer effektiven Interessenvertretung der Arbeitnehmerschaft zu sein, während die anderen[2] davon deren Entwicklung zum stolzen Schwan erwarten. Der Aussagegehalt dieser Kontroverse muss sich zunächst an den tatsächlichen Gegebenheiten der Gewerkschaftslandschaft in der Bundesrepublik messen lassen. Erst dann lässt sich die Frage nach der rechtlichen Einordnung der hierdurch aufgeworfenen Problemkreise stellen.

I. Zahlen zu den Gewerkschaften im Jahr 2003

Im Jahr 2003 waren etwa zehn Millionen Menschen gewerkschaftlich organisiert, das entspricht einem Nettoorganisationsgrad von etwa 20 %[3]. Damit zählen die deutschen Gewerkschaften zu den mitgliederstärksten Arbeitnehmerorganisationen Europas. Sie gliedern sich in etwa 150 einzelne Arbeitnehmerorganisationen, die entweder einem der drei Dachverbände des Deutschen Gewerkschaftsbundes (DGB), des Deutschen Beamtenbundes (DBB) und des Christlichen Gewerk-

---

1 Vgl. etwa die Bedenken bei *Kempen/Zachert*, TVG, § 2 Rn. 39; Schroeder/Weßels-*Kädtler*, Gewerkschaften, S. 368; *Vetter*, GewMH 1974, 35 ff.; *ders.*, Festschrift für Loderer, S. 37; *Mayer*, BlStSozArbR 1977, 11 ff.; *Herschel*, AuR 1976, 241 ff. sowie unter www.verdi.de die Rede des Vorsitzenden der Gewerkschaft ver.di *Bsirske* auf dem ver.di-Gründungskongress am 20.3.2001.

2 Vgl. *Winkler*, NZA Beil. 24/2000, 10 ff.; *Franzen*, RdA 2001, 1 ff.; *Rieble*, BB 2004, 885 ff.; *Buchner*, ZfA 2004, 231 ff.; *Vitt*, Soziale Ordnung 5/2003, 15 zu Äußerungen des Unionspolitikers Friedrich Merz im Focus vom 16.12.2002.

3 Schroeder/Weßels-*Schroeder/Weßels*, Gewerkschaften, S. 19.

schaftsbundes (CGB) unmittelbar angehören, mit diesen kooperieren oder völlig unabhängig von diesen bestehen. Als größter Dachverband vereint der DGB acht Einzelgewerkschaften und damit über sieben Millionen Mitglieder. Der CGB umfasst dagegen siebzehn Einzelgewerkschaften, allerdings damit nur etwa 300 000 Mitglieder. Der DBB kumuliert wiederum vierzehn Gewerkschaften der im Bundesdienst Beschäftigten, sechzehn Landesbünde sowie vierundzwanzig Bundesfachgewerkschaften in sich und erreicht so eine Mitgliederstärke von 1,3 Millionen Menschen[4].

II. Die Krise der Gewerkschaften als Interessenvertretungen

In der Zeit zwischen 1949 und 1990 schien die Frage nach den rechtlichen Grundlagen eines Gewerkschaftspluralismus im Betrieb wenig bedeutsam[5]. Grund dafür war insbesondere die unangefochtene faktische Dominanz des DGB in den Betrieben, so dass den kleineren Verbänden in aller Regel nur der Anschluss an die vom DGB erreichten Tarifregelungen offen stand.

Erst in den neunziger Jahren ist die Auseinandersetzung mit einem Gewerkschaftspluralismus deutlicher in den Blickpunkt der betrieblichen und tariflichen Praxis gerückt. Den entscheidenden Grund für diese Kehrtwende bildet der über die Grenzen der einzelnen Gewerkschaftsverbände hinaus anhaltende Mitgliederrückgang.

Seit 1991 haben die Gewerkschaften in der Bundesrepublik insgesamt etwa ein Drittel ihrer Klientel und damit mehr als vier Millionen Arbeitnehmer verloren[6]. Daraus resultiert vor allem eine zunehmende Finanzschwäche der kleineren Verbände, wobei auch die großen Gewerkschaften von diesem Abwärtstrend bisher nicht verschont blieben[7].

1. Gründe für die Krise

Einen maßgeblichen Grund für die Krise des deutschen Gewerkschaftswesens bildet vor allem der nach der Wiedervereinigung begonnene Strukturwandel im Osten der Republik, welchen die ehemals westdeutschen Gewerkschaften nicht ausreichend bewältigen konnten[8]. Diese Entwicklung wird durch die andauernde Massenarbeitslosigkeit sowie die zunehmende Entsolidarisierung im Bewusstsein

---

4 Zahlen nach *Schroeder/Weßels-Schroeder/Weßels*, Gewerkschaften, Anhang, S. 628 ff.

5 Vgl. *Schneider*, Kleine Geschichte der Gewerkschaften, S. 306 ff. sowie die Internetseite des DGB www.dgb.de/dgb/mitgliederzahlen/mitglieder.htm.

6 *Vitt*, Soziale Ordnung 5/2003, 14 f.

7 Dass die IG Metall erstmals seit dem Bayernstreik 1954 im Frühjahr 2003 einen Streik verlor, mag als ein Beispiel dafür dienen; zum Mitgliederrückgang am Beispiel der IG Metall ausführlich *Winkler*, NZA Beil. 24/2000, 10 ff.

8 Dazu vor allem *Winkler*, NZA Beil. 24/2000, 10 ff.

der Arbeitnehmer noch weiter verschärft. Des Weiteren hat die sich in Outsourcingmaßnahmen und Just-in-time-Verträgen widerspiegelnde wachsende Verbetrieblichung der Arbeitswelt eine gesteigerte Bedeutung der innerbetrieblichen Akteure zur Folge. Damit stellt sich für die überbetrieblichen Massenorganisationen der Gewerkschaften ein erhebliches Legitimationsproblem[9]. Besonders deutlich wird dies anhand der Problematik der vielfach auf Betriebsebene ausgehandelten betrieblichen Bündnisse für Arbeit. Damit bezeichnet werden eine seit Mitte der neunziger Jahre ansteigende Zahl von Vereinbarungen zwischen Arbeitgeber und Betriebsrat unter Zustimmung der Belegschaft, welche eine freiwillige Unterschreitung des Tarifstandards zugunsten konkreter Beschäftigungssicherung im Betrieb beinhalten[10]. Eine deutlichere Kundmachung der Arbeitnehmer, dass sie mit ihrer gewerkschaftlichen Interessenvertretung vor Ort nicht einverstanden sind, ist kaum denkbar.

Auch die Veränderung der allgemeinen Beschäftigungsentwicklung hat den Mitgliederrückgang in den Gewerkschaften dadurch forciert, dass in bisher gewerkschaftlich gut organisierten Branchen wie der verarbeitenden Industrie kontinuierlich Beschäftigung abgebaut wurde, während der Beschäftigungsaufbau in bislang für Gewerkschaften nur schwer erreichbaren Bereichen wie dem Dienstleistungssektor oder der Zeit- und Leiharbeit stattfand[11].

Hinzuzufügen bleibt noch, dass die Gewerkschaften in ihrem Mitgliederbestand immer weniger die tatsächliche Erwerbstätigkeit widerspiegeln können, da die älteren Mitgliedern sich im Ruhestand befinden und weiter in der Gewerkschaft verbleiben, während nur wenige der jüngeren Arbeitnehmer den Schritt in die Gewerkschaftsmitgliedschaft wagen[12].

2. Die Reaktionen der Gewerkschaften auf die Krise

a) Der Ansatz des DGB: weitgehende Fusionen der Einzelverbände zu wenigen Großverbänden

Die Gewerkschaften des DGB haben in den letzten Jahren zunehmend versucht, der Mitgliederkrise durch eine Bündelung ihrer einzelverbandlichen Interessen zu begegnen. Dies kam in einer Fülle von gewerkschaftlichen Kooperationen, Integrationen und Fusionen zum Ausdruck. Vereinte der DGB in den achtziger Jahren noch siebzehn Einzelgewerkschaften unter seinem Dach, so sind es im Jahr 2005 nur noch acht. Die großen Industriegewerkschaften IG Metall (Textil, Holz und Kunststoff) und die IG Chemie (Leder und Bergbau) übernahmen traditions-

---

9 Statt aller Münch-ArbR-*Löwisch/Rieble* § 248 Rn. 13 ff.

10 Ausführlich dazu vor allem *Bauer/Haussmann*, NZA Beil. 24/2000, 42 ff.; *Franzen*, RdA 2001, 1 ff. jeweils m.w.N.

11 Dazu *Rieble*, Festschrift Wiedemann, S. 538.

12 *Winkler*, NZA Beil. 24/2000, 15 f.

reiche, aber mitgliederschwache Organisationen erodierender Industriebranchen, während sich HBV, DAG, DPG, IG Medien und ÖTV zur Vereinigten Dienstleistungsgewerkschaft (ver.di) zusammenschlossen[13].

Allerdings stellt sich im Zuge der Fusionen zu wenigen großen Einzelgewerkschaften für den Dachverband das Problem, dass er sein bisheriges Koordinations- und Schlichtungsvermögen zwischen den derart gestärkten Einzelverbänden zunehmend verloren hat. Gleichzeitig hat der Strukturwandel des Arbeitsmarktes einen bislang nicht gekannten Trend zum wechselseitigen Konkurrenzkampf zwischen den Einzelgewerkschaften in Gang gebracht[14]. Ursache dafür ist insbesondere das zunehmende Bestreben der Arbeitgeberseite, Verwaltungs- und Dienstleistungsstellen wie etwa Call-Center oder Rechtsschutzabteilungen auszugliedern. Weil neben der konzernbezogenen Tarifzuständigkeit die betriebstechnischen Branchenzuordnungen erhalten bleiben, stehen sich hier oft verschiedene Gewerkschaften desselben Dachverbandes gegenüber. Auch innerhalb des DGB ist daher trotz des umfangreichen Fusionsprozesses Ende der neunziger Jahre eine weiterhin wachsende Konkurrenz der jeweiligen Einzelgewerkschaften untereinander zu verzeichnen, welche über die herkömmlichen, im Selbstverständnis der Einzelgewerkschaften begründeten Unterschiede[15] deutlich hinausgeht[16].

Des Weiteren haben die großen Fusionen der DGB-Gewerkschaften aber auch außerhalb des DGB eine gegenläufige Entwicklung ins Leben gerufen. Kleine Verbände von Schlüsselkräften sehen ihre Interessen in der starken Verbandskonzentration der neuen Gewerkschaftsriesen nicht mehr ausreichend repräsentiert und spalten sich daher von diesen ab, um dann in offene Konkurrenz zu ihnen zu treten. Gerade in Branchen hoher Berufsqualifikation, in denen Gewerkschaften traditionell nur schwach organisiert sind, stellen kleinere Arbeitnehmervertretungsorganisationen oft eine attraktive Alternative zur Großgewerkschaft ohne spezifisches Branchenprofil dar. So sah sich etwa die Gewerkschaft ver.di im Januar 2001 bei der Lufthansa erstmals der Gewerkschaft der Piloten (Vereinigung Cockpit e.V.) gegenüber, welche mit 8200 Mitgliedern bei etwa 9000 Berufspiloten einen überwältigenden Organisationsgrad aufweist[17].

Auch die Neue Richtervereinigung, die Vereinigung der Vertragsspieler[18] sowie die Unabhängige Flugbegleiter Organisation (UFO) schlugen einen ähnlichen Weg ein. Letztere organisiert etwa 32 % der 20 000 Flugbegleiter und trat

13 Zum Fusionsprozess innerhalb des DGB ausführlich *Koopmann*, Gewerkschaftsfusion und Tarifautonomie, S. 16 ff.
14 Dazu bereits *Bösche/Kirchgäßner/Trautwein/Rose/Schmidt*, GewMH 1996, 17, 24.
15 Dazu *Bischoff*, NZA Beil. 24/2000, 4 ff.
16 Schroeder/Weßels-*Schroeder/Weßels*, Gewerkschaften, S. 18.
17 Zahlen nach www.vcockpit.de.
18 Dazu *Pröpper*, NZA 2001, 1346 ff.

in zum Teil heftig geführte Konkurrenzkämpfe mit den etablierten Gewerkschaften ihrer Branche[19].

Diese an die historischen Gewerkvereine der Facharbeiter erinnernden neu entstandenen Verbände stoßen in der bisherigen Tariflandschaft nicht nur auf den Widerspruch der großen DGB-Gewerkschaften, denen sie die in einem effektiven Arbeitskampf besonders wichtigen Schlüsselkräfte entziehen. Sie fordern auch immer mehr die Arbeitgeberseite zu einem tarifpolitischen Umdenken heraus. Denn eine Spezialistengewerkschaft weist gerade aufgrund der von ihr besetzten Schlüsselpositionen in der Regel eine besonders hohe Kampfkraft auf und kann so hohe Entgelte erzwingen, welche wiederum der übrigen Belegschaft als Vergleichsmaßstab für ihre Entgeltforderungen dienen.

Spartengewerkschaften von Funktionseliten bilden damit ein weiteres Beispiel für den im Zuge der Gewerkschaftsfusionen ausgelösten Gewerkschaftspluralismus und Gewerkschaftswettbewerb. Auch hier konnte daher das mit den Gewerkschaftsfusionen verfolgte Ziel, gewerkschaftliche Konkurrenz abzubauen[20], nur teilweise in die Tat umgesetzt werden. Die von manchen während der Fusionsdebatten geäußerte Befürchtung einer Übersteigerung neokorporatistischer Tendenzen zu Lasten der pluralen Strukturen des Arbeitsmarktes[21] sieht sich damit nicht bestätigt.

b) Der Ansatz der kleineren Gewerkschaften: Pluralismus statt Fusion

Die kleineren Gewerkschaften, welche durch die Mitgliederkrise womöglich noch stärker in ihrem Bestand betroffen sind, versuchen sich durch einen verschärften Konkurrenzkampf gegenüber den großen Gewerkschaften im Betrieb zu profilieren und propagieren mithin eine Optimierung der Arbeitnehmervertretung durch einen offenen Gewerkschaftswettbewerb. Sie wehren sich gegen den vom Selbstverständnis der Einheitsgewerkschaft ausgehenden Alleinvertretungsanspruch des DGB und berufen sich stattdessen auf die sich aus einem verfassungsrechtlich garantierten Koalitionspluralismus ergebenden Rechte[22].

Neues Gewicht hat dieser gewerkschaftliche Konkurrenzkampf insbesondere zwischen dem DGB und dem CGB gewonnen. Hier ist es dem CGB in den letzten Jahren vermehrt gelungen, seine tarifliche Außenseiterrolle in bestimmten Branchen abzulegen und selbständige, vom Tarifwerk des DGB unabhängige Tarifverträge mit den Arbeitgeberverbänden abzuschließen. Beleg dafür ist etwa das

---

19 Zum Tarifstreit in der Luftfahrtsbranche zwischen den Gewerkschaften ver.di und UFO siehe Spiegel 26/2004, 154; das BAG hat mit Beschluss vom 14.12.2004 die Tariffähigkeit der UFO festgestellt, vgl. BAG, NZA 2005, 697 ff.

20 Vgl. unter www.verdi.de die Rede des Vorsitzenden *Bsirkse* auf dem Gründungskongreß von ver.di am 20.3.2001.

21 *Koopmann*, Gewerkschaftsfusion und Tarifautonomie, S. 181.

22 Vgl. dazu das unter www.cgb-info.de einzusehende Grundsatzprogramm des CGB.

1998 begonnene Projekt Phoenix zwischen dem Arbeitgeberverband Ostmetall und dem Christlichen Metallarbeiterbund (CGM)[23]. Damit wurde entgegen dem von den DGB-Gewerkschaften geforderten Modell des einheitlichen Flächentarifvertrages ein Rahmentarifvertragsmodell eingeführt, welches insbesondere im Falle betrieblicher Notlagen flexible Abweichungen vom Tarifniveau zugunsten einer konkreten Beschäftigungssicherung durch die Betriebspartner vorsieht.

Ähnliche Bestrebungen des CGB finden sich in der Zeitarbeitsbranche durch die Tarifgemeinschaft Christlicher Gewerkschaften Zeitarbeit und PSA[24]. Das besondere Konfliktpotential zu den Gewerkschaften des DGB besteht hier vor allem darin, dass dabei beide Gewerkschaftsverbände nur einen geringen mitgliedschaftlichen Organisationsgrad aufweisen[25].

Derartige Tarifbemühungen des CGB sehen sich vehement von den oft im Betrieb dominierenden Gewerkschaften des DGB bekämpft. So leitete die IG Metall bereits 1996 ein Beschlussverfahren über die mangelnde Tariffähigkeit des CGM gemäß §§ 2a I Nr. 4, 97 ArbGG vor dem Arbeitsgericht Stuttgart ein. Zwar hatte das Arbeitsgericht Stuttgart bereits am 4.2.1972 festgestellt, dass der CGM (damals noch unter dem Namen „Christlicher Metallarbeiterverband Deutschland") alle Erfordernisse der Tariffähigkeit erfülle[26]. Die Rechtskraft dieses Beschlusses war aber – so das Bundesarbeitsgericht in einem Zwischenbeschluss vom 6.6.2000[27] – durch Inkrafttreten des Staatsvertrages über die Schaffung einer Währungs-, Wirtschafts- und Sozialunion zwischen der Bundesrepublik und der DDR vom 18.5.1990 entfallen, der in sein Leitsatzprotokoll eine Definition tariffähiger Gewerkschaften und Arbeitgeberverbände aufgenommen hatte[28]. Das Verfahren zur Aberkennung der Tariffähigkeit des CGM endete zunächst in einem Beschluss des Arbeitsgerichtes Stuttgart vom 12.9.2003, welches dem CGM die Tariffähigkeit absprach. Bereits am 1.10.2004 stellte das Landesarbeitsgericht Baden-Württemberg dagegen fest, dass die vom CGM erhobene Rechtsbeschwerde zuzulassen und der CGM doch tariffähig sei[29].

Ein weiteres aktuelles Beispiel für das neu gewonnene Selbstbewusstsein bislang wenig bedeutender Gewerkschaften wurde im Frühjahr 2003 anhand des

---

23 *Winkler*, NZA Beil. 24/2000, 16 ff.; *ders.*, AuA 1999, 11 ff.; *Schleef/Oetker*, Tarifpolitik im Wandel, S. 33 ff.; *Stumpfe*, AuA 1998, 289 ff., *Rieble*, BB 2004, 885.

24 Ausführlich dazu *Schüren*, AÜG, § 9 Rn. 218 ff.; *Schöne*, DB 2004, 136 ff.; *Böhm*, DB 2003, 2598 ff.; *Buchner*, DB 2004, 1042 f. sowie die Übersicht bei *Martin*, AuA 2004, 247 ff.

25 Vgl. *Schüren*, AÜG, § 9 Rn. 218 ff.

26 ArbG Stuttgart, EzA Nr. 9 zu Art. 9 GG.

27 BAGE 95, 47 ff. Kritisch dazu *Rieble*, Festschrift für Wiedemann , S. 519 ff.; *ders.*, BB 2004, 890 und *Buchner*, ZfA 2004, 244 ff.

28 BGBl. 1990 II, S. 537 und S. 700.

29 LAG Baden-Württemberg, NZA-RR 2005, 85 ff.; das Verfahren ist nun beim Bundesarbeitsgericht anhängig, vgl. BAG, Az 1 ABR 58/04; zum Ganzen Richardi, NZA 2004, 1025 ff.

so genanten Lokführerstreiks für das Konkurrenzverhältnis zwischen dem DGB und dem DBB deutlich. Hier hatte die Gewerkschaft der Lokführer (GDL) nach dem Ende einer Tarifunion mit der Gewerkschaft der Deutschen Bahn (GdBA) und der DGB-Gewerkschaft transnet den Abschluss eines eigenen Spartentarifvertrages erstreiken wollen. Das Landesarbeitsgericht Hessen, welches als Berufungsinstanz über die Rechtmäßigkeit dieses Streiks zu befinden hatte, entschied, dass die Wirksamkeit des Streiks nicht davon abhinge, ob der gewünschte Tarifvertrag später gemäß den Grundsätzen der Rechtsprechung zur Tarifeinheit im Betrieb Wirksamkeit entfalten werde. Der Streik der Lokführer wurde mithin als rechtmäßig anerkannt[30].

Dass es nicht nur im Bereich des Schienenverkehrs zu Überschneidungen der Tarifzuständigkeiten des DGB mit denen des DBB kommt, belegen etwa die Beispiele der Polizeigewerkschaft des DGB gegenüber der Gewerkschaft der Polizei (GdP) oder der DGB-Gewerkschaft Erziehung und Wissenschaft (GEW) gegenüber dem Deutschen Philologenverband[31].

B. Ziel der Arbeit

Bereits die eingangs genannten Zahlen zeigen, dass ein Gewerkschaftspluralismus in der Bundesrepublik de facto existiert. Das zum allgemeinen Sprachgebrauch gewordene Synonym der Einheitsgewerkschaft als „des" deutschen Gewerkschaftsmodells erweist sich daher als irreführend[32]. Vielmehr ergibt sich das Bild einer wenig einheitlich strukturierten Gewerkschaftslandschaft mit vielen, zum Teil heftig konkurrierenden Verbänden.

Die anhaltende Mitgliederkrise der Verbände, der Strukturwandel des Arbeitsmarktes sowie die unterschiedlichen Reaktionen der Gewerkschaftsverbände hierauf haben jeweils diesem Problemkreis eine neue, gesteigerte Aktualität und Bedeutung verliehen.

Diese Entwicklung spiegelt sich zunehmend auch im rechtswissenschaftlichen Schrifttum und in der Rechtsprechung wider. Bis in die neunziger Jahre ließ die arbeitsrechtliche Lehre und höchstrichterliche Rechtsprechung den Fragen der Existenz mehrerer Gewerkschaften im Betrieb eine eher stiefmütterliche Behandlung widerfahren[33], ausführliche Auseinandersetzungen damit finden sich

30 LAG Hessen, NZA 2003, 679 ff.

31 Schroeder/Weßels-*Hassel*, Gewerkschaften, S. 108.

32 Kritisch dazu bereits *Zacher*, Festschrift Böhm, S. 722 und S. 731.

33 Nach *Schüren*, Legitimation tariflicher Normsetzung, S. 243 f. soll sogar ein gewerkschaftlicher Außenpluralismus überhaupt nicht existieren; zustimmend *Reuter*, RdA 2000, 103.

daher bislang auf juristischem Gebiet nicht[34]. Erst in neuerer Zeit werden Ansätze deutlich, die im Zuge der durch die anhaltende Krise des Arbeitsmarktes und der Gewerkschaften begonnenen Erosion überkommener tariflicher Strukturen auch dem Gewerkschaftspluralismus vermehrt rechtliche Aufmerksamkeit widmen[35]. Die aktuellen Problemkreise der betrieblichen Bündnisse für Arbeit oder der Tarifeinheit werden in ihrer richterrechtlichen Ausprägung verschärft unter dem Focus der Gewerkschaftskonkurrenz behandelt[36]. Die Aufsehen erregende parlamentarische Debatte über den Fortbestand des Verhältniswahlrechts in der Betriebsverfassung zum Schutz kleiner Gewerkschaften[37] sowie der Beschluss des Bundesverfassungsgerichtes vom 12.10.2004[38], welcher zum Schutz der Mitbestimmungsrechte kleiner Gewerkschaften bei der Wahl der Aufsichtsratsmitglieder der Arbeitnehmer durch Delegierte den § 12 I 2 MitbestG in der aktuellen Fassung für verfassungswidrig erklärt hat, belegen diese Entwicklung weiterhin.

Allerdings hat die Auseinandersetzung mit den Fragen des Gewerkschaftspluralismus im Betrieb erst begonnen. In der eingangs gestellten Frage seiner Einordnung als hässliches Entlein des bestehenden Tarifsystems oder als das Potential, aus dem der stolze Schwan einer reformierten Arbeitnehmervertretung hervorgehen wird, ist von Seiten der Rechtspolitik noch nicht das letzte Wort gesprochen. Ziel der vorliegenden Untersuchung soll es daher sein, die praktischen Ausformungen des Gewerkschaftspluralismus im Betrieb auf ein rechtliches Fundament zu stellen und somit die sich daraus ergebenden Problemkreise in einen schlüssigen Gesamtzusammenhang einzubetten.

C. Gang der Arbeit

Die grundlegende Struktur der gewerkschaftlichen Interessenvertretung in Deutschland hat sich bereits vor dem Ersten Weltkrieg herausgebildet und in den Jahren der Weimarer Republik eine weitreichende Fortentwicklung erfahren. Obwohl diese historischen Grundmuster im heutigen Gewerkschaftssystem zum Teil deutlich nachwirken, wurden durch die Gründung der Bundesrepublik und die Schaffung des Grundgesetzes neue Maßstäbe für das Recht der Arbeitnehmervertretung gesetzt. Jede Betätigung der Gewerkschaften in den Betrieben ist

34 Für das volkswirtschaftliche Schrifttum hat dagegen *Lorz*, Standortwettbewerb, S.83 ff. eine umfassende mikro-ökonomische Analyse des Gewerkschaftswettbewerbs unternommen.

35 Vgl. dazu die Ausführungen von *Franzen*, RdA 2001, 1 ff.; *Rieble*, BB 2004, 885 ff.; *ders.*, Wettbewerb, Rn. 1786 ff.; *Buchner*, ZfA 2004, 229 ff.

36 Vgl. insbesondere *Franzen*, RdA 2001, 1 ff.

37 Vgl. BT-Drucks. 11/2503, S. 23; zum Ganzen GK-BetrVG-*Kreutz* § 14 Rn. 78 ff. m.w.N.

38 BVerfG, NZA 2004, 1395 ff. Zustimmend *Säcker*, RdA 2005, 113 ff.

daher untrennbar mit dem Grundrecht der Koalitionsfreiheit aus Art. 9 III GG verbunden. Dementsprechend beschäftigt sich der erste Teil der Arbeit vor diesem Hintergrund zunächst mit den verfassungsrechtlichen Grundlagen der Existenz mehrerer Gewerkschaften im Betrieb. Dabei werden die unterschiedlichen gewerkschaftlichen Organisationsmodelle zueinander abgegrenzt und jeweils in die einzelnen Schutzrichtungen der Koalitionsfreiheit nach Art. 9 III GG eingeordnet.

Die Betätigung unterschiedlicher Koalitionen auf der Basis des Freiheitsrechtes aus Art. 9 III GG kollidiert zwangsläufig mit anderen von der Verfassung geschützten Rechtsgütern. Der zweite Teil der Untersuchung setzt sich daher mit den verfassungsrechtlichen Schranken der Betätigungsfreiheit der einzelnen Arbeitnehmerkoalitionen in einer pluralen Gewerkschaftslandschaft auseinander.

Zu unterscheiden sind dabei die unterschiedlichen Schutzgarantien des Art. 9 III GG selbst von denen anderer Verfassungsnormen. Letztere resultieren insbesondere aus den Freiheitsrechten des Arbeitgeber und der Arbeitnehmer als betriebliche Akteure. Interne Schranken des Art. 9 III GG ergeben sich aus den verschiedenen Schutzrichtungen der Koalitionsfreiheit. Daraus folgt, dass nicht jede Organisation, die sich zur Arbeitnehmervertretung berufen fühlt, auch im Schutzbereich des Art. 9 III GG ihre Tätigkeit entfalten darf. Zu untersuchen sind daher die Wechselwirkungen zwischen der Existenz mehrerer Arbeitnehmerkoalitionen und deren einzelner Definitionsmerkmale. Besonderes Augenmerk ist dabei auf die Frage nach der Differenzierung zwischen Koalitions- und Gewerkschaftsbegriff anhand der Durchsetzungsfähigkeit des Verbandes zu richten, welche die Reichweite des Gewerkschaftspluralismus in der betrieblichen Praxis deutlich einschränkt. Ebenso wie die im Anschluss daran zu erörternde, in ihrer Bedeutung für den Gewerkschaftspluralismus ähnliche Problematik der kumulativen Geltung mehrerer Tarifverträge im Betrieb soll hier auf der Grundlage einer als kollektivierter Privatautonomie verstandenen Tarifautonomie ein schlüssiges Schrankenmodell des Gewerkschaftspluralismus entworfen werden.

Die Existenz mehrerer Gewerkschaften im Betrieb umfasst insbesondere auch ein gegeneinander ausgerichtetes Konkurrenzverhalten der Verbände. Der folgende Abschnitt der Arbeit befasst sich daher mit der Einordnung dieser horizontalen Betätigungsebene in das Schrankensystem der Koalitionsfreiheit. Dabei soll die mögliche Konkretisierung der abstrakten Verfassungsschranken anhand allgemeiner Wettbewerbsgrundsätze, wie sie auch dem Wettbewerb auf dem Gütermarkt zugrunde liegen, im Vordergrund der Darstellung stehen.

Die Betriebspolitik der Gewerkschaft bildet die entscheidende Grundlage für Bestand und Erneuerung der gewerkschaftlichen Mitgliedschaft[39]. Erst auf dieser unmittelbarsten Konfrontations- bzw. Kooperationsebene findet der Gewerkschaftspluralismus letztlich seine tatsächliche Gestaltung und Geltung, da die Bedeutung gewerkschaftlicher Tätigkeit erst konkret in den betrieblichen Auseinandersetzungen und der Rolle der Interessenvertreter vor Ort erfahren werden kann. Die eingangs genannten Zahlen zu den vielfältigen Arbeitnehmerorganisationen in der Bundesrepublik lassen es daher überraschend erscheinen, dass ein Verbändegesetz, welches die Rechtsbeziehungen der Gewerkschaften untereinander sowie die der Betriebspartner zu mehreren Gewerkschaften regeln könnte, nicht existiert. Stattdessen stellt sich dem Betrachter hier ein stark richterrechtlich geprägtes, bislang nur fragmentarisch aufgearbeitetes Beziehungsgeflecht dar. Dieses Beziehungsgeflecht in ein nachvollziehbares Fundament einzubinden und für dessen einzelne praktische Ausformungen konkrete rechtliche Spielregeln zu entwickeln, dazu soll der dritte Teil der Untersuchung einen Beitrag leisten. Nicht vernachlässigt werden soll dabei neben dem Gewerkschaftswettbewerb auch dessen Spiegelbild in Form der Kooperation mehrerer Gewerkschaften im Betrieb.

Es bietet sich dabei an, die Darstellung in die einzelnen rechtlichen Beziehungsebenen zwischen den Gewerkschaften selbst sowie der Arbeitgeberseite und dem Betriebsrat zu mehreren Gewerkschaften im Betrieb zu unterteilen. Ebenso verdient hier das Rechtsverhältnis der einzelnen Gewerkschaft zu ihren Mitgliedern eine eigenständige Betrachtung. Abschließend ist die Frage nach der Rechtswegzuständigkeit der unterschiedlichen, auf den Beziehungsebenen eines Gewerkschaftspluralismus beruhenden Streitigkeiten zu erörtern.

Auf eine detaillierte Auseinandersetzung mit dem Phänomen der Gewerkschaftsfusionen, die gewissermaßen die Endstufe einer möglichen Gewerkschaftskooperation darstellen, muss dagegen verzichtet werden, da dies den Rahmen der vorliegenden Arbeit sprengen würde[40]. Aus demselben Grund unterbleibt auch ein näheres Eingehen auf den Gewerkschaftspluralismus auf internationaler, insbesondere europäischer Ebene.

---

39 Vgl. dazu *Gamillscheg*, Kollektives Arbeitsrecht, S. 226; Schroeder/Weßels-*Kädtler*, Gewerkschaften, S. 407.

40 Zur vielfältigen Problematik vgl. *Koopmann*, Gewerkschaftsfusion und Tarifautonomie; *Hanau/Kania*, AuR 1994, 205 ff.; *Wiedemann/Thüsing*, WM 1999, 2237 ff. und 2277 ff.; *Richardi*, Festschrift Kraft, S. 509 ff.

1. Teil: Die verfassungsrechtlichen Grundlagen eines Koalitionspluralismus

A. Koalitionspluralismus und Arbeitnehmervertretungsmodell

Nicht jedes denkbare Arbeitnehmervertretungsmodell umfasst notwendigerweise die Existenz mehrerer Arbeitnehmerkoalitionen[41]. In dem folgenden Teil der Untersuchung soll daher der grundsätzlichen Frage nach der Zulässigkeit eines Koalitionspluralismus im Modell der deutschen Arbeitnehmervertretung nachgegangen werden. Die Beantwortung ergibt sich dabei naturgemäß zunächst aus der Verfassungsnorm des Art. 9 III GG selbst, welche für jedermann und alle Berufe das Recht gewährleistet, zur Wahrung und Förderung der Arbeits- und Wirtschaftsbedingungen Vereinigungen zu bilden.

Um die hierin begründeten gewerkschaftlichen Organisationsmöglichkeiten im Lichte der Verfassung näher zu erläutern, ist die Verfassungsnorm des Art. 9 III GG zunächst in Zusammenhang zu den historischen Ursprüngen und Entwicklungslinien der Gewerkschaften in Deutschland selbst zu setzen.

I. Die Entwicklung gewerkschaftlicher Organisationsmodelle in Deutschland bis 1949

Die ersten dauerhaften Zusammenschlüsse von Arbeitnehmern in Deutschland gehen auf die sechziger Jahre des neunzehnten Jahrhunderts zurück, in denen sich etwa die Berufsgruppe der Zigarrenarbeiter 1865 zum Allgemeinen Deutschen Cigarrenarbeiterverein und wenig später die Berufsgruppe der Buchdrucker im Jahre 1866 zunächst nur auf lokaler Ebene, später dann auch als überörtliche Zentralverbände organisierten[42]. Bei der weiteren Entwicklung solcher Zentralverbände in beinahe alle existierenden Berufszweigen zeichnete sich schon bald eine Teilung in drei weltanschaulich differenzierte Ausrichtungen ab. Allein zwischen 1868 und 1878 entstanden 30 zentral ausgerichtete Verbände mit sozialistischer Ausrichtung, die sich 1875 als Freie Gewerkschaften einheitlich organisierten. Daneben traten die liberal orientierten Hirsch-Dunckerschen Gewerkvereine und in der Mitte der neunziger Jahre dann die Christlichen Gewerkschaften, die sich 1899 unter dem Gesamtverband Christlicher Gewerkschaften vereinten. Der interne Strukturkampf der oft nur kurzlebigen lokalen Arbeitneh-

---

41 Zur Auswirkung der gewerkschaftlichen Organisationsform auf den Verbandspluralismus vgl. bereits *Biedenkopf*, Tarifautonomie, S. 89 f.

42 Im Einzelnen dazu *Umbreit*, Gewerkschaftsbewegung, S. 19 ff.

merorganisationen gegenüber den überregionalen gewerkschaftlichen Zentralverbänden war schnell zugunsten der letzteren entschieden. Diese waren lernfähiger, konnten finanzielle Rücklagen bilden und verfügten zudem über den strategischen Vorteil eines zentralen Leitungsapparats der Verbandsverwaltungen. Für die Freien Gewerkschaften setzten sich die Zentralisten bereits 1892 auf dem ersten deutschen Gewerkschaftstag in Halberstadt mit deutlicher Stimmenmehrheit durch. Ein weiterer Meilenstein gewerkschaftlicher Organisation konnte dagegen in Halberstadt nicht auf den Weg gebracht werden. Der Verband Deutscher Metallarbeiter (DMV) scheiterte hier mit seinem Bestreben, das Industrieverbandsprinzip für alle Freien Gewerkschaften festzuschreiben[43]. Das Industrieverbandsprinzip sollte alle Arbeitnehmer einer Industriebranche unabhängig von ihrer individuellen Tätigkeit in einer Gewerkschaft vereinen. Der damit verfolgte Grundsatz „ein Betrieb – eine Gewerkschaft“ sollte insbesondere für Gewerkschaften desselben Dachverbandes einen Koalitionswettkampf im selben Betrieb verhindern. Die übrigen Berufsverbände und vor allem der Vorsitzende der einberufenen Generalkommission Carl Legien erteilten diesem Organisationsmodell eine deutliche Absage. Sie verliehen damit dem ursprünglichen Selbstverständnis der Gewerkschaften als Organisationen qualifizierter Fachkräfte und Handwerker Ausdruck, welche den Zugang zu ihren Berufszweigen zu limitieren und diese so vor der Auflösung durch Arbeitsteilung zu bewahren suchten[44].

Somit blieb auch nach Halberstadt die Ordnung nach Berufsgruppen weiterhin das vorherrschende Organisationsprinzip. Danach wurden alle Angehörigen eines bestimmten Berufszweigs unabhängig davon, in welchem Industriezweig sie beschäftigt waren, einer Gewerkschaft zugeordnet, während das verwandte Statusgruppenprinzip sich an Stand oder Status der Arbeitnehmer als Arbeiter, Angestellter oder Beamter orientierte. Erst im Zuge der wachsenden Industrialisierung und der dadurch bedingten Mechanisierung und Dequalifizierung begannen die überkommenen Berufsbilder immer mehr aufzuweichen, so dass die ursprünglichen Berufsverbände mehr und mehr fachfremde Mitlieder zuließen. Immer stärker wurden die Gewerkschaften dadurch zu Vertretungsorganen der ungelernten Arbeiter in den Großbetrieben. Doch obwohl die Zahl der Verbände der Freien Gewerkschaften von 62 im Jahr 1892 auf letztlich 31 Einzelverbände im Jahre 1930 zurückging[45], blieb die Zersplitterung der deutschen Gewerkschaftslandschaft in unterschiedliche politische Ausrichtungen und voneinander abweichende Organisationsmodelle erhalten. Die Machtergreifung durch den Nationalsozialismus und die damit verbundene Gleichschaltung der Gewerk-

43 Zum Ganzen *Schneider*, Kleine Geschichte der Gewerkschaften, S. 74 ff.
44 Schroeder/Weßels-*Streek*, Gewerkschaften, S. 86 ff.
45 Vgl. *Schneider*, Kleine Geschichte der Gewerkschaften, S. 196 ff.

schaften bedeutete gleichzeitig einen Stillstand der Fortentwicklung gewerkschaftlicher Organisationsmodelle.

Erst die Neuordnung der deutschen Gewerkschaftslandschaft nach 1945 warf erneut die Frage nach der Strukturierung der Tarifparteien auf. Bereits während des gewerkschaftlichen Widerstandes gegen das NS-Regime war das Konzept einer einzigen Einheitsgewerkschaft entstanden, innerhalb der sich die unterschiedliche Weltanschauungen, Konfessionen und politischen Überzeugungen gemeinsam entfalten sollten[46]. Gliedern sollte sich dieser geplante Deutsche Gewerkschaftsbund (DGB) in verschiedene Einzelgewerkschaften, welche anhand des Industrieverbandsprinzips voneinander abgegrenzt werden sollten. Der DGB sollte dabei nicht als Dachverband fungieren, sondern eine zentralisierte Einheitsgewerkschaft bilden, der die Einzelgewerkschaften nur als Unterorganisationen angehörten[47]. Ein Gewerkschaftspluralismus wäre in diesem System der Arbeitnehmervertretung nicht denkbar gewesen[48].

Die Umsetzung dieser Idee war aber letztlich aufgrund des wenig einheitlichen Bildes, welches Deutschland in den ersten Jahren nach dem Kriegsende bot, zum Scheitern verurteilt. In dieser Neugründungsphase entstanden stattdessen aus regionalen und lokalen Initiativen heraus 16 autonome Branchengewerkschaften. Zwar verhinderte der zwischen 1946 und 1949 bestehende Lizensierungszwang gewerkschaftlicher Organisationen, in dessen Zuge oftmals nur solche Gewerkschaften, die dem geplanten DGB angehörten, eine Lizenz erhielten[49], zunächst ein ungehindertes Auffächern der Gewerkschaftslandschaft[50]. Im wachsenden Spannungsfeld der Ost-West-Konflikte aber rückte der Plan einer gesamtdeutschen Gewerkschaftseinheit immer mehr in den Hintergrund und war nach dem Bruch mit der Entwicklung in der sowjetischen Besatzungszone 1948 während der Berlin-Blockade endgültig nicht mehr realisierbar.

II. Art. 9 III GG als Ausgangspunkt gewerkschaftlicher Organisationsmodelle seit 1949

1. Das Prinzip der Einheitsgewerkschaft

Vor diesem Hintergrund gewährleistete der am 23.5.1949 mit dem Grundgesetz in Kraft getretene Art. 9 III GG für jedermann das Recht der Gründungs- und

46 Zum Ganzen *Hueck/Nipperdey*, Arbeitsrecht II/1, S. 175 ff.
47 *Schneider*, Kleine Geschichte der Gewerkschaften, S. 254.
48 *Biedenkopf*, Tarifautonomie, S. 89.
49 Eine regional bedingte Ausnahme dazu bildete die französische Besatzungszone im Saarland, in der auch sozialistische und christliche Gewerkschaften eine Lizenz erhielten; zu weiteren Unterschieden in den verschiedenen Besatzungszonen siehe auch *Schneider*, Kleine Geschichte der Gewerkschaften., S. 240 f.
50 *Jühe/Niedenhoff/Pege*, Gewerkschaften, S. 13 ff.

Beitrittsfreiheit von Koalitionen. Damit statuiert Art. 9 III GG zumindest die verfassungsrechtliche Möglichkeit eines Koalitionspluralismus[51]. Das Organisationsmodell der Einheitsgewerkschaft im Sinn eines Zusammenschlusses aller Arbeitnehmer aller Branchen und Berufe in einer einzigen Gewerkschaft ist damit zwar nicht für unzulässig erklärt worden[52]. Art. 9 III GG garantiert aber, dass neben einer solchen Einheitsgewerkschaft immer die Möglichkeit der Gründung neuer Koalitionen bestehen muss[53]. Das Modell der Einheitsgewerkschaft bildet daher kein aliud zum Modell des Koalitionspluralismus, sondern ist nur eine der nebeneinander bestehenden Ausformungsmöglichkeiten innerhalb des Art. 9 III GG. Der Koalitionspluralismus erscheint daher als eine koalitionsrechtliche Ausformung der allgemeinen Entscheidung für den Pluralismus als Strukturelement der freiheitlich-rechtsstaatlichen Demokratie[54].

Der ursprüngliche Wunsch der Gründer des DGB, durch einen Einheitsverband eine größtmögliche Geschlossenheit der Arbeitnehmerschaft zu erreichen, wurde durch Art. 9 III GG auf eine rechtspolitische Effektivitätserwägung reduziert[55], konnte aber nicht mehr die Legitimität eines Koalitionsverbandspluralismus in Frage stellen[56].

Dementsprechend wurde der DGB schließlich am 12. – 14.10.1949 als dachverbandlicher Verbund von Einheitsgewerkschaften mit wenig Zentralität und viel Autonomie gegründet[57]. Die Gründung des Deutschen Beamtenbundes (DBB) im Februar 1950 sowie die des Christlichen Gewerkschaftsbundes (CGB) im Juni 1959 unterstrichen die Entwicklung hin zu einer Verbandspluralität noch weiter. Eine weitere Schwächung des Dachverbandes des DGB zugunsten der Autonomie seiner Einzelgewerkschaften war wiederum während des Fusionsprozesses in den neunziger Jahren zu verzeichnen[58].

---

51 Kirchhof/Isensee-*Scholz*, Handbuch des Staatsrechts V, § 151 Rn. 58; *Scholz*, Koalitionsfreiheit, S. 379; BVerfGE 19, 303, 323; 55, 7, 24; 4, 17; *Konzen*, RdA 1978, 154.

52 Die Zulässigkeit einer entsprechenden Einheitspartei wäre aufgrund von Art. 21 GG gegenteilig zu beurteilen.

53 Maunz/Dürig-*Scholz* Art. 9 Rn. 253; *Dütz*, AuR 1976, 76; *Söllner*, AuR 1976, 324 f., *Löwisch*, RdA 1975, 54 ff.; *Wertenbruch*, Peters-Gedächtnisschrift, S. 633 f.

54 *Mayer-Maly*, RdA 1966, 206; *Zacher*, Festschrift Fröhler, S. 533 f.; *Müller*, Tarifautonomie, S. 170 spricht von der Ethik der Interessenvertretung in einem Rechtsstaat.

55 *Vetter*, Festschrift Loderer, S. 35 ff.; dagegen für die Effektivität des Verbandspluralismus als tendenziell funktionssicherndes Regulativ der Tarifautonomie *Reuter*, JuS 1992, 107.

56 AK-GG-*Kittner/Schiek* Art. 9 III GG Rn. 149; *Buchner*, NZA Beil. 1/1989, 2 ff.; v. Münch/Kunig-*Löwer* Art. 9 Rn. 65; a.A. *Zachert*, AuR 1986, 321, 324.

57 *Borsdorf*, Grundlagen der Einheitsgewerkschaft, S. 271 f.

58 Vgl. oben Einleitung A. II. 2. a.

2. Das Industrieverbandsprinzip

Ebenso wie von der Festlegung auf das Konzept einer Einheitsgewerkschaft sah Art. 9 III GG von einer verfassungsrechtlichen Festschreibung des Industrieverbandsprinzips ab[59]. Art. 9 III GG wurde vielmehr als Freiheitsrecht im Sinn eines liberalen Abwehrrechts verstanden. Die darin begründete Aufgabe der Koalitionen, die Arbeits- und Wirtschaftsbedingungen entsprechend autonom zu gestalten[60], sollte keinesfalls die Funktionalisierung durch staatliche Vorgaben und Reglementierung der verbandsrechtlichen Organisationsform beinhalten[61]. Auch die im Anschluss an die Verfassung vereinzelt geforderte einfachgesetzliche Festlegung auf das Industrieverbandsprinzips[62] konnte sich vor diesem verfassungsrechtlichen Hintergrund nicht durchsetzen[63]. Das Gebot der einfachsten Organisationsform erscheint damit nicht als ein verfassungsrechtliches Gebot[64], sondern lediglich als eine Option, deren Wahrnehmung den Koalitionen in ihrem Selbstverwaltungsrecht überlassen bleibt[65]. Die Organisationsformen der nach der Schaffung des Grundgesetzes entstandenen Gewerkschaften spiegeln dies deutlich wider. Während sich die Deutsche Angestelltengewerkschaft (DAG) sowie der DBB am Statusgruppenprinzip orientierten[66], setzte der DGB in seinen Einzelverbänden das Industrieverbandsprinzip um. 1959 folgte der CGB mit einer Organisation teils nach dem Industrieverbands- und teils nach dem Berufsgruppenprinzip[67].

Eine neuerliche Modifikation hat das Industrieverbandsprinzip erst während der Gewerkschaftsfusionen der DGB-Gewerkschaften in den neunziger Jahren erfahren, an deren Ende sich die verbleibenden Großgewerkschaften als Multibranchenorganisationen neu definieren mussten[68]. Besonders deutlich wird dies am Beispiel des Gründungsprozesses der Gewerkschaft ver.di. Die Fusion der Ein-

---

59 BVerfGE 4, 96, 104 f., BAG, AP Nr. 4 zu § 2 TVG.

60 Dazu BVerfGE 4, 96, 107; 18, 18, 28; 20, 312, 317; 58, 233, 246.

61 BAG, DB 1986, 1235; v. Mangoldt/Klein/Starck-*Kemper* Art. 9 Abs. 3 GG Rn. 83 ff., Kirchhof/Isensee-*Scholz*, Handbuch des Staatsrechts V, § 151 Rn. 58; *Schnorr*, RdA 1955, 3, 7 ff.; *Konzen*, RdA 1978, 153; auf die Bedeutung des Art. 9 III GG als Kommunikationsgrundrecht abstellend mit gleichem Ergebnis *Scholz*, Koalitionsfreiheit, S. 379.

62 *Meissinger*, RdA 1951, 48; *ders.*, DB 1952, 101 ff.

63 BVerfGE 55, 7, 24.

64 So aber *Gaul*, ZTR 1991, 449.

65 Für eine Abhängigkeit der Tariffähigkeit eines Verbandes von seiner Organisation als Industrieverband aber noch LAG München, AP 50 Nr.1; ablehnend *Schnorr*, RdA 1955, 3, 5 f.; zurückhaltend BVerfGE 4, 96 ff.

66 *Hueck/Nipperdey*, Arbeitsrecht II/1, S. 175 ff.; *Jühe/Niedenhoff/Pege*, Gewerkschaften, S. 13 ff.

67 Vgl. für den DBB und den CGB Schroeder/Weßels-*Schroeder/Weßels*, Gewerkschaften, Anhang, S. 638 ff.; die von *Gaul*, ZTR 1991, 449 angenommene gewohnheitsrechtliche Anerkennung des Industrieverbandsgebotes kraft faktischer Geltung seit über fünfzig Jahren ist daher nicht haltbar.

68 Schroeder/Weßels-*Müller/Wilke*, Gewerkschaften, S. 139.

zelgewerkschaften DAG, DPG, HBV, IG Medien und ÖTV zu einer vereinigten Dienstleistungsgewerkschaft hatte gerade das erklärte Ziel, das bisherige Industrieverbandsprinzip des DGB an die Anforderungen der modernen, branchenübergreifenden Arbeitswelt anzupassen[69]. Da es im Bereich des Dienstleistungssektors in Ermangelung einer separaten Dienstleistungsbranche eine industrieverbandliche Organisation der neugeschaffenenen Großgewerkschaft nicht geben konnte, wurde stattdessen eine Multibranchengewerkschaft mit stark berufsorientierter Ausrichtung geschaffen. Diese umfasste im Gegensatz zum bisherigen betriebszentrierten Organisationskonzept ein stärker individualistisch geprägtes Dienstleistungsmodell[70]. Da sich aber auch die Industriegewerkschaften angesichts sinkender Mitgliederzahlen wieder auf die Industrieangestellten als mögliches Mitgliederpotential besinnen, bleibt die Gefahr von Überschneidungen der gewerkschaftlichen Organisationszuständigkeiten und daraus resultierenden Konkurrenzkämpfen innerhalb des DGB weiterhin erhalten[71].

B. Die verschiedenen Schutzrichtungen der Koalitionspluralismusgarantie

I. Der Koalitionsbegriff des Art. 9 III GG

Steht somit fest, dass ein Verbandspluralismus durch das vom Grundgesetz bestimmte Arbeitnehmervertretungsmodell des Art. 9 III GG grundsätzlich für möglich erklärt wird, so stellt sich nunmehr die Frage, welchen Anforderungen ein Arbeitnehmerverband genügen muss, um überhaupt als Koalition zu gelten und so unter den Schutzbereich des Art. 9 III GG zu fallen.

Der Begriff der Koalition lässt sich nur aus der Gewährleistung des Art. 9 III GG selbst ableiten. Demnach muss es sich dabei um solche Verbände handeln, welche auf einem freiwilligen privatrechtlichen Zusammenschluss beruhen und die auf eine gewisse Dauer angelegt sind. Darüber hinaus ergeben sich aus dem in Art. 9 III GG genannten Koalitionszweck der Wahrung und Förderung der Arbeits- und Wirtschaftsbedingungen sowie daran anknüpfend aus der Fähigkeit, diesen Zweck gerade durch Tarifabschluss mit der Arbeitgeberseite verfolgen zu können, weitere Anforderungen an die Eigenschaften der jeweiligen Arbeitnehmerverbände. Nach überwiegender Ansicht sind dies die Gegnerunabhängigkeit, die Unabhängigkeit von dritten Mächten sowie eine demokratische und überbetriebliche Organisation des Verbandes. Darüber hinaus soll für die Tariffähigkeit

69 Schroeder/Weßels-*Müller/Wilke*, Gewerkschaften, S. 139 f.
70 *Waddington/Hoffmann*, Gewerkschaften, S. 44 f.
71 Zur Konkurrenz von ver.di und der IG Metall vgl. *Gartz*, NZA Beil. 24/2000, 6 ff.

einer Koalition insbesondere ihre soziale Mächtigkeit von Bedeutung sein. Gemeinhin wird dabei das Kriterium der Tariffähigkeit zur Unterscheidung des Koalitionsbegriffes von dem der Gewerkschaft verwendet[72]. Die Zuordnung dieser einzelnen an den Schutzzweck des Art. 9 III GG gebundenen Kriterien zum Koalitions- oder zum Gewerkschaftsbegriff ist nach wie vor umstritten[73]. Gemeinsam ist ihnen aber jedenfalls, dass es sich dabei um Merkmale handelt, die sehr eng mit den einzelnen, unter Umständen kollidierenden Gewährleistungen des Art. 9 III GG verbunden sind. Aufgrund der Komplexität der dadurch berührten Problemkreise empfiehlt sich ihre Darstellung, sofern sie für einen Gewerkschaftspluralismus im Betrieb von Bedeutung ist, erst auf der Schrankenebene im zweiten Teil dieser Untersuchung.

Dem vorausgehen soll zunächst die grundlegende Erörterung, welche unterschiedlichen Schutzrichtungen der verfassungsrechtlichen Garantie eines Koalitionspluralismus zukommen und wie diese funktional in das Gesamtsystem der Koalitionsfreiheit nach Art. 9 III GG einzuordnen sind. Damit unmittelbar verknüpft ist die Frage, ob und inwieweit der Staat verpflichtet ist, zu dem tatsächlichen Gelingen des Koalitionspluralismus auf Arbeitnehmerseite beizutragen. Um begriffliche Unklarheiten zu vermeiden, soll dabei im Folgenden der Begriff der Koalition durch den der Gewerkschaft in denjenigen Fällen ersetzt werden, welche den Tarifabschluss selbst zum Gegenstand haben. Den einzelnen Anforderungen an die Fähigkeit zum Tarifabschluss im Gegensatz zur Koalitionseigenschaft ist dann im zweiten Teil der Untersuchung ausführlich nachzugehen.

II. Koalitionspluralismus als Bestandteil der Koalitionsfreiheit gemäß Art. 9 III GG

1. Das privatautonome Verständnis der Tarifautonomie

Ausgangspunkt der folgenden Überlegung ist die grundlegende Einordnung des Arbeitsvertrages als Ausfluss der von Art. 2 I, 12 I GG garantierten Privatautonomie und individuellen Vertragsfreiheit. Die Befugnis des Einzelnen zur freien und eigenverantwortlichen Gestaltung seiner Rechtsverhältnisse in privatrechtlichen Rechtsbeziehungen und seine damit verbundene Entscheidungsfreiheit darüber, ob überhaupt und zu welchen Konditionen er sich vertraglichen Bindun-

---

72 Zum Koalitionsbegriff und Gewerkschaftsbegriff im Einzelnen statt aller MünchArbR-*Löwisch/Rieble* § 243 Rn. 45 ff. m.w.N.

73 MünchArbR-*Löwisch/Rieble* § 243 Rn. 45 ff. ordnen die demokratische Organisation und die Überbetrieblichkeit nur der Tariffähigkeit des Verbandes zu; für eine Zuordnung zum Koalitionsbegriff etwa *Nikisch*, Arbeitsrecht Bd. II, S. 10 f.; *Hueck/Nipperdey*, Arbeitsrecht II/1, S. 98 ff.; *Zöllner/Loritz*, Arbeitsrecht, S. 113 ff. Differenzierend *Kempen*, Festschrift BAG, S. 734.

gen unterwerfen will[74], gewährleistet der Staat zunächst dadurch, dass er den privaten Akteuren das Instrument des Vertrages sowie dessen Durchsetzung notfalls mittels staatlicher Gewalt zur Hand gibt. Der verbindliche Geltungsanspruch der getroffenen Vertragsvereinbarung bleibt dabei privatautonom legitimiert.

Legt man dem nun die Prämisse zugrunde, dass für ein Prinzip der freien Selbstbestimmung neben der formalen auch die faktische Gleichgewichtigkeit der Vertragsparteien Voraussetzung ist, wird bezüglich des Arbeitsvertrages aufgrund des strukturellen Ungleichgewichts von Arbeitgeber und Arbeitnehmer ein grundlegendes Schutz- und Funktionsdefizit erkennbar. Das in der Regel vorliegende faktische Übergewicht des Arbeitgebers führt dazu, dass sich unter dem Primat der Vertragsfreiheit nur seine Freiheit verwirklicht, während der Arbeitnehmer aufgrund der oft existenziellen Bedeutung des erstrebten Arbeitsplatzes vielfach einen Verlust an selbst bestimmter Gestaltung seiner Lebensbedingungen in Kauf nehmen muss[75].

Um dieses der effektiven Gewährleistung der Freiheit des Einzelnen zuwiderlaufende faktische Ungleichgewicht zu beseitigen, muss der Staat dafür Sorge tragen, dass dem Arbeitnehmer ein entsprechendes Recht zur Selbsthilfe zur Verfügung gestellt wird[76]. So verstanden ist Art. 9 III GG als Ausfluss des Sozialstaatsprinzips zum Schutz einer grundlegenden Wertentscheidung der Verfassung zu sehen[77]. Er beinhaltet das Recht des Einzelnen, die individuellen Vertragsverhandlungen an ein dem Arbeitgeber ebenbürtiges Kollektiv zu delegieren. Diese kollektivierte Privatautonomie[78] stellt die notwendige Parität zwischen den Verhandlungspartnern des Arbeitsvertrages wieder her und gewährleistet damit dessen Richtigkeitschance[79]. Sitzen sich die Tarifpartner am Verhandlungstisch in gleicher Stärke gegenüber, so kann man auf die Kraft des Vertrages vertrauen. Der Vertragsfreiheit wird damit auf einer höheren, kollektiven Ebene wieder zu

74 *Oldiges*, Festschrift Friauf, S. 191 m.w.N.

75 Dazu *Singer*, ZfA 1995, 611 ff.; *Raab*, Negatorischer Rechtsschutz, S. 25 ff. jeweils m.w.N.

76 *Papier*, RdA 1989, 139 ff.; *Heinze*, NZA 1991, 330 f.; *Wiedemann*, TVG, Einleitung Rn. 134 f. nennt dies den objektiven Gehalt als Leitmotiv der gesetzgeberischen Ausgestaltung zur Sicherstellung, dass Sinn und Zweck des Grundrechts voll zum Tragen kommen.

77 *Heinze*, NZA 1991, 331.

78 So auch die neuere oberste Rechtsprechung, etwa BAGE 87, 1, 4 ff.; 88, 118, 123; 88, 162, 168 ff.; 95, 277, 285; wegweisend dazu bereits *Herschel*, Tariffähigkeit und Tarifmacht, S. 15 ff.; aus neuerer Zeit vgl. *Wendeling-Schröder*, RdA 1999, 140 f.; *Rieble*, ZfA 2000, 5 ff. m.w.N. Grundlegend anders dagegen die Vertreter der so genannten Delegationstheorie, vgl. *Wiedemann*, RdA 1969, 321; *Kemper*, Die Bestimmung des Schutzbereichs, S. 67 ff.; zum Streitstand im Einzelnen ist auf die ausführlichen Darstellungen bei *Richardi*, Kollektivgewalt und Individualwille; *Belling*, ZfA 1999, 547 ff.; *Waltermann*, ZfA 2000, 53 ff. zu verweisen.

79 Allgemein zur Richtigkeitsgewähr im Privatrecht *Schmidt-Rimpler*, AcP 147 (1941), 157 ff.; Kritik daran von *Canaris*, Festschrift Lerche, S. 882 ff.; *Mayer-Maly*, RdA 1966, 206 dagegen spricht von der besonderen Bedeutung der Richtigkeitsgewähr bei sozial gestaltenden Verträgen; ähnlich *Franzen*, RdA 2001, 1ff.

der Position verholfen, die ihr in einem freiheitlichen Gemeinwesen zukommt. Das Ergebnis des Aushandelns ist – zwischen den Vertragspartnern, nicht aber gegenüber Dritten – richtig, weil es gewollt ist[80].

Dass dieser kollektive Schutz aber der Freiheit des Einzelnen unterzuordnen ist, die entsprechende Delegation also allein auf *freiwilliger* Basis beruhen kann, zeigt sich am Rechtsinstitut der ebenfalls von Art. 9 III GG garantierten negativen Koalitionsfreiheit des Einzelnen. Wer die volle individuelle Gestaltungsfreiheit über seinen Arbeitsvertrag behalten will, muss dies auch ungehindert durchsetzen können[81]. Dass er durch den Beitritt zu einer Gewerkschaft seine Marktchancen auf einen *besseren* Vertragsinhalt nicht aufgibt, gewährleistet das arbeitsrechtliche Günstigkeitsprinzip[82].

Es findet mithin ein Systemwettbewerb zwischen den Möglichkeiten des Individuums und des Kollektivs statt.

2. Koalitionspluralismusgarantie als notwendiger Bestandteil der kollektivierten Privatautonomie

Besondere Bedeutung erlangt dieser Systemwettbewerb im „dualen" Verhältnis von tariflicher und betriebsverfassungsrechtlicher Kompetenzverteilung[83]. Der Betriebsrat als Vertretungsorgan erfasst notwendigerweise die gesamte Belegschaft, also auch jene Arbeitnehmer, die bei seiner Wahl nicht für ihn gestimmt haben. Fragen, welche das synallagmatische Austauschverhältnis der Arbeitsvertragsparteien betreffen, sollen naturgemäß dagegen allein privatautonom ausgehandelt werden. Für sie muss dem einzelnen Arbeitnehmer also die Möglichkeit offen stehen, seine Delegationsbefugnis frei auszuüben und gegebenenfalls wieder zurückzunehmen und neu wahrzunehmen. Die Zwangsvertretung der gesamten Belegschaft durch den Betriebsrat kann daher bereits funktional nicht die Stellung einer gewerkschaftlichen Interessenvertretung übernehmen[84].

Diese Erkenntnis lässt sich auch für den Koalitionspluralismus auf Arbeitnehmerseite unmittelbar fruchtbar machen. Eine Einheitsgewerkschaft gibt dem Arbeitnehmer nur das Recht, zwischen den Optionen „nicht organisiert" oder „organisiert" zu wählen. Das ist solange unproblematisch, wie sich jeder Arbeitnehmer auch tatsächlich in dieser einzig möglichen Interessenvertretung repräsentiert sieht. Allein unter dieser Voraussetzung garantiert Art. 9 III GG die

---

80 *Gamillscheg*, Kollektives Arbeitsrecht, S. 284; ebenso für eine Abgrenzung der Richtigkeitsgewähr gegenüber einer allgemeingültigen Gerechtigkeitsvermutung *Bruhn*, Tariffähigkeit, S. 136 ff.

81 *Heinze*, NZA 1991, 331.

82 Siehe auch *Dieterich/Hanau/Henssler/Oetker/Wank/Wiedemann*, RdA 2004, 65 ff.

83 Allgemein dazu *Kraft*, ZfA 1973, 243 ff.

84 So auch *Franzen*, RdA 2001, 1 ff.; zurückhaltend *Buchner*, ZfA 2004, 242.

Möglichkeit einer Einheitsgewerkschaft. Will niemand von der bestehenden Monopolgewerkschaft abweichen, ist ein Gewerkschaftspluralismus unterbunden.

Ähnlich wie im System des betriebsverfassungsrechtlichen Zwangsverbandes kann aber auch der in der betrieblichen Praxis nicht seltene[85] Fall auftreten, dass die angebotene gewerkschaftliche Vertretungsoption nicht den Vorstellungen jedes Arbeitnehmers entspricht. Ihn hier allein auf die Individualebene zu verweisen, wäre für die Richtigkeit des zu schließenden Tarifvertrages wie auch des Einzelvertrages von negativer Konsequenz. Der Inhalt des Kollektivvertrages wäre eine von ihm nicht gewollte Rechtsfolge, das tatsächlich von ihm Gewollte dagegen scheiterte in seiner Umsetzung an der Verhandlungsübermacht des Arbeitgebers. Nahezu fatale Dimensionen nähme dieses Szenario insbesondere dann an, wenn sich ein größerer Teil der Belegschaft nicht von der einzigen angebotenen Interessenvertretung repräsentiert sähe. Die in diesem Fall nicht nur potentielle, sondern sehr reale Möglichkeit der Umsetzung arbeitnehmerlicher Forderungen fände kein kollektives Forum, die Möglichkeiten einer de facto vorhandenen Gegenmacht zum Arbeitgeber blieben weitgehend ungenutzt.

3. Kompensation eines mangelnden Außenpluralismus durch gewerkschaftlichen Binnenpluralismus?

Manche Stimmen in der Literatur haben versucht, einen fehlenden Außenpluralismus durch erhöhte Anforderungen an die demokratische Binnenstruktur einer Einheitsgewerkschaft zu kompensieren[86]. Ausgehend von einer Deutung der aktuellen Gewerkschaftslandschaft als faktische Monopolvertretung durch die Gewerkschaften des DGB[87] soll ein Binnenpluralismus in einer einzigen Arbeitnehmervertretung die vielfältigen Interessen der darin enthaltenen Arbeitnehmer sicherstellen[88].

Die Kompensation des Außenpluralismus durch einen gewerkschaftlichen Binnenpluralismus würde die Rolle des Staates für den Koalitionspluralismus entscheidend modifizieren, denn auch er könnte dann mangelndes Engagement für einen Außenpluralismus durch verstärktes Fördern eines Binnenpluralismus, etwa durch Verabschiedung eines entsprechenden Gesetzes, ausgleichen.

Eine Vergleichbarkeit von Außenpluralismus und Binnenpluralismus besteht jedoch nicht. Der Möglichkeit des einzelnen Arbeitnehmers, seine individuelle Koalitionsfreiheit *innerhalb* des Verbandes wahrzunehmen, ist immer das eigene

---

85 Vgl. dazu *Boecken*, RdA 2000, 10 ff.

86 So etwa *Schüren*, Legitimation tariflicher Normsetzung, S. 243 ff.

87 Zur Unhaltbarkeit dieser Prämisse vgl. bereits oben Einleitung A. I.

88 *Schüren*, Legitimation tariflicher Normsetzung, S. 245; ähnlich Maunz/Dürig-*Scholz* Art. 9 Rn. 103 ff., 206 ff., 253 ff.; *Gerhardt*, Koalitionsgesetz, S. 216; Schroeder/ Weßels-*Hassel*, Gewerkschaften, S. 105; *Eitel*, Ungleichbehandlung, S. 28 folgert daraus das Gebot der parteipolitischen Neutralität einer Einheitsgewerkschaft; a.A. *Vetter*, GewMH 1974, 203.

in Art. 9 III GG begründete Interesse des Verbandes an einem einheitlichen, solidarischen und geschlossenen Mitgliederbestand gegenübergestellt. Dass eine Koalition selbst tauglicher Grundrechtsträger des Art. 9 III GG ist, wird vom Bundesverfassungsgericht in ständiger Rechtsprechung angenommen, der weitaus überwiegende Teil des Schrifttums ist dem Gericht hierin gefolgt[89]. Dogmatisch ergibt sich dies unmittelbar aus dem System einer privatautonom legitimierten Tarifautonomie selbst. Denn gerade die Fähigkeit und verfassungsrechtliche Aufgabe der Gewerkschaft, die Arbeits- und Wirtschaftsbedingungen ihrer Mitglieder wirksam und effektiv gegenüber dem sozialen Gegenspieler zu fördern, beruht notwendig auf einer zentral gefassten Willensbildung[90]. Auch die kollektive Grundrechtsdimension des Art. 9 III GG ist damit letztlich Ausfluss seiner individuellen Freiheitsgewährleistung[91].

Die einzelnen Gewerkschaftsmitglieder unterwerfen sich daher mit ihrem Beitritt freiwillig der Satzungsautonomie der Gewerkschaft und müssen die Verbindlichkeit ordnungsgemäß zustande gekommener Beschlüsse anerkennen. Wie dieses ordnungsgemäße Verfahren aussieht, bestimmt sich aber letztlich anhand der Gewerkschaftssatzung. Über ein Mindestmaß an demokratischer Binnenstruktur wird diese schon aus praktischen Erwägungen nicht hinausgehen können[92]: Eine Gewerkschaft, die auf jedes abweichende Bestreben jedes ihrer Mitglieder dergestalt Rücksicht nähme, dass sie ihm ein ausreichendes innergewerkschaftliches Forum verschaffte, hemmte ihre Entscheidungskraft selbst. Sie wäre innerlich zerstritten und damit einer ausreichenden Gegenmachtsbildung im Tarifverhältnis zum sozialen Gegenspieler nicht fähig[93].

Funktional bedeutet dies nichts anderes, als dass das System einer kollektivierten Privatautonomie einen Gewerkschaftspluralismus nicht nur für möglich erklärt, sondern ihn im Fall uneinheitlicher Arbeitnehmerinteressen geradezu fordert. Denn ein Außenpluralismus ermöglicht gerade das durch die Tarifautonomie gewährleistete wirksame freie Delegieren der eigenen Interessen im Systemwettbewerb zwischen Kollektiv und Individuum ohne die notwendigen internen Beschränkungen einer einheitlichen gewerkschaftsinternen Interessenartikulation.

---

89 BVerfGE 4, 96, 101; 17, 319, 333; 28, 295, 304; 88, 295, 305; v. Münch/Kunig-*Löwer* Art. 9 Rn. 59, Dreier-*Bauer* zu Art. 9 Rn. 76 ff.; kritisch dazu etwa v. Mangoldt/Klein/Starck-*Kemper* Art. 9 Abs. 3 Rn. 135 ff. und Sachs-*Höfling* Art. 9 Rn. 68, die alternativ auf Art. 19 III GG abstellen; zum Meinungsstand allgemein vgl. *Gamillscheg*, Kollektives Arbeitsrecht, S. 181 ff.

90 Auch das Bundesverfassungsgericht hat in neuerer Zeit immer stärker das Vereinsinteresse vor das Interesse des einzelnen Mitglieds gestellt, vgl. etwa BVerfGE 100, 214, 223.

91 Vgl. dazu *Raab*, ZfA 2004, 395 m.w.N.

92 Schroeder/Weßels-*Asshoff*, Gewerkschaften, S. 210 f.

93 Dies verkennt die Schlussfolgerung von *Kempen*, Festschrift BAG, S. 751. Dagegen räumt *Schüren*, Legitimation tariflicher Normsetzung, S. 241, ein, dass eine direkt-demokratische Interessenvertretung nicht mit herrschenden gewerkschaftlichen Organisationsstrukturen vereinbar ist.

Das Gelingen privatautonomer Legitimation ist daher nicht durch den Weg nach innen, sondern durch den Weg nach außen sicherzustellen[94].

Die Richtigkeitsgewähr des individualrechtlichen Vertrages hängt entscheidend davon ab, dass jede Vertragspartei auf den Abschluss verzichten kann, indem sie auf andere Angebote ausweicht[95]. Eine „Exit-option“[96], also das Recht, den gewählten Verein wieder zu verlassen oder ihm erst gar nicht beizutreten, wie sie das Recht der negativen Koalitionsfreiheit bereithält, bliebe daher unvollständig, wenn damit nicht die positive Möglichkeit verknüpft wäre, einem *anderen* Verein beizutreten oder einen solchen zu gründen. Nur so bleibt die Richtigkeitsgewähr des Tarifvertrages als Ergebnis privatautonom ausgeübter Interessendelegation erhalten.

Damit ist auch der entscheidende Unterschied zwischen gewerkschaftlicher und betriebsverfassungsrechtlicher Struktur für den Verbandspluralismus aufgezeigt. Die Konkurrenz des Betriebsrates als Ersatzgewerkschaft braucht eine bestehende Gewerkschaft nicht zu fürchten, wohl aber die einer anderen Gewerkschaft.

Zwar bleibt die tatsächliche Umsetzung dieses Außenpluralismus der Gründungs- und Beitrittsinitiative der einzelnen Arbeitnehmer anheim gestellt, insofern garantiert Art. 9 III GG nur die *Möglichkeit* eines Außenpluralismus. Doch ist der Staat damit nicht aus jeglicher Verantwortung für den Koalitionspluralismus als notwendigem Bestandteil der Tarifautonomie entlassen. Die Anforderungen an eine entsprechende legislatorische Umsetzungspflicht des Staates sind im Folgenden näher zu erläutern.

4. Die kollektive Dimension des Koalitionspluralismus: der Koalitionswettbewerb

Eine mitgliedschaftliche Legitimation[97], welche den Gewerkschaften in einer privatautonom verstandenen Tarifautonomie zugrunde gelegt ist, setzt voraus, dass der Arbeitnehmer, sofern er sich innerhalb des Systemwettbewerbs für die Delegation entscheidet, *sachgerechte An- und Abwahlmöglichkeiten* für die von ihm individuell gewünschte kollektive Vertretung vorfinden muss. Ein Gewerkschaftspluralismus ist damit unabdingbare Voraussetzung eines im dargelegten Sinne „richtigen“ Tarifvertrages.

Im Vordergrund der bisherigen Betrachtung stand dabei vornehmlich der einzelne Arbeitnehmer als Individuum in seiner von Art. 9 III GG geschützten

94 Zum Ganzen *Hänlein*, RdA 2003, 28.
95 *Schmidt-Rimpler*, Festschrift Raiser, S. 3 f., 14 f.; ähnlich *Mayer-Maly*, RdA 1966, 206 f.
96 Zum Begriff vgl. *Hänlein*, Rechtsquellen im Sozialversicherungsrecht, S. 21 ff.
97 Zum Begriff *Hänlein*, RdA 2003, S. 27; *ders.*, Rechtsquellen im Sozialversicherungsrecht, S. 21 ff.

Möglichkeit, neue Koalitionen zu bilden oder ihnen beizutreten ebenso wie in der spiegelbildlichen Komponente dieser positiven Freiheit, einer Koalition nicht beizutreten beziehungsweise sie wieder zu verlassen.

Bei dieser Erkenntnis darf man aber nicht stehen bleiben. Die individuelle Komponente des Gewerkschaftspluralismus gewährleistet dessen mögliches Entstehen, zugleich bedingt sie aber auch einen faktischen Wettbewerb der entstehenden und bestehenden Koalitionen um potentielle Mitglieder[98].

Die zur Disposition des Einzelnen gestellte Bildungsfreiheit setzt sich daher unmittelbar im Falle des tatsächlichen Entstehens neuer Verbände, also im Falle der Wahrnehmung der zunächst potentiellen Garantie, als Bestands- und Betätigungsfreiheit dieser neu gebildeten Kollektivorgane fort[99]. Damit einher geht zumindest die faktische Möglichkeit eines Koalitionswettbewerbs dieser Kollektivverbände. Zu erörtern ist damit im Folgenden, ob auch diese kollektive Dimension des Koalitionspluralismus in Form eines Koalitionswettbewerbs vom Schutzbereich des Art. 9 III GG erfasst ist. Dies hätte zur Folge, dass nicht nur die Betätigungsmöglichkeiten des Kollektivs gegenüber dem sozialen Gegenspieler der Schutzgarantie des Art. 9 III GG unterliegen, sondern dass diese auch das horizontal gegeneinander gerichtete Verhalten von Kollektivverbänden derselben sozialen Seite umfassen würde. Es stellt sich damit die Frage, ob es sich beim Konkurrenzverhalten dieser in Wettbewerb miteinander stehender Koalitionen um ein freies Spiel horizontal gegeneinander gerichteter Koalitionskräfte handelt oder ob den Teilnehmern ein verfassungsrechtlicher Konkurrentenschutz aus Art. 9 III GG gegenüber den anderen Verbänden zukommt.

a) Die Geltung des Art. 9 III GG zwischen Koalitionen derselben sozialen Gruppe

Überlässt man diesen Wettbewerb dem freien Spiel der Koalitionskräfte im Betrieb[100], so folgt daraus die zumindest potentielle Gefahr, dass sich die Garantien des Art. 9 III GG selbst auflösen. Denn ein unbeschränkter Wettbewerb bedeutet letztlich nichts anderes als die Durchsetzung des Rechts des Stärkeren bis hin zur Grenze der Sittenwidrigkeit und Strafbarkeit, also auch die Möglichkeit einer Konkurrenz, die auf den Ruin der anderen Koalition gerichtet ist[101]. Sollte Art. 9 III GG im horizontalen Verhältnis der Koalitionen derselben Seite unbeschränkt auszuüben sein, so scheint sich das Grundrecht selbst zu paralysieren, sobald es

98 So ebenfalls *Biedenkopf*, Tarifautonomie, S. 90.

99 So auch Maunz/Dürig-*Scholz* Art. 9 III GG Rn. 253.

100 *Rieble*, Wettbewerb, Rn. 1100 ff.; *Gamillscheg*, Kollektives Arbeitsrecht, S. 302 ff.; *ders.*, Differenzierung, S. 66 ff.

101 *Müller*, RdA 1964, 124 spricht von der Gefahr eines mörderischen Wettbewerbs der Koalitionen.

ein Grundrechtsinhaber gegenüber einem anderen Grundrechtsinhaber anwendet[102].

Nur wenn also die Koalitionsbestands- und -betätigungsfreiheit der jeweils konkurrierenden Koalition als Schranke der Betätigungsfreiheit der anderen Gewerkschaft und damit als Schranke des Gesamtsystems des Koalitionspluralismus in Betracht kommt, wäre der Staat zum Schutz der einzelnen Gewerkschaften als Wettbewerbsteilnehmer zu einer solchen Schrankenziehung verpflichtet[103].

b) Die Bedeutung des Schutzwecks des Art. 9 III GG für die horizontale Ebene des Koalitionswettbewerbs

Voraussetzung für die Erstreckung des Art. 9 III GG als Konkurrentenschutz einer Gewerkschaft im Sinn einer verfassungsrechtlichen Schranke der Betätigungsfreiheit einer anderen Gewerkschaft ist es, dass auch gerade auf dieser horizontalen Ebene die Wahrung des Schutzzwecks von Art. 9 III GG, nämlich die Koalitionsbetätigung gerade zum Zwecke der Wahrung und Förderung der Arbeits- und Wirtschaftsbedingungen, im Vordergrund steht[104].

Ohne auf die im einzelnen umstrittenen Ausformungen des Begriffspaares der Arbeits- und Wirtschaftsbedingungen einzugehen, genügt es im Rahmen dieser Arbeit festzustellen, dass diese zumindest den Komplex derjenigen Bedingungen umschreiben, unter denen der Arbeitnehmer abhängige Arbeit leistet und der Arbeitgeber Arbeitnehmer beschäftigen darf[105]. Wichtigstes Instrument zur Umsetzung dieses Zieles ist der Abschluss von Tarifverträgen.

Für die Koalitionspluralismusgarantie als Ausfluss der individuellen Gründungsfreiheit liegt der Bezug zur Regelung der Arbeits- und Wirtschaftsbedingungen auf der Hand. Die neue Koalition tritt gerade mit dem Ziel an, die antagonistische Kooperation mit dem sozialen Gegenspieler zu eben diesem Zweck aufzunehmen. Gleiches gilt für Koalitionsbetätigungen, die entweder unmittelbar gegen den etwaigen Tarifpartner gerichtet sind oder die der Erlangung eigener Stärke und damit zur Selbstbehauptung ihm gegenüber dienen. Selbst wenn dadurch mittelbar Auswirkungen auf den horizontalen Koalitionswettbewerb entstehen, ist dies jedenfalls noch vom Schutzzweck des Art. 9 III GG erfasst[106].

Für Koalitionsbetätigungen, welche dagegen allein dem Konflikt innerhalb derselben sozialen Gruppe gewidmet sind, etwa die ausschließlich auf den Konkurrenten abzielende Mitgliederwerbung oder Boykottaufrufe und Austrittsauf-

102 Ähnlich *Wiedemann*, TVG, Einleitung Rn. 134.

103 Hier wird insbesondere in der Rechtsprechung oft nicht hinreichend differenziert, vgl. etwa BGHZ 42, 210, 219; BAG, SAE 1969, 227 f.

104 Allgemein dazu statt aller BVerfGE 19, 303, 312.

105 *Söllner*, Jb. ArbR Bd. 16 (1978), 19, 24.

106 Diese Differenzierung klingt an in BVerfGE 19, 303, 321; BGH, AP Nr. 6 zu Art. 5 I GG.

forderungen an dessen Mitglieder, erscheint der Bezug zur Wahrung der Arbeits- und Wirtschaftsbedingungen weniger offensichtlich.

Insbesondere *Seiter* hat in diesem Zusammenhang ausgeführt, die Frage nach der Verknüpfung von der horizontalen Koalitionsbetätigung mit dem Schutzzweck des Art. 9 III GG vermische unzulässigerweise den gegenständlichen Schutzbereich mit der Frage, gegenüber wem eine Koalition geschützt sei[107].

Seiter lässt dabei aber außer acht, dass die Besonderheit des Koalitionswettbewerbes innerhalb derselben sozialen Gruppe ähnlich dem System der kommunizierenden Röhren gerade darin besteht, dass die Frage nach der Reichweite des Betätigungsschutzes der einen Koalition gegenüber der anderen immer gleichzeitig die Reichweite von *deren* Schutzbereich definiert und umgekehrt. Die angemahnte Vermischung beider Fragen ist also nicht sachwidrig, sondern gerade systembedingt.

Der Blick auf die Intention der jeweiligen Verhaltensweise vermag den erforderlichen Bezug des horizontalen Koalitionswettbewerbes zur Wahrung und Förderung der Arbeits- und Wirtschaftsbedingungen allein noch nicht herzustellen. Es sind durchaus Betätigungen denkbar, die in erster Linie der Ausschaltung der unliebsamen Konkurrenz im Betrieb dienen und nicht unmittelbar auf den genannten Schutzzweck des Art. 9 III GG gerichtet sind, diesen aber faktisch erheblich beeinträchtigen. Der Zusammenhang zwischen horizontaler Ebene und Schutzzweck erschließt sich vielmehr erst anhand des in Art. 9 III GG begründeten Verständnis der Tarifautonomie als kollektiv ausgeübter Privatautonomie.

Davon ausgehend hängt die Richtigkeitsvermutung eines Tarifvertrages bei Bestehen mehrerer Gewerkschaften unmittelbar davon ab, dass zwischen diesen sachgerechte An- und Abwahlmöglichkeiten bestehen[108]. Es muss also zwischen ihnen ein Wettbewerb existieren, welcher ihnen die gleichen Erfolgschancen einräumt[109]. Derart geschlossene, „richtige“ Tarifverträge bilden damit das Fundament, um die Regelung der Arbeits- und Wirtschaftsbedingungen durch die Tarifvertragsparteien effektiv zu gewährleisten. Geht dagegen eine Gewerkschaft gegen ihren Konkurrenten allein mit dem Ziel von dessen Vernichtung vor, so ist so wird dessen Erfolgschance zum Tarifabschluss unsachgemäß geschmälert und damit das Gesamtsystem des Koalitionspluralismus im Rahmen des Systemwettbewerbs zwischen individueller und kollektiver Interessenvertretung beeinträchtigt. Legen es gar beide Koalitionen auf die Vernichtung des Kontrahenten an, liefe der beschriebene Wettbewerb letztlich auf einen Selbstvernichtungswettbe-

107 *Seiter*, SAE 1969, 230.

108 *Gerhardt*, Koalitionsgesetz, S. 203.

109 So auch *Hottgenroth*, Verhandlungspflicht, S. 87 f.

werb hinaus. Das von Art. 9 III GG geforderte Koalitionsziel wäre mithin für keine der beiden mehr erreichbar.

Auch in den rein horizontal ausgerichteten Ausformungen des Koalitionswettbewerbs liegt also ein über die normale Konkurrenzsituation bei beliebigen Verbänden[110] hinausgehender Konflikt, dessen Austragung und Ausgang unmittelbar auf die von Art. 9 III GG geforderte Wahrung und Förderung der Arbeits- und Wirtschaftsbedingungen einwirkt.

Daher muss auch das horizontale Verhältnis der Koalitionen derselben Seite zueinander dem Schutzbereich des Art. 9 III GG zugeordnet werden.

Im Verhältnis der Gewerkschaften zueinander findet somit der Koalitionspluralismus in Fortentwicklung der individuellen Gründungsfreiheit auf einer kollektiven Verbandsebene seine Grenze in sich selbst. Die Kollision der Betätigungsfreiheit einer Koalition mit der einer konkurrierenden Koalition wird daher vom Schutzzweck des Art. 9 III 1 GG unmittelbar erfasst[111].

5. Die Funktion des normgeprägten Schutzbereiches für die Koalitionspluralismusgarantie

Ausgehend von dieser Struktur eines individuell wie kollektiv verfassungsrechtlich garantierten Koalitionspluralismus ist nun der Blick auf die daraus resultierenden Anforderungen zu wenden, welche Art. 9 GG an die staatliche Umsetzung dieser Garantie stellt.

Auch für den Koalitionspluralismus als eine der Ausformungen der grundrechtlichen Garantien des Art. 9 III GG[112] gestaltet sich die Verfassungsnorm dabei als *normgeprägter* Schutzbereich[113]. Dem Staat obliegt die Pflicht, ein Normkomplexgefüge[114] bereit zu stellen, das möglichst ideale Voraussetzungen zur ungehinderten Koalitionsbildung und für den Bestand und die Entfaltung mehrerer Koalitionen derselben Seite nebeneinander garantiert[115]. Die Betäti-

110 *Fenn*, JuS 1965, 181 ff.; *Huber*, Wirtschaftsverwaltungsrecht Bd. II, S. 383; *Söllner*, JZ 1966, 405; aus neuerer Zeit etwa *ders.*, Arbeitsrecht, 12. A., S. 68.

111 Im Ergebnis ebenfalls BGHZ 42, 210, 219; BAG, AP Nr. 19 zu § 4 TVG Tarifkonkurrenz; zur vergleichbaren Rechtslage in der Weimarer Republik vgl. *Anschütz*, Verfassung des Deutschen Reiches, Art. 159 Rn. 1; *Kaskel*, Arbeitsrecht, 3. A., S. 279; auch hier war eine Geltung der Koalitionsfreiheit auf horizontaler Ebene allgemein anerkannt.

112 Das BVerfG hat auch in neuerer Rechtsprechung das Ausgestaltungsbedürfnis der Tarifautonomie ausdrücklich nur für das Verhältnis der Tarifpartner zueinander erwähnt, nicht aber für Koalitionen derselben Seite; vgl. dazu BVerfGE 84, 212, 228; dazu v. Mangoldt/Klein/Starck-*Kemper* Art. 9 Abs. 3 Rn. 83. Sachs-*Höfling* Art. 9 Rn. 76; *Schwarze* JuS 1994, 657; *Wiedemann*, TVG, Einleitung Rn. 131.

113 Zur Dogmatik der normgeprägten Schutzbereiche vgl. statt aller *Pieroth/Schlink*, Grundrechte, Rn. 209 ff.

114 *Dütz*, AuR 1976, 75 ff.; *Söllner*, AuR 1976, 324.

115 Allgemein zur Ausgestaltungspflicht als Teil der grundrechtlichen Schutzpflicht BVerfGE 35, 79, 114; 39, 1, 42; 88, 203, 251; Maunz/Dürig-*Scholz* Art. 9 GG Rn. 155 ff.; Kirch-

gungsfreiheit der Koalitionen muss also auch im Hinblick auf deren wettbewerbliches Bestehen zueinander durch ein taugliches Wettbewerbsmodell manifestiert sein[116]. Erst damit ist eine freie Entscheidung der Legitimationsträger einer kollektivierten Privatautonomie über ihre Interessenvertretung überhaupt möglich.

Daraus folgt, dass den Koalitionen Möglichkeiten und Mittel zur Hand gegeben werden müssen, um im Betrieb als der unmittelbaren Konfrontationsebene mögliche Mitglieder[117] von der eigenen Tätigkeit überzeugen und sich gegenüber dem Konkurrenzverband entsprechend positionieren und profilieren zu können[118]. Ihre Betätigung wäre kaum mehr als ein schnell verpuffendes und mithin wirkungsloses Agitieren, wenn ihnen kein taugliches Rechtsnormsystem zur koordinierten Wahrnehmung ihrer Interessen im Wettbewerb mit den Gewerkschaftskonkurrenten auf Betriebebene zur Seite gestellt würde.

Deutlich wird dies insbesondere im Rahmen der Belegschaftswahlen zum Betriebsrat[119]. Das Vertretensein einer Gewerkschaft im Betriebsrat gibt ihr nicht nur eine erhebliche Erweiterung ihres Mitbestimmungsspielraums zur Hand, sondern sie gewinnt auch ein weiteres Forum zur Selbstdarstellung gegenüber der Belegschaft[120]. Gerade in der betrieblichen Organisation äußert sich die Unzufriedenheit der Arbeitnehmer mit ihrer Gewerkschaft, dort haben sie auch durch Betriebsratswahlen, Betriebsversammlungen, Betriebsratssitzungen die Möglichkeit, ihrer Unzufriedenheit Ausdruck zu verleihen. Gerade für kleine Gewerkschaften besteht hier die Möglichkeit, dieses Mitgliedspotential überhaupt wirksam zu erreichen, um so eine Verschiebung des Kräfteverhältnisses zwischen den einzelnen Gewerkschaften in Gang zu bringen.

Dieses von der Verfassung zugrunde gelegte Wettbewerbsmodell ist einerseits durch den gesetzgeberischen Verfassungsauftrag zur Schaffung einfachgesetzlicher Normen und andererseits durch die entsprechende Verpflichtung der Rechtsprechung zur Umsetzung dieser Grundrechtsausgestaltung zu konkretisie-

---

hof/Isensee-*Isensee*, Handbuch des Staatsrechts V, § 110, Rn. 54; *Säcker*, Grundprobleme, S. 68 f.; insoweit a.A. Dreier-*Bauer* Art. 9 Rn. 9, der zur Begründung der staatlichen Schutzpflicht für die Koalitionsfreiheit die Einschätzungsprärogative des Gesetzgebers bei komplexen Grundrechtskollisionen heranzieht.

116 *Rieble*, Wettbewerb, Rn. 1778; *Konzen*, RdA 1978, 154; ihm folgend *Hottgenroth*, Verhandlungspflicht, S. 80.

117 Dazu *Gamillscheg*, Kollektives Arbeitsrecht, S. 226 ff.; Schroeder/Weßels-*Kädtler*, Gewerkschaften, S. 407.

118 BVerfGE 84, 212, 228, allerdings mit der Beschränkung auf das Verhältnis der Tarifvertragsparteien zueinander.

119 Schroeder/Weßels-*Kädtler*, Gewerkschaften, S. 352 nennt das den notwendigen betriebspolitischen Pragmatismus der Gewerkschaften.

120 Dazu *Gamillscheg*, Kollektives Arbeitsrecht, S. 246.

ren[121]. Dabei besitzt der Staat zur Erfüllung dieser Ausgestaltungspflicht eine weite Einschätzungs-, Gestaltungs- und Wertungsprärogative, welche allein begrenzt wird durch ein Untermaßverbot. Gefordert ist mithin nur ein rechtlicher Mindeststandard an Grund- und Rahmenbedingungen[122], die staatlichen Maßnahmen dürfen demnach zur Erreichung dieses Zieles nicht völlig ungeeignet sein. Ob dem insbesondere durch die oben bereits erwähnten zentralen betriebsverfassungsrechtlichen Normen und deren herrschende Interpretationen, aber auch die allein auf höchstrichterlicher Rechtsprechung beruhenden Grundsätze zum sonstigen betrieblichen Verhalten Genüge getan ist, wird im zweiten und dritten Teil dieser Untersuchung ausführlich darzulegen sein[123].

Gleichzeitig ist damit aber auch eine grundlegende Erkenntnis zur verfassungsrechtlichen Natur der Koalitionspluralismusgarantie als Bestandteil einer privatautonom verstandenen Tarifautonomie gewonnen. Die dargelegte Garantie tritt nicht neben die individuelle oder kollektive Koalitionsfreiheit, sondern diese bilden vielmehr jeweils verschiedene Seiten des Gesamtsystems eines Koalitionspluralismus. Individuelle Gründung, die daran anschließende Betätigung des Kollektivs selbst, Beitritt sowie Austritt und Gründung weiterer Kollektive formen damit erst das, was Art. 9 III GG letztlich nur als Möglichkeit bereitstellt.

III. Art. 9 III GG als freiheitliches Abwehrrecht

Aus dem Wesen des Koalitionspluralismus als der Summe der einzelnen Koalitionsgründungen und Koalitionsbetätigungen ergibt sich sowohl für die Koalitionsgründung als auch für die daran anschließende Koalitionsbetätigung ein Abwehrrecht gegenüber staatlichen Eingriffen[124].

Art. 9 III GG gewährleistet damit zum einen ein zunächst potentielles, da von der Gründungsinitiative des Einzelnen abhängiges Individualabwehrrecht gegenüber staatlichen Eingriffen während der Entstehungsphase neuer Koalitionen. Zum anderen umfasst die Koalitionspluralismusgarantie auch im Fall des tatsächlichen Entstehens neuer Verbände ein tatsächliches Abwehrrecht dieser neuen Kollektivorgane[125]. Der Staat darf also weder die Bildung neuer Koalitionen gezielt verhindern noch so in den Koalitionswettbewerb eingreifen, dass

---

121 *Gamillscheg*, Kollektives Arbeitsrecht, S. 216; ähnlich *Pieroth/Schlink*, Grundrechte, Rn. 80 ff.; *Schwarze*, JuS 1994, 656, die dies den Ausbau von Verfahrensgarantien nennen.

122 *Konzen*, Festschrift Kissel, S. 380 ff.

123 Vgl. unten 3. Teil B. II. 1.

124 BVerfGE 92, 365, 393; Kirchhof/Isensee-*Scholz*, Handbuch des Staatsrechts, § 151 Rn. 58; *Schwarze*, JuS 1994, 656 f.; *Umbach/Clemens* Art. 9 Rn. 92; v. Münch/ Kunig-*Löwer* Art. 9 Rn. 55.

125 So auch Maunz/Dürig-*Scholz* zu Art. 9 III GG Rn. 253; ähnlich *Rolfs*, DB 1994, 1237; dies verkennend *Koopmann*, Gewerkschaftsfusion und Tarifautonomie, S. 198 f.

eine bestehende Verbändevielfalt in ihrer Existenz gefährdet würde[126]. Er ist vielmehr an ein umfassendes Diskriminierungsverbot gebunden. Eine unterschiedliche Behandlung der bestehenden Koalitionen ist daher ohne entsprechende sachliche Rechtfertigung nicht möglich[127]. Dieses Diskriminierungsverbot resultiert nicht aus dem allgemeinen Gleichbehandlungsgebot des Art. 3 I GG, sondern ist unmittelbarer Bestandteil der Koalitionspluralismusgarantie des Art. 9 III GG selbst. Dies gilt auch für die bereits festgestellte Pflicht des Staates zur Bereitstellung entsprechender Normkomplexe. Werden bestimmte gesetzlich normierte Rechte der Koalitionen nur bestimmten Verbänden zuerkannt, so ist dies nur dann mit Art. 9 III GG vereinbar, wenn darin die Konkretisierung einer Schranke des Koalitionspluralismus begründet liegt. Inwieweit dem die deutsche Rechtsordnung tatsächlich Rechnung trägt, wird im weiteren Verlauf der Arbeit herauszustellen sein.

IV. Die unmittelbare Drittwirkung nach Art. 9 III 2 GG

1. Art. 9 III 2 GG als Bestandteil des Abwehrrechtes

Die Koalitionsfreiheit des Art. 9 III GG umfasst, wie bereits am zweiten Satz der Verfassungsnorm deutlich wird, mehr als nur ein bloßes Abwehrrecht gegenüber *staatlichen* Eingriffen. Art. 9 III 2 GG statuiert vielmehr – ein Sonderfall im Gesamtsystem der Grundrechte – eine unmittelbare Drittwirkung des Grundrechtsschutzes gegenüber privaten Dritten[128]. Die Rechtsgutsverletzung ist demnach auch auf der über das klassische Zweierverhältnis des Einzelnen zum Staat hinausgehenden Ebene der privaten Dritten nicht im einfachen Recht, sondern in der Verfassungsnorm selbst begründet[129].

Die Koalitionsfreiheit erhält dadurch sowohl in ihrer individualrechtlichen als auch in ihrer kollektivrechtlichen Ausprägung einen umfassenden Schutz im Arbeitsrechts- und Privatrechtsverkehr[130]. Ausdrücklich werden hier alle Abreden, die das Recht der Koalitionsfreiheit einschränken oder zu behindern suchen, für nichtig, alle hierauf gerichteten Maßnahmen für rechtswidrig erklärt. Naturgemäß findet dies seine Grenze in Art. 9 III 1 GG selbst. Andernfalls wären jeder Streik und jede Aussperrung als rechtswidrige Maßnahme zu qualifizieren und Art. 9 III GG würde sich somit selbst neutralisieren. Entscheidend ist eine daher objektiv-

---

126 Maunz/Dürig-*Scholz* zu Art. 9 III GG Rn. 253; BAGE 21, 208; Dreier-*Bauer* Art. 9 GG Rn. 81; BVerfGE 50, 290, 367.

127 MünchArbR-*Löwisch/Rieble* § 246 Rn. 234 ff.

128 Zur dogmatischen Einordnung des Art. 9 III 2 GG in das System des Grundgesetzes vgl. jetzt auch *Höfling/Burkiczak*, RdA 2004, 263 ff.

129 *Höfling/Burkiczak*, RdA 2004, 265.

130 Dreier-*Bauer* Art. 9 Rn. 82 ff.; Bettermann/Nipperdey/Scheuner-*Dietz*, Die Grundrechte Band III/2, S. 446 ff.

funktionale Bewertung der jeweiligen privatrechtlichen Absprache oder Maßnahme[131].

Für den Koalitionspluralismus bedeutet Art. 9 III 2 GG zweierlei. Einmal ist jede unmittelbare Manipulation der Entscheidungsfreiheit der Arbeitnehmer über ihre kollektive Interessenvertretung dann untersagt, wenn sie auf einer Abrede oder Maßnahme im Sinn des Art. 9 III 2 GG beruht. Zum anderen bedeutet dies aber auch einen umfassenden Bildungs- und Betätigungsschutz jeder bestehenden Koalition unabhängig von der konkreten Kenntnisnahme der Arbeitnehmer. Denn auch die Behinderung einer Koalition führt dazu, dass eine sachgerechte Auswahl zwischen mehreren Gewerkschaften nicht mehr gewährleistet ist.

Allerdings ist die unmittelbare Geltung des Grundrechts gemäß Art. 9 III 2 GG im Verhältnis der Koalition gegenüber Privaten akzessorisch zur Reichweite des Schutzbereiches nach Art. 9 III 1 GG. Inwieweit also die unmittelbare Drittwirkung auch im vertikalen Verhältnis der Koalitionen derselben Seite, also insbesondere im Wettbewerb der Arbeitnehmerkoalitionen untereinander, als unmittelbare Beeinträchtigung der eigenen Betätigungsfelder Geltung entfalten kann, kann erst im Rahmen der Schranken des Koalitionspluralismus ausführlich behandelt werden.

An dieser Stelle lässt sich aber bereits festhalten, dass, *soweit* dieser Schutzbereich im Einzelnen reicht, den Grundrechtsträgern über Art. 9 III 2 GG auch eine umfassende Abwehr gegenüber Eingriffen von staatlicher und privater Seite zur Verfügung gestellt ist.

Entsprechende grundrechtseinschränkende Abreden sind gemäß Art. 9 III 2 1. Alt. GG von Anfang an rechtsungültig[132]. Gegen alle einseitigen Maßnahmen nach Art. 9 III 2 2. Alt. GG, die willentlich auf den koalitionsfeindlichen Erfolg hinzielen, ergeben sich als Rechtsbehelfe mangels eigenständiger koalitionsrechtlicher Regelung nur die allgemeinen zivilrechtlichen Normen. Dies sind insbesondere die deliktsrechtlichen Normen der §§ 823 I, 823 II BGB iVm Art. 9 III GG, § 824 BGB, § 826 BGB sowie der vorbeugende Rechtsschutz des § 1004 BGB analog[133]. Der Umfang des von Art. 9 III 2 GG so abgesicherten Schutzes bestimmt ergibt sich dagegen allein aus Art. 9 III 1 GG selbst[134].

2. Art. 9 III 2 GG als Schutzpflichtbegründung des Staates

Die unmittelbare Drittwirkung des Art. 9 III 2 GG betrifft insbesondere Abreden von Privaten zur gezielten Beeinträchtigung der individuellen Bildung oder kol-

---

131 *Rieble*, Wettbewerb, Rn. 1678.

132 V. Münch/Kunig-*Löwer* Art. 9 Rn. 86; Maunz/Dürig-*Scholz* Art. 9 III Rn. 332.

133 *Gamillscheg*, Kollektives Arbeitsrecht, S. 191 ff. und Bettermann/Nipperdey/ Scheuner-*Dietz*, Die Grundrechte Band III/1, S. 446 ff.

134 *Konzen*, Festschrift Kissel, S. 374 ff.

lektiven Betätigung einer bestehenden Koalition. Für den Staat bedeutet das zunächst neben dem Verbot eigener Eingriffe in die Koalitionsbildung und Koalitionsbetätigung, dass er erst recht alles unterlassen muss, was einen Privaten in die Lage versetzen könnte, solche Abreden zu treffen. Mithin ist er verpflichtet, einfachgesetzliche Schutznormen zu schaffen[135], um Verletzungen des Art. 9 III GG auf privatrechtlicher Ebene zu ahnden[136].

V. Darüber hinausgehendes Leistungsrecht?

Eine über die festgestellte Schutzpflicht hinausgehende Verpflichtung des Staates, weitere Verbände zu schaffen und somit selbst den Erhalt eines bestehenden Koalitionspluralismus zu sichern, ist dagegen nicht mit Art. 9 III GG vereinbar[137]. So wäre etwa eine staatliche Überlebenshilfe zugunsten einzelner Verbände nicht anzuerkennen[138]. Art. 9 III GG stellt die Gründung von Koalitionen allein dem Willen der Grundrechtsträger selbst anheim, die so garantierte Freiheit zur Bildung birgt aber auch immer das Risiko des Untergang aufgrund eigener, strukturbedingter Schwäche des Verbandes[139]. Den Staat trifft hier gerade ein umfassendes grundrechtliches Neutralitätsgebot[140].

Gesamtergebnis des 1. Teils

Bereits die historische Entwicklung der Gewerkschaftslandschaft in Deutschland zeigt, dass statt einer einzelnen Einheitsgewerkschaft als Modell der Arbeitnehmervertretung immer eine unterschiedlich ausgeprägte Verbandsvielfalt bestanden hat, innerhalb der sich die einzelnen Verbände in Organisationsform und tarifpolitischer Ausrichtung zum Teil deutlich unterscheiden. Dementsprechend eröffnet auf verfassungsrechtlicher Ebene Art. 9 III GG mit der individuellen Koalitionsgründungsfreiheit den Weg zu einem Koalitionsverbandspluralismus. Versteht man die in Art. 9 III GG ebenfalls gewährleistete Tarifautonomie als kollektiv ausgeübte Privatautonomie, erscheinen beide Ausformungen als Be-

---

135 BVerfGE 35, 79, 116, *Dütz*, AuR 1976, 76.

136 Vgl. auch *Kempen*, Festschrift Gitter, S. 427 ff., der bereits unmittelbar aus Art. 9 III 2 GG eine umfassende Schutzpflicht des Staates herleiten will.

137 Ebenso *Rieble*, Wettbewerb, Rn. 1778.

138 *Buchner*, ZfA 2004, 243; *Oldiges*, Festschrift Friauf, S. 306.

139 So auch BVerfGE 92, 396; *Schüren*, Legitimation tariflicher Normsetzung, S. 245, *Leisner*, ZRP 1979, 279; *Konzen*, RdA 1978, 154; *Säcker*, ZfA 1993, 12; *Scholz*, Koalitionsfreiheit, S. 379; *Gamillscheg*, Kollektives Arbeitsrecht, S. 216.

140 Dazu Kirchhof/Isensee-*Isensee*, Handbuch des Staatsrechts V, § 111 Rn. 98, *Birk/Konzen/Löwisch/Raiser/Seiter*, Entwurf, S. 16.

standteile eines in sich schlüssigen Systems der Koalitionsfreiheit selbst. Die Delegation der individuellen Verhandlungsmacht durch den Arbeitnehmer an eine Koalition zum Ausgleich seiner strukturellen Unterlegenheit auf dem Arbeitsmarkt kann nur so lange die Richtigkeitschance des Tarifabschlusses erhalten, wie es dem Arbeitnehmer möglich ist, diese Delegationsmacht frei auszuüben. Aus dieser Stellung der Arbeitnehmer als Legitimationsträger der Koalitionen folgt, dass die tatsächliche Begründung einer pluralen Verbandslandschaft ihrer individuellen Gründungsinitiative überlassen bleibt. Wird dieser Gründungsschritt allerdings tatsächlich vollzogen, so muss die Rechtsordnung zum einen auf der individuellen Ebene der Koalitionsfreiheit sachgerechte An- und Abwahlmöglichkeiten zwischen bestehenden Verbänden zur Verfügung stellen. Zum anderen bedingt dies auf der kollektiven Ebene des Grundrechts den Schutz eines Wettbewerbs der entstandenen Verbände. Der Schutzbereich des Art. 9 III GG erstreckt sich damit auch auf das horizontale Verhältnis von Koalitionen derselben sozialen Gruppe. Die Normkomplexgarantie des Koalitionspluralismus umfasst daher auch gerade die Bereitstellung eines tauglichen Wettbewerbsmodells der konkurrierenden Arbeitnehmerverbände.

Einen maßgeblichen Beitrag zur gesetzlichen Ausgestaltung dieser Schutzrichtungen des Koalitionspluralismus leistet dabei Art. 9 III GG selbst: gemäß Art. 9 III 2 GG erstreckt sich der Grundrechtschutz nicht nur auf Beeinträchtigungen durch den Staat, sondern auch auf solche durch private Dritte.

Dieser verfassungsrechtliche Schutz des Koalitionspluralismus kann in Kollision mit anderen Schutzgütern treten. Dementsprechend beschäftigt sich der zweite Teil dieser Arbeit mit den abstrakten Schranken, welchen die Garantie eines Koalitionspluralismus unterworfen ist.

2. Teil: Die Schranken der Koalitionspluralismusgarantie

A. Allgemeines zur Schrankenproblematik des Art. 9 III GG

Im Folgenden sind die einzelnen Schranken, denen die verfassungsrechtliche Garantie des Koalitionspluralismus unterworfen ist, näher zu untersuchen.

Art. 9 III GG enthält keinerlei Gesetzesvorbehalt[141]. Aus der vorbehaltlosen Gewährleistung folgt aber keineswegs auch die schrankenlose Gewährleistung. Die Koalitionsfreiheit und damit die Garantie eines Koalitionspluralismus wird vielmehr unmittelbar durch das Schutzbedürfnis anderer Rechtsgüter beschränkt[142]. Die ursprünglich vom Bundesverfassungsgericht zur Koalitionsfreiheit verwendete Formel des Kernbereichs koalitionsmäßiger Betätigung ist vom Gericht mittlerweile zugunsten einer näher an den übrigen schrankenlos gewährleisteten Grundrechte orientierten Konzeption aufgegeben worden. Prinzipiell geschützt, aber auch ebenso beschränkbar durch andere Rechtsgüter soll nunmehr jede koalitionsspezifische Verhaltensweise sein, während der Kernbereich als Schranken-Schranke diesen Beschränkungen wiederum eine Grenze setzen soll[143].

Vielfach wird für die Koalitionsbildungsfreiheit als der individuellen Komponente der Koalitionspluralismusgarantie generell eine schrankenlose Gewährleistung angenommen[144]. Dies ist indes nur im Ergebnis richtig: die Freiheit zur Koalitionsbildung berührt im Gegensatz zur späteren Koalitionsbetätigung die Rechte und Interessen anderer nicht, eine Begrenzung ist also bereits mangels Kollisionslage nicht erforderlich[145].

Aus diesen allgemeinen Ausführungen lassen sich zunächst zwei für den Koalitionspluralismus grundlegende Erkenntnisse gewinnen. Der Gesetzgeber beziehungsweise der Richter als Ersatzgesetzgeber[146] ist zwar aufgrund einer

---

141 Zur umstrittenen Anwendung des Art. 9 II GG auf die Koalitionsfreiheit vgl. v. Münch/Kunig-*Löwer* Art. 9 Rn. 89; Dreier-*Bauer* Art. 9 Rn. 87; Sachs-*Höfling* Art. 9 Rn. 127.

142 BVerfGE 93, 352; 94, 268, 283 f.; Anmerkung dazu bei *Wank*, JZ 1996, 629.

143 BVerfGE 93, 352; 94, 268, 283; v. Mangoldt/Klein/Starck-*Kemper* Art. 9 Abs. 3 Rn. 83; v. Münch/Kunig-*Löwer* Art. 9 Rn. 56; bereits auch *Konzen*, Jb. ArbR 18 (1980), 27; für den Bezug der Kernbereichslehre zur Schutzpflichtgarantie aber Sachs-*Höfling* Art. 9 Rn. 117.

144 So *Lieb*, Arbeitrecht, Rn. 449, der aber gleichzeitig die Notwendigkeit, den Koalitionsbegriff zunächst zu definieren, einräumt.

145 So auch *Konzen*, Jb. ArbR 18 (1980), 23.

146 Nach ständiger Rechtsprechung des BVerfG soll die Wesentlichkeitslehre gerade im Verhältnis gleichgeschalteter Rechtsträger nicht gelten, vielmehr genügt die rechtsfortbildende Rechtsprechung des Einzelfalles; BVerfGE 84, 212, 224; 88, 103, 115; vgl. dazu auch *Birk/Konzen/Löwisch /Raiser/Seiter*, Entwurf, S. 13 ff.; *Kloepfer*, NJW 1985, 2497 ff.

verfassungsrechtlichen Schutzpflicht zur Ausgestaltung des Koalitionspluralismus aufgefordert. Dessen Reichweite bestimmt sich aber allein als Ergebnis einer praktischen Konkordanz mit den jeweils kollidierenden Rechtsgütern. Die von Art. 9 III GG geforderte gesetzgeberische Ausgestaltung ist damit klar zu trennen von der staatlichen Verpflichtung, gleichzeitig den Schutz anderer Rechtsgüter nicht zu unterlaufen[147].

Die Ausgestaltungspflicht im Rahmen des Art. 9 III GG beinhaltet den gesetzgeberischen Auftrag, der Koalitionsausübung ausreichende Instrumentarien zur Verfügung zu stellen[148]. Die Ausgestaltung des Koalitionspluralismus geschieht also gewissermaßen um seiner selbst willen. Etwaig erforderliche Beschränkungen des Koalitionspluralismus sind dagegen Ausfluss der staatlichen Verpflichtung, den so geschaffenen Freiraum gegenüber kollidierenden Rechtsgütern einzugrenzen[149]. Freiheitsermöglichung und Freiheitsverkürzung können zwar nicht denselben Regeln folgen[150], aber sie bedingen einander. Die Ausgestaltungspflicht und die Beschränkungen des Koalitionspluralismus schließen sich also gerade nicht aus, sondern stehen in einem Gefüge der Wechselwirkungen zueinander.

Zum anderen bedeutet das aber auch, dass jeder Eingriff in den Koalitionspluralismus einer Rechtfertigung bedarf und einen unantastbaren Kernbereich jeder entstehenden und bestehenden Koalition als Schranken-Schranke achten muss.

Damit ergibt sich eine Dreiteilung der möglichen Schranken des Koalitionspluralismus. Im Vordergrund der folgenden Erörterung stehen zunächst die externen Schranken des Art. 9 III GG im Sinne von Grundrechten Dritter und anderen Verfassungsrechtsgütern. Des Weiteren ist dann auf die grundsätzliche Frage, ob auch sonstige Rechtsgüter ohne Verfassungsrang den Koalitionspluralismus beschränken können, einzugehen. Abschließend werden die in Art. 9 III GG selbst angelegten internen Schranken einer ausführlichen Betrachtung zugeführt.

---

147 Diesbezüglich skeptisch *Lieb*, Arbeitsrecht, Rn. 450.

148 BVerfGE 50, 290, 368, Dreier-*Bauer* Art. 9 Rn. 85; nach Sachs-*Höfling* Art. 9 Rn. 76 ist dies der frühere Kernbereich.

149 *Lieb*, Arbeitsrecht, Rn. 449 f.; jetzt auch BVerfG, JZ 1996, 627; die frühere Rechtsprechung ist hier, insbesondere mit Verweis auf den weiten Gestaltungsspielraum des Gesetzgebers, oft unklar, vgl. etwa BVerfGE 50, 290, 368; 58, 233, 247; 92, 26, 38; abweichend *Wiedemann*, TVG, Einleitung Rn. 134, der jede Beschränkung als unmittelbaren Bestandteil der Ausgestaltung ansieht.

150 *Wiedemann*, TVG, Einleitung Rn. 130 ff.

B. Externe Schranken des Art. 9 III GG

I. Der Schutz anderer Grundrechte und verfassungsrechtlicher Rechtsgüter

Als verfassungsimmanente Schranken des Koalitionspluralismus kommen insbesondere die Grundrechte der Art. 2, 3, 5, 12 und 14 GG in Betracht. Die Vielfalt der Kollisionsmöglichkeiten im Koalitionswettbewerb zeigt deutlich das Beispiel gewerkschaftlicher Mitgliederwerbung, welche unter Umständen nicht nur die Meinungsfreiheit der mit ihr konfrontierten Belegschaftsangehörigen, sondern auch das Persönlichkeitsrecht der Konkurrenzmitglieder sowie möglicherweise auch das Eigentumsrecht des Arbeitgebers berührt[151]. Die Abgrenzung der jeweiligen Schutzbereiche ist wiederum im Wege einer praktischen Konkordanz am konkreten Einzelfall vorzunehmen.

II. Der Schutz des Betriebsfriedens als Schranke des Koalitionspluralismus

Insbesondere das Bundesarbeitsgericht hat in einer Entscheidung zum gewerkschaftlichen Werberecht vertreten, dass auch der betriebsverfassungsrechtliche Schutz des Betriebsfriedens als Schranke des Koalitionspluralismus aus Art. 9 III GG in Betracht käme[152].

Dies bedarf unter zwei Gesichtspunkten einer näheren Erläuterung. Einmal ist zu klären, ob die einfachgesetzliche Regelung des Betriebsverfassungsgesetzes Gewerkschaften überhaupt dem Gebot der Wahrung des Betriebsfriedens unterstellen will (1.).

Zum anderen ist im Anschluss daran zu erörtern, ob der Betriebsfrieden als ein nicht ausdrücklich verfassungsrechtlich normiertes Schutzgut funktional überhaupt als Schranke des Koalitionspluralismus in Betracht kommen kann (2.).

1. Betriebsfrieden und Betätigungsrecht der Gewerkschaften im Betrieb

a) Betriebsfrieden als betriebsverfassungsrechtliches Prinzip für die Betriebspartner

Der Betriebsrat ist das maßgebliche Repräsentationsorgan der arbeitnehmerlichen Interessenvertretung in betrieblichen Belangen[153]. Er hat gegenüber dem Arbeitgeber die Aufgabe, die infolge seiner überlegenen Stellung ausgeübte soziale

---

151 Vgl. etwa zur Benutzung eines hausinternen Postverteilungssystems BVerfG, AP Nr. 80 zu Art. 9 GG; BAG, AP Nr. 45 zu Art. 9 GG; zu Werbeaufklebern auf Arbeitgebereigentum vgl. BAG, DB 1979, 1089.

152 BAG, AP Nr. 10 zu Art. 9 GG.

153 Vgl. *Germelmann*, Betriebsfrieden, S. 53 ff.

Macht des Arbeitgebers in diesem Bereich zu kontrollieren[154]. Das Verhältnis der Betriebspartner zueinander ist damit grundsätzlich als Interessenvertretung antagonistisch ausgerichtet.

Diese gegenläufigen Interessen können aber nicht schrankenlos wahrgenommen werden. Vielmehr legt das Betriebsverfassungsrecht den Betriebspartnern das der gegensätzlichen Interessenvertretung übergeordnete Postulat des Betriebsfriedens als gemeinsames Ziel einer vertrauensvollen Zusammenarbeit gemäß § 2 I BetrVG auf. Entsprechend normiert § 74 II 2 BetrVG die Pflicht, alle Betätigungen zu unterlassen, durch die der Arbeitsablauf oder der Frieden des Betriebs beeinträchtigt werden[155]. Normadressaten sind nach dem Wortlaut nur Arbeitgeber und Betriebsrat, nicht aber die einzelnen Arbeitnehmer noch die Tarifverbände[156]. Inhaltlich wird der Betriebsfrieden als die Atmosphäre friedlicher Zusammenarbeit zwischen Arbeitgeber und Betriebsrat, zwischen Arbeitgebern und Arbeitnehmern sowie im Verhältnis der Arbeitnehmer zueinander[157] oder als das störungsfreie Zusammenleben der Betriebsgemeinschaft[158] definiert.

Diese nur schwach an juristischen Begriffen orientierten Umschreibungsversuche rücken den Betriebsfriedensbegriff des Betriebsverfassungsrechts solange in die Nähe einer bloßen Leerformel[159], wie man die Norm des § 74 II 2 BetrVG nicht in den systematischen Zusammenhang zu ihrer Ursprungsnorm § 2 I BetrVG setzt[160]. § 2 I BetrVG statuiert für Arbeitgeber und Betriebsrat die Pflicht zur vertrauensvollen Zusammenarbeit zum Wohl der Arbeitnehmer und zum Wohl des Betriebs[161]. Diese Kooperationsmaxime wäre aber ohne eine entsprechende Friedensmaxime sinnlos. Eine vertrauensvolle Zusammenarbeit zum Wohl der Arbeitnehmer und des Betriebs, die gleichzeitig erhebliche Störungen der friedlichen Atmosphäre der Zusammenarbeit mit sich bringen würde, könnte kaum von dauerhaftem Erfolg gekrönt sein.

154 Dazu *Raab*, Negatorischer Rechtsschutz, S. 33 ff. m.w.N.

155 Zu den verschiedenen Ausprägungen des Betriebsfriedens in unterschiedlichen Rechtsgebieten vgl. etwa *Beer*, AuR 1958, 236 ff.; zur einzelvertraglichen Friedenspflicht ausführlich *Thümmel*, Betriebsfrieden und Politplakette.

156 *Fitting* § 74 Rn. 27 ff.; GK-BetrVG-Kreutz § 74 Rn. 131. Zum Ganzen vgl. auch *Richardi*, BetrVG, § 74 Rn. 4 ff. m. w. N.

157 *Löwisch/Kaiser*, BetrVG, § 74 Rn. 14 ff.

158 *Fitting* § 74 Rn. 29.

159 Dazu *Richardi*, BetrVG, § 74 Rn. 48.

160 Zum Verhältnis von § 74 I, II und § 2 I BetrVG vgl. bereits *Kreutz*, BlStSozArbR 1972, 61 f.

161 Ausführlich dazu GK-BetrVG-*Kraft/Franzen* § 2 Rn. 1 ff.

§ 74 II 2 BetrVG bildet damit die notwendige Ergänzung des § 2 I BetrVG für den Fall einer konkreten Störung[162] des Betriebsfriedens durch Arbeitgeber oder Betriebsrat[163].

b) § 74 II 2 BetrVG iVm § 2 I BetrVG als Regelung für die im Betrieb vertretenen Gewerkschaften

§ 74 II 2 BetrVG gilt nach dem eindeutigen Wortlaut der Norm nur für die Betriebspartner. Demgegenüber bezieht § 2 I BetrVG die Tarifverbände insofern mit ein, als danach die vertrauensvolle Zusammenarbeit der Betriebspartner im Zusammenwirken mit den im Betrieb vertretenen Gewerkschaften stattfinden soll. Damit wird nach einhelliger Ansicht ebenso wenig eine generelle Pflicht zur Zusammenarbeit der Gewerkschaften mit dem Betriebsrat wie eine Pflicht des Betriebsrates zur Zusammenarbeit mit den Gewerkschaften begründet. Beides wäre mit dem dualistischen System der Arbeitnehmerinteressenvertretung nicht vereinbar[164]. Andererseits stellt es § 2 I BetrVG in das pflichtgemäße Ermessen sowohl der Betriebspartner als auch der Gewerkschaften, dann vertrauensvoll zusammenzuarbeiten, wenn das Wohl der Arbeitnehmer und des Betriebes dies erfordert[165]. Damit gilt das Gebot der vertrauensvollen Zusammenarbeit zumindest insofern für die Gewerkschaften des Betriebes, als sie ihr betriebsverfassungsrechtliches Verhalten so gestalten müssen, dass es diesem Zusammenwirken mit den Betriebspartnern zum Wohl des Betriebs und der Arbeitnehmer nicht zuwiderlaufen darf[166].

Dann ist es aber nur folgerichtig, nicht nur die Kooperationsmaxime, sondern auch die Friedensmaxime auf die im Betrieb vertretenen Gewerkschaften bei der Wahrnehmung ihrer betriebsverfassungsrechtlichen Aufgaben auf der Rechtsgrundlage des § 2 I BetrVG auszuweiten[167]. Die fehlende Normierung einer gewerkschaftlichen Friedenspflicht in § 74 II 2 BetrVG erklärt sich daraus, dass ihnen in der Konzeption der Betriebsverfassung nur eine gegenüber den Betriebs-

162 Dazu GK-BetrVG-*Kreutz* § 74 Rn. 133; im Gegensatz zu § 49 II BetrVG 1952 genügt eine abstrakte Gefährdung nicht mehr.

163 GK-BetrVG-*Kreutz* § 74 Rn. 30; für das BetrVG 1952 war der systematische Zusammenhang beider Pflichten durch ihre einheitliche Normierung in § 49 I und § 49 II BetrVG 1952 erkennbar.

164 Vgl. BAG, AP Nr. 12 zu § 76 BetrVG 1972 ; *Richardi*, BetrVG, § 2 Rn. 72 m.w.N.

165 GK-BetrVG-*Kraft/Franzen* § 2 Rn. 23 ff.; *Galperin/Löwisch*, BetrVG, § 2 Rn. 29; *Fitting* § 2 Rn. 53; *Däubler*, Gewerkschaftsrechte im Betrieb, Rn. 169. Dem widersprechend dagegen *Richardi*, BetrVG, § 2 Rn. 72.

166 So *Müller*, ZfA 1972, 214; *Kraft*, ZfA 1973, 253.

167 Im Ergebnis auch MünchArbR-*Löwisch/Rieble* § 246 Rn. 182 f., GK-BetrVG-*Kraft/Franzen* § 2 Rn. 12; *ders.*, ZfA 1973, 252 f.; *Kreutz*, BlStSozArbR 1972, 60 ff.; a.A. *Hoffmann*, AuR 1969, 79, dessen Begründung über die Unschärfe des Betriebsfriedensbegriffes des § 49 BetrVG aber nicht erklären kann, warum die Betriebspartner nach dem ausdrücklichen Gesetzeswortlaut dieser von ihm generell abgelehnten Maxime unterliegen sollen.

partnern unterstützende Rolle zugedacht wurde[168]. Die Gewerkschaften werden von § 2 I BetrVG nicht nur als Interessenverbände ihrer Mitglieder, sondern auch als eine Institution in ihren vom einfachen Gesetzgeber übertragenen betriebsverfassungsrechtlichen Funktionen angesprochen[169]. Dabei handelt es sich, von wenigen Ausnahmen abgesehen[170], nur um Hilfsfunktionen in der Betriebsverfassung. Unterliegen daher die Betriebspartner der Pflicht zur Wahrung des Betriebsfriedens als Ausfluss ihrer allgemeinen Kooperationsmaxime, so muss dies erst recht für die dabei gemäß § 2 I BetrVG unterstützend tätigen im Betrieb vertretenen Gewerkschaften gelten[171]. Alles andere liefe dem Zweck der Betriebsverfassung, das Wohl der Arbeitnehmer und des Betriebes zu fördern, zuwider.

Auch die Gewerkschaften sind in ihrer Funktion als miteinander konkurrierende Interessenvertretungen bei der Wahrnehmung betriebsverfassungsrechtlicher Aufgaben Mitträger der betrieblichen Ordnung[172]. Ihr horizontales Wettbewerbsverhalten darf weder die vertrauensvolle Zusammenarbeit der Betriebspartner behindern noch den Erhalt des Betriebsfriedens gefährden[173]. Nehmen etwa unterschiedliche Gewerkschaften an einer Betriebsversammlung teil, müssen sie ihr gegenseitiges Konkurrenzverhalten derart beschränken, dass eine Störung des Betriebsfriedens nicht entsteht[174]. Ähnliches ist denkbar für eine den Betriebsrat beratende Gewerkschaft: sie darf ihren Einfluss nicht dazu nutzen, eine andere Gewerkschaft auszubooten, wenn dadurch der Frieden des Betriebs beeinträchtigt würde[175].

Das Postulat des Betriebsfriedens beschränkt daher in seiner einfachgesetzlichen Ausprägung nach §§ 2 I, 74 II 2 BetrVG auch den Koalitionswettbewerb der Gewerkschaften untereinander. Zu klären bleibt damit weiterhin, ob die Beschränkung eines vorbehaltlos gewährleisteten Grundrechts durch ein nicht verfassungsrechtlich normiertes Schutzgut überhaupt möglich ist.

---

168 Dazu ausführlich GK-BetrVG-*Kraft/Franzen* § 2 Rn. 22 ff.
169 *Kraft*, ZfA 1973, 253.
170 Vgl. §§ 14, 16, 17, 23 BetrVG.
171 Vgl. dazu bereits *Müller*, ZfA 1972, 214 ff.
172 So deutlich BAG, AP Nr. 1 zu § 45 BetrVG 1952; dazu *Frey*, DB 1970, 1926.
173 *Frey*, DB 1970, 1926.
174 Dazu BAG, AP Nr. 1 zu § 45 BetrVG 1952; AP Nr. 2 zu § 45 BetrVG 1952; vgl. auch *Löwisch/Kaiser*, BetrVG, § 46 Rn. 3. Anders wohl nur *Fitting* § 45 Rn. 23, der von einer bloß mittelbaren gewerkschaftlichen Bindung über die Verpflichtung des Betriebsrates, die betriebliche Ordnung zu hüten, ausgeht.
175 GK-BetrVG-*Kreutz* § 74 Rn. 142; *ders.* § 2 Rn. 12 und Rn. 82 a.E.

2. Die Beschränkung des Koalitionspluralismus durch den Betriebsfrieden als nicht verfassungsrechtliches Schutzgut

Ob auch andere als verfassungsrechtliche Rechtsgüter mögliche Schranken vorbehaltlos gewährleisteter Grundrechte bilden können, wird in Rechtsprechung und Literatur nicht einheitlich beantwortet[176].

Mit Recht weisen allerdings in diesem Zusammenhang *Gamillscheg*[177] und *Kriele*[178] darauf hin, dass auch nicht verfassungsrechtliche Schutzgüter in der Regel auf allgemeine Wertemaßstäbe dahinter stehender Grundrechte und Verfassungsgüter zurückgeführt werden können[179]. Insbesondere allgemeine einfachrechtliche Prinzipien und unbestimmte Rechtsgebote bilden dabei Einfallstellen der Grundrechte in das Privatrecht[180].

Sofern also der Betriebsfrieden als einfachgesetzliches Schutzgut zumindest in unmittelbarer Verknüpfung mit einem oder mehrerer zugrunde liegender verfassungsrechtlicher Schutzgüter steht, ließe er sich als taugliche Schranke des Koalitionspluralismus anerkennen[181].

Bereits der Bezug zu § 2 I BetrVG ergibt, dass es sich dabei sowohl um Schutzinteressen der Arbeitgeberseite wie auch der Arbeitnehmerseite handeln muss. Das hier genannte Wohl des Betriebes weist zunächst eine enge Verknüpfung mit dem in Art. 14 GG gewährleisteten Recht des Arbeitgebers am eingerichteten und ausgeübten Gewerbebetrieb in Form der darin enthaltenen ungestörten Verfügungsbefugnis über seine Produktionsmittel auf[182]. Erst durch die Einbeziehung des Arbeitgebers in die Betriebsgemeinschaft kann der Eigentumsschutz vom Betriebsfrieden erfasst werden, seine Schutzgarantie der Produktionsmittel und des Produktionsablaufes besteht daher nur relativ über die Person des Arbeitgebers[183].

Das in § 2 I BetrVG genannte Wohl der Arbeitnehmer soll dagegen ihrem durch Art. 2 I GG iVm Art. 12 I GG geschützten Interesse an der Ausübung ihrer

---

176 Bejahend *Gamillscheg*, Kollektives Arbeitsrecht, S. 129 ff.; Maunz/Dürig-*Scholz* Art. 9 Rn. 112; wohl auch *Lieb*, Arbeitsrecht, Rn.450; wenig einheitlich BVerfGE 28, 295, 306; 50, 290, 369; 58, 233, 247; 77, 1, 63; 84, 212, 228; 92, 26, 41; ablehnend Dreier-*Bauer* Art. 9 Rn. 89 und Rn. 94 f.; *Umbach/Clemens* Art. 9 III Rn. 140; *Kittner*, Festschrift Stahlhacke, S. 247 ff.; MünchArbR-*Löwisch/Rieble* § 244 Rn. 33.

177 *Gamillscheg*, Kollektives Arbeitsrecht, S. 129 f.

178 Kirchhof/Isensee-*Kriele*, Handbuch des Staatsrechts V, § 110 Rn. 70; vgl. umfassend dazu auch *Kriele*, Recht, Vernunft und Wirklichkeit, S. 604 ff.

179 So das BVerfG seit BVerfGE 7, 198 ff. in ständiger Rechtsprechung.

180 Ähnlich *Germelmann*, Betriebsfrieden, S. 128.

181 Vgl. dazu allgemein *Blomeyer*, ZfA 1972, 90 ff.

182 BAG, EzA Nr. 2 zu Art. 9 GG; *Germelmann*, Betriebsfrieden, S. 115 ff.

183 *Rüthers*, Recht der Gewerkschaften, S. 61 f.; a.A. *Reuter*, ZfA 1976, 155 ff.

beruflichen Tätigkeit ohne Verletzung ihres Persönlichkeitsrechts und ihrer Arbeitssphäre[184] Rechnung tragen.

Nicht anzuerkennen ist dagegen ein Verbandsinteresse der im Betrieb vertretenen Gewerkschaften als Teil des Betriebsfriedens[185]. Der Koalitionspluralismus des Art. 9 III GG würde als Bestandteil des Betriebsfriedens der Rolle der Gewerkschaften im Betriebsverfassungsrecht nicht gerecht – sie bilden gerade keine den Betriebspartnern gleichwertigen Organe innerhalb der Betriebsverfassung[186].

Der Betriebsfrieden ist daher aufgrund seines unmittelbaren Bezugs zu verfassungsrechtlichen Schutzinteressen sowohl der Arbeitgeber- als auch der Arbeitnehmerseite eine taugliche Schranke des Koalitionspluralismus nach Art. 9 III GG.

C. Koalitionspluralismus und die negative Koalitionsfreiheit des Arbeitnehmers aus Art. 9 III GG

Art. 9 III GG garantiert mit der heute nahezu unbestrittenen negativen Koalitionsfreiheit dem Einzelnen, dass er nicht zu einer Mitgliedschaft in einer Koalition gezwungen werden darf[187].

Systematisch bildet diese „negative" Freiheit damit das erforderliche Gegengewicht zur Koalitionsgründungs- und Koalitionsbeitrittsfreiheit im Wettbewerb zwischen privatautonomer Selbstbestimmung und kollektivierter Interessenvertretung.

Ihre Berührungspunkte mit dem horizontalen Koalitionswettbewerb sind allerdings gering, da sich etwa der Austritt aus der einen Interessenvertretung mit dem Ziel, einer Konkurrenzorganisation beizutreten eher als Ausdruck der positiven Beitrittsfreiheit als des negativen Fernbleiberechts darstellt[188].

Allenfalls ein staatlich diktierter Beitrittszwang ergäbe unmittelbare Wechselwirkungen zwischen der Koalitionspluralismusgarantie des Art. 9 III GG und der negativen Koalitionsfreiheit. Ein solcher Koalitionszwang lässt sich aber mit dem von Art. 9 III GG garantierten Koalitionspluralismus als notwendigem Bestandteil des Systems der kollektivierten Privatautonomie nicht vereinbaren.

---

184 *Germelmann*, Betriebsfrieden, S. 69 f.

185 So im Ergebnis auch *Müller*, JuS 1980, 629 mit Verweis auf BAG, EzA Nr. 2 zu Art. 9 GG; undeutlich *Germelmann*, Betriebsfrieden, S. 129, der von einer Scharnierfunktion des Betriebsfriedens auch im Rahmen des Koalitionspluralismus spricht.

186 Ausführlich *Richardi*, Festschrift Müller, S. 418 ff. m.w.N.

187 *Gamillscheg*, Kollektives Arbeitsrecht, S. 374 ff. m.w.N.; a.A. Schroeder/Weßels-*Blanke*, Gewerkschaften, S. 153 ff.

188 Anders insoweit *Rieble*, Wettbewerb, Rn. 615 ff.

D. Koalitionspluralismus und die positive Koalitionsfreiheit des Arbeitnehmers und des Arbeitgebers aus Art. 9 III GG

Auch die positive Koalitionsfreiheit des Arbeitgebers und der Arbeitnehmer des Betriebs aus Art. 9 III GG bildet eine taugliche Schranke des Koalitionspluralismus. Denn sobald eine Gewerkschaft eine Konkurrenzorganisation mit unlauteren Mitteln an ihrer Entwicklung behindert oder gänzlich zum Scheitern bringt, wird damit auch die Auswahlmöglichkeit der Nachfrageseite, also der Arbeitnehmer des Betriebs, beeinträchtigt. Dagegen sind es insbesondere die Fälle einer Gewerkschaftskooperation etwa im Arbeitskampf, welche Kollisionsprobleme mit der positiven Koalitionsfreiheit des sozialen Gegenspielers aufwerfen können.

E. Die Funktionsfähigkeit des Tarifvertragssystems als Schranke der Koalitionspluralismusgarantie

Der Staat muss die normativen Rahmenbedingungen eines Tarifvertragssystems schaffen[189]. Ansonsten wäre es den Koalitionen unmöglich, ihrer von Art. 9 III GG vorgeschriebenen Funktion[190], in dem von der staatlichen Rechtssetzung freigelassenen Raum die Arbeits- und Wirtschaftsbedingungen im Einzelnen durch Tarifverträge zu ordnen, effektiv nachzukommen. Ein funktionsfähiges Tarifvertragsystem gehört damit zum Grundbestand der Koalitionsfreiheit des Art. 9 III GG.

Gleichzeitig ist der Staat aber auch dazu verpflichtet, entsprechende Normkomplexe zur möglichst ungehinderten Entfaltung eines Koalitionspluralismus bereit zu stellen. Aufgrund der nicht unbegrenzten Zahl der Belegschaftsangehörigen als potentieller Mitglieder bedeutet ein Koalitionspluralismus im Betrieb – sofern keine einvernehmliche Zuständigkeitsverteilung gelingt – einen Koalitionswettbewerb.

Werden nun beide Regelungsaufträge des Art. 9 III GG in gleichem Maße konsequent umgesetzt, erscheint unter drei unterschiedlichen Gesichtspunkten eine Kollision des Geltungsbereiches der Koalitionspluralismusgarantie mit der Institutsgarantie[191] eines funktionsfähigen Tarifvertragssystems denkbar[192].

---

189 BVerfGE 20, 312, 317.

190 *Konzen*, Jb. ArbR 18 (1980), 23.

191 BVerfG, AP Nr.24 zu § 4 TVG; *Säcker*, AuR 1994, 1 ff.; *Kempen/Zachert*, TVG, § 2 Rn. 39.

192 BVerfGE 4, 96, 108; 44, 320, 340; Jarass/Pieroth-*Jarass* Art. 9 Rn. 22; v. Mangoldt/Klein/Starck-*Kemper* Art. 9 Rn. 83; ablehnend zur Institutsgarantie des Art. 9 III GG v.

Einmal stellt sich hier die Frage, ob ein Koalitionswettbewerb nicht bereits deshalb zu beschränken ist, weil er die Gefahr einer tariflichen Unterbietungsspirale beinhaltet (I.).

Im Anschluss daran ist zu klären, inwieweit von staatlicher Seite Zugangshürden für eine Arbeitnehmervereinigung zur Teilnahme am Tarifvertragssystem aufgestellt werden müssen, um dessen Funktionstüchtigkeit zu bewahren (II; III.). Gestellt ist damit die Frage, welche Arbeitnehmervertretungen als Teilnehmer eines Gewerkschaftspluralismus im Betrieb in Betracht kommen können. Insbesondere bedeutet dies eine nähere Auseinandersetzung mit der von der überwiegenden Ansicht hierzu vorgenommenen Unterscheidung des Koalitionsbegriffes vom Gewerkschaftsbegriff anhand des Merkmals der Tariffähigkeit.

Abschließend ist in diesem Zusammenhang zu erörtern, ob auch die von tariffähigen Vereinigungen geschlossenen Tarifverträge in einer Ranghierarchie dergestalt zu ordnen sind, dass nur der sachnächste, speziellste von ihnen im Betrieb Geltung entfalten kann (IV.).

I. Tarifliche Unterbietungsspirale oder Optimierung der Interessenvertretung?

1. Die Ausgangssituation

Gegen die Ausformung des Koalitionspluralismus als horizontalem Koalitionswettbewerb ist insbesondere eingewandt worden, dass dadurch eine tarifliche Unterbietungsspirale entstünde, wodurch die Gewährleistung paritätischer Voraussetzungen zum Tarifabschluss und damit die Funktionsfähigkeit des Tarifvertragssystems konterkariert würde[193].

Stellt man sich die Frage, wie sich ein Arbeitgeber einem Arbeitnehmervertretungsoligopol gegenüber verhalten wird, scheint aus seiner Sicht die am nächsten liegende Lösung diejenige zu sein, allein diejenigen Arbeitnehmerkoalitionen zum Tarifpartner zu erwählen, welche möglichst schwach oder ihm sowieso schon günstig gesinnt sind. Um also zum Tarifabschluss zu gelangen, werden die miteinander konkurrierenden Gewerkschaften darauf angewiesen sein, möglichst für ihre Mitglieder ungünstige, dem Arbeitgeber aber genehme Tarifkonditionen vorzuschlagen. Diese Überlegung eines reinen Unterbietungswettkampfes liegt einigen Ansätzen im Schrifttum zugrunde[194], die dementsprechend befürchten, ein Konkurrenzverhältnis zwischen mehreren Arbeitnehmerorganisationen führe zu einem Ausbrechen aus den erstrebten Ordnungsstrukturen

---

Münch/Kunig-*Löwer*, der aber gleichzeitig darauf hinweist, dass diese Frage in ihrer dogmatischen Bedeutung nicht überschätzt werden darf.

193 Zum Ganzen insbesondere *Herschel*, AuR 1976, 241 ff.

194 *Herschel*, AuR 1976, 241; *Mayer*, BlStSozAR 1977, 17 ff.; *Zachert*, AuR 1986, 321, 324.

des Tarifvertragssystems[195]. Dies sei, wie das Beispiel der wirtschaftsfriedlichen, so genannten gelben Gewerkschaften zu Beginn des zwanzigsten Jahrhunderts zeige, allein von der Arbeitgeberseite gewollt[196] und liefe letztlich dem eigentlichen Sinn der Koalitionsfreiheit als Macht- und Gegenmachtausgleich zwischen den Tarifpartnern zuwider. Gefolgert wird daraus, ein Koalitionswettbewerb sei zum Schutze eines funktionsfähigen Tarifvertragssystems derart zu beschränken, dass im Ergebnis nur eine möglichst zentrierte Arbeitnehmervertretung[197] ein Alleinvertretungsmonopol möglichst vieler Arbeitnehmer für sich beanspruchen könne[198]. Damit bliebe der Koalitionspluralismus als individuelle Koalitionsgründungsfreiheit zwar unberührt. Die kollektive Betätigungsgarantie der neu entstandenen Koalitionen würde aber mit dem Ziel des Erhalts eines funktionsfähigen Tarifvertragssystems derart beschränkt, dass ein gegeneinander gerichtetes Wettbewerbsverhalten nicht zulässig wäre. Ein Wettbewerb neu entstehender Verbände mit den etablierten Koalitionen würde zugunsten eines umfassenden Monopolschutzes unterbunden, ihnen bliebe allenfalls die Möglichkeit tariflicher Kooperationen. Der Schutzbereich des Art. 9 III GG wäre zwar auch für das horizontale Verhältnis der Arbeitnehmerkoalitionen zueinander grundsätzlich eröffnet, käme aber aufgrund der Drittschranke zum Schutz eines effektiven Tarifvertragssystems nicht zur Anwendung.

Eine solche Anerkennung der Gründungsgarantie des Art. 9 III GG, um sie in ihrer kollektiven Dimension weitgehend leer laufen zu lassen, erscheint widersprüchlich. Dass damit die in Art. 9 III GG selbst angelegten Wechselwirkungen zwischen Koalitionswettbewerb und Funktionsfähigkeit des Tarifvertragssystems nicht hinreichend erklärt werden können, zeigt sich anhand eines einfachen Gedankenexperiments.

Angenommen, in einem Betrieb des Unternehmers Z sind die Gewerkschaft A und die Gewerkschaft B vertreten. Gewerkschaft A ist die bisher zahlenmäßig gegenüber der Konkurrenz dominierende Arbeitnehmervertretung. Nun will die Gewerkschaft A einen für Z günstigen, für die Arbeitnehmer aber ungünstigen Tarifvertrag abschließen. Z wird mit der Gewerkschaft A vielleicht sogar einen solchen Tarifvertrag abschließen. Allerdings werden die Arbeitnehmer daraus ihre Konsequenzen ziehen und sich von diesem, ihre Interessen nicht optimal wahrnehmenden Verband lösen. Wie wird aber die Gewerkschaft B auf die Situation reagieren? Es erscheint wenig plausibel, nun davon auszugehen, dass sie einen für die Arbeitnehmer noch ungünstigeren Tarifabschluss fordern wird. Vielmehr

195 *Däubler*, Ideal, S. 54

196 *Mayer*, BlStsozAR 1977, 21.

197 Schroeder/Weßels-*Esser*, Gewerkschaften, S. 71.

198 *Däubler*, Ideal, S. 54: „(...) die Ablehnung eines Verhandlungsanspruches dient dagegen dazu, der Einheitsgewerkschaft jede Herausforderung vom Leibe zu halten."

ist anzunehmen, dass sie einen entsprechend für die Arbeitnehmer attraktiven Tarifabschluss anstreben wird, um möglichst viele aus der Gewerkschaft A bereits ausgetretene Arbeitnehmer aufzunehmen und ebenso die noch nicht ausgetretenen Arbeitnehmer zu einem Verbandswechsel zu bewegen. Die dermaßen erstarkte Gewerkschaft B kann nun gegenüber Z genügend Druck ausüben, um ihn notfalls durch Arbeitskampf zu einem entsprechenden Tarifabschluss zu bewegen.

Diese notwendig abstrahierte und auf die Betriebsebene reduzierte Darstellung eines freien Spiels der Koalitionskräfte macht deutlich, dass ein Wettbewerb der Arbeitnehmerkoalitionen nur vordergründig den Wettbewerb um einen Tarifabschluss mit dem Arbeitgeber darstellt. Stattdessen liegt ihm ein in der grundlegenden Legitimation der Koalitionen als Interessenvertretung ihrer Mitglieder begründeter Wettbewerb der Arbeitnehmerkoalitionen um ihre Mitglieder zugrunde. Die Gefahr einer tariflichen Unterbietungsspirale besteht dabei nicht. Denn Maßstab für das Wohlergehen der einzelnen Organisation ist letztlich, wie viele Erfolge sie gegenüber dem sozialen Gegenspieler verbuchen und dementsprechend wie viele Mitglieder sie in sich vereinigen kann[199].

Eingewandt worden ist gegen eine solche *Optimierungsgefahr* des freien Spiels der Kräfte, dass damit dem Arbeitgeber eine übermäßige Kostenbelastung aufgebürdet würde, da die Gewerkschaften sich hierin wechselseitig in ihren Forderungen zu übertrumpfen suchten[200]. Dies kann gerade unter dem Blickwinkel einer privatautonom verstandenen Tarifautonomie kaum überzeugen. Offensichtlich betriebsschädigende, völlig überzogene Gewerkschaftsforderungen stehen ebenso wenig im Interesse des Arbeitgebers wie der Belegschaft, die dadurch letztlich an dem Ast sägen würde, auf dem sie selbst sitzt. Verbände, die mit solchen Tarifversprechen für sich werben, werden demnach nur wenig Zuspruch erhalten, eine Bedrohung für die Ordnung des Arbeitslebens stellen sie nicht dar. Darüber hinaus verkennt der Einwand aber auch eine Eigentümlichkeit der Richtigkeitsgewähr des Tarifvertrages: die Möglichkeit, ein optimales Gleichgewicht zwischen den tatsächlich verfügbaren Kapazitäten des Arbeitgebers und den Forderungen der Arbeitnehmer herzustellen, nimmt in dem Maße ab, in dem die Überschaubarkeit des Tarifpartners sinkt. Bei einem Firmentarifvertrag lässt sich der ökonomische Handlungsspielraum des Arbeitgebers besser einschätzen und entsprechend tariflich ausreizen als bei einem Flächentarifvertrag mit einem Arbeitgeberverband, der zahlreiche unterschiedlich strukturierte Unternehmen in sich vereinigt. Auch darin liegt ein Standortvorteil kleinerer Gewerkschaften begründet, die Gefahr überzogener Tarifabschlüsse ist hier daher besonders gering.

---

199 So auch *Gerhardt*, Koalitionsgesetz, S. 203.

200 *Hromadka*, FAZ vom 14.5.2003, 19.

Ein anschauliches praktisches Beispiel für das tarifliche Wechselspiel und seine Auswirkungen auf die Interessenvertretung der Arbeitnehmer liefert hier insbesondere der Tarifkonflikt bei der Jenoptik-AG im Jahre 2000[201]. Hier war es der Jenoptik-AG als Arbeitgeber nach ihrem Austritt aus dem Arbeitgeberverband nicht gelungen, die IG Metall zu Tarifverhandlungen auf abgesenktem Entgeltniveau und gleichzeitiger entsprechender Beschäftigungssicherungsgarantie zu bewegen. Stattdessen hatte sie mit dem CGM nach dem Vorbild von dessen Verbandstarifvertrag Phoenix[202] einen deckungsgleichen Firmentarifvertrag abgeschlossen, der gegenüber dem bisherigen Flächentarifvertragsmodell insbesondere die Einrichtung flexibler Arbeitszeitkonten vorsah. Hierdurch sah sich nun wiederum die IG Metall ihrerseits veranlasst, ebenfalls einen Firmentarifvertrag mit der Jenoptik-AG abzuschließen, in dem sie den Inhalt des CGM-Tarifvertrages weitgehend übernahm. Dies hatte dann schließlich zur Folge, dass auch der CGM die von der IG Metall erreichten Verbesserungen in seinen Firmentarifvertrag mit aufnahm.

Hier dem Tarifverhalten des CGM eine bloße Werkzeugsqualität in der Hand der Arbeitgeber beizumessen, um die IG Metall in die Knie zu zwingen[203], kann kaum überzeugen. Vielmehr ist gerade das Gegenteil der Fall. Warum sollte für die IG Metall aus der Existenz eines CGM-Tarifvertrages der Druck zu einem ähnlichen Tarifvertrag resultieren, wenn sie nicht die begründete Gefahr erkannt hätte, dass sie für ihre eigenen Ziele nicht genügend Arbeitnehmer würde mobilisieren können[204]? Der „Wettstreit der Ideen“ in den Arbeitnehmervertretungen[205] kann nur dann gegenüber der Arbeitgeberseite bestehen, wenn eine entsprechende Resonanz für die jeweiligen Vorschläge in den Belegschaften selbst besteht. Das Beispiel der Jenoptik-AG macht also gerade deutlich, dass unterschiedliche gewerkschaftliche Tarifansätze im Ergebnis eine gesamtheitlich verbesserte Durchsetzung ihrer jeweiligen Mitgliederinteressen bewirken[206].

2. Die besondere Interessenlage in der Zeitarbeitsbranche

Eine andere Beurteilung der Gefahr einer tariflichen Unterbietungsspirale ergibt sich dagegen bei der durch § 9 I Nr. 2 AÜG normierten Funktion des Tarifvertrages in der Leiharbeitsbranche. Um von der gesetzlich angeordneten gleichen Entlohnungspflicht von Arbeitnehmern im Betrieb des Entleihers und den Leiharbeitnehmern aus dem Betrieb des Verleihers (so genanntes equal pay) abwei-

201 Dazu ausführlich *Schleef/Oetker*, Tarifpolitik im Wandel, S. 34 ff.; *Schleef*, AuA 1996, 196 ff.; *Buchner*, ZfA 2004, 246.

202 Vgl. dazu bereits oben Einleitung A. II. 2. b.

203 ArbG Stuttgart, BB 2004, 827 ff. unter III. 3. 2. 1. der Gründe.

204 So im Ansatz auch *Deinert*, AuR 2004, 215.

205 *Winkler*, NZA Beil. 24/2000, 17.

206 So auch *Winkler*, NZA Beil. 24/2000, 17.

chen zu können, eröffnet § 9 I Nr. 2 AÜG dem Verleiher die Möglichkeit, anderweitige, inhaltlich unter dem Lohnniveau des Entleiherbetriebs liegende Entgeltregelungen für die Leiharbeitnehmer festzulegen[207].

Dies könnte tatsächlich einen Gewerkschaftswettbewerb um tarifliche Normen zur Folge haben, der eine tarifliche Unterbietungsspirale bedingen würde. Denn je geringer der Lohn (bis zu einer gewissen Minimalgrenze) des Leiharbeitnehmers ist, desto mehr steigen seine Chancen einer Beschäftigung und damit einer (wenigstens vorübergehenden) Re-Integrierung in den Arbeitsmarkt[208]. Durch die Regelung des § 9 I Nr. 2 AÜG wird die Rolle der Gewerkschaft in dieser Branche, in der selbst DGB-Gewerkschaften oft kaum einen nennenswerten Organisationsgrad verzeichnen können[209], erheblich verstärkt. Nur wenige Arbeitgeber werden die Chance ungenutzt verstreichen lassen, von dem für sie nachteiligen Gebot der Entgeltgleichheit durch Tarifvertrag abzuweichen[210], zumal die geringe gewerkschaftliche Organisationsdichte durch die Verwendung von in § 9 I Nr.2 AÜG ausdrücklich erlaubten Bezugsnahmeklauseln kompensiert werden kann. Zudem haben alle Gewerkschaften in der Zeitarbeitsbranche bereits signalisiert, dass sie zu erheblichen Lohnminderungen gegenüber dem Niveau des Entleiherbetriebs bereit sind[211].

Daraus die Unzulässigkeit eines solchen Gewerkschaftswettbewerbs in der Zeitarbeitsbranche zu schließen, wäre aber nicht folgerichtig. Die mögliche Beeinträchtigung des Arbeitnehmerschutzes durch Absenkung des tariflichen Standards liegt hier nicht in der Wettbewerbssituation der verschiedenen Gewerkschaften begründet, sondern in der Zweckentfremdung des Tarifvertrages durch § 9 I Nr. 2 AÜG. Zielt der Tarifvertrag in seiner klassischen Funktion darauf ab, die Position der Arbeitnehmer zu stärken und ihre Arbeitsbedingungen zu verbessern, so ist im Bereich der Leiharbeit ein Tarifvertrag zur Verschlechterung zugelassen mit dem Ziel der Unterschreitung der gesetzlichen Mindestbedingungen[212]. Die Gefahr einer Unterbietungsspirale ist in diesem Bereich als eindeutiger gesetzgeberischer Willen zu respektieren. Eine weitergehende Auswirkung auf den Gewerkschaftswettbewerb ergibt sich daraus nicht.

---

207 Zum Ganzen ausführlich *Schüren*, AÜG, § 9 Rn. 216 ff.; *Schöne*, DB 2004, 136 ff.; *Thüsing*, DB 2003, 446 ff.; *Böhm*, DB 2003, 2598 f., *Rieble/Klebeck*, NZA 2003, 23 ff.; zur verfassungsrechtlichen Vereinbarkeit des equal- pay mit der Koalitionsfreiheit vgl. *Waas*, BB 2003, 2175 ff.

208 Kritisch dazu insbesondere unter dem Gesichtspunkt der kollektivierten Privatautonomie *Richardi*, ZfA 2003, 680.

209 Vgl. dazu *Schüren*, AÜG, § 9 Rn. 217.

210 *Tillmann*, AuA 2004, 21 spricht sogar von einem faktischen Zwang zum Tarifabschluss; kritisch insbesondere unter dem Gesichtspunkt der kollektivierten Privatautonomie *Richardi*, ZfA 2003, 680.

211 Zu einzelnen Zahlen vgl. insbesondere die Zusammenstellung von *Martin*, AuR 2004, 247 ff.

212 So deutlich *Thüsing*, DB 2003, 448; ähnlich *Schöne*, DB 2004, 136.

3. Zwischenergebnis

Damit lässt sich zunächst festhalten, dass nicht eine Abwärtsspirale der Arbeitsbedingungen, sondern gerade deren Optimierung das Ziel eines Koalitionswettbewerbs ist. Verbände, welche sich das Vertrauen ihrer Mitglieder nicht dauerhaft verdienen, werden ihre Mitglieder und damit ihre Legitimationsträger auch nicht dauerhaft an sich binden können[213]. Ein Koalitionswettbewerb hebelt demnach nicht per se den Schutzmechanismus des geltenden Tarifvertragssystems aus, sondern bildet vielmehr einen notwendigen Bestandteil der Tarifautonomie, welche ihre verfassungsrechtliche Legitimation aus dem Modell einer kollektivierten Privatautonomie schöpft.

II. Überbetriebliche Organisation zur Wahrung eines funktionsfähigen Tarifvertragssystems?

In der Regel bereits im Rahmen des allgemeinen Koalitionsbegriffes wird von einigen Stimmen im arbeitsrechtlichen Schrifttum eine überbetriebliche Organisationsstruktur der Arbeitnehmerkoalitionen gefordert[214].

Dieses Kriterium erscheint gerade unter dem Blickwinkel des durch Art. 9 III GG garantierten Koalitionspluralismus als besonders heikel, da so die Neugründung einer Koalition ohne die Möglichkeit, zunächst in einem Betrieb Fuß fassen zu können und dann von einer solchen Basis eine über diesen ersten Betrieb hinausgehende Bedeutung zu entfalten, erheblich erschwert würde. Noch im Aufbau befindliche kleine Gewerkschaften müssten sich demnach trotz ihrer (noch) geringen Personalzahl sofort breitflächig am Tarifwettbewerb beteiligen.

Ebenfalls stellt sich in diesem Zusammenhang das Problem der von vorneherein nur auf einen einzelnen Betrieb ohne die Absicht der Expansion gegründeten Betriebsgewerkschaften. Auch sie kämen als potentielle Teilnehmer eines Gewerkschaftspluralismus im Betrieb nicht in Betracht.

Der Eingriff erscheint in beiden Fallgruppen als um so schwerwiegender, da der Betriebsbegriff hier nicht betriebsverfassungsrechtlich zu verstehen sein soll, mithin einer Arbeitnehmerorganisation, die sich auf mehrere Betriebe eines Unternehmens erstreckt, ebenfalls keine Koalitionseigenschaft zugesprochen wird[215].

Eine umfassende Darstellung aller Aspekte um die Erforderlichkeit der überbetrieblichen Organisation einer Arbeitnehmerkoalition würde den Rahmen der

---

213 So etwa auch *Gamillscheg*, Kollektives Arbeitsrecht, S. 436; *Bruhn*, Tariffähigkeit, S. 200 ff.; *Hemmen*, Durchsetzungsfähigkeit, S. 100 ff.

214 Zum Koalitionsbegriff des Art. 9 III GG statt aller *Schaub*, Arbeitsrechtshandbuch, § 187 Rn. 6 ff. m.w.N.

215 Dazu *Stelling*, NZA 1998, 921 f.

vorliegenden Untersuchung sprengen. Im Folgenden ist aber zu zeigen, dass die Frage nach der überbetrieblichen Organisationsform nicht nur isoliert mit dem Koalitionszweck der Förderung der Arbeits- und Wirtschaftsbedingungen, sondern gerade mit der Frage nach der Umsetzung dieser Zielrichtung durch Tarifabschluss verbunden ist. Das Kriterium der Überbetrieblichkeit berührt also nicht nur den allgemeinen Koalitionsbegriff, sondern soll unmittelbar zur internen Gewährleistung eines funktionsfähigen Tarifvertragssystems mittels tariffähiger Verbände beitragen[216].

Ein solches effektives Tarifvertragssystem bildet ebenso einen erforderlichen Bestandteil der Tarifautonomie des Art. 9 III GG wie die Möglichkeitsgarantie eines Verbandspluralismus. Im Folgenden sollen daher nur diejenigen Aspekte des Überbetrieblichkeitserfordernisses behandelt werden, welche für eine funktionale Einordnung beider Garantien in das Gesamtsystem der Tarifautonomie von Bedeutung sind[217].

1. Überbetriebliche Organisation zur Wahrung der Gegnerunabhängigkeit?

Das Erfordernis der Überbetrieblichkeit soll solche Arbeitnehmerverbände vom Gewerkschaftswettbewerb ausschließen, welche allein auf einen konkreten Arbeitgeber als Tarifpartner angewiesen sind[218]. Funktional ist das Kriterium daher eng mit dem der Gegnerunabhängigkeit und Gegnerfreiheit einer Koalition verbunden.

Dass eine Koalition unabhängig vom sozialen Gegenspieler bestehen muss, ergibt sich unmittelbar aus dem Verfassungsauftrag des Art. 9 III GG an die Tarifvertragsparteien zur Regelung der Arbeits- und Wirtschaftsbedingungen. Nur eine antagonistische Kooperation kann dabei die Richtigkeit eines Tarifabschlusses gewährleisten. Das der Tarifautonomie zugrunde liegende Gegenmachtsprinzip der sich vertikal gegenüberstehenden Koalitionen setzt voraus, dass diese allein die Interessen ihrer Mitglieder repräsentieren und vom sozialen Gegenspieler unabhängig bestehen. Das historische Gegenbeispiel dazu bilden die in der Weimarer Republik von den Arbeitgeberverbänden selbst ins Leben gerufenen, wirtschaftsfriedlichen „gelben“ Gewerkschaften.

Gerade für die auf einen einzelnen Betrieb beschränkten Hausgewerkschaften erscheint die Annahme der Gegnerunabhängigkeit deshalb problematisch, da dem betreffenden Arbeitgeber mittels Kündigungen und Betriebsstilllegungen unmittelbar die Möglichkeit gegeben ist, auf den Bestand der Gewerkschaft einwirken zu können. Zwar ist dem die rechtliche Unwirksamkeit einer Kündigung wegen Gewerkschaftszugehörigkeit nach Art. 9 III 2 GG iVm § 134 BGB sowie – falls

216 *Löwisch/Rieble*, TVG, § 2 Rn. 52.

217 Eine umfassende Darstellung findet sich bei *Stelling*, NZA 1998, 920 ff.

218 *Kempen/Zachert*, TVG, § 2 Rn. 65.

eine betriebsbedingte Kündigung vorgeschoben werden sollte – die Beweislast des § 1 II 4 KSchG entgegenzuhalten[219]. Dennoch bleiben in der betrieblichen Praxis Fälle denkbar, in denen der faktische Einfluss des Arbeitgebers diesen rechtlichen Schutzmechanismen zum Trotz überwiegen mag und der Arbeitnehmer dem Risiko eines etwaigen Gerichtsprozesses mit all seinen Unannehmlichkeiten möglichst aus dem Wege gehen will.

Damit wird aber auch erkennbar, dass dem Kriterium der Überbetrieblichkeit für das Gegenmachtsprinzip eine rein indizielle Bedeutung zukommt. Der sich aufgrund mangelnder überbetrieblicher Organisation ergebende *Verdacht* der Abhängigkeit vom Arbeitgeber mag sich in vielen Fällen als richtig erweisen, ist aber keineswegs zwingend[220]. Eine (noch) nicht überbetrieblich organisierte Koalition muss also besonders genau auf ihre Gegnerunabhängigkeit überprüft werden, diese kann aber nicht per se verneint werden[221]. Insofern ist die Behandlung der Postgewerkschaften und Eisenbahngewerkschaften als Ausnahme vom Überbetrieblichkeitskriterium[222] zwar methodisch verfehlt, trifft aber inhaltlich den Kern der Problematik.

2. Systemwidrige Konkurrenz der Arbeitnehmervertretungen durch Betriebsgewerkschaften?

Die Kompetenzen von Betriebsrat und Gewerkschaft sind im dualen System der Interessenvertretung der Bundesrepublik scharf voneinander abgegrenzt[223]. Insbesondere kann dem Betriebsrat als betriebliche Zwangsvereinigung der gesamten Belegschaft keine Zuständigkeit zur Aushandlung der tariflichen Lohnbedingungen zukommen. Diese sowohl funktionale als auch vom Geltungsbereich bestehende Unterscheidung von Betriebsrat und Gewerkschaft wird durch eine Betriebsgewerkschaft nicht unterlaufen, denn die Betriebsgewerkschaft wird in aller Regel nicht die gesamte Belegschaft zu ihren Mitgliedern zählen können. Aber selbst im Extremfall eines Organisationsgrades von 100 % (!) der Belegschaft in derselben Gewerkschaft resultiert die Legitimation der Betriebsgewerkschaft nicht aus dem Betriebsverfassungsgesetz, sondern aus der entsprechenden Dele-

219 So etwa *Löwisch/Rieble*, TVG, § 2 Rn. 39; a.A. *Richardi*, BetrVG, § 2 Rn. 45.

220 So auch BVerfGE 92, 26, 40; Erfurter Kommentar-*Dieterich* Art. 9 GG Rn. 25; Sachs-*Höfling* Art. 9 Rn 59; v. Münch/Kunig-*Löwer* Art. 9 Rn. 77; *Umbach/Clemens* Art. 9 III Rn. 103; *Stelling*, NZA 1998, 923; a.A. *Hanau/ Adomeit*, Arbeitsrecht, Rn. 153; *Zöllner/Loritz*, Arbeitsrecht, S. 111 ff.

221 Diese Lösung ist auch mit dem gelegentlich vertretenen Hinweis, der im Protokoll zum I. Staatsvertrag zwischen der BRD und der DDR enthaltene Generelle Leitsatz zur Sozialunion unter A III Nr.2 schreibe die Überbetrieblichkeit zumindest als verbindliche Auslegungshilfe fest, vereinbar; zum Ganzen vgl. *Kissel*, NZA 1990, 545 ff.

222 Vgl. etwa *Zöllner/Loritz*, Arbeitsrecht, S. 111 ff.; *Kempen/Zachert*, TVG, § 2 Rn. 65.

223 Allgemein dazu *Rieble*, RdA 2004, 69 ff.

gation der Verhandlungsbefugnisse ihrer Mitglieder[224]. Betriebsgewerkschaften führen daher nicht zu einer weitgehenden Aufhebung des Dualismus der Interessenvertretung[225].

Die Betriebsbezogenheit bringt dagegen die Gefahr mit sich, dass durch eine etwaige personelle Verflechtung von Betriebsrat und Betriebsgewerkschaft die Neutralität des Betriebsrates und damit die negative Koalitionsfreiheit der Außenseiter und Andersgebundenen beeinträchtigt werden könnte[226]. Dies kann, muss aber nicht sein[227]. Die Unzulässigkeit von Betriebsgewerkschaften ergibt sich aus der bloßen Gefahr solcher individueller Rechtsbrüche nicht.

3. Konkurrenzverbot aufgrund tariflicher Zweckmäßigkeit?

Darüber hinaus hat insbesondere *Gamillscheg* die Beschränkung betrieblich angelegter Gewerkschaften auf den Abschluss von Haustarifen als Einwand gegen eine Aufgabe des Überbetrieblichkeitskriteriums vorgebracht[228]. Haustarifverträge als die gegenüber flächendeckenden einheitlichen Tarifverträgen spezielleren Regelungen seien Wegbereiter eines Betriebsegoismus, der den allgemeinen Gewerkschaften die Mitglieder entzöge. Dem ist vor dem Hintergrund der bisherigen Ergebnisse zu widersprechen. Der Wunsch nach flächendeckenden Tarifregelungen ist als rechtspolitische Zweckmäßigkeitserwägung zwar nachvollziehbar, darf aber nicht in den Rang des Erfordernisses einer funktionsfähigen Tarifautonomie erhoben werden. Denn die ausdrückliche gesetzliche Anordnung der Tariffähigkeit des einzelnen Arbeitgebers in § 2 I TVG macht deutlich, dass das von Art. 9 III GG geforderte Tarifvertragssystem den Haustarifvertrag ebenso umfasst wie die Option des Flächentarifvertrages. Entsprechend dem grundsätzlichen Diskriminierungsverbot des Staates im Koalitionspluralismus[229] stehen damit allen Gewerkschaften dieselben Angebotsmittel zur Verfügung.

Die Entwicklung der Tarifpraxis scheint in dieselbe Richtung zu weisen. Berufsverbandlich organisierte Gewerkschaften wie die Vereinigung Cockpit e.V. verfolgen bereits naturgemäß das Ziel, allein Spartentarifverträge gerade als auf die konkreten Unternehmen bezogene Firmentarifverträge abzuschließen[230]. Aber auch das bereits erläuterte Tarifprojekt Phoenix des CGM versucht, den Flächentarifvertrag durch ein mehr betrieblich orientiertes Tarifmodell zu erset-

224 So bereits richtig *Rehbinder*, DVBl. 1982, 139.
225 Mit diesen Bedenken aber etwa *Hueck/Nipperdey*, Arbeitsrecht II/1, S. 98.
226 *Gamillscheg*, Kollektives Arbeitsrecht, S. 429.
227 Auch wenn die betriebliche Realität oft anders aussieht; vgl. dazu deutlich Schroeder/*Weßels-Kädtler*, Gewerkschaften, S. 410: „Betriebsräte sind die legitimierten Sprecher der Gewerkschaft gegenüber der Unternehmensleitung."
228 So wohl *Gamillscheg*, Kollektives Arbeitsrecht, S. 407.
229 Vgl. oben 1. Teil B. III.
230 Zur Vereinigung Cockpit e.V. vgl. unter www.vcockpit.de

zen[231]. Dort, wo also in der Praxis gerade kleine Gewerkschaften tariflich Boden zu gewinnen suchen, treten oft die von ihnen angestrebten Firmentarifverträge in Konkurrenz zu den Flächentarifverträgen des DGB. Ob nun das System des Flächentarifvertrages ganz zugunsten der Firmentarifverträge aufgegeben werden soll[232] oder nur eine Flexibilisierung des Gesamtsystems wünschenswert ist[233], bleibt eine allein rechtspolitisch motivierte Frage und kann nicht Gegenstand dieser Untersuchung sein.

Festzuhalten ist an dieser Stelle nur, dass der Abschluss von Firmentarifverträgen ein ebenso zulässiges Tarifmittel ist wie der Abschluss eines Flächentarifvertrages. Dass sich auch große Gewerkschaften in der Praxis der Möglichkeiten und des Potentials von Firmentarifverträgen bewusst sind, zeigt insbesondere die von der IG Metall nach dem verlorenen Arbeitskampf in Brandenburg und Sachsen im Frühjahr 2003 kund getane Ankündigung, nun anstelle des Flächentarifmodells den „Häuserkampf" um einzelne Firmentarifverträge zu beginnen[234].

4. Potentielle Überbetrieblichkeit aufgrund verfassungsrechtlichen Schutzauftrages?

In Parallele zum Problemkreis des gewerkschaftlichen Aufnahmeanspruches[235] ist von *Löwisch* eine zumindest potentielle Überbetrieblichkeit in dem Sinne vorgeschlagen worden, dass jede Gewerkschaft satzungsmäßig den Arbeitnehmern aller Betriebe offen stehen soll[236]. Relevant wird dies allein in den – äußerst seltenen – Fällen, in denen eine Betriebsgewerkschaft in einem branchenbeherrschenden Betrieb besteht, so dass die wenigen Arbeitnehmer kleinerer Betriebe aufgrund mangelnder Schlagkräftigkeit nicht in der Lage sind, sich in konkurrierenden tariffähigen Gewerkschaften zu organisieren[237]. In diesen Fällen erscheint eine solche potentielle Überbetrieblichkeit des Monopolverbandes mit Blick auf die positive Koalitionsfreiheit dieser Arbeitnehmer zwingend erforderlich. Allerdings wird dies nur für diejenigen Betriebsgewerkschaften von Bedeutung sein, welche sich bewusst auf einen Betrieb dauerhaft beschränken wollen. Neu gegründete Betriebsgewerkschaften mit dem Ziel einer darüber hinausgehenden Expansion werden dagegen dieses Erfordernis per se erfüllen, um mit bereits be-

---

231 Zum Projekt Phoenix vgl. *Winkler*, NZA Beil. 24/2000, 10 ff.; *Stumpfe*, AuA 1998, 289 ff. sowie bereits oben unter Einleitung A. II. 2. b.

232 Vgl. *Zachert*, NZA Beil. 24/2000, 17 ff. m.w.N.

233 Vgl. *Franzen*, RdA 2001, 1 ff.; *Winkler*, NZA Beil. 24/2000,10 ff.; *ders.*, AuA 1999, 11 ff.

234 Dazu *Winkler*, NZA Beil. 24/2000, 11 m.w.N.

235 Dazu statt aller MünchArbR-*Löwisch/Rieble* § 245 Rn.15 ff. m.w.N.

236 *Löwisch*, ZfA 1970, 315; MünchArbR-*Löwisch/Rieble* § 243 Rn. 61 ff.

237 MünchArbR-*Löwisch/Rieble* § 243 Rn. 62 ziehen beispielhaft das Verhältnis der Gewerkschaft der Lokführer zu den Arbeitnehmern der Nebenbahnen heran. Deren Satzung erfüllt das genannte Erfordernis, vgl. § 1 Satzung der GDL.

stehenden Gewerkschaften konkurrieren zu können. Die potentielle Überbetrieblichkeit bleibt damit auf wenige Ausnahmefälle begrenzt und erscheint damit als verhältnismäßiger Eingriff in den Koalitionspluralismus des Art. 9 III GG.

5. Zwischenergebnis

Eine überbetrieblich angelegte Organisationsform der Gewerkschaften ist keine Voraussetzung eines funktionsfähigen Tarifvertragssystems nach Art. 9 III GG. Betriebsvereinigungen sind – die weiteren Voraussetzungen des Gewerkschaftsbegriffes unterstellt – tariffähige Koalitionen im Sinn des Art. 9 III GG und damit taugliche Teilnehmer eines Gewerkschaftspluralismus im Betrieb. Allein für Betriebsgewerkschaften mit Monopolstellung ist eine zumindest potentielle Überbetrieblichkeit erforderlich.

III. Durchsetzungsfähigkeit einer Arbeitnehmerkoalition zur Wahrung eines funktionsfähigen Tarifvertragssystems?

1. Die Rechtsprechung des Bundesarbeitsgerichtes zur sozialen Mächtigkeit

Das Bundesarbeitsgericht nimmt in ständiger Rechtsprechung[238] solche Arbeitnehmerkoalition von der Teilnahme am Wettbewerb um den Tarifabschluss aus, die nicht genügend Druck auf den sozialen Gegenspieler ausüben können, um einen angemessener Interessenausgleich mittels Tarifvertrag zu erreichen[239]. Hintergrund dieser weder dem Wortlaut des Art. 9 III GG noch dem des § 2 TVG unmittelbar zu entnehmenden Einschränkung ist damit wiederum das Postulat eines funktionsfähigen Tarifvertragssystems.

Die Beurteilung dieser „sozialen Mächtigkeit“ erfolgt üblicherweise anhand von drei Kategorien.

Erfasst wird zunächst die Durchsetzungsfähigkeit gegenüber dem Tarifpartner. Zu deren Feststellung behilft sich die Rechtsprechung mit einer Reihe von Indizien, insbesondere des Organisationsgrades[240], der Finanzkraft[241], der organisatorischen Ausstattung[242] und der bisherigen Bewährung in der tariflichen Praxis[243]. Die einzelnen Auslegungen und Gewichtungen allerdings variieren in den jeweiligen Entscheidungen häufig. So soll etwa eine geringe Mitgliederzahl

---

238 Vgl. in neuerer Zeit insbesondere BAG, NZA 1990, 623 ff.; BAG, NZA 1990, 626 ff.; BAG, NZA 2001, 156 ff.; BAG, NZA 2001, 160 ff.

239 Wegbereitend LAG Frankfurt, DB 1964, 702 ff.; ebenso BAG, AP Nr. 25; 30; 32; 34; 36; 38; 39; 40 jeweils zu § 2 TVG; zur Entwicklung der Rechtsprechung vgl. *Buchner*, Festschrift BAG, S. 55 ff.

240 BAG, AP Nr. 30 zu § 2 TVG.

241 BAG, AP Nr. 32 zu § 2 TVG.

242 BAGE 49, 322, 331.

243 BAG, AP Nr. 30 zu § 2 TVG.

hochqualifizierter Fachkräfte in Schlüsselpositionen unter Umständen wirkungsvollere Druckfähigkeit verheißen als ein vergleichsweise hoher Organisationsgrad ungelernter Arbeiter[244], ein bloßer Anschlusstarifvertrag soll weniger bedeuten als ein vollständig unabhängiger Tarifabschluss[245].

Darüber hinaus wird eine (noch) weniger deutlich konturierte Durchsetzungsfähigkeit gegenüber der Öffentlichkeit sowie nach innen gegenüber den eigenen Mitgliedern verlangt. Als Indizien dafür werden insbesondere die Versorgung der Medien mit Informationsmaterial, die vorgenommene Selbstdarstellung sowie die Motivation der Mitglieder[246] herangezogen.

Dass gerade der gescheiterte Streik der IG Metall in Sachsen und Brandenburg im Frühjahr 2003 nicht zu einer Diskussion um die Durchsetzungsfähigkeit der IG Metall aufgrund mangelnder Fähigkeit zur Mitgliederdisziplinierung geführt hat, zeigt allerdings, dass keines der genannten Kriterien für sich genommen und absolut gesetzt werden darf. Entscheidend soll vielmehr eine Gesamtschau aller Umstände sein, wobei auf das Verhältnis zum sozialen Gegenspieler besonderer Wert zu legen ist. Insbesondere der Maßstab der Beurteilung ist indes noch nicht eindeutig geklärt: ob als organisatorische Einheit hier auf einzelne Tarifbezirke bis hin zu einzelnen Unternehmen abgestellt werden soll oder ob als Maßstab vielmehr die gesamte Tariflandschaft in Betracht kommen muss, bleibt vielfach unklar[247].

Das Bundesverfassungsgericht hat sich diese Beurteilungsgrundsätze in ihrer Tendenz zu eigen gemacht und auf verfassungsrechtlich gesicherten Boden gestellt, indem es die Mächtigkeitsrechtsprechung des Bundesarbeitsgerichts in den zulässigen Bereich der Schrankenziehung und des Ausgestaltungsspielraums der Tarifautonomie eingeordnet hat[248].

Das Echo im Schrifttum zur richterrechtlichen Beschränkung der Tariffähigkeit auf sozial mächtige Verbände ist vielfältig, Beiträge dazu Legion[249].

Dabei liegen die Auswirkungen der Mächtigkeitslehre für den Gewerkschaftspluralismus auf der Hand. Der Abschluss von Tarifverträgen bildet die zentrale Handlungsbefugnis, welche Art. 9 III GG den entstandenen Koalitionen zur Regelung der Arbeits- und Wirtschaftsbedingungen zur Verfügung stellt[250]. Daher ist es nicht verwunderlich, wenn gerade kleinere Verbände immer wieder darauf hinweisen, dass seine Verwehrung gerade in Bezug auf die verfassungs-

---

244 Dazu *Löwisch*, ZfA 1970, 309 f.; vgl. jetzt auch BAG, NZA 2005, 697 ff.
245 Dazu ausführlich *Rieble*, Festschrift Wiedemann, S. 519 ff.; *ders.*, RdA 2004, 80 f.
246 Zum Ganzen vgl. *Zöllner*, SAE 1969, 140 ff.
247 Ausführlich *Bennecke*, SAE 1998, 54 ff.; *Rieble*, Festschrift für Wiedemann, S. 519 ff.
248 BVerfG, AP Nr. 31 zu § 2 TVG.
249 Eine umfassende Darstellung des Streitstandes findet sich bei *Bruhn*, Tariffähigkeit, S. 21 ff.
250 BVerfGE 84, 212, 229.

rechtliche Garantie eines Gewerkschaftspluralismus einer nachvollziehbaren verfassungsrechtlichen Rechtfertigung bedarf[251]. Ihre Betätigung wird entscheidend behindert, wenn sie das Mächtigkeitserfordernis nicht erfüllen, ihre ohnehin nachteilige Wettbewerbsposition gegenüber den etablierten Großgewerkschaften dadurch weiter verschlechtert und damit die bestehende Verbandsoligarchie weiter zementiert[252]. Die Alternativen für die Arbeitnehmer in ihrer Gewerkschaftsauswahl werden somit gering gehalten, die Tendenz zum Machtmonopol ist unübersehbar[253]. Seine praktische Bestätigung findet dies in der gängigen Praxis der DGB-Gewerkschaften, sich mittels eines Antrags auf Feststellung der Tariffähigkeit nach §§ 2a I Nr.4, 97 ArbGG der Konkurrenz kleinerer Verbände zu entledigen[254].

Der Verweis auf die Möglichkeit der Arbeitnehmer, kleinen Koalitionen beizutreten und diesen selbst zu ausreichender Mächtigkeit zu verhelfen[255], erscheint demgegenüber kaum ausreichend. Man muss dem einzelnen Arbeitnehmer schon viel Idealismus unterstellen, einer Koalition beizutreten, die den wahren Zweck seines Beitritts, nämlich die kollektivierte Ausübung seiner arbeitsvertraglichen Verhandlungsmacht, möglicherweise erst in ferner Zukunft wahrnehmen wird.

Die Beschränkung des Tarifwettbewerbs auf durchsetzungsfähige Verbände hat nicht nur für das individuelle Koalitionsschicksal entscheidende Bedeutung, sondern betrifft auch unmittelbar die Richtigkeit der zu schließenden Tarifverträge. Sachgerechte An- und Abwahlmöglichkeiten für die Arbeitnehmer sind nur dann noch gewährleistet, wenn dieser Wettbewerbseingriff verfassungsrechtlich gerechtfertigt wäre.

Konzentriert werden soll die Darstellung deshalb auf die Einordnung des Kriteriums in das privatautonom bestimmte Gegenmachtsprinzip. Sodann soll der Versuch einer Rückbesinnung auf die Ursprünge der Diskussion unternommen werden, welche gerade unter dem Blick der kollektivierten Privatautonomie zur Begründung einer Alternativlösung zur Frage nach der Durchsetzungsfähigkeit einer Gewerkschaft fruchtbar gemacht werden können.

---

251 Vgl. etwa die Leitsätze des CGB unter www.cgb-info.de

252 Des weiteren muss beachtet werden, dass gerade die richterrechtliche Ausprägung der einzelnen Merkmale bereits deshalb nicht per se als absolut gesetzt werden darf, weil das BAG selbst von ihm aufgestellte Merkmale als verfassungswidrig hat verwerfen müssen; vgl. zur Frage der Arbeitskampfbereitschaft BAGE 12, 190 ff.; *Reuß*, RdA 1964, 364 ff.; aber dann BVerfGE 18, 18.

253 Vgl. bereits *Zöllner*, SAE 1969, 140; *Mayer-Maly*, RdA 1966, 206 ff.; *Gamillscheg*, Festschrift Herschel, S. 102.

254 Zuletzt BAG, NZA 2005, 697 ff. zur Tariffähigkeit der Unabhängigen Flugbegleiter Organisation (UFO) aufgrund eines Antrags der Gewerkschaft ver.di.

255 Dazu auch *Koopmann*, Gewerkschaftsfusion und Tarifautonomie, S. 210.

2. Grundsätzliches Erfordernis der Durchsetzungsfähigkeit für das Gegenmachtsprinzip nach privatautonomer Sichtweise

Eine Beurteilung der Mächtigkeitsrechtsprechung muss zunächst dort ansetzen, wo diese ihren Ursprung hat, mithin bei dem damit verfolgten Ziel. Allein darin kann eine ausreichende verfassungsrechtliche Rechtfertigung des Eingriffs in Art. 9 III GG begründet liegen.

Das Bundesarbeitsgericht stellt funktional darauf ab, dass Gewerkschaften durch das herrschende Tarifvertragssystem die Aufgabe haben, die strukturelle Vertragsschwäche des einzelnen Arbeitgebers zu kompensieren. Damit sie diese Funktion wahrnehmen können, müssen sie ihrerseits eine gewisse Verhandlungsstärke aufweisen. Ziel der Mächtigkeitslehre ist also insbesondere die Sicherstellung eines annähernden Kräftegleichgewichts der Tarifpartner[256]. Um eine inhaltliche Vertragskontrolle von Tarifverträgen zu vermeiden, zieht das Gericht stattdessen äußere Merkmale zur Beurteilung äußerer Paritätsvoraussetzungen heran. Die Rolle des Mächtigkeitskriteriums im Rahmen des Gegenmachtsprinzips dient also nicht der Vermeidung jeglichen Wettbewerbs, sondern der Auswahl verlässlicher Koalitionen mittels äußerer Merkmale zum Tarifwettbewerb[257].

Beurteilt man die Tarifautonomie als kollektiv ausgeübte Privatautonomie, fügt sich das Erfordernis sozial mächtiger Gewerkschaften zunächst nahtlos in das dazu erforderliche Gegenmachtsprinzip ein. Ein Tarifvertrag unterliegt nur dann der angestrebten materiellen Richtigkeit, wenn die erfolgte Delegation der individuellen Verhandlungsmacht über den Arbeitsvertrag auf das Kollektiv zur Parität beider Tarifpartner geführt hat. Tarifautonomie als kollektivierte Privatautonomie kann nur dann sinnvoll stattfinden, wenn das Ungleichgewicht von Arbeitnehmer und Arbeitgeber am Verhandlungstisch auch tatsächlich durch das Kollektivorgan ausgeglichen wird. Ist die Vertretung indessen ähnlich unterlegen wie der einzelne Arbeitnehmer selbst, so ist ein der Richtigkeitsvermutung entsprechender Tarifvertragsabschluss nicht mehr gewährleistet[258]. Das Gegenmachtsprinzip setzt daher jedenfalls durchsetzungsfähige Gewerkschaften voraus. Ebenso wie die Möglichkeit des Entstehens und Bestehens mehrerer Koalitionen ist damit also auch deren Durchsetzungsfähigkeit beim Tarifabschluss gegenüber dem Tarifpartner notwendiger Bestandteil der Tarifautonomie als kollektivierter Privatautonomie.

Betrachtet man nun unter diesem Blickwinkel die an der Mächtigkeitslehre geübte Kritik, fällt zunächst ins Auge, dass das von der Rechtsprechung verfolgte

---

256 Vgl. nur BAG, AP Nr. 24 zu Art. 9 GG; AP Nr. 30 zu § 2 TVG.
257 *Wiedemann*, TVG, § 2 Rn. 321.
258 Dazu *Löwisch/Rieble*, TVG, § 2 Rn. 35 ff.

Ziel durchweg Anerkennung findet. Kritisiert wird vielmehr dessen Umsetzung[259]. Die einzelfallbezogenen Indizien, welche die Rechtsprechung zur Beurteilung der Durchsetzungsfähigkeit heranzieht sowie deren bisher nicht eindeutig bestimmte Reichweite[260] bieten für kleine Gewerkschaftsverbände trotz des Abschlusses eigener Tarifverträge oftmals nicht genügend Anhaltspunkte, um selbst zu erkennen, ob ihnen die Aberkennung ihres (vermeintlichen) Tarifstatus bevorsteht oder ob bereits durchgeführte Streiks Regressforderungen des Arbeitgebers auslösen werden[261]. Diese Rechtsunsicherheit zeigt deutlich das Beispiel des CGM, dem das Arbeitsgericht Stuttgart in einem Beschluss vom 4.2.1972 zunächst die Tariffähigkeit zusprach, dann aber mit Beschluss vom 12.9.2003 wieder aberkannte, bis das Landesarbeitsgericht Baden-Württemberg am 1.10. 2004 den Beschluss des Arbeitsgerichts aufhob und dem CGM wiederum die ausreichende Fähigkeit zum Abschluss von Tarifverträgen bescheinigte[262].

Damit wird ein vielfach als Paradoxon kritisierter Aspekt der Mächtigkeitslehre[263] noch weiter fortgeführt. Denn als Kriterium zur Beurteilung der Tariffähigkeit soll auch die Frage zählen, ob der betreffende Verband bereits *vorher* Tarifverträge erfolgreich abgeschlossen hat[264]. Das Beispiel des CGM zeigt nun, dass selbst dann, wenn ein Verband dies geschafft hat, er immer noch nicht sicher sein kann, dass es bei dieser Beurteilung auch tatsächlich bleibt.

3. Neubestimmung des Entscheidungsträgers über die Durchsetzungsfähigkeit – Rückbesinnung auf die Entscheidungsfreiheit des Arbeitnehmers

Im Schrifttum ist gerade mit Blick auf den verfassungsrechtlich garantierten Koalitionspluralismus verschiedentlich vertreten worden, eine Abkopplung der Tariffähigkeit vom Koalitionsbegriff sei deshalb notwendig, da sonst das aufgrund des Gegenmachtprinzips erforderliche Merkmal der Mächtigkeit nicht aufgehoben, sondern nur in den Koalitionsbegriff vorverlagert würde. Dies hätte aber nur eine weitere Erschwerung der Koalitionsbildung zur Folge. Bei Trennung von Koalition und Tariffähigkeit habe der neue Verband vielmehr die Chance, Schritt für Schritt in die Rolle einer „Voll-Koalition" hineinzuwachsen[265].

Dieser Ansatz versucht zwar die scheinbar gegensätzlich verlaufenden Grundaussagen des Art. 9 III GG zum Koalitionspluralismus und zum Gegenmachtprinzip anhand der sozialen Mächtigkeit miteinander in Einklang zu brin-

259 *Hemmen*, Durchsetzungsfähigkeit, S. 72 ff.
260 Dazu ausführlich *Rieble*, Festschrift Wiedemann, S. 519 ff.
261 *Bruhn*, Tariffähigkeit, S. 192.
262 Vgl. bereits oben unter Einleitung A. II. 2. b. m.w.N.
263 *Bruhn*, Tariffähigkeit, S. 196.
264 So deutlich BAGE 49, 322 ff.
265 *Konzen*, ZfA 1978, 456; *Reuter*, JuS 1977, 483.

gen, lässt dabei aber einen entscheidenden Argumentationsschritt aus. Er übersieht die grundsätzliche Frage, ob es überhaupt erforderlich ist, die im Gegenmachtsprinzip unerlässliche Parität der Tarifpartner durch die vom Bundesarbeitsgericht verfolgte Konzeption von außen herzustellen.

Die Kritik an der Mächtigkeitslehre beschränkt sich in erster Linie auf die Ungenauigkeiten und Unwägbarkeiten, die sich daraus ergeben, dass hier *von staatlicher Seite* eine Regulierung eines Systems vorgegeben wird, während dessen selbstregulierende Kräfte bislang nur wenig beachtet wurden. Möglicherweise entwickelt aber ein Gewerkschaftswettbewerb, an dem grundsätzlich alle Arbeitnehmerkoalitionen teilnehmen können, in einem freien Spiel der Kräfte selbstregulatorische Mechanismen, um die Sicherheit und Richtigkeit der zu schließenden Tarifverträge zu gewährleisten. Dann wäre bei grundsätzlicher Anerkennung einer Mächtigkeit der tarifschließenden Arbeitnehmervertretungen der Entscheidungsträger über diese Durchsetzungsfähigkeit dergestalt neu zu bestimmen, dass nicht der Staat, sondern die Arbeitnehmer selbst die dazu maßgebliche Rolle ausüben.

Demnach wäre der Gewerkschaftswettbewerb der systemimmanente *Ursprung* einer Durchsetzungsfähigkeit der in ihm enthaltenen Gewerkschaften. Gewerkschaftspluralismus und Gegenmachtsprinzip wären somit nicht als Gegensätze, sondern als einheitliche, einander bedingende Bestandteile des Art. 9 III GG zu begreifen.

Im Folgenden ist zu zeigen, dass allein ein solches Verständnis der Durchsetzungsfähigkeit einer konsequent verstandenen Anerkennung der Privatautonomie des Einzelnen auch im Bereich der Tarifautonomie des Art. 9 III GG gerecht wird.

a) Soziale Mächtigkeit als Ergebnis der Selbstregulation des Marktes

Das Beispiel zum freien Spiel der Gewerkschaftskräfte hat gezeigt, dass ein Koalitionswettbewerb keinen Unterbietungswettkampf, sondern gerade die Optimierung der kollektiven Wahrnehmung von Arbeitnehmerinteressen bedeutet.

Darüber hinaus enthält es aber unter dem Gesichtspunkt der Durchsetzungsfähigkeit der tarifschließenden Gewerkschaften eine weitere, entscheidende Aussage. Soziale Mächtigkeit ist kein von außen vorzugebendes Kriterium an Gewerkschaften, sondern entsteht vielmehr systemimmanent durch die natürliche Auslese im freien Wettbewerb der Gewerkschaften miteinander[266]. Die überwiegende Mehrzahl der Arbeitnehmer wird sich in den wenigen Gewerkschaften konzentrieren, welche die besten – also die für das ideale Gleichgewicht zwi-

---

266 Vgl. bereits *Stahlhacke*, DB 1964, 697: „Durchsetzung der Macht des Faktischen"; ihm ähnlich *Kaskel/ Dersch*, Arbeitsrecht, 5. A., S. 52; aus dem neueren Schrifttum *Koopmann*, Gewerkschaftsfusion und Tarifautonomie, S. 210 f.

schen Forderungsoptimierung und deren tariflicher Praktikabilität stehenden – Tarifbedingungen garantieren. Alle schwächeren Gewerkschaften werden schon deshalb im Rennen um den Tarifabschluss auf der Strecke bleiben, weil sie nicht genug Mitglieder aufweisen, um ihren Forderungen genügend Durchsetzungskraft zu verleihen. Ihnen bleibt nur die Möglichkeit, diese Forderungen mehr an die konkreten Arbeitnehmerinteressen anzupassen, um wieder zu mehr Attraktivität zu gelangen.

Der Arbeitgeber wird ebenfalls diese systemimmanente Konzentrationswirkung weiter verstärken, denn ein Tarifabschluss mit einer schwachen Gewerkschaft bringt ihm keinen Vorteil. Er setzt sich damit nur dem Risiko aus, die Mehrheit der Arbeitnehmer gegen sich zu stellen. Ein Gewerkschaftswettbewerb ist also immer auch ein Verdrängungswettbewerb zu Lasten derjenigen Kleinstorganisationen, die wegen mangelnder Attraktivität nicht genügend Mitglieder vereinen können[267]. Der Wettbewerb korrigiert sich mithin selbst.

Dass also die Durchsetzungsfähigkeit *im Verhältnis zum Koalitionskonkurrenten* keine Rolle für die Beurteilung der Mächtigkeit eines Verbandes haben soll und solchen horizontalen Konkurrenzerfolgen hier nicht einmal indizielle Wirkung zukommen soll[268], erscheint damit nur als die halbe Wahrheit. Nur wer sich gegenüber dem Koalitionskonkurrenten im Wettbewerb um die Mitglieder überhaupt durchsetzen kann, ist in der Lage, dem Arbeitgeber gegenüber eine effektive Durchsetzung der eigenen tariflichen Ziele zu erreichen. Der Konkurrenzerfolg gegenüber den anderen Arbeitnehmerkoalitionen ist damit gerade Spiegelbild der eigenen tariflichen Durchsetzungsfähigkeit.

b) Probleme beim freien Spiel der Kräfte

aa) Mangelnde Fähigkeit zur Privatautonomie?

Eingewandt worden gegen diese Konzeption des freien Spiels der Gewerkschaftskräfte ist insbesondere die Befürchtung, dass gerade kleine Gewerkschaften mit minimalen Beiträgen und maximalen Forderungen sowie der Ankündigung besonders verwegener, radikaler Arbeitskämpfe um neue Mitglieder werben werden[269], ohne deren tatsächliche Einhaltung gewährleisten zu können.

Das Problem zu benennen heißt es hier aber auch zu lösen. Das gesamte, auf der Basis einer freiwilligen Delegation der Interessenvertretung aufbauende System der Tarifautonomie stellt gerade die Selbstverantwortung des Einzelnen

---

267 So auch *Bennecke*, SAE 1998, 64.

268 *Deinert*, AuR 2004, 216.

269 *Herschel*, AuR 1976, 241; ähnlich *Grunsky*, JZ 1977, 473 f.; vgl. auch Schroeder/Weßels-*Kädtler*, Gewerkschaften, S. 368, der eine Abwärtsspirale der Tarifstandards durch eine solche Angebotstarifpolitik befürchtet.

als objektive Wertentscheidung des Verfassungsgebers in den Vordergrund[270]. Als Alternative bliebe nur die kollektive Unmündigkeitserklärung aller Arbeitnehmer mit der Folge einer staatlich angeordneten Zwangsmitgliedschaft in einer Gewerkschaft[271].

Dementsprechend setzt auch das freie Spiel der Gewerkschaftskräfte ein grundsätzliches Maß an Autonomie der Belegschaften der jeweiligen Betriebe voraus. Jeder einzelne Arbeitnehmer muss in der Lage sein zu erkennen, welche Gewerkschaft seine Interessen jeweils am besten vertritt und ihre Versprechungen auch halten kann[272]. Nur dann können völlig überzogene, betriebsschädliche Lohnforderungen ausgeklammert und die realistischen Forderungen auch zur Umsetzung gelangen.

Dass die Unterstellung, die Arbeitnehmer seien zu solch privatautonomen Handeln tatsächlich befähigt, auch der betrieblichen Realität entspricht, zeigt die in den letzten Jahren entstandene Problematik um die so genannten betrieblichen Bündnisse für Arbeit[273].

Exemplarisch dazu gilt der so genannte Burdafall. Hier hatte der Betriebsrat der Burda-Druck GmbH gemeinsam mit dem Arbeitgeber die Belegschaft unter Berufung auf die schwierige betriebliche Wettbewerbssituation in der Druckindustrie dazu aufgefordert, die tariflichen Konditionen dergestalt zu unterlaufen, dass sie einer Heraufsetzung der tariflichen Wochenarbeitszeit und einer Herabsetzung der tariflichen Lohnzuschläge in ihren persönlichen Arbeitsverträgen zustimmen sollte. Im Gegenzug sollte den Arbeitnehmern eine Beschäftigungsgarantie für die Dauer der inhaltsgleich geschlossenen Betriebsvereinbarung zugute kommen. 98, 4 % der Burda-Belegschaft stimmte den Sparmaßnahmen zu, die zuständige Gewerkschaft IG Medien, Druck und Papier, Publizistik und Kunst beantragte daraufhin im Beschlussverfahren, die Burda-Druck-GmbH zu verpflichten, die Anwendung der tarifwidrigen Neuerungen zu unterlassen. Das Bundesarbeitsgericht schließlich erkannte mit Beschluss vom 20.4.1999 einen quasi-negatorischen Unterlassungsanspruches aus Art. 9 III GG iVm §§ 1004, 823 I BGB der Gewerkschaft an und hob damit das gegenläufige Urteil der Vorinstanz des Landesarbeitsgerichts Baden-Württemberg auf[274].

270 Vgl. oben 1. Teil B. II.1.

271 So noch *Potthoff*, Arbeitsrecht, S. 127: „Der einzelne Arbeitnehmer ist praktisch gar nicht vertragsfähig."

272 Ähnlich auch *Bruhn*, Tariffähigkeit, S. 202.

273 Vgl. dazu *Raab*, ZfA 2004, 371 ff. m.w.N.

274 Zur Burda-Entscheidung im Einzelnen vgl. BAG, AP Nr. 89 zu Art. 9 GG; *Bauer*, NZA 1999, 957 ff.; *ders.*, Brennpunkte des Arbeitsrechts 2000, 23 ff.; *Buchner*, NZA 1999, 897 ff.; *Franzen*, RdA 2001, 1 ff.; *Bauer/Haussmann*, NZA Beil. 24/2000, 42 ff.; zu den Reformvorschlägen der einzelnen politischen Parteien vgl. *Raab*, ZfA 2004, 373 ff.

Das Beispiel zeigt, dass Belegschaften imstande und willens sind, während betrieblicher Problemsituationen ein erhebliches Maß an Eigeninitiative zu entwickeln, um ihre Unzufriedenheit über bestehende tarifliche Regelungen auszudrücken und darüber Abhilfe zu schaffen. Dass dies bisher vornehmlich auf der Ebene der Betriebsvereinbarungen durch das Sprachrohr eines als Ersatzgewerkschaft fungierenden Betriebsrat stattgefunden hat, ist auf ein – auch auf der Rechtsprechung des Bundesarbeitsgerichts zur sozialen Mächtigkeit beruhendes – mangelndes gewerkschaftliches Angebotsoligopol in den Betrieben zurückzuführen und schmälert nicht die Grundaussage des Phänomens.

Darüber hinaus gibt aber der Burda-Beschluss des Bundesarbeitsgerichts jetzt eindeutig die Richtung vor, in der sich die de facto unveränderte Problematik der Vereinbarkeit betrieblicher Notlagen mit überregionalen Flächentarifverträgen in Zukunft niederschlagen wird. Es können allein die Mechanismen des geltenden Tarifrechts benutzt werden, um tarifliche Inhalte wieder näher an die betriebliche Praxis anzupassen. Die Verantwortung für die Beschäftigungssicherung liegt bei tarifgebundenen Unternehmen allein in der Hand der Tarifparteien. Zu ihrer Gewährleistung steht ihnen insbesondere das Mittel der tarifvertraglichen Öffnungsklausel zur Verfügung. Gelingt ihnen dies nicht, so kann ein solches tarifliches Fehlverhalten allein durch ihre Mitglieder selbst geahndet werden, mithin durch Verbandsaustritt und anderweitigen Verbandseintritt. Der Burda-Beschluss des Bundesarbeitsgerichts weist die Belegschaften also geradezu an, von ihren durch Art. 9 III GG garantierten Entscheidungsfreiheiten im Rahmen eines Gewerkschaftspluralismus Gebrauch zu machen[275]. Dass eine Fähigkeit und Bereitschaft der Arbeitnehmer zu selbständiger Entscheidung gerade in Zeiten angespannter wirtschaftlicher Lage besteht, unterstellt das Gericht damit als Axiom der betrieblichen Wirklichkeit.

Ergebnis eines Gewerkschaftswettbewerbes ist damit das Überleben mitgliederstarker, ausreichend durchsetzungsfähiger Verbände[276]. Eine staatliche Kontrolle der Durchsetzungsfähigkeit erübrigt sich also nicht nur, sondern sie verbietet sich gerade, da sie die Entscheidungskraft und Entscheidungsfreiheit der Arbeitnehmer über die Delegation ihrer arbeitsvertraglichen Verhandlungsmacht in Frage stellt. Ein von außen bestimmtes Kriterium der sozialen Mächtigkeit einer Arbeitnehmervertretung unterstellt die Tarifautonomie einer fremdbestimmten Ordnung[277]. Nicht aber der Staat, sondern der Arbeitnehmer selbst muss unmittelbar bestimmen, welche Interessenvertretung ausreichende Durchsetzungskraft erhalten wird.

---

275 So auch *Franzen*, RdA 2001, 1 ff.

276 So *Stahlhacke*, DB 1964, 702 ff.; ebenso *Gamillscheg*, Kollektives Arbeitsrecht, S. 436 f.; *Wiedemann*, Anm. zu BAG, AP Nr. 24 zu Art. 9 GG.

277 Vgl. *Richardi*, NZA 2004, 1027.

Die Konsequenz dieser Aussage für den Gewerkschaftspluralismus im Betrieb ist erheblich. Zwar wird der Feststellungsantrag nach §§ 2a I Nr. 4, 97 ArbGG über die gerichtliche Klärung der Tariffähigkeit eines Verbandes damit nicht inhaltsleer. Er kann aber nicht mehr auf eine fehlende Durchsetzungsfähigkeit des Konkurrenten gestützt werden. Allerdings ist der Anwendungsbereich der §§ 2a I Nr. 4, 97 ArbGG nicht auf die vom Wortlaut vorgegebenen Bereiche der Tariffähigkeit verstanden als Durchsetzungsfähigkeit sowie der Tarifzuständigkeit beschränkt[278]. Da die Fähigkeit zum Tarifvertragsabschluss untrennbar mit der Eigenschaft als Gewerkschaft selbst verknüpft ist, können auch Streitigkeiten über andere Merkmale der Gewerkschaftseigenschaft im Wege der §§ 2a I Nr. 4, 97 ArbGG festgestellt werden[279].

Mit der Ablehnung des Durchsetzungserfordernisses als äußerem Gewerkschaftsmerkmal wird zugleich das Kriterium der Gegnerunabhängigkeit für den Anwendungsbereich der §§ 2a I Nr. 4, 97 ArbGG eine gesteigerte Bedeutung erlangen[280]. Denn oft finden sich in der Diskussion um eine in Frage stehende Durchsetzungsfähigkeit eines Verbandes Argumente, die von der fehlenden Mächtigkeit gerade auf eine mangelnde Gegnerunabhängigkeit schließen[281]. Dies sind aber – insbesondere mit Blick auf das zu Unrecht beschworene Szenario einer tariflichen Unterbietungsspirale beim Konkurrenzkampf verschieden starker Gewerkschaften[282] – zwei strikt voneinander zu trennende Problemkreise.

Handelt in der Praxis ein Verband so, dass seine Unabhängigkeit vom sozialen Gegenspieler fraglich erscheint, so bleibt der Weg über §§ 2a I Nr. 4, 97 ArbGG den Konkurrenten nach wie vor eröffnet. Damit wird das in dieser Antragsbefugnis begründete Wettbewerbsmittel, dessen sich bislang nur die großen Koalitionen bedienen konnten, nunmehr *allen* Koalitionen zur Verfügung gestellt, die ein aufgrund ihrer Tätigkeit unter dem Schutz des Art. 9 III GG berechtigtes Interesse daran haben, dass einer allein auf Wohlwollen der Arbeitgeberseite angewiesenen „Schmutzkonkurrenz“ das Überleben im Tarifwettbewerb verwehrt wird.

bb) Das Risiko von Fehlentscheidungen

Eine funktionsfähige Tarifautonomie kann nur solche tarifschließenden Arbeitnehmervertretungen beinhalten, welche die ihnen damit auferlegte Pflicht, die

278 Ausdrücklich BAG, AP Nr. 36 zu § 2 TVG; zustimmend *Schwab/Weth*, ArbGG, § 2a Rn. 98; *Germelmann/Prütting/Matthes*, ArbGG, § 97 Rn. 7; MünchArbR-*Brehm* § 392 Rn. 53; kritisch dagegen *Grunsky*, ArbGG, § 2a Rn. 5 und *Rieble*, BB 2004, 887.

279 *Schwab/Weth*, ArbGG, § 2a Rn. 98.

280 Der von *Deinert*, AuR 2004, 214 erkannte Schutzzweck des § 97 ArbGG bleibt damit auch bei Ablehnung des Durchsetzungsfähigkeitskriteriums der tariflichen Praxis erhalten.

281 Vgl. etwa ArbG Stuttgart, BB 2004, 827 ff.; dazu *Deinert*, AuR 2004, 212 ff.

282 Vgl. ausführlich oben 2. Teil E. I. 1.

Arbeitsbedingungen ihrer Mitglieder auszuhandeln, auch tatsächlich erfüllen können[283]. Diese Fähigkeit ist unmittelbares Resultat des freien Spiels der Gewerkschaftskräfte im Wettbewerb miteinander.

Damit liegt ein weiterer Einwand gegen diese Konzeption einer auf der Selbstregulation des Marktes beruhenden Mächtigkeit auf der Hand. Das angeführte abstrakte Beispiel zeigt nur, dass sich in einem freien Wettbewerb der Koalitionen im Betrieb *letztlich* nur diejenigen durchsetzen werden, welche die optimalen Angebotsbedingungen für ihre Mitglieder heraushandeln und dies auch tatsächlich in der betrieblichen Praxis gegenüber dem Arbeitgeber notfalls durch Arbeitskampf sicherstellen.

Gerade diese An- und Abwahl setzt aber das Erlangen bestimmter Erfahrungswerte der Arbeitnehmer mit den verschiedenen Angebotsoptionen der Kollektivvertretungen voraus. Das Ergebnis vertrauenswürdiger Koalitionen entsteht also gewissermaßen durch einen Trial-and-error-Prozess ihrer Mitglieder.

Stellt man daher anstelle einer staatlichen Regelung der sozialen Mächtigkeit auf die Selbstregulation des Marktes ab, so lastet man damit die im Vorfeld mögliche Fehlerquote (also alle Fälle, in denen sich Gewerkschaften als nicht vertrauenswürdige Vertreter ihrer Mitglieder erweisen) allein den jeweils betroffenen Arbeitnehmern an.

Dies erweist sich aber in zweierlei Hinsicht gerade als systemgerecht und daher hinnehmbar.

Zur verfassungsrechtlichen Wertentscheidung für die Freiheit des Individuums, wie sie auch Art. 9 III GG widerspiegelt, zählt auch die Verfassungserwartung, dass der Einzelne lernt, die mit der Freiheit verbundenen Risiken durchzustehen und mit Wettbewerb, Streit und Pluralismus zu leben[284]. Freiheit ohne das Risiko, Fehler zu machen und deren Konsequenzen in Kauf zu nehmen, ist nicht denkbar. Wer aufgrund seiner Privatautonomie das Recht in Anspruch nehmen möchte, frei und ohne von außen ausgeübte Restriktionen seine Delegationsmöglichkeit auszuüben, muss auch deren Kehrseite anerkennen. Wenn der Arbeitnehmer allein aufgrund eigener Motivation über die nach seinem persönlichen Empfinden bestmögliche Interessenvertretung entscheiden will, muss er für die Fehler, die ihm dabei unterlaufen, auch selbst einstehen.

Darüber hinaus erscheint dieses Risiko, dem sich der einzelne Arbeitnehmer aussetzen muss, insbesondere im Vergleich mit ähnlichen Marktsituationen, denen er im Wirtschaftsleben ausgesetzt ist, nicht als unverhältnismäßig.

---

283 BVerfG, AP Nr. 24 zu § 4 TVG; *Kempen/Zachert*, TVG, § 2 Rn. 38 ff.; *Schwarze*, Jus 1994, 653 ff.; *Rolfs*, DB 1994, 1237 ff.

284 Kirchhof/Isensee-*Isensee*, Handbuch des Staatsrechts V, § 115 Rn. 255.

Dies zeigt sich in der Praxis sehr deutlich am Beispiel der Lebensversicherungen und Banken. Auch hier geht es wie bei der Delegation der arbeitsvertraglichen Lohnverhandlungsbefugnis um langfristige Investitionen in Bezug auf ein immaterielles, abstraktes Gut, das aufgrund seiner hochgradig heterogenen Struktur dem Anbieter ein erhebliches Maß an Erklärungsbedürfnis auferlegt[285]. In beiden Situationen ist der Einzelne auf einen Interessenintermediär angewiesen, da einerseits bei der Lohnfindung oft allein die Gewerkschaft die einzige Möglichkeit zu einer fairen Vertragsverhandlung gewährleistet, und andererseits im Bankenbereich für den Kunden ein direkter Ausgleich über den Finanzmarkt unmöglich oder mit unvertretbar hohen Kosten verbunden ist[286].

Doch gerade bei solch finanziell ähnlich bedeutsamen Geschäften wie etwa der Eröffnung von Bankkonten, dem privaten Anlegen von Ersparnissen oder dem Abschluss einer Lebensversicherung (die zudem in der Regel für einen deutlich längeren Zeitraum als nur die nächste Tarifspanne Bedeutung entwickeln) traut der Staat dem Einzelnen eine ausreichende Fähigkeit zur privatautonomen selbständigen Entscheidungsfindung zu, ohne in diesen Auswahlprozess durch ein dem Mächtigkeitserfordernis ähnliches Kriterium einzugreifen.

Diese parallelen Fallgestaltungen aus dem Bereich des Kapitalmarktes haben darüber hinaus gemeinsam, dass aufgrund der besonderen Auswahlsituation, in der sich der einzelne Kunde bei der Konfrontation mit einem Angebotsoligopol von Banken und Lebensversicherungen befindet, die Fehlerquote, also der Fall einer völlig unzureichenden Umsetzung der gewählten langfristigen Investition, in der Praxis Marginalgrenzen kaum überschreitet[287]. Seine Begründung findet dies insbesondere darin, dass die Auswahlsituation bei langfristigen Investitionen von der beim einmaligen Sachkauf grundsätzlich verschieden ist. Geht es bei Letzterem primär um die Tauglichkeit der Sache, für die wiederum der Beurteilung des Verkäufers im Moment des Vertragsschlusses eine entscheidende Rolle zukommt, so wird der Kunde bei der Auswahl langfristiger Investitionen wie etwa dem Eröffnen eines Kontos die verschiedenen Anbieter insbesondere unter dem Focus der Verlässlichkeit beurteilen. *Cramer* bringt dies auf den Punkt, indem er schreibt:

„Bei Gelddingen hört der Spaß auf. Bei wohl keiner anderen Branche spielt das Vertrauen in die Seriosität, Kompetenz und Integrität des einzelnen Instituts (...) eine größere Rolle als bei den Banken[288]."

Eine solche Motivation spielt beim einmaligen Sachkauf nur eine untergeordnete Rolle. Dem Kunden wird es bei unterstellter Tauglichkeit der Kaufsache re-

---

285 Dazu v. Hooven/Süchting-*Schneider*, Bankmarketing, S. 183.
286 Dazu *v. Köppen*, Bankstrategie, S. 28.
287 Süchting/Heitmüller-*Cramer*, Bankmarketing, S. 110 ff.
288 Süchting/Heitmüller-*Cramer*, Bankmarketing, S. 112.

gelmäßig egal sein, ob der Verkäufer auch nach dem Geschäft solvent bleibt oder nicht.

Bei langfristigen Investitionen dagegen sind Verlässlichkeit und Vertrauenswürdigkeit grundlegende Faktoren der Entscheidungsfindung[289]. Dementsprechend gestaltet sich das Angebot im Bank- und Versicherungsbereich als kundenorientiert[290]: geworben wird weniger mit Rendite und Gewinnspanne als mit Leistungen, die auf Dauerhaftigkeit, Vertrauensschutz und Zuverlässigkeit basieren.

Dies lässt sich ohne weiteres auf eine Gewerkschaftslandschaft übertragen, die das Resultat einer vollständig privatautonom wahrgenommenen Tarifautonomie ist. Auch hier geht es um „Gelddinge", sogar um deren ureigensten Bereich, nämlich den Lohn selbst, über den langfristig disponiert werden soll. Die Ausgangsposition des einzelnen Arbeitnehmers ist dem des Bankkunden daher sehr ähnlich. Im Ergebnis werden dementsprechend solche Gewerkschaften das Tarifgeschehen dominieren, welche sich entweder bereits im Kampfgeschehen mit dem sozialen Gegenspieler bewährt haben, oder kleinere Verbände, die aufgrund bestimmter, objektiv für den Arbeitnehmer als Entscheidungsträger erkennbarer Faktoren besonders erfolgsversprechend sind.

Darüber hinaus verstärkt wird die Stellung der bereits etablierten Gewerkschaften durch das in der Arbeitnehmerschaft immer noch prägende Traditionsbewusstsein. Gewerkschaftliche Mitgliedschaften erstrecken sich oft in den einzelnen Haushalten über mehrere Generationen hinweg[291]. Auch deshalb sind gerade kleinere Gewerkschaften gehalten, sich „vernünftig" zu verhalten, also keine marktschreierische Bauernfängerei zu betreiben. Andernfalls zielen sie an den Erwartungen und Wünschen ihrer potentiellen Mitglieder vorbei und landen im tariflichen Abseits[292].

Noch eine weitere aktuelle Erkenntnis aus dem Bereich des Bankgewerbes lässt sich für das Auswahlverhalten der Arbeitnehmer im Gewerkschaftswettbewerb fruchtbar machen. Die Bankkunden im Privatkundenbereich stellen immer höhere Anforderungen an die Durchschaubarkeit und Plausibilität ihrer Leistungsanbieter. Damit einher geht eine zunehmende Bereitschaft zum Institutswechsel und eine entsprechend abnehmende Bankloyalität[293]. Die Gründe für dieses veränderte Kundenverhalten werden in erster Linie in den durch das vervielfachte Medienangebot gestiegenen Kommunikations- und Informationsmög-

---

289 Vgl. die Beispiele bei *v. Köppen*, Bankstrategie, S. 84 ff.

290 Dazu allgemein Süchting/Heitmüller-*Schröder*, Bankmarketing, S. 80 ff.; vgl. auch *v. Köppen*, Bankstrategie, S. 51 mit dem Beispiel des Leitbildes der Credit Suisse.

291 Schroeder/Weßels-*Ebbinghaus*, Gewerkschaften, S. 175 ff.

292 Vgl. für den Bankwettbewerb Süchting/Heitmüller-*Dötsch*, Bankmarketing, S. 183 ff.

293 Grundlegend dazu *Nyberg*, Verhaltensrisiken, S. 14 ff.

lichkeiten gesehen, welche verbesserte Vergleichsmöglichkeiten und eine gewachsene Kritikfähigkeit im Konsumverhalten zur Folge haben[294]. Die Freiheit, bestimmte Wege abzuwählen, wird mithin verstärkt wahrgenommen[295].

Diese Grundlagen der gestiegenen Fähigkeit zu einer verantwortungsvoll wahrnehmbaren Privatautonomie bestehen aber ebenso für die Arbeitnehmer im Gewerkschaftswettbewerb. Verbesserte Informationsmöglichkeiten, die Bereitschaft zum Verbandswechsel aus ökonomischen Gründen und die Kritikfähigkeit gegenüber nicht interessengerechten Vertretungsstrategien garantieren auch hier die Optimierung der Interessenvertretung.

Die Gefahr von Fehlentscheidungen der Arbeitnehmer im Rahmen ihrer Interessendelegation erscheint daher als begrenzt. Das dabei verbleibende Restrisiko arbeitnehmerlicher Fehlentscheidungen bildet ein notwendiges Korrelat zur Entscheidungsfreiheit des Einzelnen.

Darüber hinaus ist auch ein objektiver Schutz der Arbeitnehmerinteressen in den Fällen gewährleistet, in denen eine Gewerkschaft durch gezielte Täuschung missbräuchlich um Arbeitnehmerdelegate wirbt. Hier ist der Staat gemäß Art. 9 III GG in der Pflicht, die beeinträchtigte Fähigkeit der Arbeitnehmer zur Privatautonomie nachträglich wiederherzustellen. Die staatlichen Restriktionsmöglichkeiten gegenüber solchem missbräuchlichen Gewerkschaftsverhalten ergeben sich einerseits im Fall eines konkret festgestellten Ungleichgewichts zum tariflichen Gegenspieler durch eine Inhaltskontrolle des erzielten Verhandlungsergebnisses[296]. Inwieweit darüber hinaus auch konkurrierenden Gewerkschaften rechtliche Mittel zum Vorgehen gegen derart missbräuchliches Verhalten ihres Konkurrenten zustehen, wird im weiteren Verlauf der Arbeit zu erörtern sein.

cc) Weitere Auswirkungen

(1) Durchsetzungsfähigkeit und Streikrecht

Nimmt man dergestalt die Durchsetzungsfähigkeit eines Verbandes aus dem Katalog der für seine Tariffähigkeit maßgeblichen Eigenschaften heraus, so wirkt sich dies vor allem auf das Streikrecht der Koalitionen aus. Nach noch überwiegender Ansicht ist zwar nicht die Bereitschaft, wohl aber die generelle Fähigkeit zum Arbeitskampf mit der Tariffähigkeit untrennbar verbunden[297]. Dementsprechend sind bisher ausschließlich sozial mächtige Gewerkschaften Träger des Streikrechts[298].

---

294 Süchting/Heitmüller-*Hockmann*, Bankmarketing, S. 134 f.

295 Süchting/Heitmüller-*Cramer*, Bankmarketing, S. 112.

296 So auch *Wiedemann*, TVG, § 2 Rn. 317 ff.; *Gamillscheg*, Kollektives Arbeitsrecht, S. 435 ff.

297 BVerfGE 18, 18 ff.; *Kempen/ Zachert*, TVG, § 2 Rn. 50 ff.; *Rieble*, Wettbewerb, Rn. 1350 m.w.N.

298 Kritisch dazu *Zachert*, AuR, 2001, 401 ff.

Hier ergibt sich zunächst für die Situation, in der eine Gewerkschaft nach Auslaufen des von ihr geschlossenen Tarifvertrages für ihre Forderungen in einer neuen Tarifrunde streiken wird, kein Unterschied zur Kopplung des Streikrechts an die Tariffähigkeit – im Tarifwettbewerb setzen sich ja auch in einem freien Spiel der Kräfte letztlich nur sozial mächtige Verbände durch.

Denkbar sind aber auch Situationen, in denen kleine Gewerkschaften, die sich im Koalitionswettbewerb letztlich nicht durchsetzen werden, auf dem Weg dorthin um einen erstmaligen Tarifabschluss zu streiken versuchen. Sie würden also für ein tarifliches Ziel streiken, das sie nicht erfüllen werden.

Die Bedeutung dieser Fallgruppe ist allerdings gering. Denn solche Verbände, die bereits im betrieblichen Konkurrenzkampf nicht genügend Arbeitnehmer für sich gewinnen können, werden in der Regel bereits vor der tatsächlichen Aufnahme von Tarifverhandlungen kaum noch die verbliebenen Mitglieder halten können. Diese werden vielmehr die faktische Aussichtslosigkeit ihres Verbandes mit einem Gewerkschaftswechsel verbinden. Sollte die Gewerkschaft dann dennoch einen derart objektiv aussichtslosen Arbeitskampf durchführen, wäre dies nicht mehr mit dem ultima ratio-Grundsatz des Arbeitskampfrechts vereinbar. Kann die Minderheitsgewerkschaft dagegen genügend nicht organisierte Belegschaftsangehörige mobilisieren, ist ihre vorübergehende mangelnde Durchsetzungsfähigkeit für die Effektivität ihres Streiks nicht von Bedeutung[299].

Darüber hinaus ist aber gerade die Rechtsprechung in Bezug auf die Verbindung von Durchsetzungsfähigkeit und Streikrecht seit jeher tendenziell recht zurückhaltend gewesen[300] und hat in letzter Zeit beide Institute immer deutlicher voneinander abgekoppelt. In einem Urteil vom 17.2.1998 hat das Bundesarbeitsgericht für die ad hoc-Koalitionen ein Streikrecht zu einem erstmalig angestrebten Tarifvertrag eindeutig befürwortet[301].

Die zwingende Verknüpfung von Arbeitskampf und Durchsetzungsfähigkeit ist nicht durch Art.9 III GG begründbar[302]. Die Ausweitung des Streikrechts durch die hier vertretene Konzeption einer selbstregulierenden Durchsetzungsfähigkeit ist damit unbedenklich.

299 Ähnlich hierzu *Hettlage*, BB 2004, 720, der den Aspekt der ausreichenden Resonanz einer kleinen Gewerkschaft in der Belegschaft durch eine obligatorische Urabstimmung dokumentieren will. Dies erscheint mit Blick auf obige Argumentation kaum erforderlich, da die aufgezeigten Selbstregularien des Gewerkschaftswettbewerbs gerade eine vergleichbare Gewähr leisten.

300 Vgl. etwa BAG, AuR 1971, 384.

301 BAG, AP Nr. 87 zu Art. 9 GG mit zustimmender Anm. *Oetker*.

302 *Bruhn*, Tariffähigkeit, S. 207; *Zachert*, AuR 2001, 402 ff.; *Däubler*, AuR 1998,146.

Dies entspricht im Übrigen auch der gängigen betrieblichen Praxis: von 1969 bis 1980 kamen allein für die IG Metall auf 81 verbandlich geführte Streiks 1504 nicht verbandlich organisierte Streiks[303].

(2) Durchsetzungsfähigkeit und Einigungsvertrag

In den letzten Jahren zieht das Bundesarbeitsgerichts[304] zur Herleitung des Erfordernisses der sozialen Mächtigkeit verstärkt den Art. 17 des Staatsvertrages zur Schaffung einer Währungs-, Wirtschafts- und Sozialunion zwischen der BRD und der DDR vom 18.5.1990 heran[305]. In dessen Protokoll findet sich ein Genereller Leitsatz zur Sozialunion, der unter A III Nr. 2 das Kriterium der Durchsetzungsfähigkeit in seine Definition einer Gewerkschaft mit einbezieht[306]. Der Leitsatz soll nach Ansicht des Bundesarbeitsgerichts zwar keinen Rechtsnormencharakter besitzen, bedeute aber gleichwohl als Willensbekundung des Gesetzgebers eine Rechtsänderung, die einer Gesetzesänderung gleichzusetzen sei[307]. Mit dem Zustimmungsgesetz des Bundestages zum Staatsvertrag vom 25.6.1990 sei dessen Inhalt einschließlich des Gemeinsamen Protokolls bestätigt und durch die Ratifizierung in innerstaatliches Recht überführt worden. Diese Argumentation erscheint in mehrfacher Hinsicht fragwürdig.

Bereits die Einordnung der Rechtsnatur des WWSU-Staatsvertrages bereitet erhebliche Schwierigkeiten. Der Diskussionsstand hierzu reicht von der These, es handele sich um verbindliche Auslegungskriterien[308] einer normativen Vorgabe[309], über die Annahme bloßer verbindlicher Interpretationshilfe[310] bis hin zur Ablehnung jeglicher normativer Wirkung[311].

Ohne dies im Rahmen der vorliegenden Untersuchung im Einzelnen vertiefen zu können, scheint zumindest der Ausgangspunkt des Bundesarbeitsgerichts nachvollziehbar. Die im Schrifttum primär in Frage gestellte normative Wirkung des Generellen Leitsatzes setzt das Gericht ausdrücklich nicht voraus. Dass aber auch die bloße Statuierung von neuen Auslegungshilfen eines unbestimmten Rechtsbegriffes jedenfalls im weiteren Sinne als Rechtsänderung einzustufen ist, erscheint methodisch möglich[312].

---

303 Schroeder/Weßels-*Boll*, Gewerkschaften, S. 487 m.w.N.

304 BAGE 95, 47 ff.; BAG, AP Nr. 55 zu § 2 TVG mit ablehnender Anm. *Oetker*.

305 BGBl. 1990 II, S. 537.

306 Zum Ganzen *Kissel*, NZA 1990, 545 ff.; *Rieble*, Festschrift Wiedemann, S. 521 f.

307 BAG, AP Nr. 55 zu § 2 TVG.

308 So *Kissel*, NZA 1990, 545, 549 ff.; *Gitter*, Festschrift Kissel, S. 265 ff.; a.A. *Oetker*, Festschrift Stahlhacke, S. 365 ff.

309 *Gaul*, ZTR 1991, 443, 446.

310 *Müller*, DB 1992, 273; *Richardi*, NZA 2004, 1028.

311 *Rieble*, SAE 1991, 316 f.

312 So auch *Oetker*, Festschrift Stahlhacke, S. 389 ff; *Kempen*, Festschrift BAG, S. 736 f.

Der grundlegende Fehler in der Heranziehung des Gemeinsamen Protokolls zur Festschreibung der Durchsetzungsfähigkeit als gewerkschaftliches Definitionsmerkmal liegt vielmehr in der vom Bundesarbeitsgericht nicht weiter begründeten Vergleichbarkeit dieser allgemeinen Rechtsänderung mit einer Gesetzesänderung. Hiermit wird genau jene Verbindlichkeit des Generellen Leitsatzes für das innerstaatliche Recht eingebracht, welche das Gericht vorher noch bestreitet. Eine Gesetzesänderung hat zweifelsohne verbindlichen Charakter, eine bloße Auslegungshilfe dagegen erhöht allenfalls den notwendigen Begründungsaufwand für eine Gegenthese, erklärt diese aber nicht per se für unmöglich.

Allein in diesem Sinn ist auch der 2. Generelle Leitsatz zur Sozialunion zum Begriff der Tariffähigkeit zu verstehen: er stellt lediglich den Status quo eines allein höchstrichterlich geprägten Begriffes dar, will dem aber keine andere Rechtsqualität verleihen.

Denn gerade der Bereich der Anforderungen an die Tariffähigkeit ist nicht frei von Entwicklungen und Neueinschätzungen. Eindrucksvolles Beispiel dafür war die Frage nach der Arbeitskampfbereitschaft einer Koalition: ging das Bundesarbeitsgericht ursprünglich davon aus, dass diese zur Tariffähigkeit der Koalition erforderlich sei[313], sah es sich später dazu genötigt, von seiner früheren Position abzurücken[314], nachdem das Bundesverfassungsgericht im Fall des Verbandes der Haushaltsgehilfinnen e.V. eine Arbeitskampfbereitschaft ausdrücklich als nicht erforderlich erkannt hatte[315].

Zwar ist für die Frage nach der sozialen Mächtigkeit ein Umschwung der vom Bundesverfassungsgericht letztlich gebilligten[316] Mächtigkeitsrechtsprechung im Moment nicht absehbar. Dennoch wäre es falsch, in den Leitsatz des Staatsvertrages die Absicht hineinlesen zu wollen, dies müsse für immer so bleiben. Änderungen der höchstrichterlichen Rechtsprechung des Bundesarbeitsgerichts gehen keineswegs immer entsprechende Urteile des Bundesverfassungsgerichtes voraus. Damit würde die gesamte Fortentwicklung des Arbeitsrechtes im Schrifttum, die mit den ständigen Fortentwicklungen und damit verbundenen Umwälzungen des gesamten sozialen Umfeldes der Bundesrepublik Schritt zu halten versucht, letztlich ihres Sinngehaltes beraubt. Vor diesem Hintergrund erscheint die Annahme, durch den Leitsatz des Staatsvertrages sei zur Fortentwicklung des nach wie vor in Lehre und Rechtsprechung kontrovers diskutierten Gewerkschaftsbegriffes das letzte Wort gesprochen, nicht haltbar.

---

313 BAG, AP Nr. 11 zu § 11 ArbGG; AP Nr. 2 zu § 2 TVG.

314 Zum Ganzen *Gamillscheg*, Kollektives Arbeitsrecht, S. 425 ff.

315 BVerfGE 18, 18 ff.

316 Vor allem BVerfGE 4, 96, 106.

c) Zwischenergebnis

Die Durchsetzungsfähigkeit einer Gewerkschaft gegenüber ihrem sozialen Gegenspieler ist funktional im Gegenmachtsprinzip der Tarifautonomie begründet. Auf eine äußere gerichtliche Feststellung des Merkmals kommt es aber entgegen der Auffassung des Bundesarbeitsgerichts nicht an. Vielmehr kann dies der Selbstregulation des freien Spiels der Kräfte im Gewerkschaftswettbewerb überlassen werden. Insoweit steht die Teilnahme an diesem Wettbewerb *allen* Arbeitnehmerkoalitionen zunächst offen. Welche von ihnen schließlich eine ausreichende Mächtigkeit gegenüber dem Tarifpartner erlangt, liegt gemäß dem Prinzip einer konsequent umgesetzten Privatautonomie in der Entscheidungsmacht der Arbeitnehmer selbst.

IV. Tarifeinheit zur Wahrung des funktionsfähigen Tarifvertragssystems?

1. Die Rechtsprechung des Bundesarbeitsgerichts zur Tarifeinheit

Das Bundesarbeitsgericht und Teile der Literatur sind bei ihrem Versuch der Fremdsteuerung des Gewerkschaftswettbewerbes nicht bei der Statuierung der sozialen Mächtigkeit stehen geblieben. Sie gehen vielmehr davon aus, dass auch die Geltung mehrerer Tarifverträge in einem Betrieb (so genannte Tarifmehrheit[317]) der sinnvollen tariflichen Ordnung der Arbeits- und Wirtschaftsbedingungen zuwider liefe[318] und daher vermieden werden muss[319].

Solch eine Tarifmehrheit ist in zwei Konstellationen denkbar. Einmal können für ein und dasselbe Arbeitsverhältnis mehrere Tarifverträge einschlägig sein (so genannte Tarifkonkurrenz). Zum anderen kann auch nur der Arbeitgeber auf betrieblicher Ebene an mehrere Tarifverträge gebunden sein, so dass die unterschiedlichen Tarifverträge allein unterschiedliche Arbeitsverhältnisse erfassen (so genannte Tarifpluralität)[320].

Gestützt auf das Ziel, die Funktionsfähigkeit des Tarifvertragssystems zu erhalten[321], soll in beiden Fällen nach ständiger Rechtsprechung des Bundesar-

---

317 Statt aller *Band*, Tarifkonkurrenz, S. 19 ff.

318 Maßgebend insbesondere BAG, AP Nr. 19 zu § 4 TVG; AP Nr. 20 zu § 4 TVG; AP Nr. 28 zu § 4 TVG; die von *Rieble*, RdA 2004, 80 und *ders.*, BB 2003, 1228 behauptete Aufgabe dieser Rechtsprechung erscheint daher nicht nachvollziehbar; vgl. *Buchner*, BB 2003, 2121 ff.; LAG Hessen, DB 2004, 1788; zurückhaltend dazu auch *Schiemann*, Beil. NZA 2003, 29 ff.; zum Streitstand um das Prinzip der Tarifeinheit allgemein vgl. MünchArbR-*Löwisch/Rieble* § 276 Rn. 17 ff.; *Waas*, Tarifkonkurrenz; *Jacobs*, Tarifkonkurrenz m.w.N.

319 Zustimmend *Säcker/Oetker*, ZfA 1993, 12; ähnlich *Buchner*, BB 2003, 2121 f., *Waas*, Tarifkonkurrenz, S. 133; *Müller*, Ablösung, S. 52.

320 Grundlegend zu den Begrifflichkeiten innerhalb der Tarifmehrheit *Band*, Tarifkonkurrenz, S. 19 ff.

321 So deutlich das Ergebnis der Analyse von *Buchner*, BB 2003, 2126.

beitsgerichts gemäß dem Grundsatz der Tarifeinheit im Betrieb verfahren werden. Die jeweiligen Tarifverträge sollen also nicht parallel zueinander gelten, sondern es soll nur der sachnähere, dem Betrieb räumlich, fachlich und persönlich am nächsten stehende Tarifvertrag Rechtswirkung entfalten. Bei gleicher Sachnähe entscheidet der jeweils größere Organisationsgrad.

Tarifmehrheit setzt nicht zwingend einen Gewerkschaftspluralismus im Betrieb voraus, da auch mehrere Tarifverträge innerhalb einer Gewerkschaft denkbar sind, etwa wenn eine Gewerkschaft sowohl einen Firmentarifvertrag als auch einen Flächentarifvertrag abschließt. Andererseits folgt aber aus einem bestehenden Gewerkschaftspluralismus in der Regel auch das Bestehen einer Tarifmehrheit[322].

Dementsprechend ist im Folgenden zu untersuchen, inwieweit die Rechtsprechung des Bundesarbeitsgerichts zur Tarifmehrheit als Konkretisierung der Funktionsfähigkeit des Tarifvertragssystems im Sinn einer verfassungsrechtlichen Schranke des in Art. 9 III GG garantierten Gewerkschaftspluralismus Geltung beanspruchen kann.

2. Tarifkonkurrenz und Gewerkschaftspluralismus

a) Die Bedeutung der Tarifkonkurrenz für den Gewerkschaftspluralismus

Der Grundsatz der Tarifeinheit im Fall der Tarifkonkurrenz, also der beiderseitigen Bindung an mehrere Tarifverträge, scheint zunächst nur wenig Relevanz für den Gewerkschaftspluralismus zu entfalten. Dauerhafte Doppelmitgliedschaften von Arbeitnehmern in mehreren Gewerkschaften sind in Zeiten eines allgemeinen gewerkschaftlichen Mitgliederschwundes auf dem Arbeitsmarkt eher selten feststellbar[323].

Eine andere Beurteilung könnte sich aber für den Fall des tariflichen Verbandswechsels des Arbeitnehmers ergeben. Hier stellt sich die Frage, ob die tarifliche Weiterbindung des § 3 III TVG auch für den Arbeitnehmer gilt, der seine bisherige Gewerkschaft verlässt und einem konkurrierenden Verband beitritt, welcher ebenfalls einen für seinen Betrieb Geltung entfaltenden Tarifvertrag hat abschließen können[324]. Nimmt man dies an, so würde der Bedeutungsgehalt der Tarifkonkurrenz für das System eines freien Gewerkschaftswettbewerbs, das ja gerade auf der Möglichkeit der Verschiebung tariflicher Machtverhältnisse aufgrund entsprechenden Verbandswechsels der Arbeitnehmer beruht, erheblich gesteigert.

---

322 *Band*, Tarifkonkurrenz, S. 136.

323 *Gamillscheg*, Kollektives Arbeitsrecht, S. 753.

324 Diese Frage hat im Schrifttum bislang nur wenig Beachtung gefunden, vgl. *Gamillscheg*, Kollektives Arbeitsrecht, S. 729.

Lehnt man dagegen eine Weiterbindung nach § 3 III TVG ab, verbliebe es für den Fall des Verbandswechsels mangels beiderseitiger mehrfacher Tarifbindung allein bei der Fallgruppe der Tarifpluralität.

Der Wortlaut des § 3 III TVG erscheint insoweit eindeutig: er unterscheidet nicht zwischen Arbeitnehmern und Arbeitgebern, sondern ordnet für beide Seiten die Fortgeltung der Tarifgebundenheit bis zum Ende des Tarifvertrages an. Dies kann für den Fall des Verbandswechsels des Arbeitnehmers aber kaum überzeugen, wenn seine neue Organisation ebenfalls einen einschlägigen Tarifvertrag geschlossen hat. § 3 III TVG soll tariflichen Schutz auch dort gewährleisten, wo die Verbandsmitgliedschaft vor Ende des Tarifvertrages aufhört. Die damit beabsichtigte Unabdingbarkeit des Tarifschutzes soll den Arbeitnehmer davor schützen, dass der Arbeitgeber ihn zum Gewerkschaftsaustritt verleitet, um so eine ungünstigere arbeitsvertragliche Regelung oder den Verzicht auf entstandene Rechte zu vereinbaren[325].

Dieses Schutzes bedarf der verbandswechselnde Arbeitnehmer aber gerade nicht. Er tritt unmittelbar in eine neue Tarifbindung ein, die Tarifgebundenheit nach § 3 III TVG wird durch die gemäß § 3 I TVG verdrängt[326]. Dies lässt sich für den Verbandswechsel im *Vorfeld* tariflicher Abschlüsse ebenso nahtlos fortsetzen. Hier bleibt eine tarifliche Bindung an den alten Tarifvertrag nach § 3 III TVG so lange erhalten, wie die neue Gewerkschaft einen erstmaligen Tarifabschluss nicht schafft. Sobald ihr das aber gelingt, kommt der Arbeitnehmer ausschließlich in den Genuss dieses neuen Tarifvertrages, § 3 III TVG gilt dann nicht mehr für ihn. Der Verbandswechsel gestaltet sich mithin für den einzelnen Arbeitnehmer tariflich betrachtet als vollkommen risikolos. Das muss er auch, da sonst eine freie Gewerkschaftsan- und -abwahl nicht gewährleistet wäre.

Die Rechtssicherheit des Arbeitgebers wird durch ein solches Verständnis des § 3 III TVG nicht unzumutbar beeinträchtigt[327]. Zwar ändert sich der Inhalt des jeweiligen Arbeitsvertrages, dies jedoch nur soweit, wie der Arbeitgeber beziehungsweise dessen Arbeitgeberverband das selbst mit ausgehandelt haben[328]. Denn auch diesen neuen Inhalt muss der Arbeitgeber aufgrund *eigener* Tarifbindung nach § 3 I TVG gegen sich gelten lassen.

Auch der Einwand, § 3 III TVG beabsichtige darüber hinaus einen Kontinuitätsschutz hinsichtlich der bestehenden Gewerkschaften, kann im Falle des Ver-

325 *Löwisch/Rieble*, TVG, § 3 Rn. 85; *Konzen*, ZfA 1975, 411.

326 *Kempen/Zachert*, TVG, § 3 Rn. 42.

327 Vgl. dazu auch *Jacobs*, Anm. zu BAG, AP Nr. 26 zu § 4 TVG Tarifkonkurrenz sowie *Löwisch/Rieble*, TVG, § 3 Rn. 85, allerdings ohne Bezug auf einen möglichen Verbandswechsel des Arbeitnehmers.

328 Für eine unzumutbare Beeinträchtigung der Rechtssicherheit des Arbeitgebers aber *Wiedemann*, TVG, § 3 Rn. 46.

bandswechsels des Arbeitnehmers nicht überzeugen[329]. Ein Kontinuitätsschutz der Gewerkschaften insgesamt ist hier bereits deshalb nicht berührt, weil die gewerkschaftliche Bindung des wechselnden Arbeitnehmers ja nur auf ein anderes Kollektiv verlagert wird. Ein Kontinuitätsschutz der einzelnen Gewerkschaft, die vom Austritt des Einzelnen betroffen ist, besteht dagegen deshalb nicht, weil das Risiko eines Mitgliederverlustes aufgrund gewerkschaftlicher Konkurrenzangebote in der Freiheitsgarantie des Art. 9 III GG selbst begründet liegt[330].

Der Anwendungsbereich des § 3 III TVG ist daher für die Fälle des Verbandswechsels des Arbeitnehmers teleologisch zu reduzieren. Konsequenz für das konkrete Arbeitsverhältnis ist damit nicht eine Tarifkonkurrenz, sondern allein eine Tarifpluralität.

b) Die Vereinbarkeit des Grundsatzes der Tarifeinheit bei Tarifkonkurrenz mit dem Gewerkschaftspluralismus des Art. 9 III GG

Die Einschränkung der Koalitionspluralismusgarantie durch den Grundsatz der Tarifeinheit bei Tarifkonkurrenz muss trotz ihrer nur marginalen Bedeutung für die Praxis verfassungsrechtlich gerechtfertigt sein.

Das Bundesarbeitsgericht stellt diesbezüglich auf die Rechtssicherheit und damit letztlich auf die Funktionsfähigkeit des Tarifvertragssystems selbst ab[331]. In Fällen der Tarifkonkurrenz leuchtet das unmittelbar ein. Da Normen aus zwei verschiedenen Tarifverträgen für ein und dasselbe Arbeitsverhältnis Geltung beanspruchen, muss eine Entscheidung für die eine oder die andere Regelung erfolgen. Die Lösung dieser tariflichen Normenkollision ergibt hier also sich bereits aus Gründen der Rechtsklarheit[332].

3. Tarifpluralität und Gewerkschaftspluralismus

a) Die Bedeutung der Tarifpluralität für den Gewerkschaftspluralismus

aa) Auswirkungen auf die vortarifliche Tätigkeit der Gewerkschaften im Betrieb

Im Gegensatz zur Tarifkonkurrenz wirkt sich der Grundsatz der Tarifeinheit bei Tarifpluralität vielgestaltig auf den Gewerkschaftspluralismus aus, dessen Beschränkung durch die reduzierte Tarifgeltung ist daher umfassend. Dies gilt auch für die Betätigung der Gewerkschaften im Vorfeld tarifvertraglicher Verhandlungen. Hier verhält sich der Grundsatz der Tarifeinheit gerade nicht vollkommen neutral[333], sondern greift massiv in die gewerkschaftliche Betätigung innerhalb

329 Vgl. dazu auch *Jacobs*, Anm. zu BAG, AP Nr. 26 zu § 4 TVG Tarifkonkurrenz.
330 Vgl. ausführlich oben 1. Teil B. V.
331 BAG, AP Nr. 16 zu § 4 TVG; AP Nr. 20 zu § 4 TVG.
332 *Buchner*, BB 2003, 2122; *Band*, Tarifkonkurrenz, S. 145; *Kraft*, Festschrift Zöllner, S. 832 f. m.w.N.
333 So aber *Band*, Tarifkonkurrenz, S. 136; ähnlich LAG Hessen, BB 2003, 1229.

des Gewerkschaftswettbewerbs ein. Dies ergibt sich einmal aus seiner Bedeutung für das Streikrecht der Arbeitnehmer, zum anderen aus seinen Auswirkungen auf das tatsächliche Auswahlverhalten im Betrieb.

(1) Unzulässigkeit eines Streiks bei späterer tariflicher Verdrängung

Das Verhältnis des vortariflichen Verhaltens zur späteren Geltung eines dadurch zustande gekommenen Tarifvertrages nach dem Prinzip der Tarifeinheit erreichte in jüngerer Zeit durch ein Urteil zunächst des Arbeitsgerichts Frankfurt[334], wenig später in dessen Berufungsverfahren durch das Landesarbeitsgericht Hessen[335] die Aufmerksamkeit eines breiteren Publikums[336].

Gegenstand der gerichtlichen Auseinandersetzungen war ein von der Gewerkschaft der Lokführer (GDL) angedrohter Streik auf Abschluss eines eigenen Spartentarifvertrages. In den zurückliegenden Jahren war die GDL gemeinsam mit der zweiten im Konzernbereich der Deutschen Bahn AG vertretenen Gewerkschaft, der GDBA, in einer Tarifgemeinschaft aufgetreten, die in der Regel gemeinsam oder in Absprache mit der dritten hier vertretenen Gewerkschaft transnet über Tarifverträge verhandelte. Erst Anfang 2003 wagte es die GDL erstmals, für das von ihr im Wesentlichen vertretene Fahrpersonal im Schienendienst eigenständige Regelungen im Rahmen eines Spartentarifvertrages zu fordern, die über den Inhalt bloßer Anschlussvereinbarungen an die von der GDBA und transnet erzielten Tarifergebnisse deutlich hinausgehen sollten.

Das Arbeitsgericht Frankfurt untersagte durch einstweilige Verfügung den geplanten Warnstreik der GDL, das Landesarbeitsgericht Hessen dagegen gab den Streik frei. Seine Begründung stützte sich im Wesentlichen darauf, dass selbst bei Anerkennung des Prinzips der Tarifeinheit bei Tarifpluralität über die Spezialität und die daraus resultierende Verdrängung eines anderen Tarifvertrages erst entschieden werden könne, wenn ein entsprechender Tarifvertrag zustande gekommen sei. Die Geltung von Tarifverträgen und das dem vorhergehende gewerkschaftliche Verhalten sollen demnach völlig abstrakt voneinander sein, die absehbare spätere Unwirksamkeit des Tarifvertrages soll sich nicht auf dessen Zustandekommen auswirken können.

Dies kann nicht überzeugen. Wenn vor Abschluss des umkämpften Tarifvertrages abzusehen ist, dass er weniger speziell ist und daher später keine Geltung erlangen wird, dann wäre ein Streik um diesen Tarifvertrag unverhältnismäßig. Denn der Gegner müsste sonst Arbeitskampfmaßnahmen erdulden, von denen feststeht, dass sie nie zu einem geltenden Tarifvertrag führen können. Ein Streik um einen solchen Tarifvertrag verstieße demnach gegen das arbeitskampfrechtli-

334 ArbG Frankfurt vom 22.4.2003.

335 LAG Hessen, NZA 2003, 679 ff.

336 Vgl. etwa die Besprechungen von *Rieble*, BB 2003, 1227 und *Buchner*, BB 2003, 2121.

che Übermaßverbot, da dem späteren Tarifvertrag gar keine ordnende Funktion des Arbeits- und Wirtschaftslebens zukommen könnte[337]. Die Auswirkungen des Grundsatzes der Tarifeinheit bei Tarifpluralität auf das gewerkschaftliche Konkurrenzverhalten vor Tarifabschluss sind bereits deshalb nicht zu unterschätzen.

(2) Auswahlverhalten der Arbeitnehmer

Darüber hinaus spielt die spätere Wirksamkeit oder Verdrängung eines Tarifvertrages auch eine entscheidende Rolle beim Auswahlverhalten der Arbeitnehmer: wer wird einer Gewerkschaft beitreten oder zu einer Gewerkschaft überwechseln wollen, deren Forderungen später gar keine betriebliche Wirksamkeit erfahren werden? Der Abschluss eines Firmentarifvertrages durch eine konkurrierende Gewerkschaft kann somit faktisch für den weiteren Gewerkschaftswettbewerb den endgültigen Verlust eines Betriebes für die verdrängte Gewerkschaft bedeuten[338]. Auch die tatsächlichen Wechselwirkungen zwischen späterer Geltung eines Tarifvertrages und vorhergehendem Gewerkschaftswettbewerb um potentielle Mitglieder für den eigenen Tarifabschluss bedeuten daher eine umfassende Beschränkung des Gewerkschaftspluralismus durch den Grundsatz der Tarifeinheit bei Tarifpluralität.

bb) Auswirkungen auf die tarifliche Tätigkeit der Gewerkschaften im Betrieb

Diese Beschränkung setzt sich nach erfolgtem Tarifabschluss für die jeweils daran beteiligten Gewerkschaften in noch größerem Maße fort. Obwohl sie sich alle im tariflichen Mitgliederwettbewerb derart behauptet haben, dass sie ihren Mitgliedern einen Tarifabschluss, der ihre geforderten Inhalte widerspiegelt, präsentieren können, soll nur der sachnächste, speziellste dieser Abschlüsse alleinige Wirksamkeit entfalten. Die Ergebnisse des vorhergehenden Gewerkschaftswettbewerbs im Betrieb werden nach Tarifschluss durch den Grundsatz der Tarifeinheit damit letztlich ad absurdum geführt. Denjenigen Arbeitnehmern, die sich der „falschen" Gewerkschaft angeschlossen haben, wird jeder tarifliche Schutz entzogen, für sie bleiben nur gesetzliche Auffangregeln wie etwa § 612 II BGB oder der durch die Rechtsprechung zur Tarifeinheit nahe gelegte Beitritt zur Gewerkschaft des sachnächsten Tarifvertrages[339].

---

337 *Rieble*, BB 2003, 1228; *Buchner*, BB 2003, 2126.

338 Dazu *Salje*, SAE 1993, 81 f.

339 So deutlich *Salje*, SAE 1993, 80; die Frage nach der Vereinbarkeit eines solchen erzwungenen Koalitionswechsels mit der positiven Koalitionsfreiheit des einzelnen Arbeitnehmers kann im Rahmen dieser Arbeit nicht näher behandelt werden.

b) Die Vereinbarkeit des Grundsatzes der Tarifeinheit bei Tarifpluralität mit dem Gewerkschaftspluralismus des Art. 9 III GG

Das Bundesarbeitsgericht begründet die Anwendung des Grundsatzes der Tarifeinheit auch im Falle der Tarifpluralität mit dem notwendigen Erhalt der Funktionsfähigkeit des Tarifvertragssystems[340].

Dies leuchtet im Gegensatz zur gleich lautenden Begründung für den Fall der Tarifkonkurrenz bereits deshalb nicht unmittelbar ein, weil bei Tarifpluralität die Einzelbetrachtung der Arbeitsverhältnisse das Problem einer tariflichen Normenkollision nicht aufweist[341].

Buchner hat daraus gefolgert, dass der Hintergrund der Rechtsprechung daher nicht eine sich unmittelbar aufdrängende tarifliche Ordnungsaufgabe, sondern vielmehr ihr ordnungspolitischer Wunsch sei, dem Grundsatz „Ein Betrieb – eine Gewerkschaft" tatsächliche Geltung in den einzelnen Betrieben zu verschaffen[342].

Im Folgenden ist zu zeigen, dass die verfassungsrechtliche Rechtfertigung dieses Eingriffs in die Gewerkschaftspluralismusgarantie des Art. 9 III GG durch Heranziehen der Funktionsfähigkeit des Tarifvertragssystems nicht möglich ist.

Das den Arbeitnehmern als Korrelat zu ihrer Auswahlfreiheit auferlegte Risiko, dass eine Gewerkschaft aufgrund mangelnder Durchsetzungsfähigkeit nicht zum Tarifabschluss gelangt, lässt sich auf die Verdrängung aller weiteren Tarifverträge durch den jeweils sachnächsten nicht übertragen. Im Gegensatz zur Durchsetzungsfähigkeit einer Gewerkschaft kraft Mitgliederzuwachses ist die Sachnähe eines Tarifvertrages nicht Ausdruck der privatautonom ausgeübten Tarifautonomie der Mitglieder, sondern ein von außen in den Gewerkschaftswettbewerb hineingetragenes objektives Kriterium, um die Funktionsfähigkeit der Tarifautonomie zu erhalten.

Deren Gefährdung durch eine Tarifpluralität im Betrieb ist aber gar nicht ersichtlich. Ein Tarifwirrwarr zahlloser nebeneinander bestehender Tarifverträge wird bereits durch die natürliche Auslese des vortariflichen Gewerkschaftswettbewerbs vermieden[343]. Die danach verbleibenden Gewerkschaften mit ihren jeweiligen Tarifabschlüssen gefährden nicht die Tarifautonomie, sondern stellen gerade deren unverzerrtes Spiegelbild dar. Tarifpluralität ist letztlich nichts ande-

340 Dazu *Buchner*, BB 2003, 2121 ff.; eine Ausnahme soll aber für die Fälle gelten, in denen ein bloß nachwirkender Tarifvertrag mit einem weiteren Tarifvertrag kollidiert, vgl. BAG, AP Nr. 26 zu § 4 TVG; zur Nachwirkung bei Tarifverträgen verschiedener Gewerkschaften *Rüthers*, Festschrift Müller, S. 445 ff.

341 So auch *Bauer/Meinel*, NZA 2000, 182; *Kraft*, RdA 1992, 164, *Schliemann*, NZA Beil. 24/2000, 24 ff.

342 Dazu ausführlich *Buchner*, Festschrift BAG, S. 360 ff.; gegen die Praktikabilitätserwägungen des BAG *Salje*, SAE 1993, 80 f.

343 Dies verkennen *Buchner*, ZfA 1995, 110 und *Kempen*, Festschrift BAG, S. 742.

res als das Resultat des Kräfteverhältnisses der konkurrierenden Koalitionen im Betrieb[344]. Sie steht einer sinnvollen Ordnung der tariflichen Arbeits- und Wirtschaftsbedingungen nicht entgegen, sondern ist ein fester Bestandteil des Gesamtsystems der von Art. 9 III GG garantierten Tarifautonomie.

Diese Aussage lässt sich auch nicht mit dem Einwand abschwächen, dass in der Regel die verschiedenen Koalitionen für dasselbe Regelungsgebiet sachlich und sogar der Formulierung nach übereinstimmende Tarifverträge abschließen[345]. Dies kann zwar so sein, scheint aber gerade in neuerer Zeit keineswegs der Regelfall zu sein. Die Beispiele der Vereinigung Cockpit e.V., der GDL oder auch der Christlichen Gewerkschaften im Bereich der Zeitarbeit[346] belegen dies eindrucksvoll. Die inhaltlichen Unterschiede der jeweiligen Tarifverträge sind oft gerade aufgrund des Profiliierungsbestrebens im Gewerkschaftswettbewerb erheblich. Umso einschneidender ist es daher für die Richtigkeitsgewähr der Tarifgeltung, wenn die darin zum Ausdruck kommenden Unterschiede in der Auswahlentscheidung der Arbeitnehmer durch den Grundsatz der Tarifeinheit bei Tarifpluralität nivelliert werden.

Allerdings folgen aus der Anerkennung einer Tarifpluralität statt einer Tarifeinheit im Betrieb insbesondere im Bereich der arbeitsvertraglichen Bezugnahmeklauseln veränderte Gegebenheiten[347]. Der Begriff der großen dynamischen Verweisungsklausel, der auf die branchenübliche Tarifregelung abstellt, scheint im Modell der Tarifpluralität kaum mehr praktikabel zu sein. Aufgrund der verschiedenen geltenden Tarifverträge in der betreffenden Branche dürfte eine Festlegung auf eine branchenübliche Regelung kaum möglich sein.

Gleiches gilt für Tarifwechselklauseln, welche auf die für den Arbeitgeber oder den Betrieb jeweils geltenden oder einschlägigen Tarifverträge verweisen. Soll damit auch der Wechsel zu einer anderen als der zunächst beteiligten Gewerkschaftsorganisation umfasst werden, so muss diese Möglichkeit ausdrücklich in der Klausel selbst vorbehalten werden. Andernfalls würde dem Schutzinteresse des Arbeitnehmers aus Art. 9 III GG, der möglicherweise gegen einen der konkurrierenden Verbände Vorbehalte hat, nicht ausreichend Rechnung getragen.

Ein freier Gewerkschaftswettbewerb würde daher an den Arbeitgeber höhere Anforderungen bezüglich der Differenzierung und Sachnähe in der Gestaltung arbeitsvertraglicher Inbezugnahmeklauseln stellen[348]. Diese erhöhten Differenzierungsanforderungen in der Behandlung der einzelnen Arbeitsverhältnisse seines Betriebs entsprechen dabei aber letztlich nur dem, was der Arbeitgeber selbst

---

344 So auch *Band*, Tarifkonkurrenz, S. 137.
345 So aber noch *Müller*, DB 1967, 904.
346 Dazu ausführlich *Schüren*, AÜG, § 9 Rn. 214 ff.
347 Dazu ausführlich *Franzen*, RdA 2001, 8 f.; *Kraft*, Festschrift Zöllner, S. 836 ff. m.w.N.
348 So auch *Franzen*, RdA 2001, 9.

in eigener Entscheidung mit seinen jeweiligen sozialen Gegenspielern ausgehandelt hat. Eine Rechtsunsicherheit oder gar eine Gefährdung des gesamten Tarifvertragssystems, die eine solche durch den Grundsatz der Tarifeinheit bedingte Manipulation der wahren, durch die freie Entscheidung der Arbeitnehmer begründeten gewerkschaftlichen Kräfteverhältnisse im Betrieb zu rechtfertigen vermag, ist damit aber keinesfalls festzustellen.

Über diese Erwägungen hinaus rechtfertigt das Bundesarbeitsgericht die Anwendung der Tarifeinheit gerade in Bezug auf einen Gewerkschaftswettbewerb im Betrieb mit dem Hinweis, es bliebe jeder Gewerkschaft freigestellt, jeweils einen noch spezielleren Tarifvertrag abzuschließen[349].

Dies kann aus zwei Gründen nicht überzeugen. Zum einen verlangt das Gericht damit von den Gewerkschaften eine Forcierung ihrer wettbewerblichen Anstrengungen in einem Bereich, wo der Gewerkschaftswettbewerb als Bestandteil des Tarifvertragssystems des Art. 9 III GG dies gar nicht erfordert – nämlich nach überstandenem Tarifwettbewerb und erfolgreichem Tarifabschluss[350]. Zum anderen ist gerade für Branchen- und Minderheitsgewerkschaften eine solche Möglichkeit des Gleichziehens durch Abschluss eines spezielleren Tarifvertrages kaum erkennbar. Gegenüber dem Tarifvertrag einer Branchengewerkschaft, welcher naturgemäß nur die Arbeitsverhältnisse einer einzelnen Berufsgruppe regeln will, erlangt nach dem Spezialitätsprinzip immer ein Tarifvertrag, der für die gesamte Belegschaft vorsorgt, Vorrang[351]. Sonstige Minderheitsgewerkschaften aber befinden sich gegenüber ihren großen Gewerkschaftskonkurrenten bereits deshalb im Nachteil, weil bei gleicher Sachnähe ihrer Tarifverträge immer der jeweilige Organisationsgrad entscheiden soll[352]. Der Grundsatz der Tarifeinheit garantiert also den Gewerkschaften gerade keinen Wettkampf mit gleichen Erfolgschancen.

Im neueren Schrifttum ist dagegen der Versuch einer zumindest teilweisen Rechtfertigung der Tarifeinheit anhand der Differenzierung zwischen gewillkürter und sonstiger Tarifpluralität unternommen worden[353]. Danach soll der Grundsatz der Tarifeinheit dann nicht gelten, wenn ein Arbeitgeber nur deshalb mit einer konkurrierenden Gewerkschaft abschließt, um mit Hilfe des Spezialitätsgrundsatzes eine Änderung der Arbeitsbedingungen durch Aushebelung des bisher maßgeblichen Tarifvertrages herbeizuführen. Angesprochen ist damit der

349 BAG, AP Nr. 20 zu § 4 TVG.

350 Dies verkennt insbesondere auch die Schlussfolgerung von *Kempen*, Festschrift BAG, S. 742.

351 Ausführlich dazu *Buchner*, ZfA 2004, 248 ff.

352 *Merten*, BB 1993, 575 ff.; *Konzen*, RdA 1978, 146 ff.; *Kraft*, RdA 1992, 161 ff.; *Wiedemann*, Festschrift Fleck, S. 452 f.; *Zöllner/Loritz*, Arbeitsrecht, S. 77; *Reuter*, JuS 1992, 108 f.

353 Dazu *Schiemann*, Beil. NZA 2003, 32 ff.; *Band*, Tarifkonkurrenz, S. 136 mit Verweis auf die Fälle von BAG, AP Nr. 26 zu § 4 TVG und AP Nr. 27 zu § 4 TVG.

in der betrieblichen Praxis eher seltene Fall, dass sich der Grundsatz der Tarifeinheit einmal nicht zu Lasten, sondern zu Gunsten von Branchen- und Minderheitsgewerkschaften auswirkt.

Auf die Unterscheidung von gewillkürter und sonstiger Tarifpluralität kommt es aber zur Beurteilung der Rechtmäßigkeit des Eingriffs in den Gewerkschaftspluralismus gar nicht an. Auch wenn es an einer solchen Umgehungsabsicht des Arbeitgebers fehlt, wird der Eingriff in den Gewerkschaftswettbewerb nicht besser legitimiert. Die in den Fällen sonstiger Tarifpluralität begründete Tendenz zur Unterstützung gewerkschaftlicher Monopole widerspricht dem tatsächlichen Auswahlverhalten der Arbeitnehmer im Gewerkschaftswettbewerb ebenso wie die Umgehungsversuche der gewillkürten Tarifpluralität.

Der eindeutige Wortlaut des § 4 I TVG, welcher die normative Wirkung jedes geschlossenen Tarifvertrages für die unmittelbar tarifgebundenen Arbeitsverhältnisse unabhängig vom Bestehen weiterer Tarifverträge im Betrieb anordnet, erweist sich damit als verbindlicher Ausdruck des in Art. 9 III GG begründeten Systems einer privatautonom legitimierten Tarifautonomie. Der Grundsatz der Tarifeinheit bei Tarifpluralität bildet darin einen Fremdkörper, der nicht der Erhaltung eines funktionstüchtigen Tarifvertragssystems dient, sondern dieses vielmehr selbst gefährdet, indem er die von Art. 9 III GG vorausgesetzte Akzeptanzkontrolle der Gewerkschaften durch ihre Mitglieder untergräbt[354].

Etwas anderes gilt allein in Fällen des § 3 II TVG, der die Geltung betrieblicher und betriebsverfassungsrechtlicher Tarifnormen auch auf Außenseiter und tariflich anderweitig gebundener Arbeitnehmer erstrecken will. Dahinter steht das Ziel, Regelungsinhalte, die von ihrer Natur nur betriebseinheitlich geregelt werden können, auf die gesamte Belegschaft unabhängig von der einzelnen Tarifgebundenheit zu erstrecken[355]. Existieren in einem Betrieb mehrere Tarifverträge, die solche Bestimmungen beinhalten, nebeneinander, so müssen die allgemeinen Regeln zur Tarifkollision angewandt werden. Allein die speziellere betriebliche Regelung setzt sich hier durch und kann alleinige betriebliche Geltung beanspruchen[356]. Darin liegt keine unzulässige Beeinträchtigung des Koalitionspluralismus beziehungsweise der positiven Koalitionsfreiheit der Andersgebundenen. Zum einen sind die Anforderungen an solche betrieblichen und betriebsverfassungsrechtlichen Normen nach einhelliger Ansicht sehr streng[357], so dass die Möglichkeit, über den Umweg des § 3 II TVG einen gesamten Tarifvertrag zur

---

354 *Koopmann*, Gewerkschaftsfusion und Tarifautonomie, S. 219.

355 Dazu *Löwisch/Rieble*, TVG, § 3 Rn. 59 ff.; *Gamillscheg*, Kollektives Arbeitsrecht, S. 590 f.; *Wiedemann*, TVG, § 1 Rn. 241 ff.

356 So auch *Kempen/Zachert*, TVG, § 4 Rn. 151 ff.

357 Vgl. dazu die Übersicht und Kritik bei *Gamillscheg*, Kollektives Arbeitsrecht, S. 588 ff., insbesondere S. 594.

alleinigen Geltung zu bringen, nicht besteht. Zum anderen wäre ein paralleles Bestehen mehrerer betrieblicher Normen in der Praxis bereits gar nicht durchführbar und würde ein kaum überschaubares Regelungswirrwarr entfachen. § 3 II TVG bildet damit eine notwendige legislatorische Beschränkung des Gewerkschaftspluralismus.

In allen nicht von § 3 II TVG erfassten Fällen dagegen lässt sich das vom Bundesarbeitsgericht befürwortete rechtspolitische Organisationsprinzip „Ein Betrieb – eine Gewerkschaft" mangels verfassungsrechtlicher Begründung in Art. 9 III GG nicht zu einem verbindlichen Rechtsprinzip erheben. Der darauf beruhende Grundsatz der Tarifeinheit bei Tarifpluralität ist daher keine taugliche Ausformung einer solchen Schranke des Gewerkschaftspluralismus[358].

F. Koalitionspluralismusgarantie und die Bestands- und Betätigungsgarantie der Koalitionen derselben sozialen Gruppe

I. Die Konkretisierung des freien Spiels der Kräfte auf ein faires Spiel der Kräfte

Der Schutzbereich des Art. 9 III GG umfasst auch das horizontale Wettbewerbsverhältnis der Koalitionen derselben sozialen Seite zueinander[359]. Den Staat trifft damit eine umfassende Schutzpflicht im Sinn eines Konkurrentenschutzes hinsichtlich der einzelnen Koalitionen. Begrenzt wird diese Schutzpflicht bezüglich der einen Koalition zwingend durch die ebenso begründete Schutzpflicht bezüglich der konkurrierenden Koalition[360]. Aufgeworfen ist damit die Frage nach der weiteren Konkretisierung dieser internen Schranke eines Koalitionswettbewerbs.

Festzustellen ist dabei zunächst, dass eine solche Schutzpflicht nicht zum Anlass genommen werden darf, um das grundsätzliche Neutralitätsgebot des Staates im Koalitionswettbewerb preiszugeben[361]. Art. 9 III GG begründet keine staatliche Existenzgarantie der einzelnen Koalition im Wettbewerb mit ihren Konkurrenten. So weit kann daher auch die Schutzpflicht des Staates im Verhält-

---

358 So im Ergebnis bereits *Nikisch*, Arbeitsrecht II, S. 480 ff.; *Merten*, BB 1993, 575 ff.; *Wiedemann/Arnold*, ZTR 1994, 402 f.; *Band*, Tarifkonkurrenz, S. 137; *Jacobs*, Tarifkonkurrenz, S. 454 ff.; *Franzen*, RdA 2001, 8.

359 Ausführlich vgl. oben 1. Teil B. II. 4. a.

360 Eine Gewährleistungs- und Schutzpflicht des Staates bzgl. des Koalitionspluralismus generell ablehnend *Säcker/Oetker*, ZfA 1993, 1, 12, allerdings beziehen sie ihre Ablehnung allein auf eine absolute, schrankenlose Schutzpflicht des Staates. Eine solche ist auch nach dem hier begründeten Ansatz nicht mit Art. 9 III GG vereinbar.

361 Vgl. auch bereits oben 1. Teil B. V.

nis zu konkurrierenden Koalitionen nicht reichen. Jedes auf eigener Schwäche beruhende Ausscheiden aus dem Koalitionswettbewerb darf vom Staat nicht verhindert werden[362].

Inhalt der Schutzpflicht ist es vielmehr, dass der Staat durch seine Privatrechtsgesetzgebung und entsprechende gerichtliche Entscheidungen alle Verhaltensweisen der Koalitionen gegeneinander unterbinden muss, welche einen Eingriff in die Betätigungsfreiheit des Konkurrenten darstellen, der zur eigenen Betätigungsfreiheit in keinen angemessenen Ausgleich gebracht werden kann[363].

Die Kollision der gegeneinander gerichteten, jeweils von Art. 9 III GG geschützten gewerkschaftlichen Betätigungen ist daher mittels einer *praktischen Konkordanz* aufzulösen[364], welche die Garantie des Koalitionspluralismus auf die *Garantie eines fairen Wettbewerbs* konkretisiert[365]. Gesetzgeberische und richterliche Beschränkungen der Koalitionsbetätigung auf horizontaler Ebene sind dann verfassungsrechtlich gerechtfertigt, wenn sie die Kollision mit der Betätigungsfreiheit der konkurrierenden Koalition angemessen ausgleichen[366].

Ein freies Spiel der Kräfte im horizontalen Koalitionswettbewerb ist also von Art. 9 III GG ermöglicht und gefordert, sofern es ein faires Spiel der Kräfte bleibt. Die Einhaltung dieser Beschränkung hat der Staat als neutraler Wächter zu garantieren[367].

---

362 BVerfGE 18, 18, 33: „Ob sich eine Koalition im Arbeitsleben behaupten kann, wird durch den Wettbewerb der verschiedenen Gruppen bestimmt." Vgl. ferner BVerfGE 55, 7, 24; 92, 316 ff.

363 So auch *Kraft*, RdA 1992, 168, der sich gegen einen Verdrängungswettbewerb zugunsten der etablierten Koalitionen ausspricht; mit gleichem Ergebnis zur konkurrierenden Mitgliederwerbung im Betrieb auch *Konzen*, Festschrift Kissel, S. 588 f.

364 Allgemein zum Begriff der praktischen Konkordanz bei verfassungsunmittelbaren Schranken vgl. *Pieroth/ Schlink*, Grundrechte, Rn. 320; ablehnend *Seiter*, SAE 1969, 231, der die Schranken des Art. 2 I GG, insbesondere den Vorbehalt des Sittengesetzes, heranziehen will. Dagegen statt vieler BVerfGE 6, 32.

365 Ähnlich *Löwisch*, RdA 1975, 53 ff.; *Rieble*, Wettbewerb, Rn. 1781; *Hueck/Nipperdey*, Arbeitsrecht II/1, S. 145 nennt dies das Prinzip der gegenseitigen Duldung; *Müller*, RdA 1964, 121 ff. zieht in Erwägung, dass Koalitionen das pluralistische Prinzip, auf dem ihr Dasein gegründet ist, auch sonst im Verkehr miteinander wenigstens in einem gewissen Ausmaß zu beachten haben; ihm folgend *Galperin*, AuR 1965, 5, der davon spricht, dass der Wettbewerb nicht im Freistil erfolgen dürfe. Dies ist aber letztlich nichts anderes als die hier herausgestellte Garantie eines fairen Koalitionswettbewerbes als Ergebnis einer praktischen Konkordanz der kollidierenden Grundrechte.

366 Im Ergebnis so auch BAG, SAE 1969, 228: „Anarchische Freiheit von Gewerkschaften bei gegeneinander gerichteter Konkurrenz verstieße gegen die Koalitionsfreiheit."

367 Ähnlich *Koopmann*, Gewerkschaftsfusion und Tarifautonomie, S. 201; a.A. wohl *Gamillscheg*, Differenzierung, S. 66; allgemein zum grundrechtlichen Neutralitätsgebot des Staates Kirchhof/Isensee-*Isensee*, Handbuch des Staatsrechts V, § 111 Rn. 98.

II. Die Unschärfe der unmittelbar konkurrenzbezogenen Schranken des Art. 9 III GG

Will man nun aus dem bisher Gesagten konkrete Verhaltensregeln für das gegeneinander gerichtete Verhalten von Gewerkschaften im Betrieb ableiten, so fällt dies zunächst schwer. Die abstrakte verfassungsrechtliche Schranke des Art. 9 III GG für die unmittelbar konkurrenzbezogenen, gegeneinander gerichteten Verhaltensweisen der verschiedenen Gewerkschaften im Betrieb bleibt sehr unbestimmt.

Aufgrund der unmittelbaren Drittwirkung des Art. 9 III 2 GG erübrigt sich eine einfachgesetzliche Normierung von Tatbeständen, so dass auch ein Verbändegesetz, welches die Rechtsverhältnisse der Koalitionen zueinander regeln würde[368], hier keine Anwendung finden könnte[369]. Art. 9 III 2 GG erfasst vielmehr lückenlos jegliches unmittelbar gegen die Betätigung einer konkurrierenden Gewerkschaft gerichtete Verhalten, sei es als Maßnahme, sei es als Vereinbarung mit Dritten zu diesem Zweck. Anders als bei den übrigen abstrakten verfassungsrechtlichen Schranken des Koalitionspluralismus, die eine mangelnde Regelungsschärfe durch entsprechende einfachgesetzliche Konkretisierungen kompensieren, sind daher die aufgrund der internen, gegenläufigen Schutzrichtungen des Art. 9 III GG bestehenden Grenzen des gewerkschaftlichen Wettbewerbsverhaltens einer einfachgesetzlichen Konkretisierung enthoben.

Über das Bedürfnis einer Konkretisierung[370] ist aber auch Art. 9 III 2 GG nicht erhaben, im Gegenteil: je unschärfer und allgemeiner ein Tatbestand bleibt, desto mehr muss eine Orientierung an den Umständen des Einzelfalles erfolgen. Damit wächst aber die Subjektivität und leidet die Rechtssicherheit[371]. Entsprechend ist die Rechtsprechung hier in der undankbaren Pflicht, in jedem Einzelfall das Rad neu erfinden zu müssen.

Somit löst der Verweis auf Art. 9 III 2 GG für die Beurteilung der Rechtmäßigkeit gegeneinander ausgerichteten gewerkschaftlichen Wettbewerbsverhaltens kaum mehr Probleme als er tatsächlich schafft. Art. 9 III 2 GG ist zwar Ausgangspunkt der zu schaffenden praktischen Konkordanz zwischen den konkurrierenden Gewerkschaftsinteressen, deren Inhalt bleibt damit aber weitgehend im Dunkeln.

Dies zeigt sich in der Literatur und in der Rechtsprechung durch ein fragmentarisches, allein an Einzelfällen orientiertes und damit wenig einheitliches

368 Grundlegend dazu *Gerhardt*, Koalitionsgesetz; *Teubner*, Organisationsdemokratie; *Nicklisch*, Festschrift Schiedermair, S. 459 ff.

369 So deutlich *Gerhardt*, Koalitionsgesetz, S. 205.

370 *Oeter*, AöR Bd. 119 (1994), 549, *Preu*, JZ 1991, 267.

371 Ausführlich dazu *Bydlinski*, Methodenlehre, S. 325 ff.; *Zippelius*, Methodenlehre, S. 47.

Gesamtbild der bisher erkannten Regeln des Gewerkschaftswettbewerbs. Exemplarisch seien hier nur Formulierungen wie das „Prinzip gegenseitigen Duldens“[372], das „Berücksichtigen berechtigter Belange“[373], das Verbot eines „Freistilkampfes“[374], das „gegenseitige Achten der pluralistischen Grundsätze“[375], die Ablehnung einer „anarchischen Freiheit zwischen Gewerkschaften“[376] oder das „Gebot der Fairness der Gewerkschaften zueinander“[377] genannt.

In allen Fällen soll hiermit die praktische Konkordanz bei antagonistischem gewerkschaftlichem Verhalten umschrieben werden[378], allein ein Gewinn an Konturenschärfe ist damit nicht zu verzeichnen. Seinen Grund mag dies auch darin finden, dass der Bundesgerichtshof und vor allem das Bundesarbeitsgericht in erster Linie auf den vertikalen Konflikt zwischen Arbeitgeber und Gewerkschaft, nicht aber auf den von Gewerkschaften untereinander geeicht sind[379].

Zwar zeigen die oben genannten Formulierungen zur praktischen Konkordanz beim Aufeinanderprallen gewerkschaftlicher Konkurrenzinteressen eine Abkehr vom Grundsatz, dass mangels einfachgesetzlicher Regelung das Rechtsverhältnis der Gewerkschaften zueinander allein durch das Recht des Stärkeren bis zur allgemeinen Grenze der Sittenwidrigkeit geprägt sein soll[380]. Eine ausreichende Konkretisierung dieser allgemeinen Erkenntnis auf die jeweiligen Verhaltensweisen im Betrieb ist aber bisher ausgeblieben.

Gerade für den Gewerkschaftswettbewerb als notwendigen Bestandteil einer privatautonom legitimierten Tarifautonomie sind objektiv nachvollziehbare, vom Einzelfall abstrahierte Wettbewerbsregeln erforderlich, um die fragmentarische Rechtsprechung in ein einheitliches Gesamtbild einzuordnen und so die hier bestehende Schutzpflicht des Staates hinreichend zu gewährleisten[381].

Wie bereits *Franz Gamillscheg* formuliert[382]: „Die Antwort gibt der Richter, die Vorarbeit hierzu hat die Wissenschaft zu leisten.“

Dazu soll der folgende Teil der Untersuchung einen Beitrag leisten.

---

372 *Hueck/Nipperdey*, Arbeitsrecht II/1, S. 145

373 BAG, SAE 1969, 227.

374 *Galperin*, RdA1965, 5 ff.

375 *Müller*, RdA 1964, 124.

376 BAG, SAE 1969, 228.

377 *Bulla*, DB 1965, 625; Kirchhof/Isensee-*Scholz*, Handbuch des Staatsrechts V, § 151 Rn. 68; *Hottgenroth*, Verhandlungspflicht, S. 81.

378 Anders *Seiter*, SAE 1969, 23, der zur Konkretisierung die Schranken des Art. 2 I heranziehen will; gegen die Theorie der Schrankenübertragung überzeugend Stern-*Sachs*, Staatsrecht III/2, S. 528 ff.

379 *Rieble*, Wettbewerb, Rn. 1790.

380 Dies verkennt *Rieble*, Wettbewerb, Rn. 137 ff.

381 So auch die Kritik von *Fenn*, JuS 1967, 182. Allerdings hat auch in den seitdem vergangenen Jahren die Rechtslage keine weitere Konkretisierung erfahren.

382 *Gamillscheg*, Kollektives Arbeitsrecht, S. 145.

1. Die Konkretisierung der unmittelbar konkurrenzbezogenen Schranken des Art. 9 III GG anhand allgemeiner wettbewerbsrechtlicher Grundsätze

Nahe liegend erscheint auf den ersten Blick, konkrete Rechtsnormen für den Gewerkschaftswettbewerb dort zu suchen, wo es sie für eine andere Form des Wettbewerbs bereits gibt, nämlich im Bereich des Gütermarktes. Dessen wettbewerbliche Spielregeln werden vor allem von den Normen des Gesetzes gegen den unlauteren Wettbewerb (UWG) und des Gesetzes gegen Wettbewerbsbeschränkungen (GWB) bestimmt.

a) Methodische Vorüberlegungen

aa) Keine unmittelbare Anwendung des Wettbewerbsrechts

Damit ist zunächst die Frage nach der unmittelbaren Anwendbarkeit der wirtschaftswettbewerblichen Normen auf gewerkschaftliches Konkurrenzverhalten aufgeworfen.

Hierzu hat insbesondere *Beater* argumentiert, dass ein Ausklammern gewerkschaftlicher Tätigkeit aus dem Anwendungsbereich des UWG die Gefahr der Entwicklung eines Sonderwettbewerbsrechts berge, welche gegen das Ziel einer einheitlichen Wettbewerbsordnung verstoße[383].

Dies erscheint zwar nicht unter dem Focus des damit verfolgten Ziels einer einheitlichen Regelung vergleichbarer Wettbewerbsformen, wohl aber methodisch bedenklich.

Eine direkte Anwendung des Wettbewerbsrechts auf den kollektiven Arbeitsmarkt setzt voraus, dass seine Normen gerade auch mit Blick auf gewerkschaftliche Konflikte konzipiert worden sind. Bereits in den Gesetzesmotiven zum UWG von 1909 kommt aber deutlich zum Ausdruck, dass dadurch allein dem *erwerbswirtschaftlichen* Wettbewerb Unlauterkeitsgrenzen gezogen werden sollten[384]. Die Neufassung des UWG in der Fassung vom 3.7.2004 hat diese Grundrichtung übernommen[385]. Der Arbeitsmarkt mit seinen unterschiedlichen Rechtsverhältnissen war dagegen von vorneherein nicht als Regelungsgegenstand des UWG geplant.

Für das UWG in der Fassung bis zum 3.7.2004 wurde dies vom weitaus überwiegenden Schrifttum und der Rechtsprechung durch die Subsumtion unter

---

383 *Beater*, Wettbewerbsrecht, § 11 Rn. 55 ff.

384 Zur Entwicklungsgeschichte des UWG vgl. *Emmerich*, Das Recht des unlauteren Wettbewerbs, S. 9 ff.

385 Baumbach/Hefermehl-*Köhler*, Wettbewerbsrecht, Einl. UWG Rn. 1.2 ff.

die Tatbestandsmerkmale des geschäftlichen Verkehrs[386] und der damit verbundenen Wettbewerbsabsicht[387] nach § 1 UWG umgesetzt.

Nach der Neuregelung des UWG hat der Begriff der Wettbewerbshandlung in § 2 I Nr. 1 UWG das Merkmal des Handelns im geschäftlichen Verkehr zu Zwecken des Wettbewerbs abgelöst. Dieser ist aber bereits in der Legaldefinition selbst an den Begriff des Unternehmens geknüpft. Bereits für den gleich lautenden Unternehmensbegriff des § 1 I GWB ist soweit einhellig anerkannt, dass dieser Gewerkschaften als bloße Arbeitnehmerzusammenschlüsse nicht erfassen soll[388]. Darüber hinaus stellt § 2 I Nr. 1 UWG ausdrücklich auf den Absatz oder Bezug von Waren oder Dienstleistungen ab. Der gewerkschaftliche Wettbewerb um Mitglieder ist davon ersichtlich nicht erfasst[389]. Diese Orientierung am Wortlaut verdeutlicht, warum die unmittelbare Anwendung wettbewerbsrechtlicher Normen auf Gewerkschaften abzulehnen ist. Ein (kollektiv-) arbeitsrechtlicher Wettbewerb ist eben bereits strukturell kein wirtschaftlicher Wettbewerb[390]. Entsprechend erklärt sich die hierzu anerkannte Ausnahme der rein erwerbswirtschaftlichen Gewerkschaftsbetätigung[391].

Darüber hinaus kann die Annahme einer unmittelbaren Anwendbarkeit des Wettbewerbsrechts auf den Gewerkschaftswettbewerb methodisch nicht erklären, inwieweit dies mit der unmittelbaren Drittwirkung des Art. 9 III 2 GG vereinbar wäre. Zwar bedarf Art. 9 III 2 GG ebenfalls einer weiteren rechtlichen Konkretisierung. Eine methodische Möglichkeit, Normen eines anderen Rechtsgebietes hierzu unmittelbar anzuwenden, scheint dabei aber nicht ersichtlich.

bb) Keine analoge Anwendung des Wettbewerbsrechts

Ähnlich erklärt sich auch, warum eine analoge Anwendung wettbewerbsrechtlicher Normen auf den Gewerkschaftswettbewerb nicht in Betracht kommen kann. Denn sowohl eine Einzelanalogie als auch eine Gesamtanalogie setzen zunächst eine gesetzliche Regelungslücke voraus, die eine solche lückenfüllende Rechtsfortbildung erst ermöglicht[392]. Eine Regelungslücke liegt im Fall des Gewerkschaftswettbewerbs aber gar nicht vor: Art. 9 III 2 GG regelt tatbestandlich ja ge-

---

386 Köhler/Piper-*Piper*, UWG, 3. A., Einl. Rn. 199; BGH, NJW 1969, 862; BGHZ 42, 210,218. Diese Argumentation führt nunmehr BAG, NZA 2005, 1182 ff. auch für das neugefasste UWG fort.

387 *Seiter*, SAE 1969, 229; BGH, GRUR 1969, 386.

388 *Bechtold*, GWB, § 1 Rn. 3, 69 m.w.N.; *ders.*, RdA 1983, 99 ff.; *Däubler*, TVG, Einl. Rn. 464; a.A. aber für die wirtschaftliche Beeinflussung des Arbeitgebers durch Tarifverträge *Roth*, Tarifautonomie, S. 12 ff.; ähnlich *Säcker/Oetker*, Tarifautonomie, S. 210 ff.

389 Baumbach/Hefermehl-*Köhler*, Wettbewerbsrecht, § 2 UWG Rn. 19; *Fezer*, Lauterkeitsrecht, § 2 Rn. 15 ff.; Harte-Bavendamm/Henning-Bodewig-*Keller*, UWG, § 2 Rn. 21.

390 *Rieble*, Wettbewerb, Rn. 169.

391 Baumbach/Hefermehl-*Köhler*, Wettbewerbsrecht, § 2 UWG Rn. 8.

392 Zum Ganzen statt vieler *Wank*, Auslegung von Gesetzen, S. 96.

rade den gewerkschaftlichen Wettbewerb unmittelbar. Deshalb erübrigen sich diesbezügliche einfachgesetzliche Tatbestandsnormen. Der Versuch einer lückenfüllenden Rechtsfortbildung führt in diesem Fall daher nicht weiter. Erforderlich ist vielmehr die Konkretisierung der in Rede stehenden Verfassungsnorm[393].

cc) Die Konkretisierung des Art. 9 III GG anhand teleologischer Auslegung

Die Konkretisierung einer Verfassungsnorm erfolgt im Wege der Auslegung[394]. Diese richtet sich nach der Orientierung am Verfassungswortlaut, der Systematik des Regelungszusammenhangs, dem Blick auf die Entstehungsgeschichte sowie des Herausstellens des telos der Vorschrift[395].

Für die Konkretisierung des Gewerkschaftswettbewerbes nach Art. 9 III GG kommt insbesondere eine teleologische Auslegung in Betracht. Diese bildet hier das Mittel, um die Verfassungsnorm selbst auf das ihr zugrunde liegende rechtsethische Prinzip zu konkretisieren[396]. Ein rechtsethisches Prinzip bildet den richtungsgebenden Maßstab rechtlicher Normierung, der vermöge seiner eigenen Überzeugungskraft als materialer Rechtsgedanke rechtliche Entscheidungen zu rechtfertigen vermag[397]. So unscharf der Begriff der rechtsethischen Prinzipien in seinen einzelnen Ausformungen an der Grenze zwischen übergeordneter Rechtsethik und Rechtsdogmatik sein mag, so präzise wird er in konkretem Bezug auf verfassungsrechtliche Wertentscheidungen des Grundgesetzes. Denn wenn die Notwendigkeit eines „wertorientierten Denkens" gerade bei der Konkretisierung ausfüllungsbedürftiger Normen am stärksten hervortritt[398], darf hier ein Blick auf die objektive, der gesamten Rechtsordnung zugrunde liegenden Werteordnung des Grundgesetzes[399] nicht ausbleiben.

Handelt es sich demnach bei einem rechtsethischen Prinzip verstanden als verfassungsrechtliche Wertentscheidung[400] um ein Prinzip, welches in verschiedenen Rechtsgebieten Ausdruck findet, wäre der Rechtsanwender bei hinreichender Vergleichbarkeit der Sachverhalte verpflichtet, dasselbe zugrunde liegende Rechtsprinzip auch auf dieselbe Art zu konkretisieren. Sonst entstünde bei ver-

---

393 So richtig *Mayer-Maly*, Anm. BAG AP Nr. 6 zu Art. 5 I GG zu den Versuchen des BGH, allein die Grenzen aus Art. 5 I GG heranzuziehen; vgl. dazu auch BVerfGE 19, 303.

394 Dazu allgemein *Wank*, Auslegung von Gesetzen, S. 33 ff.; *Bydlinski*, Methodenlehre, S. 428 ff.; zu Art. 9 III GG vgl. *Gamillscheg*, Kollektives Arbeitsrecht, S. 145 ff.

395 Vgl. *Wank*, Auslegung von Gesetzen, S. 47 ff.

396 *Larenz*, Methodenlehre, S. 319 definiert rechtsethische Prinzipien als objektiv-teleologische Auslegungskriterien.

397 Allgemein zur Natur rechtsethischer Prinzipien *Bydlinski*, Methodenlehre, S. 131 f.; *Larenz*, Methodenlehre, S. 421 f. und S. 456 ff.

398 So deutlich *Larenz*, Methodenlehre, S. 223.

399 BVerfGE 7, 195 ff. in ständiger Rechtsprechung.

400 So auch *Raisch*, Methoden, S. 168 m.w.N.; allgemein zur Funktion der Grundrechte als rechtsethische Prinzipen *Alexy*, Theorie der Grundrechte, S. 125 ff.

gleichbaren Konstellationen ein Wertungswiderspruch, der dem Sinn und Zweck der betreffenden auszulegenden Normen zuwiderliefe[401]. Bezogen auf den Gewerkschaftswettbewerb erscheint es vor diesem Hintergrund nahe liegend, eine mögliche Anwendung der Grundsätze des Wirtschaftswettbewerbsrechts mittels eines gesetzessystematischen Vergleichs näher zu untersuchen, da hier im Gegensatz zu Art. 9 III GG einfachgesetzliche, klar konturierte Regelungen bestehen[402].

Mit anderen Worten: sofern dem Wirtschaftswettbewerb und dem Gewerkschaftswettbewerb dasselbe rechtsethische Prinzip zugrunde liegt – und daher Gemeinsamkeiten nicht auf rein zufälligen Überschneidungen beruhen – *und* soweit eine den strukturellen Besonderheiten beider Rechtsgebiete zum Trotz hinreichende Vergleichbarkeit vorläge, wäre die Konkretisierung, welche dieses allgemeine Rechtsprinzip im Wirtschaftswettbewerb erfahren hat, als Rechtsgedanke auf den Gewerkschaftswettbewerb als *Formulierungshilfe* zu übertragen. Dasselbe Rechtsprinzip verpflichtet also bei hinreichender Vergleichbarkeit zur kongruenten Konkretisierung.

b) Die verfassungsrechtliche Wertentscheidung zugunsten der Privatautonomie als Ursprung eines wettbewerblichen Funktionsmodells

aa) Lauterer Wettbewerb als Bestandteil der Vertragsfreiheit nach Art. 2 I GG

Die aus dem in Art. 2 I GG verankerten Recht auf freie Entfaltung der Persönlichkeit hergeleitete Freiheit zur selbständigen Gestaltung gegenseitig bindender Rechts- und Pflichtenbeziehungen ist ein grundlegender Bestandteil der freiheitlichen Verfassungsordnung des Grundgesetzes[403]. Das Anerkennen von Vertragsfreiheit und Privatautonomie des Einzelnen ist damit in all seinen Ausformungen als ein im Grundgesetz manifestiertes rechtsethisches Prinzip unserer Rechtsordnung zu begreifen[404].

Diese Wertentscheidung des Verfassungsgebers zur Vertragsfreiheit des Einzelnen bedeutet aber auch ein Anerkennen des Wettbewerbs als grundsätzlichem

---

401 Vgl. *Larenz*, Methodenlehre: „(…) die unterschiedliche Bewertung wertungsmäßig gleich liegender Tatbestände erscheint als Wertungswiderspruch. Der Vermeidung von Wertungswidersprüchen dient die Ausrichtung an über die Einzelregelungen hinausgehenden rechtsethischen Prinzipien."

402 Für eine solche allgemeine Vergleichbarkeit etwa ausdrücklich *Hanau*, JuS 1969, 219.

403 Statt aller Maunz/Dürig-*Dürig* Art. 2 I Rn. 53.

404 Zum Ganzen etwa *Bydlinski/Mayer-Maly*, Die ethischen Grundlagen des Privatrechts.

Funktionsmodell[405], denn Vertrag und Wettbewerb bedingen einander[406]. Ziel des Wettbewerbs ist der Vertragsschluss, Mittel des Wettbewerbs ist die Offerte zu bestimmten Bedingungen. Im Gegensatz zur staatlichen Steuerung ist der wirksame Wettbewerb damit Voraussetzung jeder Privatautonomie[407], er sorgt gerade für Vertragsfreiheit und Vertragsgerechtigkeit[408].

Ein Wettbewerb zwischen den Anbietern auf der Marktgegenseite sichert damit die autonome Wahlfreiheit des Einzelnen unter mehreren Vertragspartnern, und mit dieser Wahlfreiheit für prinzipiell angemessene Vertragsbedingungen.

Zu den Verfassungserwartungen der Grundrechte gehört damit, dass der Einzelne lernt, die Risiken der Freiheit durchzustehen und mit Wettbewerb, Streit und Pluralismus zu leben[409]. Wettbewerb erscheint somit als verfassungsrechtlich impliziertes Instrumentarium, um eine effektive Breitenwirkung der Grundrechte zu gewährleisten[410]. Diese Wechselwirkung zwischen Wettbewerb und Grundrechtswirkung macht darüber hinaus deutlich, dass Wettbewerb immer nur ein Mittel zur möglichst effektiven Grundrechtsgewährleistung sein kann. Ein reiner Wettbewerb als Selbstzweck ist dagegen nicht schutzwürdig. Nur solange er noch Ausdruck der persönlichen Freiheit aller Marktteilnehmer ist, bleibt der Wettbewerb im dargestellten Sinn funktionsfähig[411]. Dem verfassungsrechtlichen Primat des freiheitlichen Vertrages entspricht daher das Primat eines funktionsfähigen, also *lauteren* Wettbewerbs[412].

Der Wettbewerb erscheint damit auf der verfassungsrechtlichen Ebene als wesentliches Instrument zum Schutz der wirtschaftlichen Freiheit aller[413]. Der Staat bleibt währenddessen darauf beschränkt, die Lauterkeit dieses Wettbewerbs

---

405 Kirchhof/Isensee-*Isensee*, Handbuch des Staatsrechts V, § 115 Rn. 244: „Die Grundrechte konvergieren mit dem Interessenmodell im Prinzip des Wettbewerbs." Ebenso v.Mangoldt/Klein/Starck-*Starck* Art. 2 Abs. 1 Rn. 145 ff.; Sachs-*Murswiek* Art. 2 Rn. 55a; anderer Ansatz bei *Reuter*, Festschrift Böhm, S. 529 ff., der allein auf einfachgesetzliche Ausprägungen des Wettbewerbsgedankens abstellt.

406 Zum Ganzen *Rieble*, Wettbewerb, Rn. 828 ff. und Rn. 904 m.w.N.

407 Den Wettbewerb als Verfassungsprinzip dagegen ablehnend *von Köhler*, NJW 1962, 1943; *Herschel*, AuR 1976, 241.

408 Kirchhof/Isensee-*Isensee*, Handbuch des Staatsrechts V, § 115 Rn. 255 nennt dies das Ethos nicht nur des ökonomischen, sondern jeden Wettbewerbs.

409 Kirchhof/Isensee-*Isensee*, Handbuch des Staatsrechts V, § 115 Rn. 255.

410 Kirchhof/Isensee-*Isensee*, Handbuch des Staatsrechts V, § 115 Rn. 255; zu den einzelnen Schutz- und Ordnungsfunktionen des Wettbewerbs *Lehmann*, JZ 1990, 61 ff.

411 Vgl. BGHZ 41, 42, 51.

412 *Canaris*, Festschrift Lerche, S. 879; a.A. *Herschel*, AuR 1976, 240 f.; *von Köhler*, NJW 1962, 1942 f.; *ders.*, DÖV 1961, 921 ff.; nach ihm ist Wettbewerb nicht Ausdruck eines Letztwertes und eines Verfassungsprinzips, sondern nur instrumentativ zu bewerten. Zur ordnungspolitischen Kontroverse für den Wirtschaftswettbewerb vgl. jetzt Baumbach/Hefermehl-*Köhler*, Wettbewerbsrecht, Einl. UWG Rn. 1.11 ff. m.w.N.

413 Hui-Ning *Hu*, Verfassungsrechtliche Grundsätze, S. 1 ff.

zu überwachen und so die Sicherung des freien und unverfälschten Wettbewerbs aller Teilnehmer zu garantieren[414].

Im Folgenden ist zu zeigen, dass diese verfassungsrechtliche Wertentscheidung zugunsten eines lauteren Wettbewerbs sowohl dem Gütermarkt als auch dem Arbeitsmarkt zugrunde liegt.

bb) Wettbewerb als Grundfunktion des Gütermarktes

Das Grundgesetz ist wirtschaftspolitisch grundsätzlich offen ausgestaltet und garantiert die gegenwärtige Wirtschaftsordnung nur als mögliche, keineswegs aber als allein mögliche Ordnung[415]. Es statuiert auf der anderen Seite aber den Grundsatz der verfassungsrechtlichen Wertentscheidung zur Vertragsfreiheit und möglichst ausgeprägter Privatautonomie. Insoweit ist das System einer freien Marktordnung also Teil der Verfassung[416].

Auf diese Weise hat das Bundesverfassungsgericht das System einer grundsätzlich freien Wirtschaft mit der Freiheit des Einzelnen, sein wirtschaftliches Verhalten nach Gutdünken einzurichten, verbunden[417]. Der Wettbewerb als Funktionsmodell der Vertragsrechtsordnung[418] setzt sich damit als grundlegendes Fundament der Wirtschaftsordnung der Bundesrepublik fort, der Schutzgehalt des Art. 2 I GG wird dabei um den der Art. 12 und Art. 14 GG ergänzt[419].

Exemplarisch lässt sich dies anhand der Schutzzwecke der hierfür einschlägigen Gesetze UWG und GWB belegen.

(1) Der Schutzzweck des UWG

Bereits der dem UWG in seiner Form vom 3.7.2004 vorangestellte Schutzzwecktrias macht deutlich, dass der freie, unverfälschte und lautere Leistungswettbewerb vor Beeinträchtigungen geschützt werden soll[420]. Subjektiv gilt dieser Schutz einerseits allen Mitbewerbern im Sinn eines umfassenden Konkurrentenschutzes, andererseits aber auch der Marktgegenseite, also des Kunden sowie der Allgemeinheit. Somit erscheint das UWG als wettbewerbsrechtliche Auspră-

---

414 Vgl. dazu *Schmidt-Preuß*, DVBl. 1993, 241 ff.; *Fezer*, JZ 1990, 659 f.

415 BVerfGE 4, 7, 15 ff.

416 So etwa Kirchhof/Isensee-*Isensee*, Handbuch des Staatsrechts V, § 115 Rn. 244: „Das Interesse ist das vitale Prinzip der (...) Marktwirtschaft, der Grundrechtsdemokratie. Die Grundrechte halten den Zugang zum Markt offen." Ebenso v. Mangoldt/Klein/Starck-*Starck* Art. 2 Abs. 1 Rn. 145 ff.

417 BVerfGE 18, 315, 327.

418 Dazu grundlegend *Reuter*, AcP 189 (1989), 199 ff.

419 *Hui-Ning Hu*, Verfassungsrechtliche Grundsätze, S. 24 ff.

420 *Köhler*, NJW 2004, 212; *Schünemann*, WRP 2004, 926; *Henning-Bodewig*, GRUR 2004, 715 f.; zur alten Rechtslage vgl. Köhler/Piper-*Piper*, UWG, 3.A., Einl. Rn. 23 ff. BVerfGE 32, 311, 316; *Nordemann*, Wettbewerbsrecht, S. 40 ff.; *Beater*, Wettbewerbsrecht, S. 504.

gung des Art. 2 I GG[421] und konkretisiert den darin zugrunde liegenden Lauterkeitsanspruch des freiheitlichen Rechtsverkehrs. In der Schutzzweckbestimmung des § 1 UWG wie auch den Definitionen des § 2 UWG und der Generalklausel des § 3 UWG kommen überdies die Grundvoraussetzungen jedes funktionsfähigen, also lauteren Wirtschaftswettbewerbs zum Ausdruck. Dies sind namentlich die Grundsätze der freien Betätigungsmöglichkeit mit sachlichen, leistungsgerechten Mitteln, des Schutzes potentieller, zukünftiger Mitbewerber, des freien Marktzugangs zur Entfaltung der bestehenden Leistungen der Anbieter und der freien Auswahlmöglichkeit der Abnehmer[422].

Darüber hinaus gewährleistet die Generalklausel des § 3 UWG sowie ihre Konkretisierung in dem Beispielskatalog des § 4 UWG einen umfassenden wettbewerblichen Lauterkeitsschutz[423].

(2) Der Schutzzweck des GWB

Das GWB dient – wie sein Name bereits impliziert – dem Institutionsschutz des Wettbewerbs an sich. Es soll einen Wettbewerb gewährleisten, welcher seine ökonomischen Funktionen möglichst optimal erfüllen kann[424]. Sein zentrales Ziel ist damit die Offenhaltung der Märkte[425]. Diese Ausrichtung findet ihre normative Ausprägung vor allem im Kartellverbot des § 1 GWB sowie in dem Verbot des § 20 GWB gegenüber Vereinbarungen zwischen Unternehmen, um den freien Wettbewerb zu vermeiden oder andere Unternehmen davon auszuschließen.

UWG und GWB stellen insofern eine einheitliche Ordnung des ökonomischen Wettbewerbs dar, als sich ihre Wertungen im Falle der Überschneidung beider Anwendungsbereiche nicht widersprechen dürfen[426]. Dies findet seine Begründung darin, dass beide Gesetze Ausprägungen der verfassungsrechtlichen Wertentscheidung zugunsten eines lauteren Wettbewerbs für den Bereich des Gütermarktes darstellen.

cc) Wettbewerb als Grundfunktion des kollektiven Arbeitsrechts

Das Grundrecht des Art. 9 III GG konstituiert eine prinzipiell privatautonome, kollektiv-rechtliche Arbeitsordnung[427]. Es setzt auf die Kräfte der Selbstorgani-

421 So deutlich *Nordemann*, Wettbewerbsrecht, S. 64.
422 Baumbach/Hefermehl-*Köhler*, Wettbewerbsrecht, Einl. UWG Rn. 1.17 ff.
423 Zum Ganzen insbesondere *Schünemann*, WRP 2004, 926 ff.
424 *Emmerich*, Kartellrecht, S. 1 ff.
425 *Bunte*, Kartellrecht, S. 3 ff.
426 *Emmerich*, Kartellrecht, S. 90.
427 *Scholz*, ZfA 1990, 386.

sation, Selbstverantwortung und deren plural-freiheitliche Interessenartikulation durch eine offene, dezentrale, antagonistische Konfliktaustragung[428].

Tarifautonomie ist damit als kollektivierte Privatautonomie zu verstehen. Ihre spezifische Kraft bezieht sie aus dem ökonomischen Gegenmachtsprinzip, ihre funktionale Rechtfertigung findet diese Marktverfassung mit Blick auf den Grundsatz der Vertragsparität. Weil und soweit sich ein Machtgleichgewicht einstellt, werden die gegensätzlichen Interessen ausgeglichen[429]. Der ökonomische Gegensatz von Arbeitgeber- und Arbeitnehmerseite soll weniger durch individuellen Wettbewerb, sondern vielmehr durch eine kollektive Vermachtung ausgeglichen werden[430].

Damit ist aber der Wettbewerbsgedanke im kollektiven Arbeitsrecht nicht für unbrauchbar erklärt, sondern bildet vielmehr dessen grundlegender Funktionsmechanismus.

Einmal besteht er fort als Systemwettbewerb zwischen individueller oder eben durch entsprechende Delegation kollektivierter Interessenausübung. Die Gewerkschaft muss also ihre potentiellen Mitglieder überhaupt davon überzeugen, dass sich die Übertragung ihrer arbeitsvertraglichen Verhandlungsmacht an das Kollektiv lohnt.

Zum anderen ist aufgrund der Gründungsfreiheit des Art. 9 III GG aber auch ein horizontaler Wettbewerb zwischen den verschiedenen „Kollektivanbietern" gewährleistet. Die Gewerkschaft muss eben die Belegschaften auch davon überzeugen, dass gerade sie und nicht der Konkurrenzverband die bestmögliche Interessenvertretung darstellt. Der dadurch bedingte Wettbewerb zwischen den Gewerkschaften gestaltet sich somit als Wettbewerb um potentielle Mitglieder. Dessen Ähnlichkeit mit dem wirtschaftlichen Wettbewerb des Gütermarktes ist frappierend. Dies wird insbesondere deutlich, wenn man die Unterteilung des Wirtschaftswettbewerbs in Anbieter- und Nachfrageseite näher betrachtet. Danach stellt sich der Wettbewerb der Anbieter als eine Konkurrenz zwischen ihnen zur Verwertung einer Leistung dar, der Wettbewerb der Nachfrager umfasst die Betrachtung der Leistungskraft und Leistungsalternative des Lieferanten[431]. Ganz ähnlich verhält es sich im Gewerkschaftswettbewerb: die Anbieter konkurrieren um die Verwertung einer Leistung, nämlich um die Übertragung einer Verhandlungsbefugnis. Die Arbeitnehmer als Nachfrager beurteilen sie nach ihrer jeweiligen Leistungsfähigkeit, dieses Ziel in die Tat umzusetzen.

---

428 *Scholz*, ZfA 1990, 388.

429 *Rieble*, ZfA 2004, 14 ff.

430 *Scholz*, ZfA 1990, 382 legt dar, dass das Koalitionsmodell auf dem liberalem Marktmodell und dem privatautonomen Einigungsmodell basiert, die sich jeweils bedingen.

431 Vgl. Baumbach/Hefermehl-*Köhler*, Wettbewerbsrecht, Einl. UWG Rn. 1.4 ff.

Vor diesem Hintergrund wird deutlich, dass Art. 9 III GG und gerade auch der Koalitionspluralismus immanenter Bestandteil der verfassungsrechtlichen Wertentscheidung für einen lauteren Wettbewerb sind, denn die Chancen einer „richtigen" Tarifregelung sinken in dem Maße, wie in die Beteiligung von Arbeitgeber- wie Arbeitnehmerkoalitionen an diesem System von Angebot und Nachfrage unverhältnismäßig und damit unlauter eingegriffen wird[432].

dd) Zwischenergebnis

Der Wettbewerb als Ordnungsprinzip ist sowohl für den Bereich des kollektiven Arbeitsmarktes als auch für den Gütermarkt Ausfluss desselben rechtsethischen Prinzips, denn beide beruhen auf der verfassungsrechtlichen Wertentscheidung zugunsten der Vertragsfreiheit und der Privatautonomie [433]. Über die strukturellen Unterschiede der einzelnen Rechtsgebiete hinausgehende Parallelen beider Wettbewerbsformen sind daher nicht zufälliger Natur, sondern als Ausformung desselben Verfassungsprinzips strukturell bedingt[434].

Die Anwendung von wirtschaftswettbewerbsrechtlichen Grundregeln auf den Gewerkschaftswettbewerb als Konkretisierung desselben rechtsethischen Prinzips ist daher möglich, wenn dabei die strukturellen Besonderheiten beider Rechtsgebiete nicht entgegen stehen und eine hinreichende sachliche Vergleichbarkeit der jeweiligen konkreten Verhaltensweisen vorliegt[435].

c) Die strukturellen Besonderheiten des Wettbewerbs auf dem Gütermarkt

Der kollektivarbeitsrechtliche Wettbewerb der Gewerkschaften untereinander ist kein ökonomischer Wettbewerb, da es hier nicht um ein Tätigwerden im geschäftlichen Verkehr des Gütermarktes geht. Damit ist die unmittelbare Anwendung der einen Normen auf das andere Gebiet ausgeschlossen[436].

Ob darin aber auch ein unüberbrückbarer struktureller Unterschied, der einer Übertragung bloßer Rechtsgedanken entgegenstehen würde, begründet liegt, ist damit noch nicht gesagt.

---

432 Vgl. auch *Gerhardt*, Koalitionsgesetz, S. 203.

433 Grundlegend BVerfGE 55, 7, 24; so auch *Scholz*, ZfA 1990, 377 ff.; für den Wirtschaftswettbewerb BGH, GRUR 1991, 846. Für den Gewerkschaftswettbewerb BAGE 21, 201, 209; BAG, SAE 1969, 228.

434 Ebenso *Böhm*, Wettbewerb und Monopolkampf, S. 54 ff.; *ders.*, Ordnung der Wirtschaft S. 80 ff.: „Der Arbeitsmarkt ist nur ein Teil des allgemeinen Marktes." Ebenso *Hanau*, JuS 1969, 219; a.A. aber *Richardi*, Kollektivgewalt und Individualwille, S. 116 ff., der von einer grundsätzlichen Verschiedenheit beider Gebiete ausgeht und einen Wettbewerb nur auf dem Wirtschaftsmarkt anerkennen will.

435 Ähnlich *Scholz*, ZfA 1990, 384, der aber nicht auf die hier entscheidende Frage der horizontalen Wettbewerbsebene eingeht.

436 Vgl. bereits oben 2. Teil F. II. 1. a. aa.

Wettbewerbsrechtlich erfasst werden soll nach § 2 I Nr. 1 UWG ein Handeln nur dann, wenn es in Form einer Wettbewerbshandlung vorliegt. Erfasst wird damit jede Handlung einer Person mit dem Ziel, zu Gunsten des eigenen oder fremden Unternehmens den Absatz oder Bezug von Waren oder Dienstleistungen zu fördern. Strukturell wird damit im Gegensatz zum bisherigen § 1 UWG insbesondere auf das Vorliegen eines konkreten Wettbewerbsverhältnisses verzichtet[437].

Der Verzicht auf das konkrete Wettbewerbsverhältnis im UWG betont zugleich die Ausrichtung auf die tatsächliche Beeinflussung des lauteren Wettbewerbs selbst. Dass sich diese in den meisten Fällen gerade innerhalb eines konkreten Wettbewerbsverhältnisses ergeben wird, liegt in der Natur des Wettbewerbs selbst begründet. Ein solches konkretes Wettbewerbsverhältnis läge allerdings auch in den meisten Fällen des Gewerkschaftswettbewerbs ebenso vor.

Eine strukturelle Besonderheit des Wirtschaftsrechts liegt hierin nicht. Dass zwischen Gewerkschaften mehr als nur ein allgemeines Verhältnis, nämlich ein konkretes Wettbewerbsverhältnis besteht, wurde bereits erläutert[438]. Die Förderung des eigenen Wettbewerbs zu Lasten der Wettbewerbschancen der konkurrierenden Verbände ist gerade die Grundaussage gewerkschaftlicher Mitgliederwerbung. Der vorgenommene gesetzessystematische Vergleich behandelt daher in den meisten Fällen unmittelbar konkurrenzbezogene Betätigungen der Gewerkschaften im Betrieb, denn gerade die *unmittelbare Konfrontation von Gewerkschaften zueinander* mündet in der notwendigen praktischen Konkordanz beider Schutzgüter des Art. 9 III GG. Dementsprechend werden unmittelbar konkurrenzbezogene Verhaltensweisen der Gewerkschaft entweder als Maßnahmen iSd Art. 9 III 2 GG oder – wenn über den Umweg der Vereinbarung mit Dritten auf die Betätigungsmöglichkeiten der konkurrierenden Gewerkschaft eingewirkt wird – als Vereinbarung nach Art. 9 III 2 GG lückenlos von der unmittelbaren Drittwirkung des Art. 9 III GG erfasst. Die in Art. 9 III 2 GG begründete Anspruchsberechtigung nur der Koalitionen selbst findet sich strukturell für den Wirtschaftswettbewerb in § 8 III UWG wieder: anders als für die Frage des Unlauterkeitstatbestandes selbst bleibt die Anspruchsberechtigung daraus nur den in einem konkreten Wettbewerbsverhältnis stehenden Marktteilnehmern vorbehalten[439].

Der in der Neufassung des UWG vorgenommene Verzicht auf das konstitutive Erfordernis eines konkreten Wettbewerbsverhältnisses will dagegen der Situation Rechnung tragen, dass auch gerade das Verhalten Dritter den Wettbewerb

---

437 Zum Ganzen vgl. *Köhler*, NJW 2004, 2122 m.w.N.
438 Vgl. oben 1. Teil B. II. 4 a.
439 Vgl. *Köhler*, NJW 2004, 2123.

unter Umständen eklatant beeinflussen kann[440]. Handelt also ein solcher Dritter subjektiv mit der Absicht und objektiv geeignet zur Förderung des fremden oder eigenen Wettbewerbs, so soll nun mit Blick auf den Schutzzweck des unverfälschten Leistungswettbewerbs sein Handeln derselben wettbewerblichen Beurteilung unterliegen wie dies innerhalb eines konkreten Wettbewerbsverhältnisses der Fall wäre.

Auch dieser Grundgedanke stellt keine strukturelle Besonderheit, sondern vielmehr eine strukturelle Parallele zwischen Gütermarktswettbewerb und Gewerkschaftswettbewerb dar. Denn auch außerhalb des konkreten Wettbewerbsverhältnisses zweier konkurrierender Gewerkschaften besteht sowohl das Interesse als auch die faktische Möglichkeit, dass Dritte mit entsprechender Wettbewerbsförderungsabsicht auf den horizontalen Mitgliederwettbewerb der Arbeitnehmervertretungen Einfluss nehmen. Die enge Verknüpfung gewerkschaftlicher Tätigkeiten im Betrieb insbesondere mit dem Einflussbereich des Arbeitgebers und des Betriebsrates, aber auch die über die Sphäre des einzelnen Betriebs hinausreichende Bedeutung gewerkschaftlicher Tätigkeit für den Arbeitsmarkt machen dies hinreichend deutlich.

Dass § 2 I Nr. 1 UWG nun auch Wettbewerbshandlungen eines Monopolisten ohne nennenswerte Konkurrenz erfasst[441], beruht ebenfalls nicht auf einer allein dem Wirtschaftswettbewerb zugrunde liegenden Eigenheit: die in der Praxis immer noch für die meisten Betriebe geltende Dominanz und faktische Monopolstellung der DGB-Gewerkschaften belegt gerade das Gegenteil.

Noch ein weiterer Bogen lässt sich zwischen den Konkretisierungen im Wirtschaftswettbewerb und dem Koalitionswettbewerb schlagen. Art. 9 III 2 GG setzt gemäß der herrschenden Auslegung voraus, dass die dort genannten Maßnahmen nicht nur einen tatsächlichen objektiven Beeinträchtigungseffekt hervorrufen müssen, sondern dass dem vielmehr eine konkrete subjektive Benachteiligungsabsicht zugrunde liegen soll[442]. Für das Tatbestandsmerkmal der Abreden ergibt sich dieses subjektive Element bereits aus der Abrede als Resultat eines verbindlichen Parteiwillens. Eine hierzu gleich lautende Wertung nimmt aber gerade im Wirtschaftswettbewerb die Anforderung eines Wettbewerbshandelns mit der Absicht zur Förderung des Wettbewerbs vor. Auch die bestehende Regelung des Art. 9 III 2 GG weist also – zumindest soweit ihre bisherige Konkretisierung in Schrifttum und Rechtsprechung reicht – deutliche Parallelen zu den Konkretisierungen allgemeiner Wettbewerbsgrundsätze im Recht des Gütermarktes auf.

---

440 Zur bisherigen Rechtslage vgl. statt aller Köhler/Piper-*Piper*, UWG, 3. A., Einl. Rn. 203 ff.

441 Dazu *Köhler*, NJW 2004, 2122.

442 Bettermann/Nipperdey/Scheuner-*Dietz*, Die Grundrechte III/1, S. 417, 451; *Gamillscheg*, Kollektives Arbeitsrecht, S. 193; zum Ganzen jetzt auch *Höfling/Burkiczak*, RdA 2004, 266.

Darüber hinaus lässt sich auch aus den von UWG und GWB einerseits und Art. 9 III 2 GG andererseits angeordneten Rechtsfolgen keine strukturelle Unvergleichbarkeit ableiten. §§ 8 – 10 UWG sehen Ansprüche auf Unterlassung und Schadenersatz bei unlauterem Wettbewerbsverhalten auf dem Gütermarkt vor, § 33 GWB statuiert Ähnliches für Verstöße gegen das GWB. Gleiches ergibt sich für koalitionsfeindliche Maßnahmen gemäß Art. 9 III 2 2. Alt. GG durch die Anwendung der allgemeinen zivilrechtlichen Rechtsbehelfe des Deliktsrechts sowie aus § 1004 analog BGB[443]. Eine Sonderstellung kommt hier allein den Abreden nach Art. 9 III 2 1. Alt. GG zu, deren Rechtsungültigkeit sich bereits unmittelbar aus der Verfassungsnorm selbst ergibt[444]. Historischer Ausgangspunkt dieser Nichtigkeitsfolge war aber die gesetzgeberische Intention, koalitionsfeindliche Vereinbarungen zwischen Arbeitgebern (insbesondere so genannte „Schwarze Listen") umfassend zu verhindern und so die Koalitionsfreiheit in diesem ehemals besonders gefährdeten Bereich möglichst effektiv zu gewährleisten[445]. Die besondere Rechtsfolge für grundrechtseinschränkende Abreden nach Art. 9 III 2 1. Alt. ist daher vorwiegend *historisch* bedingt, ein *struktureller* Unterschied zu den Rechtsfolgen des Wettbewerbsrechts liegt darin nicht.

Besondere Wesensmerkmale des Wirtschaftswettbewerbs stehen damit einer Übertragung der Rechtsgedanken des lauteren Wirtschaftswettbewerbs als Formulierungshilfen für den Gewerkschaftswettbewerb nicht entgegen. Vielmehr drängen sich die Parallelen beider Wettbewerbsformen bei näherer Betrachtung der ihnen zugrunde liegenden Strukturen geradezu auf.

Damit ist die Frage nach der näheren Bestimmung der strukturellen Besonderheiten des anderen Rechtsgebietes, des kollektiven Arbeitsrechts, aufgeworfen.

d) Die strukturellen Besonderheiten des kollektiven Arbeitsrechts

Ausgangspunkt dazu muss das dargelegte Verständnis der Tarifautonomie als kollektivierte Privatautonomie sein. Diese beruht auf dem Funktionsdefizit des Arbeitsvertrages. Damit ist die grundlegende Orientierung jeder Regelung des Arbeitsmarktes vorgegeben: sie muss der sozialen Schutzbedürftigkeit des Arbeitnehmers aufgrund dessen struktureller Unterlegenheit gerecht werden[446]. Daraus folgt auch die Forderung an den Staat zu gewährleisten, dass zumindest für das Tarifrecht aufgrund der systembedingt antagonistischen Gegenmachtsfunktion der Gewerkschaften auf dem Arbeitsmarkt kein Wettbewerb nach unten

---

443 Vgl. bereits oben 1. Teil B. IV. 1.

444 Vgl. v.Münch/Kunig-*Löwer* Art. 9 GG Rn. 86; Maunz/Dürig-*Scholz* Art. 9 III Rn. 332 m.w.N.

445 Sachs-*Höfling* Art. 9 III Rn. 124; *Höfling/Burkiczak*, RdA 2004, 270 f.; v.Münch/Kunig-*Löwer* Art. 9 Rn. 86.

446 Ausführlich dazu MünchArbR-*Richardi* § 6 Rn. 15 ff.

stattfinden darf[447]. Gleichzeitig darf aber auch spiegelbildlich ein Wettbewerb nach oben keinen Restriktionen unterworfen sein, jede Leistung auf dem Arbeitsmarkt muss sich also auch lohnen können[448].

Einer Vergleichbarkeit mit den allgemeinen Grundsätzen des Wirtschaftswettbewerbs entgegenstehen könnte dagegen die durch das arbeitsrechtliche Schutzprinzip bedingte, im Gegenmachtsprinzip selbst angelegte Kartellbefugnis der Tarifparteien. Des Weiteren ist zu erörtern, inwieweit das kollektivarbeitsrechtliche Schutzgut der betrieblichen Mitbestimmung den Gewerkschaftswettbewerb beeinflusst. Daran schließt sich die Frage an, ob den Gewerkschaften darüber hinaus ein besonderer verfassungsrechtlicher Status zukommt, den es möglicherweise bei einer Übertragung von Wettbewerbsgrundsätzen zu berücksichtigen gilt.

aa) Die Kartellbefugnis der Tarifparteien

Während der Gesetzgeber Wettbewerbsbeschränkungen auf dem Markt der Güter und selbständigen Dienstleistungen etwa durch das GWB zu beschränken sucht, werden diese auf dem Arbeitsmarkt als systemimmanent angesehen. Kollektive Kartelle sind nicht nur geduldet, sondern sogar erwünscht und werden durch Art. 9 III GG verfassungsrechtlich garantiert[449]. Art. 9 III GG stellt demnach gerade für den Tarifvertrag, also der Preisfestschreibung für die „Ware" Arbeitskraft, eine verfassungsrechtliche Kartellbefugnis für die Tarifvertragsparteien bereit[450].

Die Funktion der Gewerkschaften, durch Gegenmachtbildung die Parität zum sozialen Gegenspieler herzustellen[451], darf aber nicht zum Anlass für die Behauptung genommen werden, wettbewerbliche Regeln seien dem kollektiven Arbeitsmarkt grundsätzlich fremd, da dieser ein Gegenmodell zum Wettbewerb des Gütermarktes sei[452].

Die Kartellbefugnis der Tarifparteien wird nur für solche Verhaltensweisen relevant, welche ihren Schwerpunkt in der vertikalen Ausrichtung zum sozialen Gegenspieler haben[453]. Der insofern bestehende vertikale Wettbewerb zwischen Arbeitnehmerseite und Arbeitgeberseite ist im Gegensatz zum parallelen Ringen der Wettbewerbspartner um den gleichen funktionalen Erfolg im ökonomischen

---

447 Zur individualrechtlichen Seite des Lohndumpings vgl. *Däubler*, DB 1995, 726 ff.; gegen ihn *Rieble*, Wettbewerb, Rn. 190 ff.

448 Zum Ganzen *Wiedemann*, Festschrift BAG, S. 635, 643.

449 Münch-ArbR-*Löwisch/Rieble* § 247 Rn. 6 ff.; *Rüthers*, WuW 1980, 393 f.

450 Dazu *Koopmann*, Gewerkschaftsfusion und Tarifautonomie, S. 175 ff.

451 BVerfGE 84, 212, 229.

452 *Rüthers*, WuW 1980, 394; *Richardi*, Kollektivgewalt und Individualwille, S. 116 f.

453 Darauf konzentriert sich auch die bisherige wissenschaftliche Debatte; vgl. *Richardi*, Kollektivgewalt und Individualwille, S. 116 ff.

Wettbewerb kontradiktorisch-antagonistisch geprägt. Wettbewerbsmittel sind hier nicht konkurrenzbezogen, sondern konfrontationstechnisch angelegt. Eine hinreichende Vergleichbarkeit des vertikalen arbeitsmarktlichen Wettbewerbs zum Gütermarktwettbewerb ist daher nicht gegeben[454].

Betrachtet man dagegen primär am *horizontalen Verhältnis zur Konkurrenzgewerkschaft* orientierte gewerkschaftliche Verhaltensweisen im Rahmen ihres Wettbewerbs um potentielle Mitglieder, greift diese strukturelle Besonderheit des Arbeitsmarktes zum wirtschaftlichen Wettbewerb des Gütermarktes nicht ein.

Wie bereits eingangs erwähnt, sind es aber gerade die Schranken dieser unmittelbar konkurrenzbezogenen gewerkschaftlichen Verhaltensweisen im horizontalen Verhältnis zur Konkurrenzgewerkschaft, die durch die Anwendung wettbewerbsrechtlicher Grundsätze eine Konkretisierung erfahren sollen. So wenig dieser horizontal ausgerichtete Gewerkschaftswettbewerb den Schutzzweck des Gegenmachtprinzips berührt, so wenig lassen sich deshalb aus dem Gegenmachtsprinzip für diesen Bereich gewerkschaftlichen Konkurrenzverhaltens Restriktionen ableiten.

Eine generelle Ablehnung wirtschaftswettbewerblicher Grundgedanken auf den Gewerkschaftswettbewerb ist daher mit dem Verweis auf die Kartellbefugnis der Tarifparteien im Rahmen des kollektivarbeitsrechtlichen Gegenmachtsprinzips nicht zu begründen[455].

bb) Das arbeitsrechtliche Schutzgut der betrieblichen Mitbestimmung

Die gleiche Beurteilung ergibt sich für die betriebliche Mitbestimmung als wesenseigenes Schutzgut des Arbeitsrechts. Die Kompetenz der Gewerkschaften insbesondere zu den Betriebsräten innerhalb des dualen Systems der arbeitnehmerlichen Interessenvertretung ist sachlich strikt begrenzt. Sofern der Gewerkschaftswettbewerb also die mit der betrieblichen Mitbestimmung verfolgten Schutzgütern auszuhebeln droht, muss die Anwendung wettbewerblicher Grundsätze diesen Drittschutzgütern hinreichend Rechung tragen, in Extremfällen auch ganz zurücktreten. Umgekehrt ergibt sich daraus aber auch die grundsätzliche Pflicht der Organe der betrieblichen Mitbestimmung, die sachlichen Grenzen eines entsprechend konkretisierten lauteren Gewerkschaftswettbewerbs im Betrieb zu achten. Auch das Recht der betrieblichen Mitbestimmung steht daher einer grundsätzlichen Vergleichbarkeit zwischen Gewerkschaftswettbewerb und Gütermarktwettbewerb nicht entgegen.

454 Statt vieler *Wiedemann*, TVG, Einleitung Rn. 36.
455 So auch *Buchner*, ZfA 2004, 230 f.

cc) Der verfassungsrechtliche Status der Gewerkschaften

Im arbeitsrechtlichen Schrifttum finden sich vereinzelt Ansätze, welche die generelle Vergleichbarkeit des kollektiven Arbeitsrechts mit dem Wirtschaftsrecht mit dem Argument ablehnen, dass Gewerkschaften aufgrund ihres verfassungsrechtlichen Sonderstatus abweichende Gestaltungsmöglichkeiten einzuräumen seien. Ihnen könnten nicht die engen Grenzen des Wirtschaftswettbewerbs aufgezwungen werden, sondern man müsse ihnen vielmehr ähnlich den Auseinandersetzungen politischer Parteien weite Freiräume lassen[456].

Fest steht, dass Gewerkschaften im Rahmen ihrer tarifpolitischen Auseinandersetzungen zwangsläufig sozialpolitisch bedeutsame Themenkreise berühren, insofern tragen sie in erheblichem Umfang zur Meinungsbildung in der Öffentlichkeit bei.

Seit Ende der sechziger Jahre ist darüber hinaus ein wachsender Neokorporatismus im Verhältnis von Staat und Gewerkschaften zu verzeichnen. Die bis dahin gänzlich autonome Tarifpolitik sollte wieder mehr in die allgemeine Politik eingebunden werden, während gleichzeitig den Verbänden mehr Teilhabe an der allgemeinen Sozialpolitik zugesprochen wurde. Diese Entwicklung gipfelte in den neunziger Jahren im Bündnis für Arbeit zwischen Vertretern der Verbände und der Politik[457]. Auch wenn das Bündnis für Arbeit de facto scheiterte, zeigt der Blick in die Tagespolitik immer wieder, dass der faktische Einfluss gewerkschaftlicher Tätigkeit auf die öffentliche Meinungsbildung jedenfalls kaum zu unterschätzen ist[458].

Sowenig sich aber allein daraus eine tatsächliche Gemeinwohlkompetenz von Gewerkschaften begründen lässt[459], sowenig kann daraus eine Aussage über ihren grundsätzlichen verfassungsrechtlichen Status abgeleitet werden. Dies kann und muss allein anhand der Verfassungsnorm des Art. 9 III GG geschehen.

Danach bleibt die gewerkschaftliche Legitimationsbasis im System der Tarifautonomie rein privatrechtlich. Gewerkschaften sind nicht Vertreter aller Arbeitnehmer schlechthin[460], sondern nur derjenigen, die sich eben für eine Delegation ihrer individuellen Verhandlungskompetenz an sie entschlossen haben. Gewerkschaftliche Befugnisse sind daher immer legitimiert und gleichzeitig begrenzt durch ihre Stellung als Mitgliedervertretung einerseits im Systemwettbewerb von Individualebene und Kollektivebene, andererseits im horizontalen Wettbewerb der verschiedenen Gewerkschaften zueinander.

---

456 *Bulla*, DB 1965, 622.
457 Zum Ganzen *Berthold/Hank*, Bündnis für Arbeit.
458 Zum Ganzen Schroeder/Weßels-*Esser*, Gewerkschaften, S. 73 ff. m.w.N.
459 Dazu allgemein *Kempen*, Der Staat 18, 93 ff.; *Kempen/Zachert*, TVG, § 2 Rn. 7 m.w.N.
460 *Picker*, ZfA 1986, 230; ihm folgend *Bengelsdorf*, ZfA 1990, 570 ff.

Vor diesem Hintergrund lässt sich auch die bisherige Rechtsprechung zur unmittelbaren Anwendbarkeit wettbewerbsrechtlicher Normen systemgerecht einordnen. Wenn hier darauf abgestellt wird, dass gewerkschaftliche Konkurrenz insbesondere im Rahmen der Mitgliederwerbung allein ideelle Zwecke verfolge[461], so ist damit nur die unmittelbare Subsumtion gewerkschaftlicher Tätigkeit unter das Merkmal der Wettbewerbshandlung im Rahmen des § 2 UWG gemeint. Eine generelle Unvereinbarkeit der Rechtsgedanken des einen Rechtsgebietes mit den Wettbewerbsformen des anderen ist damit nicht unternommen worden[462].

Dies wird insbesondere darin deutlich, dass das Schrifttum in der Regel die Mitgliederwerbung von Gewerkschaften und anderen, allgemeinen Verbänden und Vereinen gerade nicht differenziert behandelt, sondern für alle einheitlich eine unmittelbare Anwendbarkeit des Wettbewerbsrechts verneint[463].

2. Art. 9 III 2 GG iVm allgemeinen Grundsätzen des Wettbewerbsrechts

Der Wettbewerb auf dem Gütermarkt und der Gewerkschaftswettbewerb sind Ausprägungen derselben verfassungsrechtlichen Wertentscheidung zugunsten eines lauteren Wettbewerbs. Seine normative Konkretisierung findet dies für den Wirtschaftsverkehr in den Regelungen des UWG und des GWB. Für den Gewerkschaftswettbewerb schließt dagegen die unmittelbare Drittwirkung des Art. 9 III 2 GG eine über den Wortlaut der Verfassungsnorm hinausgehende normative Ausprägung dieses rechtsethischen Grundprinzips aus. Es sind vielmehr die normativen Konkretisierungen des Wirtschaftswettbewerbs zur Begründung kongruenter Regelungsinhalte für den Gewerkschaftswettbewerb dann heranzuziehen, wenn es sich um eine unmittelbar konkurrenzbezogene Verhaltensweise handelt, die vertikale Gegenmachtsebene nicht berührt wird und wenn die konkrete wirtschaftliche und betriebliche Verhaltensweise sachlich miteinander hinreichend vergleichbar sind.

Im Rahmen des Interessenausgleiches miteinander kollidierender gewerkschaftlicher Schutzinteressen sind daher nach Art. 9 III 2 GG im Sinne einer praktischen Konkordanz diejenigen wirtschaftswettbewerbsrechtlichen Grundsätze als Formulierungshilfen in der Tatbestandsbewertung des Art. 9 III GG zu berücksichtigen, die nach den oben genannten Kriterien auf den Gewerkschaftswettbewerb im konkreten Fall übertragbar sind. Anhand dieser Konkretisierungen der verfassungsrechtlichen Wertentscheidung zugunsten der Privatautonomie im

461 BAG, SAE 1969, 228.

462 Anders aber *Beater*, Wettbewerbsrecht, § 11 Rn. 55 ff, der allerdings nicht allein auf gewerkschaftliche Tätigkeiten abstellt.

463 So für das bisherige UWG Köhler/Piper-*Piper*, UWG, 3. A., Einl. Rn. 199; jetzt ebenso Baumbach/Hefermehl-*Köhler*, Wettbewerbsrecht, § 2 UWG Rn. 19; für das GWB vgl. *Nordemann*, Wettbewerbsrecht, Rn. 83.

Wirtschaftsverkehr lassen sich für den Gewerkschaftswettbewerb kongruente Grundregeln ableiten, um die erforderliche Konkretisierung derselben Wertentscheidung für den Bereich der Tarifautonomie zu erreichen. Da die unmittelbare Drittwirkung des Art. 9 III 2 GG den Tatbestand des Art. 9 III 1 GG als unmittelbare Rechtsgutsverletzung eröffnet, lässt sich insofern von einer Tatbestandsanalyse von Art. 9 III GG iVm den allgemeinen Grundsätzen des Wettbewerbsrechts zur Erhellung der Strukturen des Gewerkschaftswettbewerbs bei parallelen Fragestellungen sprechen.

Wurde somit die generelle Übertragung wettbewerblicher Grundsätze auf den Gewerkschaftswettbewerb festgestellt, bleibt weiterhin zu untersuchen, welches normative Fundament dieser Heranziehung zugrunde zu legen ist. Denkbar wäre in diesem Zusammenhang die Notwendigkeit eines einfachgesetzlichen Scharniers, welches die abstrakten verfassungsrechtlichen Wertungen, welche sich durch die Heranziehung wettbewerblicher Erkenntnisse für Art. 9 III GG ergeben, in ein konkretes Rechte- und Pflichtengefüge gießen und damit auf eine einfachgesetzliche Rechtsgrundlage stellen würde. Dogmatisch möglich erschiene hier der Rückgriff auf ein Rechtsverhältnis konkurrierender Gewerkschaften nach § 242 BGB iVm Art. 9 III GG, wenn man aus dem Wettbewerbsverhältnis beider Gewerkschaften (oder konkreter: ihrer damit begründeten Aufgabe der Regelung der Arbeits- und Wirtschaftsbedingungen durch Gewährleisten eines die privatautonome Delegationsentscheidung der Arbeitnehmer widerspiegelnden Interessenvertretungswettbewerbs) die für den Tatbestand des § 242 BGB erforderliche Sonderverbindung beider Parteien herleiten wollte[464].

Ein solcher dogmatischer Kunstgriff über die Generalklausel des § 242 BGB als Scharnier zwischen einfachgesetzlichem Tatbestand und grundrechtlicher Wertung ist aber aufgrund des lückenlosen Schutzes konkurrenzgerichteter gewerkschaftlicher Betätigung durch die unmittelbare Drittwirkung des Art. 9 III 2 GG im Gewerkschaftswettbewerb gar nicht erforderlich. Die Bewertung der Rechtsgutverletzung anhand der genannten wettbewerbsrechtlichen Grundsätze muss hier vielmehr unmittelbar an den grundrechtlichen Tatbestand des Art. 9 III 1 GG selbst angeknüpft werden. So erforderlich im sonstigen Recht die Anwendung von Generalklauseln zur Verknüpfung grundgesetzlicher Wertungen und rechtsethischer Elemente mit einfachgesetzlichen Normen ist, so wenig notwendig ist sie im Falle der unmittelbaren Drittwirkung eines Grundrechts, die diese

464 Für das Wettbewerbsverhältnis wirtschaftlicher Konkurrenten ist dies umstritten, vgl. BGH, LM Nr. 66 zu § 242; Staudinger-*Schmidt*, BGB, § 242 Rn. 162; MünchKommBGB-*Roth*, § 242 Rn. 72 ff.; Soergel- *Teichmann*, BGB, § 242 Rn. 30 ff. m.w.N.

Verknüpfung auch ohne ein solches einfachgesetzliches Scharnier ermöglicht[465]. Denn wenn durch Art. 9 III 2 GG dessen Grundrechtsgehalt unmittelbar ins einfache Recht transferiert werden kann, müssen im Umkehrschluss auch einfachgesetzliche Rechtsgedanken, sofern sie vergleichbare Konkretisierungen desselben rechtsethischen Verfassungsprinzips sind, unmittelbar in die Wertung des Art. 9 III GG einfließen können. Art. 9 III 2 GG liefert damit selbst die Rechtsgrundlage und inhaltliche Bestimmung des Rechte- und Pflichtengefüge des Gewerkschaftswettbewerbs, ohne dass es eines einfachgesetzlichen Rechtsverhältnisses nach § 242 BGB iVm Art. III GG überhaupt bedarf.

Auf diesem Fundament ist es dem Rechtsanwender im Einzelfall möglich, gemäß Art. 9 III 2 GG iVm den Wertungen vergleichbarer wettbewerbsrechtlicher Fallgruppen die nach Art. 9 III 2 GG unmittelbar kollidierenden Rechtsgüter konkurrierender Gewerkschaften anhand einer praktischen Konkordanz auszugleichen und entsprechende Verstöße gegen diese Wettbewerbsgrenzen zu ahnden.

Liegen solche Verstöße in Form von Abreden im Sinn des Art. 9 III 2 1. Alt. GG vor, so sind diese unmittelbar und von Anfang rechtsungültig. Die Rechtsbehelfe gegen koalitionsfeindliche Maßnahmen nach Art. 9 III 2 2. Alt GG liefert die allgemeine Rechtsordnung, insbesondere durch die Schadensersatzfolge der §§ 823 I, II BGB oder den quasi-negatorischen Unterlassungsanspruch gemäß § 1004 BGB analog[466].

Gesamtergebnis des 2. Teils

Die verfassungsrechtliche Garantie des Koalitionspluralismus nach Art. 9 III GG kann in Kollision zu zahlreichen anderen Schutzgütern treten.

Unabhängig von Art. 9 III GG bestehende Schutzgüter, welche als Drittschranken auf den Gewerkschaftswettbewerb im Betrieb einwirken können, sind insbesondere das Eigentumsrecht des Arbeitgebers aus Art. 14 GG und das Persönlichkeitsrecht der Arbeitnehmer des Betriebs gemäß Art. 2 I GG. Darüber hinaus konnte gezeigt werden, dass auch der Betriebsfrieden als nur einfachgesetzliches Schutzgut eine wirksame Grenze gewerkschaftlicher Konkurrenztätigkeit darstellen kann, da er in enger Verknüpfung mit den beiden genannten verfassungsrechtlichen Schutzgütern steht.

---

465 So deutlich Soergel-*Teichmann*, BGB, § 242 Rn. 39 und Rn. 43; vgl. auch BGH, NJW 1982, 2369; dies verkennend aber *Mikosch*, Festschrift Dieterich, S. 368 ff. für das Verhältnis von Arbeitgeber und Gewerkschaft.

466 Zum Ganzen *Gamillscheg*, Kollektives Arbeitsrecht, S. 206 ff.

Auch die in Art. 9 III GG selbst angelegten Gewährleistungen können in Kollision zur Garantie eines Gewerkschaftspluralismus treten. Hierbei konnte zum einen herausgestellt werden, dass der Kreis der am betrieblichen Gewerkschaftswettbewerb teilnehmenden Gewerkschaften nicht auf überbetrieblich organisierte Verbände begrenzt werden kann. Auch die äußere Feststellung von deren Durchsetzungsfähigkeit gegenüber dem sozialen Gegenspieler ist für die Funktionalität des in Art. 9 III GG garantierten Tarifvertragssystems nicht erforderlich. Darüber hinaus stellt die Begrenzung des Gewerkschaftspluralismus dadurch, dass im Falle mehrerer nebeneinander bestehender Tarifverträge nur deren sachnächster alleinige Wirksamkeit entfalten soll, kein notwendiges Erfordernis zum Erhalt des Tarifvertragssystems dar und bleibt damit verfassungsrechtlich nicht zu rechtfertigen.

Zum anderen findet der Koalitionspluralismus eine Beschränkung in sich selbst, da er in seiner kollektiven Dimension einen Wettbewerb der verschiedenen Koalitionen derselben Seite und damit ein gegeneinander gerichtetes, jeweils von Art. 9 III GG geschützte Konkurrenzverhalten dieser Verbände umfasst. Die daraus abzuleitende Garantie eines fairen Spiels der Kräfte statt eines freien Spiels der Kräfte bleibt jedoch aufgrund der unmittelbaren Drittwirkung des Art. 9 III 2 GG zunächst inhaltlich unscharf.

Eine präzise Konkretisierung lässt sich hier durch eine Heranziehung allgemeiner Wettbewerbsgrundsätze, wie sie dem Wirtschaftswettbewerb zugrunde liegen, erreichen.

Wirtschaftswettbewerb und Gewerkschaftswettbewerb sind Ausformungen desselben rechtsethischen Prinzips der Vertragsfreiheit und Privatautonomie des Einzelnen. Sofern also strukturelle Besonderheiten der beiden zugrunde liegenden Rechtsgebiete nicht entgegenstehen, kann die Konkretisierung dieser verfassungsrechtlichen Wertentscheidung für einen lauteren Wettbewerb im Wirtschaftswettbewerb als Formulierungshilfe zur Konkretisierung derselben Werte im Gewerkschaftswettbewerb herangezogen werden. Dazu bedarf es keines einfachgesetzlichen Scharniers, da die unmittelbare Drittwirkung des Art. 9 III 2 GG gerade die wechselseitige Verbindung zwischen Grundrechtstatbestand und einfachem Gesetzesrecht vornimmt.

Dementsprechend sollen im nun folgenden dritten Teil der Untersuchung die einzelnen betrieblichen Rechtsverhältnisse sowie die darauf beruhenden einzelnen gewerkschaftlichen Verhaltensweisen im Rahmen eines Gewerkschaftspluralismus im Betrieb unter den genannten Beurteilungskriterien näher erörtert werden.

renzkampf – allein gegenüber den Betriebspartnern, nicht aber gegenüber den anderen im Betrieb vertretenen Gewerkschaften[469].

Insbesondere *Gerhard Müller* hat darüber hinaus die Frage aufgeworfen, ob es ein allgemeines Rechtspostulat gebe, dass den auf derselben Seite des Arbeitslebens stehenden Koalitionen die Pflicht auferlege, sich möglichst auf ein gemeinsames Ziel zu einigen[470].

Vor dem Hintergrund des bisher Gesagten ist ein solches verfassungsrechtliches Kooperationsgebot grundsätzlich nicht begründbar. Der in Art. 9 III GG gewährleistete Gewerkschaftspluralismus schließt zwar eine freiwillige Gewerkschaftskooperation nicht aus, garantiert aber gerade den Wettbewerb der Verbände. Dieser muss sich allerdings in einem ausgewogenen Verhältnis zu den internen Schranken des Art. 9 III GG sowie zu allen übrigen verfassungsrechtlichen Schutzgütern bewegen. Denkbar ist daher nur, dass im Einzelfall diese anderen Schutzgüter den freien Gewerkschaftswettbewerb derart beschränken, dass den Verbänden nur noch die Möglichkeit der Kooperation als verfassungskonformes Verhalten gegeben ist. Eine derart einseitige Güterabwägung kann aber nur auf absolute Ausnahmesituationen wie etwa betriebliche Notstandssituationen beschränkt sein[471]. Zumindest dann, wenn die Drittschutzgüter auch im Interesse der einzelnen Gewerkschaftsmitglieder bestehen, darf aber auch hier deren Rolle als entscheidende Legitimationsträger in der kollektiven Willensbildung nicht zu gering eingeschätzt werden. Legt es etwa eine Gewerkschaft bei einer für die Zukunft des Betriebes wesentlichen Frage allein auf die Konkurrenz zum anderen Verband an, obwohl hier eine gemeinsame Haltung der Gewerkschaften zur effektiven Interessenvertretung erforderlich wäre, so werden die Mitglieder dieses nicht ihren Interessen entsprechende Verhalten in der Regel rechtzeitig unterbinden können[472]. Erst wenn dazu keine Möglichkeit gegeben ist oder wenn das zu schützende Gut allein im Interesse des Arbeitgebers besteht, kann von einer Verpflichtung der Gewerkschaften zur Kooperation zugunsten dritter Schutzgüter ausgegangen werden. Hier kann der Arbeitgeber also zum Schutz seiner Interessen von den Gewerkschaften ein kooperatives Verhalten verlangen.

---

469 Vgl. i.E. auch *Germelmann*, Betriebsfrieden, S. 131.

470 Duvernell-*Müller*, Koalitionsfreiheit und Tarifautonomie als Probleme der modernen Demokratie, S. 58; *ders.*, Arbeitskampf, S. 59 f.

471 Allein so lässt sich auch die von Duvernell-*Müller*, Koalitionsfreiheit und Tarifautonomie als Probleme der modernen Demokratie, S. 58 beschworene „wohlverstandene Interessenvertretung“ interpretieren.

472 So auch der Vorsitzende der Gewerkschaft transnet *Hansen* sowie der Vorsitzende der Gewerkschaft GDBA *Hommel*, transnet-inform 11/2004, 10 f. zur Frage nach der Aufspaltung der Deutschen Bahn AG.

Nicht zuletzt aufgrund der dargestellten Selbstregulatorien der Tarifautonomie als Interessenvertretung sind derartige Fälle bis dato aber in der Praxis nicht relevant geworden.

Somit lässt sich für das grundsätzliche Rechtsverhältnis der Einzelgewerkschaften in der tariflichen Praxis der Bundesrepublik Deutschland zunächst feststellen, dass sich ein über den in Art. 9 III GG garantierten gegenseitigen Konkurrenzschutz hinausgehendes Gefüge von Rechten und Pflichten nicht begründen lässt.

Ein vollständiges Bild ist damit freilich noch nicht gezeichnet. Von der Betrachtung wurden bislang all jene gegenseitigen gewerkschaftlichen Betätigungen ausgeklammert, welche auf der besonderen Rechtsgrundlage der Mitgliedschaft in einem gemeinsamen Dachverband beruhen. Diesen Besonderheiten gilt es sich im folgenden Abschnitt zuzuwenden, ehe dann eine Konkretisierung dieser allgemeinen Erkenntnisse anhand einzelner gewerkschaftlicher Konkurrenz- und Kooperationsmöglichkeiten vorgenommen werden kann.

2. Gewerkschaften desselben Dachverbandes

Durch den Beitritt zu einem gemeinsamen Dachverband erklären die Einzelverbände gleichzeitig ihre Bereitschaft, sich *freiwillig* Kooperationspflichten wie etwa der Anerkennung eines innerverbandlichen Schiedsgerichts zu unterwerfen und ein über die bloße Achtung der Grenzen zum Schutz absoluter Rechtsgüter hinausgehendes Rechtsverhältnis zu begründen.

Damit ist zugleich die Frage aufgeworfen, inwieweit dieser Verzicht auf die ihnen bestmögliche Koalitionsbetätigung zugunsten verbandlicher Kollegialität mit Art. 9 III GG vereinbar ist. Da es sich hier um Besonderheiten aufgrund einer Verbandsmitgliedschaft handelt, stellt sich dabei zunächst die grundsätzliche Frage, inwieweit es dem Dachverband überhaupt möglich ist, Wettbewerbsstreitigkeiten seiner Mitglieder verbindlich durch eine verbandsinterne Schlichtung zu beenden.

a) Das Rechtsverhältnis von Gewerkschaften desselben Dachverbandes

Versucht man die statutarischen Verschränkungen zwischen Gewerkschaftsdachverband und Einzelgewerkschaft zu durchdringen, um daraus eine Analyse der wechselbezüglichen Verknüpfungen der etwaig konkurrierenden Einzelverbände herzuleiten, ist Ausgangspunkt zunächst wiederum die Norm des Art. 9 III GG selbst. Dieser statuiert das Selbstorganisationsrecht eines jeden Einzelverbandes. Dieses Recht muss, ausgeprägt durch das Postulat einer demokratischen Binnenstruktur[473], durch die Willensbildung der Gewerkschaftsmitglieder legitimiert

473 Dazu *Konzen*, Festschrift Kraft, S. 313.

sein[474]. Das Selbstorganisationsrecht findet seine Umsetzung durch die Satzungsautonomie des Verbandes. Die Satzung bildet mithin den inneren und äußeren Rahmen seines zulässigen tariflichen Aufgabenfeldes[475].

Damit ist aber gleichzeitig eine weitere Dimension der Zulässigkeitsbeurteilung jedes satzungsrechtlichen Inhalts eröffnet. Ein Tarifvertrag setzt nicht nur Rechtsnormen für Arbeitsverhältnisse, sondern ist auch ein Vertrag zwischen privatrechtlichen Verbänden, für die das Vereinsrecht des BGB in dessen §§ 21 ff. eine Vielzahl von Regelungen trifft[476].

Zwar sind Gewerkschaften nach wie vor – historisch begründet in der gewerkschaftsfeindlichen Haltung des wilhelminischen Obrigkeitsstaates[477] – als nicht rechtsfähige Vereine organisiert[478]. Im Ergebnis besteht jedoch Einigkeit darüber, dass auf sie entgegen § 54 BGB die Vorschriften des BGB-Vereinsrechts Anwendung finden müssen[479]. Allerdings kann es bei einer strikten Anwendung der Regeln des BGB-Vereinsrechts nicht verbleiben. Der Gesetzgeber hat bei der Schaffung des BGB gerade nicht solche Verbände erfassen wollen, in denen der Einzelne zur Grundrechtswahrnehmung auf die Mitgliedschaft in einer Organisation angewiesen ist[480]. Genau das ist aber bei den Gewerkschaften der Fall. Das Grundrecht der positiven Koalitionsfreiheit kann vom Einzelnen nur in Gemeinschaft mit anderen Grundrechtsinhabern wahrgenommen werden. Um diese Interessenvertretung effektiv zu gestalten, genießt daher auch die Gemeinschaft selbst eine grundgesetzlich durch Art. 9 III GG geschützte Autonomie. Auf die darin angelegten Grundrechtskollisionen im Verband einerseits und des Verbandes mit anderen gleichgerichteten Verbänden andererseits ist das Vereinsrecht des BGB nicht geeicht – und sollte es auch nie sein, denn der Gesetzgeber von 1900 wollte gerade die Bildung gewerkschaftlich-politischer Großvereine nicht fördern[481]. Sobald also das einfachgesetzliche Vereinsrecht nicht in Einklang mit den speziellen Garantien des Art. 9 III GG zu bringen ist, sind hier Modifikationen im Lichte des Art. 9 III GG erforderlich.

Für die Eingliederung des Einzelverbandes unter einen Dachverband sowie die Unterwerfung unter dessen – in seiner Eigenschaft als Verband von Verbän-

---

474 *Rieble*, Wettbewerb, Rn. 1833 m.w.N.

475 *Oetker*, Anm. zu BAG, AP Nr. 11 zu § 2 TVG Tarifzuständigkeit.

476 *Konzen*, Festschrift Kraft, S. 311.

477 Dazu ausführlich *Schneider*, Kleine Geschichte der Gewerkschaften, S. 55 ff.

478 Bedeutendste Ausnahme hiervon ist die 2001 gegründete Gewerkschaft ver.di, die als eingetragener Verein gegründet wurde, um eine vollständige Rechtsnachfolge ihrer Einzelgewerkschaften sicher zu stellen; dazu *Gartz*, NZA Beil. 24/2000, 6 ff.

479 Vgl. nur MünchArbR-*Löwisch/Rieble* § 249 Rn. 16 ff.

480 *Vorderwülbecke*, Rechtsform der Gewerkschaften, S. 83 f.

481 Ausführlich dazu *Schneider*, Kleine Geschichte der Gewerkschaften, S. 55 ff.

den[482] begründeter – Satzungsautonomie ergeben sich insofern keine Besonderheiten. Insbesondere die §§ 32 ff. BGB, welche eine solche Fremdbestimmung durch eine außerverbandliche Institution verhindern sollen, sind gemäß § 40 BGB der Disposition des Einzelverbandes anheim gestellt.

Begrenzt wird diese Möglichkeit der zulässigen Fremdbestimmung allerdings von zwei Seiten. Einmal muss diese Entscheidung des Einzelverbandes zur Mitgliedschaft im Dachverband und zu deren Konsequenzen durch den Willen seiner Mitglieder legitimiert sein[483], denn darin liegt gerade der Kern der Tarifautonomie als kollektiv ausgeübter Privatautonomie. Mit anderen Worten: die Satzung als maßgebliches Instrument zur Dokumentierung des mitgliedschaftlich gefundenen Verbandswillens muss die Unterwerfung unter abweichende Regeln des Dachverbandes derart widerspiegeln, dass jeder neu beitretende Arbeitnehmer deren Umfang konkret abschätzen kann.

Zum anderen darf es nicht zu einer völligen Selbstaufgabe der Organisationshoheit des Einzelverbandes durch den Dachverband kommen, denn dies würde in einem Wegfall der in Art. 9 III GG begründeten Privilegien des Einzelverbandes münden.

Diese soweit unstrittigen Erkenntnisse sind der nun folgenden Analyse der Möglichkeiten des dachverbandlichen Rechts zur Schlichtung von Konkurrenzstreitigkeiten seiner Mitgliedsverbände zugrunde zu legen. Exemplarisch soll dazu mit Blick auf seine faktische Dominanz das Schlichtungsrecht des DGB gegenüber seinen Einzelverbänden untersucht werden.

b) Das satzungsmäßige Schlichtungsrecht des Dachverbandes

Dass es sich bei der Frage nach der dachverbandlichen Schlichtung gewerkschaftlicher Konkurenzkämpfe keineswegs um ein theoretisches Scheingefecht handelt, zeigt mehr denn je die aktuelle Situation des DGB bei der Frage nach der Festlegung der Organisationsbereiche seiner Mitgliedsverbände[484]. Die Fähigkeit des einzelnen tariffähigen Verbandes, Tarifverträge mit einem in der Satzung umrissenen Geltungsbereich abzuschließen[485], ist unmittelbarer Bestandteil seiner durch Art. 9 III GG geschützten Organisationsautonomie[486]. Diese Tarifzuständigkeit einer Tarifpartei beziehungsweise die kongruente Tarifzuständig-

482 *Weyand*, SAE 1991, 324.
483 Grundlegend für Art. 9 I GG BVerfG 83, 341, 361; vgl. auch *Vorderwülbecke*, Rechtsform der Gewerkschaften, S. 83 f.
484 Vgl. nur BAG, AP Nr. 1; 3; 5; 10; 11 jeweils zu § 2 TVG Tarifzuständigkeit.
485 BAG, AP Nr. 7 zu § 2 TVG Tarifzuständigkeit.
486 Dazu statt aller BAG, AP Nr. 1 zu § 2 TVG Tarifzuständigkeit.

keit beider Tarifparteien beim Verbandstarifvertrag ist eine eigenständige Wirksamkeitsvoraussetzung des Tarifvertrages[487].

Das vom DGB erstrebte, in § 2 Nr. 1 seiner Satzung festgeschriebene Ziel der wirkungsvollen Einheit seiner Mitgliedsverbände und das damit einhergehende Postulat der Vermeidung interner Verbandskonflikte bei der Tarifzuständigkeit hat während der letzten Jahre eine starke Erosion erfahren. Als Grund für die Entwicklung solcher verbandsinterner Kollisionsflächen ist zum einen der eklatante Mitgliederrückgang in den Einzelverbänden während des letzten Jahrzehnts zu sehen, der es den Einzelverbänden kaum mehr ermöglicht, aus bloßer mitgliedschaftlicher Gesinnung das eigene tarifliche Feld einem anderen DGB-Verband kampflos zu überlassen[488]. Durch die zunehmende Dezentralisierung von Unternehmensfunktionen und die „Verschlankung" großer Unternehmen durch das Ausgliedern bestimmter Produktionsprozesse auf neue Rechtsträger oder die Verlegung in andere Regionen sowie durch die Entwicklung von Holding-Konzepten und den Einsatz von Fremdfirmen und Leiharbeitern[489] haben die bisherigen Zuständigkeitsbereiche der Gewerkschaften eine neue Definition erhalten[490]. Diese aus kontinuierlichen Tarifzuständigkeitserweiterungen entstandenen Multibranchengewerkschaften ergeben oftmals Überschneidungen der Tarifgebiete, denen auch nicht durch den Trend zur Gewerkschaftsfusion ausreichend Rechnung getragen werden konnte[491]. Darüber hinaus ist es auch diesen neuen Gewerkschaftsriesen bislang nicht gelungen, das vom Dachverband kraft seiner Satzungsautonomie im Interesse einer effektiven Gewerkschaftsarbeit geforderte Industrieverbandsprinzip konsequent umzusetzen[492].

Die aktuelle Entwicklung gewerkschaftlicher Umstrukturierung innerhalb der DGB-Verbände hat damit auch das Verhältnis zum Dachverband in den Vordergrund gerückt[493]. Die aus den Gewerkschaftsfusionen resultierende Stärkung der Einzelverbände gegenüber einem schwächeren Dachverband[494] zeigt sich bislang nur in einem ungewohnt scharfen Ton der fusionierten Einzelverbände im Um-

487 BAG, AP Nr. 1 zu § 2 TVG Tarifzuständigkeit; *Kempen/Zachert*, TVG, § 2 Rn. 150; ausführlich zur Tarifzuständigkeit vgl. *Blank*, Tarifzuständigkeit.

488 Dazu bereits ausführlich Einleitung A. II. 2. a.

489 Zum Ganzen *Bösche/Kirchgäßner/Trautwein/ Rose/Schmidt*, GewMH 1996, 20 f.

490 Zu den Auswirkungen dieser Entwicklung auf die Bedeutung des Flächentarifvertrages vgl. *Franzen*, RdA 2001, 1 ff.; *Raab*, ZfA 2004, 371 f.

491 Vgl. *Feudner*, BB 2004, 2297 ff.; Schroeder/Weßels-*Wassermann*, Gewerkschaften, S. 425 f.

492 Dazu auch *Schliemann*, NZA Beil. 24/2000, 24. Der Wortlaut der Satzungen der DGB-Verbände unterscheidet sich diesbezüglich deutlich: „Wirtschaftszweig" in § 2 Nr.1 IG der Bau-Satzung; „Alle Arbeitnehmer einer Branche in Unternehmen oder Konzernen" in § 1 Nr. 3 IG BCE, § 2 I a) der NGG-Satzung, mit Bezug zur Betriebsebene dagegen § 3 Nr. 1 der IG Metall-Satzung.

493 Schroeder/Weßels-*Wassermann*, Gewerkschaften, S. 425.

494 Bereits ausführlich Einleitung A. II. 2. a.

gang miteinander[495], hat aber nichts an der in §§ 15, 16 der DGB-Satzung zum Ausdruck kommenden Schlichtungsgewalt des DGB bei Streitigkeiten seiner Mitgliedsverbände verändert.

Diesen Regelungen dachverbandlicher Schlichtungsgewalt gilt es sich jetzt im Einzelnen zuzuwenden. Dabei bestimmt zunächst § 15 II DGB-Satzung, dass einzelgewerkschaftliche Satzungsänderungen der Tarifzuständigkeit unter einem Zustimmungsvorbehalt des Bundesvorstandes stehen. § 16 DGB-Satzung legt darüber hinaus fest, dass die Einzelgewerkschaften gehalten sind, bei wechselseitigen Streitigkeiten ein vom DGB in einer besonderen Schiedsordnung statuiertes Schiedsverfahren abzuwarten, wenn eine vorherige Schlichtung durch den Bundesvorstand ergebnislos verlaufen ist[496]. Der DGB hat zuletzt durch einen Beschluss des Bundesvorstandes vom 31.10.2000 anlässlich der ver.di-Gründung den Geltungsanspruch dieser Regelungen deutlich bekräftigt und zur Umsetzung der satzungsgemäßen Pflicht zur Zuständigkeitskooperation ein Tarifzuständigkeitskataster eingeführt[497].

Während § 15 DGB-Satzung eindeutig auf solche Konflikte abstellt, die auf der Tarifzuständigkeit der Einzelverbände beruhen, erfasst § 16 DGB-Satzung vom Wortlaut jegliche Streitigkeiten zwischen den im Bund vertretenen Gewerkschaften. Dies ist nicht unbedingt dasselbe, da nicht jedes gewerkschaftliche Verhalten im Betrieb unmittelbar auf den Abschluss eines Tarifvertrages gerichtet ist. Folglich ist etwa die Wahrnehmung betriebsverfassungsrechtlicher Rechte nach ganz überwiegender Ansicht nicht von der Tarifzuständigkeit einer Gewerkschaft abhängig, es genügt, dass sie mit mindestens einem Mitglied in der Belegschaft vertreten ist[498].

Bedeutsam ist die Unterscheidung dann, wenn man mit einigen Stimmen im Schrifttum davon ausgeht, eine Fremdbestimmung des Einzelverbandes durch den Dachverband sei nur dann möglich, wenn dieser Eingriff durch einen hinreichenden sachlichen Grund gerechtfertigt sei[499]. So unproblematisch dies für die satzungsmäßige Tarifzuständigkeit wäre, so fraglich erschiene dies für jedes weitere Konkurrenzverhalten der Einzelverbände. Man denke etwa an einen Streit um die Benutzung des Schwarzen Brettes in einem Betrieb. Hierin einen hinreichenden sachlichen Grund für den Beginn eines eigenen Schiedsverfahrens zu sehen, erscheint fragwürdig.

---

495 Dazu bereits *Weyand*, SAE 1991, 323 ff.; zur Situation vor den Fusionen vgl. *Schmoldt*, Gewerkschaftliche Umschau 1995, 4 ff.

496 Gleiches legt § 14 der CGB-Satzung für die Einzelverbände des CGB fest.

497 Vgl. zum Ganzen auch die Eröffnungsrede zum Gründungskongress von ver. di des Gewerkschaftsvorsitzenden *Bsirske* vom 20.3.2001 unter www.verdi.de.

498 Dazu etwa GK-BetrVG-*Kraft/Franzen* § 2 Rn. 26; *Däubler/Kittner/Klebe*, BetrVG, § 2 Rn. 29; *Fitting* § 2 Rn. 42; kritisch *Feudner*, DB 1995, 2114 ff. m.w.N.

499 Dazu *Oetker*, Anm. zu BAG AP, Nr. 11 zu § 2 TVG Tarifzuständigkeit.

Das Abstellen auf das Erfordernis eines sachlichen Grundes ist aber bereits aus dogmatischer Hinsicht nicht überzeugend. Es geht nämlich nicht um die Frage der Rechtfertigung eines Eingriffs des Dachverbandes in die Organisationsautonomie des Einzelverbandes, sondern vielmehr darum, unter welchen Voraussetzungen es dem Einzelverband möglich ist, auf eben diese Organisationsautonomie *freiwillig* zu verzichten. Die hinreichend mitgliedschaftlich legitimierte Anerkennung der Tarifhoheit eines externen, nicht verbandseigenen Organs bildet keinen Eingriff in die Organisationsautonomie, sondern gerade deren Ausübung durch den Einzelverband.

Allerdings wirft die nähere Konkretisierung dieser freiwilligen Aufgabe der Satzungsautonomie zugunsten einer externen Schlichtung nach §§ 15, 16 DGB-Satzung andere Bedenken auf. Sieht man nämlich darin eine Delegation der eigenen Satzungsbefugnis, so würde sowohl im Zustimmungsvorbehalt des § 15 II DGB-Satzung als auch im Schiedsverfahren nach § 16 DGB-Satzung eine eigene Satzungsinterpretation[500] oder Satzungsberichtigung[501] durch den Bundesvorstand beziehungsweise die Schiedsstelle vorliegen[502]. Diese Befugnis kommt aber gemäß § 32 BGB einem solchen verbandsexternen Organ gerade nicht zu[503].

Diese Aussage ist mit Blick auf den grundsätzlich dispositiven Charakter des § 32 BGB aber nur dann zutreffend, wenn damit die Schranken der Disposition, also die Gewährleistung der innerverbandlichen Legitimation, welche Art. 9 III GG für das Koalitionsrecht zwingend voraussetzt, überschritten würden. Erforderlich ist daher, dass zwar nicht jede Ergänzung der Verbandsverfassung dem einzelgewerkschaftlichen satzungsgebenden Organ vorbehalten bleiben muss, jedenfalls aber die Abbedingung der eigenen Satzungsgebung den Legitimationsträgern der innerverbandlichen Entscheidungen – nämlich den einzelnen Mitgliedern – überlassen bleibt[504]. Dies wiederum setzt in der notwendigen Umsetzung des von Art. 9 III GG geforderten innerverbandlichen Demokratiegebots[505] voraus, dass den Mitgliedern Art und Umfang der Delegation der eigenen Satzungskompetenz auf eine Schiedsstelle hinreichend bewusst sind. Entsprechend stellt

---

500 So BAG, AP Nr. 3 und AP Nr. 5 zu § 2 TVG Tarifzuständigkeit; dagegen ausführlich *Weyand*, SAE 1991, 324.

501 *Wiedemann*, TVG, § 2 Rn. 69.

502 So aber *Oetker*, Anm. BAG AP Nr. 11 zu § 2 TVG Tarifzuständigkeit; *Sauter/Schweyer/Waldner*, Der eingetragene Verein, Rn. 136. BAG, AP Nr. 10 zu § 2 TVG Tarifzuständigkeit stellt dagegen auf den Ermessensspielraum der Schiedsstelle ab.

503 *Kempen/Zachert*, TVG, § 2 Rn. 150 ff.

504 Vor allem *Löwisch/Rieble*, TVG, § 2 Rn. 96 und Rn. 101; *Rieble*, Wettbewerb, Rn. 1833, LAGE München, LAGE § 2 Tarifzuständigkeit Nr. 1.

505 Dazu ausführlich *Schüren*, Legitimation tariflicher Normsetzung, S. 230 ff. m.w.N.

§ 40 BGB darauf ab, dass die Abbedingung des § 32 BGB durch eine Bestimmung der Satzung selbst erfolgen muss.

Denkbar wäre es aber auch, den freiwilligen Verzicht des Einzelverbandes auf die eigene Satzungsgebung erst gar nicht mit einer Delegation der Satzungsbefugnis an die Schiedsstelle zu begründen[506], sondern darin vielmehr ein freiwilliges Zurücknehmen der nach der eigenen Satzung bestehenden Tarifzuständigkeit durch den im Schiedsverfahren unterlegenen Verband zu sehen. Grundlage dieser Satzungssuspendierung wäre die dem Einzelverband aufgrund seiner Mitgliedschaft obliegende Treuepflicht. Damit bliebe die vereinsrechtliche Kompetenz zur Satzungsgebung beim Einzelverband selbst. Eine gemäß § 40 BGB mögliche Abbedingung des § 32 BGB wäre nicht erforderlich[507], da nur eine tarifpolitische Handlungsmaxime außerhalb der Satzung vorgegeben würde.

Auch dieser Begründungsansatz zum freiwilligen verbandlichen Verzicht auf das Satzungsrecht bei der Tarifzuständigkeit ist aber nur dann tragfähig, wenn seine Ausübung durch den Willen der Verbandsmitglieder ausreichend legitimiert ist. Hier kann sich aus dem Charakter der Suspendierung kein Unterschied gegenüber den Anforderungen bei einer Delegation an die Schiedsstelle ergeben, denn das innerverbandliche Demokratiegebot des Art. 9 III GG gilt umfassend[508].

Damit ist die für beide Begründungsmöglichkeiten maßgebliche Frage aufgeworfen, wie sich ein solcher Wille nach außen dokumentieren muss. Ausgangspunkt kann dabei allein die Perspektive des einzelnen Gewerkschaftsmitglieds sein, denn gerade hier ist die Verbindung zwischen Legitimationsträger und Entscheidungsfindung anzusiedeln. Nur dann, wenn dem einzelnen Mitglied zumindest die Möglichkeit einer entsprechenden Kenntnisnahme darüber gegeben ist, welcher Satzungsinhalt zugunsten einer externen Schlichtung suspendiert wird, kann von einer ausreichenden Legitimation der innerverbandlichen Satzungsrücknahme gesprochen werden[509]. Allein dann bietet sich ihm die Möglichkeit, den innerverbandlichen Prozess der Willensbildung in seinen Möglichkeiten zu beeinflussen. Dies muss sich in der Satzung des Einzelverbandes widerspiegeln[510].

Eine ausdrückliche Verweisung der einzelverbandlichen Satzung auf das Schlichtungsverfahren nach § 16 der DGB-Satzung ist mit Blick auf die tatsächlichen Satzungsgestaltungen der DGB-Verbände bis auf drei Ausnahmen nicht

506 *Kempen/Zachert*, TVG, § 2 Rn. 150 ff. mit Verweis auf BAG AP, Nr. 3 und AP Nr. 5 zu § 2 TVG Tarifzuständigkeit.
507 So auch *Kempen/Zachert*, TVG, § 2 Rn. 150 f.
508 Vgl. *Schüren*, Legitimation tariflicher Normsetzung, S. 230 ff.
509 MünchArbR-*Löwisch/Rieble* § 255 Rn. 74.
510 So auch *Feudner*, BB 2004, 2297 ff.

erkennbar. Denn allein § 32 der IG-Metall- Satzung sowie § 2 I der transnet-Satzung und § 4 III der ver.di-Satzung statuieren ausdrücklich die Anerkennung der Schlichtungshoheit des DGB. § 2 der IG BCE-Satzung, § 1 II der GdP-Satzung und § 1 II der GeW-Satzung beschränken sich allein auf die Feststellung ihrer Mitgliedschaft im DGB, die Satzung der IG Bauen-Agrar- Umwelt erwähnt nicht einmal dies. Die Fremdbestimmung in Fragen der Tarifzuständigkeit durch die Schiedsstelle des DGB ist demnach in den meisten Mitgliedsgewerkschaften nicht unmittelbar erkennbar.

Um dennoch eine hinreichende Legitimation durch den Willen der Mitglieder zu begründen, ist versucht worden, über den Grundsatz der satzungskonformen Auslegung der Einzelsatzungen eine Anerkennung des Schiedsverfahrens in der DGB-Satzung zu konstruieren. Da die DGB-Satzung ausdrücklich die Vermeidung von Konflikten (insbesondere eine doppelte Tarifzuständigkeit zweier Mitgliedsgewerkschaften) vorsieht, soll auch die allgemeine Verweisung auf die Anerkennung der DGB-Satzung sowie das bloße Feststellen der Mitgliedschaft im DGB genügen[511]. Dies erscheint unter zwei Aspekten kaum überzeugend. Wenn zum einen vom Einzelsatzungsgeber im Zweifel nichts anderes als eine solche Auslegung der eigenen Satzung gewollt sein soll[512], bleibt die Frage, warum dies in manchen Satzungen ausdrücklich Erwähnung findet, in anderen wiederum nicht. Eine entsprechende Satzungsklarstellung erscheint unter diesem Gesichtspunkt jedenfalls zumutbar. Dass sie aber auch zwingend notwendig ist, ergibt eine andere Überlegung. Gerade in Massenorganisationen, wie sie die DGB-Gewerkschaften trotz des anhaltenden Mitgliederrückganges immer noch darstellen, sind die Anforderungen an den Vertrauensschutz gegenüber dem einzelnen Mitglied deshalb besonders hoch, weil dieses hier aufgrund innerverbandlicher Entscheidungsdelegation besonders weit von der tatsächlichen Entscheidungsfindung entfernt ist[513]. Deshalb muss der Umfang einer Fremdbestimmung in einer Kernfrage wie der nach der Tarifzuständigkeit konkret aus der Satzung selbst erkennbar sein. Dies gilt umso mehr, als die Einzelverbände immer deutlicher ihre Selbständigkeit gegenüber dem Dachverband des DGB betonen[514].

Auch der Hinweis auf die faktische Anerkennung des Schiedsverfahrens durch das Bundesarbeitsgericht kann hier zwar die Zurückhaltung der Mitgliedsgewerkschaften bei der Satzungsänderung erklären, liefert aber keinen Grund zum Verzicht auf deren Erforderlichkeit. Denn die Kenntnis der aktuellen höchstrichterlichen Rechtsprechung kann wohl kaum vom einzelnen Gewerkschafts-

511 Etwa § 3 Nr. 1 IG-Bau-Satzung; § 2 IG BCE-Satzung; § 1 II GdP-Satzung; § 1 Nr. 2 GeW-Satzung.

512 § 2 III NGG-Satzung.

513 Vgl. *Schüren*, Legitimation tariflicher Normsetzung, S. 241 ff.

514 So auch *Konzen*, Festschrift Kraft, S. 312 ff.

mitglied verlangt werden, zumal diese letztlich wenig einheitlich zwischen einer Stärkung der Einzelverbände und der Unterstützung des Dachverbandes schwankt[515].

Das in §§ 15, 16 DGB-Satzung vorgesehene Verfahren zur Abgrenzung von Tarifzuständigkeitsbereichen der DGB-Mitgliedsgewerkschaften ist daher zwar nicht per se unzulässig, aber bislang nicht auf alle diese Einzelverbände mangels deren ausdrücklicher satzungsgemäßer Anerkennung anwendbar. Das Rechtsverhältnis dieser Verbände untereinander unterscheidet sich daher nicht vom Rechtsverhältnis von Gewerkschaften unterschiedlicher Dachverbände.

c) Die Problematik der Außenwirkung des Schiedsspruches nach § 16 DGB-Satzung

Ein weiteres Problem liegt damit auf der Hand. Selbst wenn das Schiedsverfahren nach § 16 DGB-Satzung durchgeführt wird, bleibt immer noch die Möglichkeit bestehen, dass die unterlegene Gewerkschaft nicht bereit ist, sich diesem Schiedsspruch auch tatsächlich zu unterwerfen. Gestellt ist damit die Frage nach der Außenwirkung der gemäß § 16 DGB-Satzung erlassenen Tarifzuständigkeitsentscheidung. Hier unterscheiden sich beide dargestellten Begründungsansätze des Schiedsverfahrens deutlich, denn allein die Satzung des Einzelverbandes ist für den Tarifpartner zum Abschluss eines Tarifvertrages maßgeblich[516]. Geht man von einer Delegation zur Satzungsberichtigung durch die Schiedsstelle aus, wird die Satzung der unterlegenen Gewerkschaft unmittelbar modifiziert. Die Arbeitsgerichte wären ebenfalls an diese in der einverständlich ausgeübten Tarifautonomie der beteiligten Gewerkschaften begründeten Entscheidung gebunden[517].

Im Falle der bloßen tarifpolitischen Handlungsleitung durch die Schiedsstelle muss dagegen der Einzelverband selbst die Satzung vorübergehend suspendieren. Tut er dies nicht, begeht er einen rein innerverbandlichen Verstoß gegen die ihm aufgrund der Mitgliedschaft im Dachverband obliegende Treuepflicht. Der dem zum Trotz geschlossene Tarifvertrag bliebe dagegen wirksam[518]. Damit ist aber auch die entscheidende Schwäche des von einer Satzungsberichtigung durch die

515 Vgl. etwa die diesbzgl. Unterschiede in BAG, AP Nr. 4 zu § 2 TVG Tarifzuständigkeit, dann aber BAG, AP Nr. 10 und Nr. 11 zu § 2 TVG Tarifzuständigkeit; im Einzelnen dazu *Löwisch/Rieble*, TVG, § 2 Rn. 98 mit ausführlicher Kritik.

516 *Oetker*, Anm. zu BAG, AP Nr. 11 zu § 2 TVG Tarifzuständigkeit.

517 BAG, AP Nr. 3 zu § 2 TVG Tarifzuständigkeit; AP Nr. 10 zu § 2 TVG Tarifzuständigkeit; dem folgend *Oetker*, Anm. zu BAG, AP Nr.11 zu § 2 TVG Tarifzuständigkeit; *Blank*, Tarifzuständigkeit, S. 64 ff.; *Wiedemann*, TVG, § 2 Rn. 38; kritisch etwa *Kraft*, Festschrift Schnorr von Carolsfeld, S. 255 ff.; zum Streitstand im Ganzen vgl. etwa *Löwisch/Rieble*, TVG, § 2 Rn. 95 ff.

518 So auch BAG, AP. Nr. 4 zu § 2 TVG Tarifzuständigkeit; diese Konsequenz dagegen ablehnend *Kempen/ Zachert*, TVG, § 2 Rn. 150.

Schiedsstelle ausgehenden Ansatzes gezeigt: eine grundsätzliche Delegation auf ein externes Schiedsorgan kann unter Umständen den Verlust der Tariffähigkeit gegen den ausdrücklichen Willen des Einzelverbandes selbst bedeuten. Ein solcher Verlust der eigenen Handlungsfähigkeit bedeutet aber eine Preisgabe seiner Rechte gemäß Art. 9 III GG, die in diesem Umfang keineswegs für die Mitglieder auch bei ausdrücklichem Verweis auf das Schlichtungsrecht des DGB erkennbar ist. Eine solche rechtsgeschäftliche Beschränkung der Koalitionszweckautonomie des einzelnen Verbandes ist daher nur als nach außen unverbindliche Abrede einzuordnen[519].

Allein möglich bleibt daher die Lösung, welche den Verband selbst als letzte Instanz zur Suspendierung seiner Tarifzuständigkeit vorsieht. Kommt er seiner mitgliedschaftlichen Treuepflicht nicht nach, muss er die verbandsrechtlichen Konsequenzen bis hin zum Ausschluss aus dem Dachverband nach § 3 Nr. 4 DGB-Satzung ertragen. Der abgeschlossene Tarifvertrag bleibt dagegen wirksam, ein darauf durchgeführter Arbeitskampf rechtmäßig[520].

Gleiches gilt für § 15 II DGB-Satzung: wenn eine Satzungsänderung ohne das Zustimmungsverfahren des DGB-Bundesvorstandes durchgeführt wird, bleibt die Änderung wirksam[521], denn es wird nur eine verbandsrechtliche Binnenpflicht verletzt[522].

Ein ebenfalls in diesen Zusammenhang einzuordnendes Problem hat das Bundesarbeitsgericht in einem Beschluss vom 12.11.1996 beschäftigt[523]. Hier stellte sich die Frage, wie eine konkurrierende Tarifzuständigkeit zweier DGB-Gewerkschaften zu beurteilen sei, die das Schiedsverfahren nach § 16 DGB-Satzung noch gar nicht eingeleitet hatten. Das Bundesarbeitsgericht entschied, dass es in diesen Fällen ebenso wie beim völligen Verzicht auf das Schiedsverfahren bei der alleinigen Tarifzuständigkeit der bisher zuständigen Gewerkschaft verbleibt[524]. Dies ist nicht mit der in Art. 9 III GG garantierten Koalitionsfreiheit vereinbar. Die Schiedsordnung des DGB sieht in § 1 eindeutig vor, dass ein Schiedsverfahren nur auf Ersuchen mindestens einer der streitenden Parteien durchzuführen ist. Wenn nun beide Konkurrenten nicht den Willen zeigen, sich konkret einem externen Schlichtungsverfahren zu unterwerfen, ist ihr Wille zur

519 Vgl. dazu auch *Rieble*, Wettbewerb, Rn. 1827 ff.; *Feudner*, BB 2004, 2297; *Biedenkopf*, Tarifautonomie, S. 90.

520 So auch *Gamillscheg*, Kollektives Arbeitsrecht, S. 533; *Löwisch/Rieble*, TVG, § 2 Rn. 101.

521 Das BAG hat dagegen unter Aufgabe seiner bisherigen Rechtsprechung die Frage, ob im Zustimmungsvorbehalt des § 15 II DGB-Satzung eine Wirksamkeitsvoraussetzung der jeweiligen Satzungsänderung liegt, in BAG AP Nr. 10 zu § 2 TVG Tarifzuständigkeit ausdrücklich offen gelassen; anders noch BAG, AP Nr. 4 zu § 2 TVG Tarifzuständigkeit.

522 So auch *Löwisch/Rieble*, TVG, § 2 Rn. 95.

523 BAG, AP Nr.11 zu § 2 TVG Tarifzuständigkeit.

524 BAG, AP Nr.11 zu § 2 TVG Tarifzuständigkeit.

Unterwerfung unter eine Fremdbestimmung des Dachverbandes – weder vor dem Hintergrund einer Delegation noch einer Suspendierung – nicht vorhanden. Die Lösung des Bundesarbeitsgerichtes bedeutet daher einen nicht gerechtfertigten Eingriff in die Organisationsautonomie der streitenden Einzelverbände gemäß Art. 9 III GG. Ist ein Schiedsverfahren noch nicht eingeleitet oder verzichten die konkurrierenden Mitgliedsverbände ganz auf seine Durchführung, muss es daher bei der doppelten Tarifzuständigkeit beider Verbände verbleiben[525].

d) Zwischenergebnis

Gewerkschaften können sich in einem gemeinsamen Dachverband zusammenschließen. Dadurch entsteht dem Dachverband gegenüber eine Treuepflicht, welche sich insbesondere in der Anerkennung einer dachverbandlichen Schlichtungsgewalt bei Streitigkeiten zwischen den verschiedenen Einzelgewerkschaften konkretisiert sieht. Dabei ist diese Anerkennung einer übergeordneten Entscheidungsbefugnis dogmatisch als freiwillige Rücknahme der Satzungskompetenz des Einzelverbandes zu verstehen. Insoweit besteht zwischen den Gewerkschaften desselben Dachverbandes ein selbständiges Rechte- und Pflichtengefüge. Die dachverbandliche Schlichtungsgewalt gilt aber nicht unbegrenzt. Die Satzung des Einzelverbandes als maßgebliches Instrument zur Dokumentierung des mitgliedschaftlich gefundenen Verbandswillens muss die Unterwerfung unter abweichende Regeln des Dachverbandes derart widerspiegeln, dass jeder neu beitretende Arbeitnehmer deren Umfang konkret abschätzen kann. Somit erscheint in der Praxis insbesondere das Schlichtungsrecht des DGB gemäß §§ 15 II, 16 DGB-Satzung gegenüber seinen Mitgliedsverbänden nicht ausreichend mitgliedschaftlich legitimiert. Eine Außenwirkung des dachverbandlichen Schiedsspruches gegenüber dem Tarifpartner des Einzelverbandes besteht dabei nicht.

II. Einzelne Verhaltensweisen der Gewerkschaften im Gewerkschaftswettbewerb

Im folgenden Abschnitt soll versucht werden, die bisherigen abstrakten Erkenntnisse zum Rechtsverhältnis konkurrierender Gewerkschaften anhand der Zulässigkeitsgrenzen einzelner gewerkschaftlicher Tätigkeiten im Betrieb zu konkretisieren.

Hierbei sind diejenigen Verhaltensweisen, die bereits durch das Betriebsverfassungsgesetz und das Mitbestimmungsgesetz eine gesetzliche Normierung erfahren haben, von den allein durch höchstrichterliche Rechtsfindung geprägten Verhaltensweisen im Betrieb zu trennen. Die im zweiten Teil der Untersuchung

---

525 So auch *Konzen*, Festschrift Kraft, S. 314; *Gamillscheg*, Kollektives Arbeitsrecht, S. 533.

herausgearbeitete Möglichkeit der Anwendung wettbewerbsrechtlicher Grundstrukturen auf das Konkurrenzverhalten von Gewerkschaften bleibt im ersten Fall auf eine bloße Überprüfung der bereits bestehenden Gesetzesnormen beschränkt, bei deren Fehlen bildet sie eine unmittelbare Hilfe zur schöpferischen Rechtsfindung.

Aus der Natur dieses Teils der Untersuchung ergibt sich darüber hinaus, dass hier nur solche Gewerkschaftsrechte im Betrieb zu behandeln sind, welche in ihrer Wahrnehmung unmittelbar an beziehungsweise gegen einen konkurrierenden Verband gerichtet sind oder denen eine solche Zielsetzung zwar fehlt, die aber in ihrer faktischen Auswirkung dem gleichkommen.

1. Gesetzlich normierte Verhaltensweisen

a) Die gewerkschaftlichen Tätigkeitsfelder des Betriebsverfassungsgesetzes

aa) Gewerkschaften als unterstützende Funktionsträger

Betrachtet man die im Betriebsverfassungsgesetz festgeschriebenen Möglichkeiten gewerkschaftlicher Tätigkeit im Betrieb, lassen sich drei Kategorien gewerkschaftlicher Einflussnahme erkennen. Dies sind die in § 2 I BetrVG in das pflichtgemäße Ermessen der Betriebspartner gestellte vertrauensvolle Zusammenarbeit mit den Gewerkschaften, dann darüber hinausgehende gesetzliche Mitbestimmungs-, Überwachungs- und Unterstützungsrechte sowie Tätigkeiten zur Wahrnehmung von Koalitionsaufgaben. Letztere sind an diesem Punkt der Untersuchung deshalb nicht von Belang, da das Gesetz in § 2 III BetrVG und § 74 III BetrVG diesbezüglich nur regelt, dass derartige Aufgaben gerade nicht berührt werden.

Auch die einzelnen Mitbestimmungs-, Unterstützungs-, Teilhabe- und Überwachungsrechte sind grundsätzlich nicht Ausdruck unmittelbarer gewerkschaftlicher Konkurrenztätigkeit, sondern dienen allein der in § 2 I BetrVG beschriebenen vertrauensvollen Zusammenarbeit mit Arbeitgeber und Betriebsrat zum Wohle der Arbeitnehmer und des Betriebes[526]. Dass diese Pflicht zur Zusammenarbeit keine ausreichende Grundlage für eigene horizontale Pflichten von Gewerkschaften im Betrieb zueinander bildet, wurde bereits erläutert[527]. So besteht das gewerkschaftliche Zugangsrecht zum Betrieb nach § 2 II BetrVG nur akzessorisch zu den damit notwendig verbundenen betriebsverfassungsrechtlichen Rechten[528], diese wiederum dienen nicht der Konkurrenz zu anderen im Betrieb vertretenen Gewerkschaften, sondern der Überwachung oder Unterstüt-

---

526 Zur Stellung der Gewerkschaften in der Betriebsverfassung statt aller GK-BetrVG-*Kraft/Franzen* § 2 Rn. 22 ff.

527 Vgl. dazu ausführlich oben 2. Teil B. II. 2.

528 Vgl. nur die Regelungen der §§ 23 I, 23 III, 31, 35 I, 46, 59, 65, 73 II, 76 VIII BetrVG; zum Ganzen vgl. *Richardi*, BetrVG, § 2 Rn. 110.

zung der Betriebspartner[529]. Ein Bezug zum Konkurrenzverhältnis der Gewerkschaften lässt sich hier nur über den Umweg der einseitigen Gewährung solcher Rechte durch den Arbeitgeber oder den Betriebsrat herstellen. Die daraus resultierenden Berührungspunkte mit der Garantie eines fairen Gewerkschaftswettbewerbs im Betrieb ergeben sich somit nicht im unmittelbar horizontalen Verhältnis der Gewerkschaften zueinander und müssen daher an anderer Stelle der Untersuchung behandelt werden[530].

Eine maßgebliche Ausnahme gilt es aber im Rahmen der gesetzlichen Mitwirkungsrechte für diejenigen Rechte der Gewerkschaft zu machen, welche in unmittelbaren Zusammenhang mit der Wahl zum Betriebsrat stehen. Hier kommt die Konkurrenzsituation der im Betrieb vertretenen Verbände unmittelbar durch aufeinander Bezug nehmendes Werbungs- und Wahlverhalten zum Ausdruck. Hier stellt sich die Frage, inwieweit der Gesetzgeber dieser Konkretisierung des betrieblichen Koalitionskonkurrenzkampfes vor dem Hintergrund der Wettbewerbsgarantie des Art. 9 III GG Rechnung getragen hat.

bb) Die Besonderheit der Betriebsratswahl

Die strukturelle Besonderheit der Betriebsratswahlen für die Stellung der Gewerkschaften im Betrieb spiegelt sich besonders deutlich in der Entwicklung des gewerkschaftlichen Wahlvorschlagsrechts wider. War dies in § 13 BetrVG 1952 noch allein den Arbeitnehmern des Betriebs vorbehalten, so sah erstmals § 14 VII BetrVG 1972 ein eigenständiges Wahlvorschlagsrecht der im Betrieb vertretenen Gewerkschaften vor[531]. Dies galt allerdings nur in betriebsratslosen Betrieben, um dort die erstmalige Wahl von Betriebsräten zu fördern. Während hier also noch deutlich die bloß unterstützende Funktion der Gewerkschaften im Betriebsverfassungsgesetz gegenüber den Betriebspartnern Beweggrund der gesetzlichen Regelung war, wurde dieses Bild eklatant modifiziert durch das Änderungsgesetz 1989. Darin erhielten die im Betrieb vertretenen Gewerkschaften durch § 14 V BetrVG ein allgemeines, unabhängig von der Existenz eines Betriebsrates bestehendes Wahlvorschlagsrecht zugesprochen. Auch das Änderungsgesetz 2001 hat diese Regelung in § 14 III BetrVG übernommen. Damit kommt den Gewerkschaften bei Betriebsratswahlen – anders als bei ihren weiteren betriebsverfassungsrechtlichen Rechten – keine bloße Unterstützungsfunktion zu. Sie erhalten vielmehr die Möglichkeit, eigenen Interessen in der Betriebsverfassung Ausdruck zu verleihen. Diese in ihrer Entstehungsgeschichte kontrovers

529 Vgl. die Übersicht bei *Fitting* § 2 Rn. 77.
530 Vgl. dazu unten 3. Teil C. II. sowie 3. Teil D. II.
531 Ausführlich zur Entwicklung und Bedeutung des gewerkschaftlichen Wahlvorschlagsrechts GK-BetrVG-*Kreutz* § 14 Rn. 78 ff.

diskutierte[532] Verlagerung gewerkschaftlicher Interessenvertretung im Betriebsverfassungsrecht erscheint aber mit Blick auf die Koalitionsfreiheit des Art. 9 III GG zwingend erforderlich[533], denn Betriebsratswahlen stellen ein entscheidendes Moment gewerkschaftlicher Tätigkeit bei der Werbung potentieller Mitglieder dar. Erst durch Betriebsratsmandate kann die Gewerkschaft fest im Betrieb Fuß fassen und ihren Interessen bei den für den Betriebsablauf wichtigen Fragen entscheidenden Ausdruck verleihen[534]. Je mehr Verantwortung aber eine Gewerkschaft an innerbetrieblichen Fragen trägt, desto attraktiver ist sie für die Belegschaft. Betriebsratswahlen besitzen daher funktional eine Doppelnatur: einerseits sind sie Ausgangspunkt im Verhältnis der Betriebspartner zueinander, andererseits kommt ihnen eine entscheidende Bedeutung für den Erhalt des Koalitionswesens zu. Darin liegt auch der entscheidende Unterschied, welcher den sachlichen Grund für die gesetzgeberische Ungleichbehandlung von gewerkschaftlichem Wahlvorschlagsrecht gegenüber dem von der Unterzeichnung einer Mindestzahl von Arbeitnehmern abhängigen Vorschlagsrecht wahlberechtigter Arbeitnehmer darstellt[535].

Noch ein weiterer verfassungsrechtlich vorgegebener Aspekt war in der Änderung des Vorschlagsrechts von 1989 zu beachten. Die Werbung potentieller Mitglieder wird – sobald dieses Ziel mehr als nur eine Gewerkschaft verfolgt – zu einem Wettbewerb, dessen ungestörter Ablauf für die Wahrung des in Art. 9 III GG garantierten Gewerkschaftspluralismus unerlässlich ist. Das neue Vorschlagsrecht schaffte hier erstmals eine Chancengleichheit zwischen großen und kleineren Verbänden. Bis dahin hatten nur erstere die Möglichkeit, durch ausreichende bei ihnen organisierte betriebsangehörige Arbeitnehmer ihren Koalitionseinfluss geltend zu machen, ohne dabei auf ein eigenes Vorschlagsrecht angewiesen zu sein[536].

Darüber hinaus musste die neue Regelung so gestaltet sein, dass bei Bestehen mehrerer Gewerkschaften im Betrieb jeder ein gleiches Vorschlagsrecht zukam[537]. Dies bedeutete die gesetzgeberische Abkehr von dem an eine bestimmte Stimmenzahl gekoppelten Vorschlagsrecht, welches zwischen großen und kleinen Verbänden unterschied, hin zu einem kopfzahlunabhängigen Vorschlagsrecht. Darin liegt keine Gefährdung der Betriebsverfassung durch radikale Splittergrup-

---

532 *Richardi*, AuR 1986, 34 f.; *Hanau*, AuR 1988, 264 ff.; *Wlotzke*, DB 1989, 113; *Buchner*, NZA Beil. 1/1989, 2 ff. m.w.N.

533 So auch MünchArbR-*Löwisch/Rieble* § 246 Rn. 205 ff.; a.A. Maunz/Dürig-*Scholz* Art. 9 Rn. 306; differenzierend GK-BetrVG-*Kreutz* § 14 Rn. 95, der auf die effektive Betätigung der Koalition in der Betriebsverfassung abstellen will.

534 Vgl. BT-Drucks. 11/2503, S. 23.

535 Ausführlich dazu GK-BetrVG-*Kreutz* § 14 Rn. 95 ff. m.w.N.

536 Ähnlich *Koopmann*, Gewerkschaftsfusion und Tarifautonomie, S. 204 f.

537 Vgl. BT-Drucks. 10/3384, S. 11; dazu *Richardi*, AuR 1986, 34 f.

pen, da die Neuregelung an die zwingenden Voraussetzungen des Gewerkschaftsbegriffs angeknüpft ist[538].

Der Gesetzgeber ist bei der Schaffung gleicher Wettbewerbsvoraussetzungen der Gewerkschaften im Betriebsverfassungsrecht nicht bei der Betriebsratswahl selbst stehen geblieben, sondern hat 1988 das Prinzip der Verhältniswahl für die Mitglieder des Betriebsausschusses nach § 27 I 3 BetrVG, für die Ausschüsse nach § 28 I 2 BetrVG sowie in die Regelung des § 38 II BetrVG eingeführt. Diese Neuerung wurde im Reformgesetz von 2001 ausdrücklich beibehalten[539]. Dies erscheint mit Blick auf die oben dargelegte strukturelle Besonderheit der Betriebsratswahl als Doppelnatur zwischen Betriebsverfassung und Koalitionsbetätigung unumgänglich. Ein Betriebsrat, dessen tatsächliche Arbeit in den Ausschüssen durch das Mehrheitswahlrecht bestimmt würde, hätte die dortige Vorherrschaft allein der großen Gewerkschaften zur Folge. Die durch das Vorschlagsrecht garantierten gleichen Startvoraussetzungen aller Gewerkschaften würden dann de facto nach der Wahl wieder nivelliert[540]. Der Listenschutz des Verhältniswahlrechts führt dagegen dazu, die Vertretung auch den Betriebsratsmitgliedern zu ermöglichen, die einer kleineren Gewerkschaft angehören. Darin liegt keine staatliche Begünstigung dieser kleinen Gewerkschaften, sondern vielmehr die Erhaltung der Chancengleichheit aller im Betrieb vertretenen Gewerkschaften ohne Rücksicht auf ihre Mitgliederzahl[541].

Dass diese gesetzgeberische Würdigung des Koalitionspluralismus de facto durch das Erfordernis der Durchsetzungsfähigkeit einer Gewerkschaft auch im betriebsverfassungsrechtlichen Sinn unterlaufen wird, ist kein Fehler der Regelung im Betriebsverfassungsgesetz, sondern in der Unhaltbarkeit eben dieses Merkmals des Gewerkschaftsbegriffes begründet[542]. Gerade die Betriebsratswahl als Scharnier zur Mitgliederwerbung und Mitgliedergewinnung kann nicht nur denen offen stehen, die bereits über ausreichende Mitglieder verfügen. Die wirtschaftswettbewerbliche Parallele hierzu findet sich im Begriff der Wettbewerbsfreiheit, welche den grundsätzlich freien Zutritt aller Marktteilnehmer zum Markt erfordert[543].

Der Regelungskomplex des Betriebsverfassungsgesetzes zur Betriebsratswahl trägt daher dem im Koalitionspluralismus des Art. 9 III GG begründeten fairen Wettbewerb der Gewerkschaften im Betrieb ausreichend Rechnung.

---

538 So auch *Wlotzke*, DB 1989, 113.
539 Zur parlamentarischen Entstehungsgeschichte vgl. GK-BetrVG-*Raab* § 27 Rn. 4 m.w.N.
540 So auch zutreffend *Löwisch*, BB 2001, 727.
541 Vgl. dazu auch *Buchner*, NZA 2001, 633 ff.; *Dütz*, DB 2001, 1306.
542 Vgl. ausführlich oben 2. Teil E. III.
543 Baumbach/Hefermehl-*Köhler*, Wettbewerbsrecht, Einl. UWG Rn. 1.17 und Rn. 1.27.

Die Beschränkung des Koalitionspluralismus in den genannten betriebsverfassungsrechtlichen Normen durch die Zulassung nur der im Betrieb vertretenen Gewerkschaften ist dagegen verfassungsrechtlich unbedenklich. Das Betriebsverfassungsrecht kann Koalitionsrechte unter der Auflage gewähren, dass die betreffenden Koalitionen diese Rechte überhaupt wahrnehmen können[544]. Ein Wahlvorschlag einer nicht im Betrieb vertretenen Gewerkschaft bezieht sich allein auf ein betriebsverfassungsrechtliches Institut, nämlich die Betriebsratswahl selbst. Dass hier nur Gewerkschaften Vorschläge einreichen dürfen, die selbst einen Bezug zum fraglichen Betrieb haben, bedeutet eine gerechtfertigte Beschränkung der Koalitionsfreiheit der nicht im Betrieb vertretenen Gewerkschaften[545].

Das Erfordernis des Vertretenseins einer Gewerkschaft im Betrieb umfasst dagegen nicht auch ihre konkrete Tarifzuständigkeit für diesen Betrieb. Die Tarifzuständigkeit soll allein Tarifnormen legitimieren, nicht aber sonstige gewerkschaftliche Betätigungen im Betrieb[546]. Es ist auch Bestandteil der Koalitionsfreiheit des Art. 9 III GG, dass eine Gewerkschaft in bestimmten Betrieben zunächst nur betriebsverfassungsrechtlich agiert, ehe sie dann die Entscheidung fällt, auch ihre Tarifzuständigkeit aufgrund der Resonanz in der Belegschaft auf diesen Betrieb auszudehnen[547].

b) Parallelprobleme in der Unternehmensmitbestimmung

Die rechtliche Ausgangslage in der Unternehmensmitbestimmung ist für kleinere Gewerkschaftsverbände gegenüber der im Betriebsverfassungsgesetz ungleich schlechter. Zwar hat sich auch hier der Gesetzgeber bei der Delegiertenwahl nach § 10 I MitbestG und bei der Wahl der Aufsichtsratsmitglieder nach § 16 I MitbestG für den Modus der Verhältniswahl entschieden, so dass hier Minderheitenverbände ebenso wie große Verbände dieselben Repräsentanzmöglichkeiten besitzen. Ein eigenes kopfzahlunabhängiges Wahlvorschlagsrecht steht den Verbänden dagegen nur bei den Wahlen zum Aufsichtsrat nach § 16 II MitbestG zu. Für die Delegiertenwahlen müssen sie die Unterschriftenquoren des § 12 I 2 MitbestG erfüllen. Mit Blick auf die Argumentation im Rahmen des Betriebsverfassungsgesetzes lässt sich diese Beschränkung eines freien Koalitionswettbewerbs nach Art. 9 III GG nur dann rechtfertigen, wenn sich die Funktion der Koalitionen in der Unternehmensmitbestimmung gegenüber der in der Betriebsverfassung wesentlich unterscheidet. Im Schrifttum ist dazu vertreten worden, die Unter-

---

544 Statt aller MünchArbR-*Löwisch/Rieble* § 246 Rn. 251; vgl. auch bereits Schaub, DB 1965, 1327; zum Begriff allgemein BAG, AP Nr. 2 zu § 18 BetrVG.

545 MünchArbR-*Löwisch/Rieble* § 246 Rn. 251.

546 Dazu etwa GK-BetrVG-*Kraft/Franzen* § 2 Rn. 26; *Däubler/Kittner/Klebe*, BetrVG, § 2 Rn. 29; *Fitting* § 2 Rn. 42; kritisch dagegen *Feudner*, DB 1995, 2114 ff. m.w.N. Differenzierend jetzt MünchArbR-*Löwisch/Rieble* § 246 Rn. 251.

547 So auch *Löwisch/Kaiser*, BetrVG, § 2 Rn. 18; MünchArbR-*Löwisch/Rieble* § 246 Rn. 17 f.

nehmensmitbestimmung verschaffe den Arbeitnehmervertretern keinen unmittelbaren Einfluss auf die Gestaltung der Arbeitsverhältnisse, sondern gebe ihnen Einfluss auf die Auswahl und Kontrolle der Unternehmensleitung[548]. Das Bundesarbeitsgericht ist dieser Ansicht in einer Entscheidung zu den Aufsichtsratswahlen bei der seit 1995 privatisierten Deutschen Bahn AG gefolgt[549]. Der dazu erhobenen Verfassungsbeschwerde der GdBA hat das Bundesverfassungsgericht mit Beschluss vom 12.10.2004 teilweise stattgegeben[550]. Allerdings begründet der Leitsatz der Pressemitteilung die Verfassungswidrigkeit der Regelung des § 12 I 2 MitbestG allein aus Art. 3 I GG heraus, erst in den Gründen nimmt das Gericht Bezug auf Art. 9 III GG. Dabei stellt es fest, dass die Chancengleichheit der bei der Wahl antretenden Koalitionen mit dem in Art. 9 III GG begründeten Recht der Koalitionen, an vom Gesetzgeber zur Vertretung von Arbeitnehmern geschaffenen Einrichtungen mitzuwirken, verbunden ist. Mit Blick auf die obigen Ausführungen zur Betriebsratswahl scheint damit gerade in Art. 9 III GG das entscheidende Moment gleicher Wettbewerbsbedingungen aller Koalitionen begründet zu liegen. Denn sowohl im Betriebsverfassungsgesetz als auch im Mitbestimmungsgesetz geht es trotz der verschiedenen Sachbereiche letztlich darum, die Mitbestimmung der Arbeitnehmerseite zu verwirklichen. Dadurch werden diese Bereiche zugleich zu einer begehrten Entfaltungsmöglichkeit der Gewerkschaften als arbeitnehmerliche Mitgliedervertretungen[551]. In beiden Fällen darf es deshalb nicht zu Beeinträchtigungen eines fairen Wettbewerbs der konkurrierenden Verbände aufgrund ihrer Größe kommen. Eine ungleiche Behandlung von Betriebsverfassungsrecht und Unternehmensmitbestimmung durch den Gesetzgeber verstößt daher gegen Art. 9 III GG. Die Grundsätze eines kopfzahlunabhängigen Wahlvorschlagsrechts, die das Bundesverfassungsgericht auf dem Gebiet des öffentlichen Rechts insbesondere im Personalvertretungsgesetz[552] und den Wahlen zur Arbeitnehmerkammer[553] ausdrücklich hervorhebt, sind daher auch in der Unternehmensmitbestimmung anzuwenden[554]. Inwieweit die gesetzliche Neufassung in der vom Bundesverfassungsgericht aufgegeben Frist bis zum 31.12.2005 dem nachkommen wird, bleibt abzuwarten.

548 *Hanau*, ZGR 1977, 397 ff.
549 BAG, NZA 1999, 158 ff.
550 BVerfG, NZA 2004, 1395 ff. Zustimmend *Säcker*, RdA 2005, 113 ff.
551 *Löwisch*, Festschrift Zöllner, S. 855; vgl. auch BGH, DB 1964, 268.
552 Vgl. ausführlich BVerfGE 67, 369.
553 Vgl. ausführlich BVerfGE 71, 81.
554 So im Ergebnis auch *Löwisch*, Festschrift Zöllner, S. 847 ff. und MünchArbR-*Löwisch/Rieble* § 246 Rn. 254.

c) Der Antrag auf Feststellung der Tariffähigkeit nach §§ 2a I Nr. 4, 97 ArbGG durch eine konkurrierende Gewerkschaft

§§ 2a I Nr. 4, 97 ArbGG eröffnen dem Gewerkschaftsverband die Möglichkeit, Tariffähigkeit und Tarifzuständigkeit des konkurrierenden Verbandes gesondert gerichtlich feststellen zu lassen. Zweck dieser Regelung ist es, den Schein wirksamer Tarifverträge, die nur repressiv überprüft werden könnten, bereits präventiv zu vermeiden[555]. Da das Bundesarbeitsgericht nach wie vor am Kriterium der sozialen Mächtigkeit zur Tariffähigkeit eines Arbeitnehmerverbandes festhält, bildet das Stellen dieses Antrags in der tariflichen Praxis oft ein probates Mittel großer Gewerkschaften, um kleinere Gewerkschaften vom tariflichen Wettbewerb von vorneherein fernzuhalten[556]. Selbst wenn man dem hier vertretenen Ansatz zufolge die Tariffähigkeit nicht an das äußere Feststellen einer faktischen Durchsetzungsfähigkeit bindet[557], bleibt die Möglichkeit des Antragstellens immer noch für den Gewerkschaftskonkurrenzkampf dann von Belang, wenn hier die Tarifunfähigkeit des Gegners aus anderen Gründen – etwa wegen mangelnder Gegnerunabhängigkeit – behauptet wird[558].

Aufgrund dieser präventiven Schutzzwecke ist es auch unter dem Aspekt des in Art. 9 III GG verbürgten Gewerkschaftspluralismus unbedenklich, dass hier an die Stelle des freien Konkurrenzkampfes der Verbände ein Ausschalten solcher Verbände, welche nicht den durch die Tarifautonomie aufgestellten Erfordernissen von kollektiven Interessenvertretungen genügen, durch den Richter tritt[559].

Allerdings darf nicht aus den Augen verloren werden, dass es sich hierbei um ein Konkurrenzverhalten der antragstellenden Gewerkschaft handelt. §§ 2a I Nr. 4, 97 ArbGG stellen ein gesetzlich geregeltes Wettbewerbsverhalten dar, dessen Zulässigkeit sich nach wettbewerblichen Grundsätzen beurteilt. Zu untersuchen ist daher, inwieweit die gesetzliche Regelung dieser Einordnung als Konkurrentenklage einer Gewerkschaft[560] Rechnung trägt.

Ein Recht zum Antrag einer „Koalitionskonkurrentenklage", wie sie §§ 2a I Nr. 4, 97 ArbGG vorsehen, kann nur auf den Schutz vor unlauterem Wettbewerb zielen. Ist ein Konkurrent auf dem Markt der arbeitnehmerlichen Interessenvertretung nicht tariffähig, da es ihm an einer zwingenden Gewerkschaftseigenschaft mangelt, so hat jede mit ihm konkurrierende Gewerkschaft ein schützenswertes

555 Dazu *Löwisch/Rieble*, TVG, § 2 Rn. 108 f.

556 Dazu *Rieble*, BB 2004, 885 ff. Dagegen *Deinert*, AuR 2004, 214 f.

557 Vgl. ausführlich oben 2. Teil E. III.

558 Dies verkennt *Rieble*, BB 2004, 885 ff., der stattdessen gegen eine Zulassung des Antrags für Konkurrenzorganisationen auf demselben Mitgliedermarkt argumentiert.

559 Die Bedenken von *Gamillscheg*, Kollektives Arbeitsrecht, S. 433 und *Hottgenroth*, Verhandlungspflicht, S. 82 richten sich auch nicht gegen die Zulässigkeit des Verfahrens an sich, sondern letztlich gegen dessen Erfassen der Durchsetzungsfähigkeit.

560 So treffend *Rieble*, Wettbewerb, Rn. 1794.

Interesse daran, vor einer solchen wettbewerbsverzerrenden Konkurrenz geschützt zu werden.

Vor diesem Hintergrund wird auch deutlich, dass es bei den vom Wortlaut des § 97 I ArbGG vorgesehenen Anforderungen an den antragstellenden Verband nicht belassen werden darf. § 97 ArbGG setzt nämlich zunächst nur voraus, dass der antragstellende Verband sowohl räumlich als auch sachlich zuständig ist[561]. Merkmal eines solchen antragstellenden Gewerkschaftskonkurrenten muss es darüber hinaus aber auch sein, dass er selbst im Tarifwettbewerb um die Arbeitnehmer überhaupt teilnehmen darf. Er muss mithin selbst alle Gewerkschaftseigenschaften aufweisen, welche die Tariffähigkeit erfordert[562]. Ansonsten wäre der Konkurrenzschutz, der das Antragsrecht eines Konkurrenten erst begründet, gar nicht einschlägig[563]. Die Tariffähigkeit des antragstellenden Verbandes ist somit in das vom Gesetzeswortlaut bestimmte Erfordernis der sachlichen Zuständigkeit mit einzubeziehen[564].

Praktisch wichtig ist die Erforderlichkeit der eigenen Tariffähigkeit zum einen für Anträge von Gewerkschaftsspitzenverbänden sowie in neuerer Zeit insbesondere im Bereich der Zeitarbeit, wo auch für sonst etablierte Gewerkschaften eine ausreichende Tariffähigkeit mangels Durchsetzungsfähigkeit oft bezweifelt wird[565].

d) Zwischenergebnis

Bei der Überprüfung einschlägiger einfachgesetzlicher Rechtsnormen auf ihre Vereinbarkeit mit der verfassungsrechtlichen Garantie eines fairen Gewerkschaftswettbewerbs im Betrieb ergibt sich somit, dass insbesondere die Regelungen des Betriebsverfassungsrechts und die in §§ 2a I Nr. 4, 97 ArbGG statuierte Koalitionskonkurrentenklage den Anforderungen des Art. 9 III GG ausreichend Rechnung tragen. Das in § 12 I 2 MitbestG normierte Erfordernis der Unterschriftenquoren im Rahmen der Delegiertenwahl bedeutet dagegen eine verfassungsrechtlich nicht gerechtfertigte Benachteiligung kleiner Gewerkschaften gegenüber großen Verbänden in der Unternehmensmitbestimmung.

---

561 BAG, AP Nr. 34 zu § 2 TVG Tarifzuständigkeit, ebenso *Germelmann/Prütting/Matthes/Müller-Glöge*, ArbGG, § 97 Rn. 15.

562 *Rieble*, Festschrift Wiedemann, S. 50; *Germelmann/Prütting/Matthes/Müller-Glöge*, ArbGG, § 97 Rn. 16; *Grunsky*, ArbGG, § 97 Rn. 6.

563 Das LAG Baden-Württemberg stellt dagegen in seinem Beschluss über die Tariffähigkeit der CGM vom 1.10.2004 auf die materiell-rechtliche Betroffenheit des Antragstellers ab, welche sich aufgrund des vom Gericht befürworteten Grundsatzes der Tarifeinheit bei Tarifpluralität für den Antragsteller ergeben kann; vgl. LAG Baden-Württemberg, NZA-RR 2005, 85 ff.

564 *Schwab/Weth*, ArbGG, § 97 Rn. 8.

565 Ausführlich dazu *Rieble*, Festschrift Wiedemann, S. 50 ff.; *Schüren*, AÜG, § 9 Rn. 218 ff.

2. Nicht gesetzlich normierte gewerkschaftliche Tätigkeiten

a) Betriebliche Gewerkschaftswerbung mit Konkurrenzbezug

Gerade die Herabsetzung der gegnerischen Leistungen ist ein oft verwandtes Mittel, um auf eigene Erfolge aufmerksam zu machen und so noch unentschlossene potentielle Mitglieder für sich zu gewinnen oder bereits anders organisierte Arbeitnehmer zum Übertritt zu bewegen. Werbung in eigener Sache und Stellungnahmen bis hin zur Verunglimpfung der Ziele des konkurrierenden Verbandes[566] sind daher bei der gewerkschaftlichen Werbung im Betrieb untrennbar miteinander verknüpft. Dies gilt auf der unmittelbaren Betriebsebene umso mehr, als hier den Arbeitnehmern vor Ort die Möglichkeit gegeben ist, Arbeitsweise und Erfolge der unterschiedlichen Gewerkschaften genau zu beobachten.

Etwas überraschend mutet deshalb – insbesondere mit Blick auf die ausdrückliche Kodifizierung fairer Wettbewerbsverhältnisse für das Verfahren der Betriebsratswahlen – die gesetzgeberische Zurückhaltung gegenüber der Normierung von Zulässigkeitsgrenzen des betrieblichen Werbungsrechts der Gewerkschaften an. Gerade hier, wo der Konkurrenzkampf mit den anderen im Betrieb vertretenen Verbänden in der Regel mit offenem Visier geführt wird, ist der Rechtsanwender allein auf die fragmentarischen Urteile aus der Rechtsprechung angewiesen[567]. Deshalb muss bei der folgenden Analyse dieser unmittelbar horizontal ausgerichteten Wettbewerbsverhaltensweisen die Frage nach der Anwendung allgemeiner wettbewerbsrechtlicher Grundsätze im Vordergrund stehen, um die einzelnen höchstrichterlichen Aussagen auf eine einheitliche Grundlage zu stellen.

Zwei unterschiedliche Formen gewerkschaftlicher Werbung im Betrieb sind grundsätzlich voneinander zu trennen. Dies sind einmal die Werbung im Vorfeld der Wahlen zum Betriebsrat, und zum anderen die allgemeine gewerkschaftliche Werbung im Betrieb. Hier besteht zwar eine gewisse praktische Konnexität, denn bei erfolgreicher allgemeiner Werbung werden sich gerade auch Betriebsratsmitglieder zum Beitritt zu dieser Gewerkschaft entscheiden[568]. Rechtlich handelt es sich dabei aber um strikt voneinander zu trennende Wirkungskreise der Gewerkschaften im Betrieb.

aa) Die Zulässigkeit gewerkschaftlicher Werbung zur Betriebsratswahl

Anders als das Wahlvorschlagsrecht der Gewerkschaften zur Betriebsratswahl haben Rechtsprechung und Literatur das gewerkschaftliche Recht, für bestimmte

566 Vgl. BGHZ 42, 210 ff.
567 *Richardi*, BetrVG, § 2 Rn. 161 stellt insoweit unscharf auf das Gebot der Fairness ab.
568 *Rewolle*, DB 1965, 364 ff.

Wahlvorschläge im Betrieb zu werben, frühzeitig anerkannt[569]. Bereits 1965 hat das Bundesverfassungsgericht entschieden, dass Gewerkschaftswerbung im Rahmen von Personalratswahlen in der Dienststelle und zur Dienstzeit grundsätzlich dem Schutzbereich des Art. 9 III GG zuzurechnen ist[570]. Diese Grundsätze sind nach einhelliger Auffassung auf die Situation der Betriebsratswahl übertragbar[571].

bb) Die allgemeine gewerkschaftliche Werbung im Betrieb und das betriebliche Zugangsrecht der Gewerkschaften

Der Meinungsstand zur allgemeinen Mitgliederwerbung der Gewerkschaften im Betrieb außerhalb von Betriebsratswahlen ist im Vergleich dazu weniger einheitlich. Trotz gelegentlicher – freilich nie Gesetz gewordener – parlamentarischer Versuche der gesetzgeberischen Regelung eines allgemeinen gewerkschaftlichen Werberechts[572] wird selbst nach der Aufgabe der Kernbereichslehre durch den 1. Senat des Bundesverfassungsgerichtes[573] ein allgemeines gewerkschaftliches Werberecht zwar anerkannt, allerdings mit unterschiedlicher Begründung in die Schranken des Art. 9 III GG[574] oder die der richterlichen Rechtsfortbildung eingebettet[575].

Eng mit der Befugnis zur Mitgliederwerbung im Betrieb verknüpft ist die Frage nach einem entsprechenden Zutrittsrecht zum jeweiligen Betrieb. Denn eine Mitgliederwerbung, welche die potentiellen Mitglieder nicht unmittelbar vor Ort erreichen könnte, liefe weitgehend ins Leere[576]. Die Anerkennung eines allgemeinen Werberechts in eigener Sache umfasst daher auch deren Praktizierung im Betrieb selbst[577].

Nach Auffassung des Bundesverfassungsgerichts[578] bleibt dieses Recht allein auf betriebsinterne Gewerkschaftsbeauftragte beschränkt[579]. Ein Zugangsrecht

569 Zum Ganzen *Gamillscheg*, Kollektives Arbeitsrecht, S. 243 m.w.N.

570 BVerfG, AP Nr. 7 zu Art. 9 GG.

571 Vgl. statt aller *Fitting* § 20 Rn. 18; *Richardi*, BetrVG, § 2 Rn. 83 m.w.N; kritisch dagegen GK-BetrVG-*Kraft/Franzen* § 2 Rn. 82, der zur Begründung auf eine Annexkompetenz zu den betriebsverfassungsrechtlichen Befugnissen der Gewerkschaften abstellt.

572 Vgl. den Referentenentwurf abgedruckt in RdA 1970, 357.

573 BVerfG, EzA Nr. 60 zu Art. 9.

574 Vgl. statt vieler *Fitting* § 2 Rn. 55 ff. sowie mit umfangreichem weiterem Nachweis GK-BetrVG-*Kraft/Franzen* § 2 Rn. 86 f.

575 So etwa *Richardi*, BetrVG, § 2 Rn. 147; *Mayer-Maly*, Anm. zu BAG, AP Nr. 10 zu Art. 9 GG; eine Gesamtübersicht zu den unterschiedlichen Begründungsansätzen findet sich bei *Rüthers*, RdA 1968,163 ff.

576 Zu diesem Argument ausführlich insbesondere *Richardi*, BetrVG, § 2 Rn. 143 sowie *Fitting* § 2 Rn. 84 m.w.N.

577 Ähnlich *Löwisch/Kaiser*, BetrVG, § 2 Rn. 29.

578 BVerfG, EzA Nr. 32 zu Art. 9 GG.

579 Dazu auch *Richardi*, BetrVG, § 2 Rn. 149 ff. m.w.N.

betriebsfremder Gewerkschaftsfunktionäre mit dem Ziel der innerbetrieblichen Wahlwerbung soll sich weder aus § 2 I BetrVG noch aus Art. 9 III GG ableiten lassen, da Werbung auch durch betriebszugehörige Mitglieder möglich sei[580]. Im Umkehrschluss bedeutet dies zugleich, dass ein allgemeines Werbungsrecht nur für diejenigen Koalitionen in Betracht kommt, die im Betrieb mit mindestens einem Mitglied vertreten sind[581].

Dies erscheint mit Blick auf die in Art. 9 III GG garantierten gleichen Startbedingungen der Gewerkschaften problematisch[582]. Eine Beschränkung des Zugangsrechts auf im Betrieb vertretene Gewerkschaften kann nur dann möglich sein, wenn es sich um ein Zugangsrecht handelt, welches akzessorisch zu einer betriebsverfassungsrechtlichen Tätigkeit einer Gewerkschaft besteht. Dies ist bei der allgemeinen Information und Mitgliederwerbung eines Verbandes aber gerade nicht der Fall. Damit ist systematisch zunächst erkennbar, dass ein allgemeines Zutritts- und Werbungsrecht gerade nicht im Betriebsverfassungsgesetz, sondern allein in Art. 9 III GG verankert sein kann[583].

Ein solches koalitionsrechtliches Zutrittsrecht für betriebsfremde Gewerkschaftsmitglieder kann allerdings dann nicht durch den Schutzzweck des Art. 9 III GG begründet werden, wenn der Verband bereits im Betrieb vertreten ist. Hier können die betriebsangehörigen Mitglieder entsprechende Tätigkeiten ausführen und damit den Bestand der Koalition sichern. Zur Zeit der Kernbereichslehre ließ sich dieses Ergebnis über das Kriterium der mangelnden Unerlässlichkeit für den Bestand der Koalition begründen[584]. Auch nach der Aufgabe der Kernbereichslehre zur Bestimmung des Schutzbereiches des Art. 9 III GG kann sich hier kein anderes Ergebnis ergeben. Denn nach den Ausführungen des Bundesverfassungsgerichts soll der Kernbereichsgedanke für Art. 9 III GG zumindest die Funktion einer Schranken-Schranke beibehalten[585]. Da jeder Zugang betriebsfremder Gewerkschaftsmitglieder zugleich einen Eingriff in die Rechtsgüter des Arbeitgebers aus Art. 9 III GG, Art. 13 GG und Art. 14 I GG bedeutet, ist damit auch nach neuer Rechtsprechung des Bundesverfassungsgerichts ein Zutrittsrecht betriebsfremder Gewerkschaftsmitglieder zumindest für solche Verbände, die im Betrieb bereits vertreten sind, nicht verfassungsrechtlich gerechtfertigt[586].

580 Dem folgend BAG, EzA Nr. 34 zu Art. 9 GG.

581 Dagegen etwa *Galperin/Löwisch*, BetrVG, § 2 Rn. 66; *Zöllner/Loritz*, Arbeitsrecht, S. 117; BVerfG, EzA Nr. 32 zu Art. 9 GG lässt diesen Problemkreis ausdrücklich offen.

582 Vgl. auch *Däubler*, Gewerkschaftsrechte im Betrieb, Rn. 415.

583 Zum Ganzen *Rewolle*, DB 1965, 364; *Schaub*, DB 1965, 1329; ähnlich wohl auch im Ergebnis GK-BetrVG-*Kraft/Franzen* § 2 Rn. 95.

584 BAG, AP Nr. 10 zu Art. 140 GG.

585 Grundlegend BVerfGE 93, 352 ff.

586 Vgl. GK-BetrVG-*Kraft/Franzen* § 2 Rn. 96.

Fraglich bleibt aber, wie es sich mit dem Zugangsrecht der noch nicht im Betrieb vertretenen Koalitionen verhält.

Für eine allgemeine Anerkennung des Zugangsrechts zur innerbetrieblichen Werbung ist hier insbesondere vertreten worden, nach der Abkehr von der Kernbereichslehre sei auch die Werbung betriebsexterner Gewerkschaftsbeauftragter zumindest koalitionsspezifisch und damit von Art. 9 III GG geschützt[587]. Auf die höchstrichterliche Aufgabe der Kernbereichslehre kommt es bei genauerer Betrachtung aber schon gar nicht an. Dass Gewerkschaftswerbung im Betrieb nicht nur anlässlich Betriebsratswahl für die Existenz und Entfaltung der Verbände maßgeblich ist, erklärt sich bereits mit Blick auf die Situation bei Neugründungen von Verbänden, bei Tarifverhandlungen oder bei Arbeitskämpfen. In all diesen Fällen ist gerade der Betrieb das Scharnier zwischen Mitgliedern und Gewerkschaft, in all diesen Fällen sind Informationen und damit verbundene Werbungsmaßnahmen für die Betätigung der Koalition bereits unerlässlich, so dass auch nach früherer Rechtsprechung des Bundesverfassungsgerichtes eine von Art. 9 III GG geschützte Verhaltensweise vorlag[588].

Noch deutlicher wird dies, wenn man die Bedeutung des betrieblichen Zugangsrechtes für die einzelne Gewerkschaft in den Gesamtzusammenhang der Garantie des Koalitionspluralismus als fairen Gewerkschaftswettbewerb einordnet. Denn wenn man den Grundgedanken des betrieblichen Zugangsrechts auf die allgemeinen Grundsätze eines fairen Wettbewerbs übertragen will, so wird man schnell fündig: der freie Zugang zum Markt ist eine Grundvoraussetzung der wettbewerblichen Lauterkeit[589]. Ohne eigenes Zugangsrecht ist dies aber gerade den im Betrieb (noch) nicht vertretenen Gewerkschaften verwehrt[590].

Gegen ein Zugangsrecht ist auch eingewandt worden, eine Gewerkschaft leite als Mitgliedervertretung ihre Rechte allein aus denen ihrer Mitglieder ab. Da ein einzelner betriebsfremder Arbeitnehmer nicht einen Betrieb betreten dürfe, sei ihm dies als Teil einer Gewerkschaft ebenfalls untersagt[591]. Diese Argumentation greift indes zu kurz. Die im Rahmen der Tarifautonomie erforderliche freie Auswahlmöglichkeit der Belegschaftsmitglieder umfasst auch ihr Recht, mit noch nicht im Betrieb vertretenen Organisationen konfrontiert zu werden. Gerade die Stellung des einzelnen Arbeitnehmers als späterer potentieller Legitimationsträger fordert also gleiche Werbungsvoraussetzungen aller Interessenvertretungen

---

587 So auch *Fitting* § 2 Rn. 85 sowie Erfurter Kommentar-*Dieterich* Art. 9 GG Rn. 140 jeweils mit umfangreichem weiterem Nachweis.

588 So auch *Galperin/Löwisch*, BetrVG, § 2 Rn. 66.

589 Vgl. für den Bereich des Gütermarktes Baumbach/Hefermehl-*Köhler*, Wettbewerbsrecht, Einl. UWG Rn. 1.17 und 1.27.

590 *Schwerdtner*, SAE 1980, 116; *Säcker*, AuR 1979, 39 ff.; LAG Hamm, EzA Nr. 71 zu Art. 9 GG.

591 So aber im Ansatz *Richardi*, DB 1978, 1736.

an seiner konkreten Arbeitsstätte[592]. Inwieweit dagegen die Rechte des Arbeitgebers aus Art 13 GG und Art. 14 GG als Drittschranken einem Zugangsrecht betriebsfremder Gewerkschaftsfunktionäre entgegenstehen können, bleibt eine Frage der konkreten Kollision der einzelnen Schutzgüter und kann im Rahmen dieser Untersuchung nicht abschließend geklärt werden. Zu verweisen ist daher diesbezüglich auf die erforderliche praktische Konkordanz der aufeinander treffenden Interessen im konkreten Einzelfall.

Ähnlich verhält es sich mit dem im Schrifttum verschiedentlich vertretenen Einwand, gerade beim Zugangsrecht betriebsfremder Vertrauensleute zum Betrieb entstehe eine besondere Konfliktsituation für die Belegschaft[593]. Mangels ausreichender Bindung an den Betrieb und damit fehlendem gemeinschaftlichen Interesse am Gemeinwohl innerhalb des Betriebes sollen die Spannungen und Konflikte zwischen betriebsexternen Gewerkschaftsbeauftragten ein besonders bedrohliches Ausmaß besitzen. Dementsprechend bestehe die Gefahr, dass sich die aus der Konkurrenzsituation entstehenden Konflikte auf die Arbeitnehmer im Betrieb übertragen könnten[594].

Dieser Befürchtung mag eine gewisse praktische Relevanz im Einzelfall zuzugestehen sein. Entgegenzuhalten bleibt ihr aber, dass die Anerkennung eines allgemeinen Werbungsrechtes für alle Gewerkschaften unabhängig von ihrem Vertretensein im Betrieb jedenfalls nicht schrankenlos gewährleistet ist. Sie bleibt vielmehr nur dann möglich, sofern sie sich in einen verhältnismäßigen Ausgleich mit anderen Schutzgütern bringen lässt[595].

Gewerkschaftliche Vertrauensleute im Betrieb sind in aller Regel maßgebliches Sprachrohr ihrer Verbände im gewerkschaftlichen Wettbewerb. Die Zulässigkeit ihres Verhaltens ist also insbesondere im Fall der betrieblichen Konkurrenzwerbung an den dazu bestehenden Grenzen zu messen und kann ihnen bei deren Überschreiten untersagt werden. Dies gilt aber sowohl für das Verhalten betriebsinterner Gewerkschaftsbeauftragter als auch für das Verhalten externer Vertrauensleute. Letzteren gerade mit Verweis auf die innerbetriebliche Konkurrenzsituation die Teilnahme in den Grenzen der allgemeinen Zulässigkeit zu untersagen, mag zwar rechtspolitisch wünschenswert erscheinen, bleibt aber mit der verfassungsrechtlichen Garantie eines Gewerkschaftspluralismus nicht vereinbar. Nicht im Betrieb vertretenen Gewerkschaften steht daher grundsätzlich gemäß

592 Auch *Klosterkemper*, Zugangsrecht der Gewerkschaften, S. 148 ff.

593 So etwa *Brock*, Gewerkschaftliche Betätigung, S. 216 f.; *Reuter*, ZfA 1976, 156; *ders.*, Festschrift Müller, S. 387 ff.

594 *Brock*, Gewerkschaftliche Betätigung, S. 217.

595 Zu den Schranken des Art. 9 III GG vgl. ausführlich bereits oben 2. Teil.

Art. 9 III GG ein koalitionsrechtliches Zugangsrecht zum Betrieb zur Mitgliederwerbung zu[596].

cc) Die inhaltlichen Grenzen gewerkschaftlicher Werbung im Betrieb

Vor dem Hintergrund dieser Ausgangsvoraussetzungen sind die inhaltlichen Grenzen allgemeiner gewerkschaftlicher Werbung im Betrieb mit unmittelbarem Konkurrentenbezug zu untersuchen. Im Anschluss an diese Analyse muss sich mit der Frage auseinandergesetzt werden, ob der besonderen Gewerkschaftswerbung vor Betriebsratswahlen dieselben inhaltlichen Grenzen gezogen werden können wie der allgemeinen Werbung oder ob sich hier eine davon verschiedene Betrachtungsweise empfiehlt.

Der Inhalt gewerkschaftlicher Konkurrenzwerbung hat in unterschiedlicher Fallgestaltung seinen Weg vor die Arbeits- und Zivilgerichte gefunden. Diese bislang maßgeblichen „Präzedenzfälle“ sollen an dieser Stelle dazu dienen, die Anwendbarkeit wettbewerblicher Grundregeln auf den Gewerkschaftswettbewerb zu veranschaulichen und damit gleichzeitig ein Fundament für weitere denkbare Konstellationen der gewerkschaftlichen Konkurrenzwerbung zu bilden.

Wettbewerbliche Parallelgestaltungen des Gütermarktes fanden sich bis zum 3.7.2004 für den Bereich der Werbung insbesondere in den Konkretisierungen, die der Begriff des Verstoßes gegen die guten Sitten im Rahmen der Generalklausel des bisherigen § 1 UWG erfahren hatte[597]. Als grundlegende Ordnungsnorm für das Verhalten im Güterwettbewerb verlangte der unbestimmte Rechtsbegriff der guten Sitten nach einer weitergehenden Einteilung und Systematisierung, der die Rechtswissenschaft und Rechtsprechung seit mehr als hundert Jahren durch die inhaltlich ausdifferenzierten Fallgruppen des Kundenfangs, der Behinderung, der Ausbeutung, des Rechtsbruchs sowie der Marktstörung nachgekommen war[598].

Die Neuregelung des UWG vom 3.7.2004 hat nun in der neuen Generalklausel des § 3 UWG den allgemein als sprachlich antiquiert empfundenen Begriff der guten Sitten durch den der Unlauterkeit ersetzt[599]. Er findet seine gesetzliche Präzisierung im – allerdings nicht abschließenden – Beispielskatalog des § 4 Nr. 1 – 11 UWG sowie den §§ 5 – 7 UWG. Inwieweit darüber hinaus diejenigen bisher richterrechtlich entwickelten Fallgruppen bei mangelnder Überschneidung mit den neuen Gesetzeswortlaut durch unmittelbare Anwendung des subsidiären

596 So auch *Zöllner/Loritz*, Arbeitsrecht, S. 117; *Galperin/Löwisch*, BetrVG, § 2 Rn. 66.
597 So bereits RGZ 48, 124 f.; des Weiteren BGHZ 22, 167, 181.
598 Vgl. statt aller Köhler/Piper-*Piper*, UWG, 3. A., Einl. Rn. 164 ff. m.w.N.
599 Dazu *Henning-Bodewig*, GRUR 2004, 715 f.

§ 3 UWG erhalten bleiben, ist noch weitgehend ungeklärt[600]. Insbesondere soweit es sich dabei um Konkretisierungen des Sittenbegriffes im Dienste außerwettbewerblicher Postulate handelte, scheint eine Transformation in die Generalklausel des § 3 UWG fraglich[601].

Für das Ziel der vorliegenden Untersuchung bleibt diese Kontroverse allerdings ohne Belang. Denn hier kann es nur auf diejenigen Konkretisierungen der Regeln des Wirtschaftswettbewerbs ankommen, welche aus den allgemeinen Funktionsbedingungen des Wettbewerbs selbst heraus entwickelt werden. Andernfalls läge bereits keine ausreichende dogmatische Grundlage vor, um überhaupt die Konkretisierungen des Gütermarktwettbewerbs auf den Gewerkschaftswettbewerb als Formulierungshilfe zu übertragen[602]. In diesem Bereich der allein wettbewerblichen Ausprägung des Sitten- bzw. Unlauterkeitsbegriffes bewegt sich die genannte Kontroverse aber gerade nicht. Dass der Begriff der guten Sitten jedenfalls diejenigen freiheitsethischen Werte umfasste, welche unmittelbar aus dem Wettbewerb als dynamischem Geschehen resultierten, war für die bisherige Rechtslage unumstritten[603]. Das ausdrücklich normierte Leitmotiv des § 1 UWG und § 3 UWG, den unverfälschten Wettbewerb zu schützen, hat diese Konkretisierung des Lauterkeitsbegriffes für das neue Wettbewerbsrecht noch deutlicher hervorgehoben. Insofern erscheint es unproblematisch, auf entsprechend bisher entwickelte Fallgruppen des lauteren Wettbewerbs trotz fehlender ausdrücklicher Regelung in § 4 Nr. 1 – 11 UWG die Generalklausel des § 3 UWG anzuwenden, sofern der dazu erforderliche Wettbewerbsbezug besteht.

(1) Die Reichweite wechselseitiger Kritik und Polemik

Im Mittelpunkt gewerkschaftlicher Konkurrenzwerbung stand bislang insbesondere die Frage, inwieweit herabsetzende Äußerungen über den Konkurrenten zulässig sind. Als grundlegend ist in diesem Zusammenhang das Urteil des Bundesarbeitsgerichtes vom 14.2.1967 anzusehen, welches im Rahmen einer Zulässigkeitsanalyse gewerkschaftlicher Werbung im Betrieb die Grenzen der erlaubten Schärfe gegenüber gewerkschaftlichen Konkurrenzverbänden insbesondere bei hetzerischen, auf die Vernichtung des Konkurrenten angelegten Behauptungen

---

600 Für eine Weitergeltung bei Übereinstimmung mit dem reformierten Verbraucherleitbildes des neuen UWG etwa Baumbach/Hefermehl-*Köhler*, Wettbewerbsrecht, Einl. UWG Rn. 2.19; ähnlich *Glöckner*, WRP 2004, 939 ff.; zurückhaltend dagegen *Schünemann*, WRP 2004, 926 ff.; *Henning-Bodewig*, GRUR 2004, 716; *Ohly*, GRUR 2004, 897 spricht von einem gesteigerten Begründungsaufwand bei der Anwendung der Generalklausel auf diese Fälle.

601 Ablehnend etwa *Schünemann*, WRP 2004, 930.

602 Vgl. allgemein oben unter 2. Teil F. II. 1.

603 Dazu *Schünemann*, WRP 2004, 926 m.w.N.

der Gewerkschaftskonkurrenten ansiedelte[604]. So soll der Vorwurf der Unfähigkeit zur Arbeitnehmervertretung sich noch im Rahmen der Zulässigkeit bewegen, ebenso die Bezeichnung als Amateurgewerkschaft, als Wolf im Schafspelz sowie der Vorwurf der Sabotage, der Heuchelei und Katzbuckelei und der devoten Ergebenheit gegenüber der Arbeitgeberseite[605]. Erst die Bezeichnung einer Gewerkschaft als Bande von Arbeiterverrätern[606] soll nicht mehr einen verhältnismäßigen Ausgleich der kollidierenden Schutzgüter des Art. 9 III GG darstellen.

Versucht man diese Grenzziehung der Rechtsprechung auf wirtschaftswettbewerbliche Parallelwertungen zu beziehen, fällt dies auf den ersten Blick schwer. Denn gerade im Wirtschaftswettbewerb sind bereits alle diejenigen Werbeäußerungen, welche den Konkurrenten ohne sachlichen Grund in der Öffentlichkeit oder den Augen Dritter herabsetzen, unlauter. Eine solche Ehrverletzung oder nachhaltige Rufschädigung wird allgemein als unzulässige Behinderung des Mitbewerbers und damit als Verstoß gegen § 4 Nr. 7 UWG angesehen[607]. Dies widerspricht der weiten Grenzziehung der Gerichte beim Gewerkschaftswettbewerb aber nur vordergründig. Eine Schmähkritik wird im Gewerkschaftswettbewerb ebenfalls einhellig abgelehnt, weiterreichende Äußerungen wie etwa der Sabotagevorwurf sollen nur dann möglich sein, wenn besondere, im Verhalten des Konkurrenten begründete Umstände vorliegen[608]. Der scharfe Ton einer gewerkschaftlichen Auseinandersetzung wird daher nicht etwa durch deren besondere verfassungsrechtliche Stellung begründet[609], sondern erst dann ermöglicht, wenn der gewerkschaftliche Konkurrenzverband durch ein entsprechendes Verhalten Anlass zu solch deutlicher Kritik gegeben hat. Eine Kritik, die über das an sich übliche, an Sachlichkeit orientierte Maß erlaubter Polemik hinausgeht, ist dagegen im Falle damit inhaltlich verknüpfter besonderer Sachumstände nicht nur im Gewerkschaftswettbewerb anerkannt. Vielmehr wird dadurch ein allgemeiner Wettbewerbsgrundsatz konkretisiert, welcher durch die Neuregelung der Bagatellklausel des § 3 UWG im Wettbewerb des Gütermarktes eine gesetzliche Normierung erfahren hat[610]. Dass damit nicht jede Form von Polemik gerechtfertigt ist, versteht sich für beide Wettbewerbsgebiete von selbst. Es muss immer

604 BAG, AP Nr. 10 zu Art 9 GG, nunmehr bestätigt durch BAG, NZA 2005, 1182. Zum Bereich des Öffentlichen Dienstes vgl. auch BVerfGE 19, 321 ff.

605 BGH, AP Nr. 6 zu Art. 5 GG Meinungsfreiheit mit Anm. *Grunsky*; LAG München, LAGE Nr. 8 zu Art. 9 GG; BAG, AP Nr. 25 zu Art. 9 GG.

606 Dieses Beispiel findet sich bei MünchArbR-*Löwisch/Rieble* § 246 Rn. 174.

607 Jetzt Baumbach/Hefermehl-*Köhler*, Wettbewerbsrecht, § 4 UWG Rn. 7.12 ff.; *Fezer*, Lauterkeitsrecht, §§ 4 – 7 Rn. 16 ff; zur im Ergebnis gleichen alten Rechtslage vgl. Köhler/Piper-*Köhler*, UWG, 3. A., § 1 Rn. 460 ff.

608 So deutlich BGH, AP Nr. 6 zu Art. 5 GG Meinungsfreiheit mit zust. Anm. *Grunsky*.

609 So aber *Brock*, Gewerkschaftliche Betätigung, S. 157; dazu bereits oben 2. Teil F. II. 1. d. cc.

610 Vgl. dazu *Köhler*, NJW 2004, 2123; *Fezer*, Lauterkeitsrecht, §§ 4 – 7 Rn. 35.

ein innerer Bezug zu dem vorangegangenen Verhalten bestehen und es dürfen die Grenzen der Verhältnismäßigkeit dazu nicht überschritten werden.

Darüber hinaus orientieren sich die Grenzen der erlaubten Schärfe konkurrierender Werbung an der Auffassung des jeweiligen Verkehrskreises[611]. Sind also in einem Betrieb schon immer drastische verbale Auseinandersetzungen zwischen Gewerkschaften an der Tagesordnung, muss dies in die Bewertung aller einzelnen Umstände des Falles mit einfließen.

Dogmatisch lässt sich dies aus dem Rechtsgedanken der Verwirkung begründen: wenn in früheren, gleich liegenden Fällen entsprechende Äußerungen widerspruchslos geduldet wurden, darf dies in der Gesamtbeurteilung nicht unberücksichtigt bleiben[612].

Gemessen an diesen beiden möglichen Ausdehnungen der Verhältnismäßigkeit einer Äußerung aufgrund besonderer Sachumstände und eines speziellen Verkehrskreises wird etwa in der Zeitarbeitsbranche, die für ihre harten Konkurrenzkämpfe zwischen DGB und CGB bekannt ist, der Vorwurf von Billig- oder Gefälligkeitstarifverträgen des Konkurrenten mit Blick auf die besondere gesetzliche Interessenlage der equal-pay-Regelung des § 9 I Nr. 4 AÜG noch nicht die Grenze der Verhältnismäßigkeit überschreiten[613].

Mit dem Verhalten des Konkurrenten ist noch ein weiterer allgemeiner Aspekt der wettbewerblichen Zulässigkeitsbeurteilung gegeneinander ausgerichteter Konkurrentenwerbung verbunden. Wenn die in Rede stehende Äußerung lediglich die Erwiderung auf eine vorangegangene, möglicherweise die Unlauterkeitsgrenzen der Schmähkritik oder groben Unwahrheit verletzende Äußerung des Konkurrenten darstellt, ist die Intensität dieser Erstbeeinträchtigung ebenfalls bei der Bewertung der Erwiderung in Betracht zu ziehen. Dogmatische Grundlage dessen bildet der Rechtsgedanke der erlaubten Selbsthilfe in Form der Notwehr[614]. Kein Wettbewerbsteilnehmer ist verpflichtet, unzumutbare Beleidigungen kommentarlos hinzunehmen. Natürlich darf er nicht mit gleicher Münze heimzahlen, doch muss ein an sich unlauteres Verhalten, sofern es die inhaltliche Reaktion auf eine solche Äußerung ist, einer besonderen Prüfung unterzogen werden[615].

Abschließend lässt sich damit zum Problemkreis der erlaubten Polemik bei wechselseitiger Konkurrenzwerbung feststellen, dass die hierzu im Wirtschaftswettbewerb anerkannten Maßstäbe sich dergestalt auf den Gewerkschaftswettbe-

---

611 Für den Wirtschaftswettbewerb vgl. BGHZ 54, 190 f.; BGHZ 59, 319; Baumbach/Hefermehl-*Köhler*, Wettbewerbsrecht, § 3 UWG Rn. 36.

612 In diese Richtung zielt auch *Seiter*, SAE 1969, 231.

613 Dazu *Bill*, Blickpunkt Dienstleistung 4 /2004, 10 ff.

614 Zum Ganzen Staudinger-*Werner*, BGB, § 227 Rn. 1 ff.

615 BGH, NJW 1971, 805 ff. m.w.N.

werb übertragen lassen, dass außer in den genannten Ausnahmefällen die Grenzen der Schmähkritik nicht überschritten werden dürfen. Die bisherige Rechtsprechung ist dem im Ergebnis, zum Teil aber sogar in ihrer Begründung[616] nachgekommen, jedoch ohne diese Parallelen dogmatisch aus demselben rechtsethischen Prinzip herzuleiten.

(2) Das Darstellen eigener und fremder Leistungen

Ein weiterer zentraler Bereich gewerkschaftlicher Konkurrenzwerbung wurde erstmals bereits durch ein Urteil des Bundesgerichtshofes vom 6.10.1964 aufgeworfen. Hier hatte die Gewerkschaft der Polizei (GdP) insbesondere durch ein Flugblatt mit der Aufschrift „Rechtsschutz statt Propaganda" im Rahmen einer vergleichenden Gegenüberstellung eigener Leistungen mit denen der Gewerkschaft Öffentliche Dienste, Transport und Verkehr (ÖTV) versucht, für die eigene Organisation im Betrieb zu werben. Auffällig ist in dem dazu ergangenen Urteil des Bundesgerichtshofes, dass das Gericht eine Anwendung der in der Rechtsprechung zu § 1 UWG a.F. entwickelten *Grundsätze* über die Zulässigkeitsgrenzen vergleichender gewerblicher Werbung ausdrücklich ablehnt. Warum aber nicht nur die direkte oder analoge Anwendung der Normen des UWG, sondern auch alle dazu herausgearbeiteten Grundsätze nicht für den Gewerkschaftswettbewerb fruchtbar gemacht werden können, erläutert das Gericht indessen nicht. Dies erscheint umso fraglicher, als gleichzeitig der Anwendung des großzügigen Beurteilungsmaßstabs bei politischer Propaganda von Parteien eine deutliche Absage erteilt wird. Das Gericht geht also gerade nicht von einer besonderen verfassungsrechtlichen Stellung der Gewerkschaften aus, die eine Unvergleichbarkeit mit dem Wirtschaftswettbewerb begründen könnte. Vielmehr stellt es auf die objektive Beurteilungsgrundlage der umworbenen Arbeitnehmer ab. Hier ergibt sich aber kein Unterschied zur objektiven Meinungsbildung des Verbrauchers auf dem Gütermarkt[617].

Inhaltlich stellt das Gericht in der Entscheidung darauf ab, dass keine falschen Vorstellungen bei den Umworbenen über die zu erwartenden materiellen Vorteile geweckt werden dürfen. Insbesondere das Verschweigen wesentlicher Punkte und das Gegenüberstellen nicht kongruenter Leistungen können ein verzerrtes Gesamtbild hervorrufen. Eine Werbung, die sich solcher Mittel bedient, wird als unlauter und damit als rechtswidrige Maßnahme nach Art. 9 III 2 GG angesehen[618].

Im Folgenden wird zu zeigen sein, dass sich die Lösung des Bundesgerichtshofes zur vergleichenden Werbung im Gewerkschaftswettbewerb gerade in den

---

616 Vgl. BGH, AP Nr. 6 zu Art. 5 GG Meinungsfreiheit.
617 Vgl. dazu jetzt ausführlich *Lettl*, GRUR 2004, 451 ff. m.w.N.
618 BGHZ 42, 210 ff.

Grundsätzen, welche die Grundlage zur Beurteilung paralleler Fallkonstellationen im Wettbewerb des Gütermarktes bilden, inhaltsgleich wieder findet.

Die Frage, ob die Darstellung von Leistungen eines Mitbewerbers mit dem Ziel eigener Werbung im Wirtschaftswettbewerb zulässig sein soll, beantwortete der im Jahre 2000 neu gefasste § 2 UWG[619] grundsätzlich positiv. Damit wurde die bis dahin bestehende gesetzliche Regelung, nach welcher vergleichende Werbung nur in Ausnahmefällen mit dem Prinzip des freien Leistungswettbewerbs zu vereinbaren war[620], in ihr Gegenteil verkehrt[621]. Die Neufassung des UWG vom 3.7.2004 hat diese Entwicklung weiter bestätigt. Während § 6 I UWG eine Legaldefinition der vergleichenden Werbung für den Wirtschaftsverkehr bestimmt, legt § 6 II Nr. 1 – 6 UWG nun deren Unlauterkeitsgrenzen fest.

Einen entscheidenden Anhaltspunkt hierzu bietet die Regelung des § 6 II Nr. 3 UWG, der irreführende Angaben, die zu einer Verwechslung mit dem Angebot des Mitbewerbers führen, als unlauter einstuft. In dieselbe Richtung weist § 6 II Nr. 4 UWG bezüglich der Ausnutzung eines fremden Kennzeichens sowie der spezielle Imitationsschutz des § 6 II Nr. 6 UWG[622]. Alle drei Normen sind ebenso wie das allgemeine Irreführungsgebot des § 5 UWG Ausfluss des so genannten Wahrheitsgrundsatzes, der das gesamte Wettbewerbsrecht durchdringt[623]. Dieser besagt, dass eine auf Täuschung angelegte Werbung – anders als sonstige unsachliche Werbung, deren Zulässigkeit sich nach 4 Nr. 1 UWG beurteilt – als unlauter zu beurteilen ist[624].

Diese allgemeinen Grundsätze des lauteren Wettbewerbs lassen sich nahtlos auf den Gewerkschaftswettbewerb übertragen und stimmen vollkommen mit den Ausführungen des Bundesgerichtshofes zur vergleichenden Werbung der GdP gegenüber der ÖTV überein. Das Verbot irreführender oder nicht vollständiger Angaben mit dem Ergebnis eines verzerrten Gesamtbildes stellt sich damit als Ausfluss des allgemeinen Wahrheitsgrundsatzes dar, der die Lauterkeit sowohl des Wirtschafts- als auch des Gewerkschaftswettbewerbs determiniert.

Ähnliches gilt für ein Urteil des Bundesarbeitsgerichtes vom 11.11.1968[625]. Gegenstand dessen war wiederum eine Konkurrenzstreitigkeit der ÖTV mit der GdP. In diesem Fall hatte die GdP den Text eines von der ÖTV mit dem Tarifpartner geschlossenen Tarifvertrages in einer Broschüre veröffentlicht, allerdings

---

619 BGBl. I 1374.

620 Dazu ausführlich Köhler/Piper-*Piper*, UWG, 3. A., § 1 Rn. 716 ff.

621 Zur Entwicklung insgesamt vgl. *Sack*, WRP 2001, 329 ff.

622 Vgl. zum Ganzen Baumbach/Hefermehl-*Köhler*, Wettbewerbsrecht, § 6 UWG Rn. 8 ff.; *Fezer*, Lauterkeitsrecht, § 6 Rn. 110 ff. jeweils m.w.N.

623 BGHZ 130, 214 f; zur irreführenden vergleichenden Werbung vgl. allgemein *Sack*, GRUR 2004, 89 ff.

624 Zum alten Recht vgl. Köhler/Piper-*Piper*, UWG, 3. A., § 1 Rn. 12. m.w.N.

625 BAG, AP Nr. 14 zu Art. 9 GG mit Anm. *Seiter*, SAE 1969, 226 ff.

ohne darin die tarifschließenden Parteien namentlich aufzuführen. Stattdessen nannte der Außenumschlag der Broschüre allein die Bezeichnung „Sonderdruck der Gewerkschaft der Polizei". Das Bundesarbeitsgericht stellte in seinem Urteil darauf ab, dass die schlichte wahrheitsgemäße Mitteilung eines fremden Tarifvertrages die Konkurrenzgewerkschaft noch nicht beeinträchtige. Allerdings dürfe dies nicht in der gewählten Form geschehen, da so dem unbefangenen Leser der Eindruck vermittelt werde, es handele sich um einen eigenständigen und besonderen Tariferfolg der GdP.

Diese Ausführungen entsprechen den allgemeinen Wettbewerbsgrundsätzen zur Unlauterkeit irreführender Werbung. Sobald die bloße Darstellung einer Fremdleistung durch Verschweigen wesentlicher Aspekte – hier die Bezeichnung der tatsächlichen tarifschließenden Parteien – geschieht, verzerrt sie das Gesamtbild der Darstellung und ist daher irreführend. Dagegen spricht auch nicht der wettbewerbliche Grundsatz der Nachahmungsfreiheit[626], da hier der Schwerpunkt der Vorwerfbarkeit gerade in der Täuschung selbst zu sehen war[627]. Das Schmü-cken mit fremden Federn in der Wettbewerbswerbung ist daher sowohl im Gewerkschafts- als auch im Wirtschaftswettbewerb als unlauter einzustufen, insoweit besteht ein Bestandsschutz für die bereits erreichten Wettbewerbserfolge.

(3) Austritts- und Übertrittsaufforderungen

(a) Grundsätzliche Zulässigkeitsbeurteilung

Oftmals ist betriebliche Gewerkschaftswerbung unmittelbar an die Belegschaftsmitglieder selbst gerichtet, nicht selten findet sich darin die unmittelbare Aufforderung, den gegnerischen Verband zu verlassen und dem eigenen Verband beizutreten. In der bisherigen Rechtsprechung hat insbesondere das OLG Karlsruhe über die Zulässigkeit solcher Abwerbungsversuche zwischen konkurrierenden Koalitionen entschieden[628].

In einem Urteil vom 2.7.1980 lehnt das Gericht zunächst die Bezugsnahme von güterrechtlichen Abwerbungsregeln des UWG ausdrücklich ab, da anders als Mitbewerber im geschäftlichen Verkehr für Koalitionen das Gegenmachtsprinzip gelte, eine Vielzahl von Wettbewerbern somit gerade zu vermeiden sei. Stattdessen stellt das Gericht allein darauf ab, dass ein Abwerben zwischen Verbänden dann zulässig sei, soweit die beteiligten Kreise sie als fair empfinden. Im Folgenden soll versucht werden, dieses Ergebnis anhand allgemeiner wettbewerblicher Grundsätze näher zu konkretisieren.

---

626 Dazu Baumbach/Hefermehl-*Köhler*, Wettbewerbsrecht, § 4 UWG Rn. 9.34 ff.; *Fezer*, Unlauterkeitsrecht, §§ 4 – 9, Rn. 21 ff.

627 So auch *Seiter*, SAE 1969, 231.

628 OLG Karlsruhe, BB 1981, 1215 f.

Zwar ist das Gegenmachtsprinzip eine gegenüber dem Gütermarkt strukturelle Besonderheit des Koalitionsrechts[629]. Warum dies aber gerade für das Abwerben bereits organisierter Mitglieder einen Ausschluss der im Wirtschaftswettbewerb anerkannten Grundsätze bedeuten soll, ist nicht ersichtlich. Denkbar wäre dies nur, wenn der konkurrierende Verband derart durch die Abwerbungen geschwächt würde, dass er zum Tarifpartner nicht mehr paritätisch auftreten könnte. An dieser Stelle gilt es aber scharf zu trennen. Die letztliche Entscheidung über den Fortbestand des Verbandes liegt aufgrund der Tarifautonomie als privatautonomer Interessenvertretung in den Händen seiner Mitglieder. Diesem Risiko ist der Verband ebenso ausgesetzt wie ein Wirtschaftsunternehmen, das von der Treue seines Kundenstammes abhängig ist. Erst wenn die Entscheidungsfreiheit der Mitglieder über den Verbleib in der Koalition durch unlautere Maßnahmen des Abwerbenden beeinträchtigt wird, sind Übertrittsforderungen wettbewerbswidrig und damit rechtswidrig nach Art. 9 III 2 GG.

Im Wirtschaftswettbewerb sind diese allgemeinen Wettbewerbsgrundsätze bereits durch Rechtsprechung und Schrifttum umgesetzt und weiter konkretisiert worden. Dementsprechend geht der Bundesgerichtshof in ständiger Rechtsprechung davon aus, dass kein Mitbewerber ein Recht auf Erhaltung seines Kundenstammes haben könne, denn selbst das zielbewusste Ausspannen von Kunden liege im Wesen des Wettbewerbs begründet[630]. Erst wenn die Abwerbung die Grenzen des Kundenfangs überschreite, sei sie als unlauter einzustufen[631]. Dies soll insbesondere dann der Fall sein, wenn die Abwerbung mit dem alleinigen Ziel der Vernichtung des Mitbewerbers erfolgt[632] oder unter Einsatz unlauterer Mittel wie dem Androhen von Nachteilen oder dem Versprechen übermäßiger Vorteile[633] geschieht.

Diese Grundsätze finden sich – trotz der ausdrücklichen Ablehnung wettbewerblicher Grundsätze – auch in der erwähnten Entscheidung des OLG Karlsruhe wieder. Im Ergebnis waren hier nämlich die Abwerbungsversuche des Verbandes deshalb unzulässig, weil den übertretenden Mitgliedern eine Vorzugsbehandlung dergestalt eingeräumt werden sollte, dass ihnen eine zeitweise Befreiung der Mitgliedsbeiträge gewährt werden sollte[634]. Eine ähnliche Parallele findet sich im weiter oben angesprochenen Urteil des Bundesarbeitsgerichtes zu den Grenzen gewerkschaftlicher Konkurrenzwerbung, in dem das Gericht feststellt, dass je-

629 Vgl. ausführlich oben 2. Teil F. II. 1. d. aa.

630 BGH, GRUR 63, 197 ff.; BGH,GRUR 90, 527 f.

631 BGH, GRUR 61, 482; BGH, GRUR 66, 263.

632 BGH, GRUR 67, 428 ff.

633 BGH, GRUR 67, 428 ff.

634 OLG Karlsruhe, BB 1981, 1216; zustimmend MünchArbR-*Löwisch/Rieble*, TVG, § 246 Rn. 175.

denfalls der allein auf die Vernichtung des Konkurrenten angelegte Konkurrenzkampf unzulässig sein soll[635]. Wie der Vergleich mit dem Wirtschaftswettbewerb zeigt, sind dies aber nicht die einzigen Grenzen der Zulässigkeit von Übertrittsaufforderungen, sondern nur mögliche Ausformungen unlauteren Wettbewerbsverhaltens.

(b) Das Verleiten zur satzungswidrigen Doppelmitgliedschaft

Eine weitere Zulässigkeitsgrenze wettbewerblicher Abwerbungsversuche liegt nach ganz überwiegender Ansicht darin, dass der Kunde nicht zu einem Vertragsbruch mit seinem jetzigen Anbieter durch den Abwerbenden verleitet werden darf[636]. Da ein solcher Vertragsbruch grundsätzlich nur inter partes wirkt, also in der Verantwortungssphäre der Vertragspartner anzusiedeln ist, muss hier ein besonderes, die Unlauterkeit des äußeren Verhaltens des Abwerbenden begründendes Moment vorliegen. Ein solches ist noch nicht bei dem bloßen Hinweis auf ein bestehendes Kündigungsrecht oder dem Angebot der Hilfestellung bei einer Kündigung anzunehmen[637]. Vielmehr muss der anderweitig gebundene Kunde so beeinflusst werden, dass das äußere Verleiten selbst dann erheblich ist, wenn er bereits zu dem Übertritt entschlossen ist[638]. Es muss also ein zielstrebiges, bewusstes Hinwirken gerade auf den Vertragsbruch gegeben sein.

Die systematische Parallelkonstruktion zum Verleiten zum Vertragsbruch wäre für den Gewerkschaftswettbewerb das Verleiten zu einem satzungswidrigen Verhalten durch die Aufforderung zum Aus- und Übertritt. Allerdings kann ein Verhalten des Gewerkschaftsmitgliedes gegenüber seinem bisherigen Verband nur dann als satzungswidrig angesehen werden, wenn die Satzung ein solches Tun oder Unterlassen rechtmäßig verbieten darf. Vorliegend kann also nicht das Verlassen des Verbandes Anknüpfungspunkt der Betrachtung sein, denn keine Gewerkschaft kann ihre Mitglieder in ihrer Satzung dazu zwingen, ihr auf ewig die Treue zu halten – dies wäre ein eklatanter Verstoß gegen die die individuelle Koalitionsfreiheit des Einzelnen gemäß Art. 9 III GG. Maßgeblich für das Verleiten zu einem satzungswidrigen Verhalten muss daher allein die Frage sein, ob eine Gewerkschaftssatzung die gleichzeitige Mitgliedschaft ihrer Mitglieder in konkurrierenden Verbänden verbieten kann. Die Zulässigkeit einer solchen Doppelmitgliedschaft kann aber erst anhand der Analyse des Verhältnisses von Verband zu seinen Mitgliedern unter dem Blickwinkel des Gewerkschaftspluralismus

635 BAG, AP Nr. 10 zu Art. 9 GG sowie jetzt auch BAG, NZA 2005, 1182 ff. Hierher gehört auch der von MünchArbR-*Löwisch/Rieble* § 246 Rn. 173 erwähnte Fall der wahrheitswidrigen Behauptung eines Verbandes, die einzige Gewerkschaft der Metallarbeiter darzustellen.

636 Baumbach/Hefermehl-*Köhler*, Wettbewerbsrecht, § 4 UWG Rn. 10.36 ff. m.w.N.

637 Vgl. BGH, WRP 2002, 526.

638 BGH,GRUR 69, 474 ff.

im Betrieb umfassend erörtert werden[639]. An dieser Stelle der Untersuchung genügt für die Beurteilung der Zulässigkeit eines Abwerbens, dass im Falle des zulässigen Verbotes der Doppelmitgliedschaft durch eine Gewerkschaftssatzung nur für den Austritt und dann anschließenden Eintritt in den neuen Verband geworben werden darf[640]. Ein Abwerben, das ausdrücklich auf eine in der Satzung des konkurrierenden Verbandes untersagte Doppelmitgliedschaft in beiden Verbänden gerichtet wäre, müsste – die Zulässigkeit des entsprechenden Satzungsverbotes vorausgesetzt – als unlauteres Wettbewerbsverhalten beurteilt werden und damit gemäß Art. 9 III 2 GG rechtswidrig sein.

(4) Das Vernichten oder Verdecken konkurrierender Werbung

Bislang nicht gerichtskundig geworden, nichtsdestotrotz in der betrieblichen Praxis nicht selten ist das Vernichten oder Verdecken konkurrierender Werbung insbesondere am Schwarzen Brett durch eigene Werbeaushänge. Die wettbewerbliche Unzulässigkeit eines solchen Verhaltens ergibt sich bereits im Wege eines argumentum a maiore ad minus zu den bisher genannten Fallgruppen. Wer gegnerische Aussagen nicht beliebig verunglimpfen darf, darf sie schon gar nicht vollkommen vernichten oder unterdrücken. Auch hier ergeben sich zu den Konkretisierungen des Wirtschaftswettbewerbs keine Besonderheiten.

(5) Die Werbung zur Betriebsratswahl

Besondere Anforderungen an den Inhalt konkurrierender Gewerkschaftswerbung sind dann zu stellen, wenn sie im Rahmen von Wahlen zum Betriebsrat stattfindet. Dies ergibt sich aus der grundsätzlichen Unterordnung gewerkschaftlicher Eigeninteressen unter die durch das Betriebsverfassungsgesetz vorgegebenen Schutzgüter des Arbeitnehmer- und Betriebswohles nach § 2 I BetrVG. Garant einer funktionierenden Betriebsverfassung, die diesen Zielen gerecht werden soll, kann nur ein ordnungsgemäß zustande gekommener Betriebsrat sein. Insoweit hat die gewerkschaftliche Werbung im Rahmen von Betriebsratswahlen diese zusätzliche Schranke zugunsten der betriebsverfassungsrechtlichen Drittschutzgüter unmittelbar zu beachten.

Beeinträchtigungen des Wahlablaufs sind daher zu vermeiden, denn eine Gefährdung des Betriebsfriedens liegt hier deutlich näher als bei der sonstigen gewerkschaftlichen Konkurrenzwerbung im Betrieb[641]. Dies gilt insbesondere für die Wortwahl und Darstellungsform der gewerkschaftlichen Werbung. Da die

---

639 Vgl. dazu unten 3. Teil E. III. 4.

640 Vgl. dazu auch BAG, AP Nr. 25 zu Art. 9 GG für den Fall der Neugründung des zweiten Verbandes.

641 So auch MünchArbR-*Löwisch/Rieble* § 246 Rn. 182: „Der Maßstab für die Werbung ist strenger."

Stellung des Betriebsrates als neutraler Sachwalter der gesamten Belegschaftsinteressen bereits durch die Situation des Konkurrenzkampfs zweier Verbände an sich gefährdet ist, gebietet sich eine vorsichtigere Darstellungsform konkurrierender Werbung[642]. Darüber hinaus findet sich in § 20 II BetrVG eine einfachgesetzliche Regelung, die jede Form des gewerkschaftlichen Stimmenkaufs, der Begünstigung oder Benachteiligung bestimmter Belegschaftsmitglieder auch durch Gewerkschaften im Rahmen der Betriebsratswahlen verbietet[643].

Von selbst versteht sich, dass trotz des insoweit engeren Maßstabs die Äußerung von Kritik am konkurrierenden Gegenspieler an sich weiterhin zulässig bleibt, der Sinn eines Wahlkampfes erfordert sie sogar[644]. Dies gilt umso mehr, als die Betriebsverfassung wie auch die gesamte übrige Rechtsordnung einen selbständig entscheidenden mündigen Arbeitnehmer voraussetzt, der zwischen bloßer Propaganda und Tatsachen grundsätzlich zu unterscheiden in der Lage ist.

(6) Weitere Schranken der konkurrierenden Gewerkschaftswerbung

Ein weiteres Schutzgut, welches die betriebliche Gewerkschaftswerbung zu beachten hat, bildet darüber hinaus die individuelle Koalitionsfreiheit des einzelnen Belegschaftsmitglieds. Belästigungen oder gar Bedrohungen seitens einer Gewerkschaft dürfen nicht als „Überzeugungsmittel" zum Gewerkschaftsbeitritt eingesetzt werden. Ebenso ist neben der Ehre des konkurrierenden Verbandes auch das Persönlichkeitsrecht der einzelnen anderweitig organisierten Mitglieder zu achten. Einer gesonderten Betrachtung bedürfen diese Fallgruppen indes nicht, da eine derartige Gewerkschaftswerbung bereits an sich als unlauter anhand der oben genannten Maßstäbe einzustufen ist.

b) Das Erweitern der Tarifzuständigkeit auf den Bereich eines Konkurrenzverbandes

Unabhängig von den Bestrebungen eines Dachverbandes, die Tarifzuständigkeit seiner Mitgliedsverbände möglichst ausgewogen und reibungslos zu koordinieren[645], ist zu überlegen, ob zwischen Gewerkschaften konkurrierender Verbände das schrankenlose Recht besteht, die eigene Tarifzuständigkeit auf den Tarifbereich konkurrierender Gewerkschaften auszudehnen. Insbesondere im älteren Schrifttum ist dazu vertreten worden, eine solche Ausweitung des eigenen Aufgabenbereiches auf ein fremdes Gebiet sei nur dann zulässig, wenn die betreffende Gewerkschaft daran ein schutzwürdiges Interesse habe[646]. Geschehe sie allein

642 Vgl. BVerfGE 19, 303, 321für den Fall der Personalratswahl.
643 GK-BetrVG-*Kreutz* § 20 Rn. 18 ff.
644 Vgl. BVerfGE 19, 303, 321.
645 Siehe oben 3. Teil B. I. 2.
646 *Link*, AuR 1966, 41 ff.

mit dem Ziel, die dort vertretene Gewerkschaft auszubooten, läge ein Verstoß gegen deren Recht aus Art. 2 I GG vor[647].

Dieser Ansatz kann aus mehreren Gründen nicht überzeugen. Ein solcher Unterlassungsanspruch der bislang „ungestörten" Gewerkschaft könnte allenfalls aus Art. 9 III GG selbst herzuleiten sein, dazu wäre eine Begründung aus Art. 2 I GG jedenfalls subsidiär. Inhaltlich sind es vor allem die im Rahmen gewerkschaftlicher Konkurrenzwerbung angestellten Überlegungen, welche gegen die Annahme einer solchen Beschränkung der Tarifzuständigkeitserweiterung sprechen. Kein Verband hat gegenüber seinem gewerkschaftlichen Konkurrenten ein Recht auf Erhalt seines Mitgliederbestandes, er muss sich der Konkurrenz dort stellen, wo diese ihm gegenüber auftritt. Eine Einschränkung ergibt sich somit allein aus den dazu verwandten Mitteln und Zielen. Nach ausdrücklicher Rechtsprechung des Bundesarbeitsgerichts soll ein allein auf die Vernichtung des Gegenspielers ausgerichteter Konkurrenzkampf unlauter sein[648]. Dies kann in der Erweiterung der Tarifzuständigkeit auf ein fremdes Gebiet aber noch nicht gesehen werden – diese dient ja erst der Aufnahme des Wettbewerbs mit dem Konkurrenten. Erst wenn die im Anschluss daran benutzten Mittel die genannten Grenzen der Unlauterkeit überschreiten, sind die Grenzen des zulässigen Konkurrenzkampfes überschritten. Ein Anspruch der Gewerkschaft auf Unterlassung der Ausdehnung der Tarifzuständigkeit einer fremden Gewerkschaft auf das eigene Tarifgebiet ist dagegen abzulehnen[649].

c) Boykottaufrufe gegenüber dem Arbeitgeber

Der seit einigen Jahren bestehende Konkurrenzkampf der DGB-Gewerkschaften mit denen des Christlichen Gewerkschaftsbundes in der Zeitarbeitsbranche hat erneut gezeigt, dass zwischen Gewerkschaften auftretende Rivalitäten mit „harten Bandagen" geführt werden[650]. Sowohl der DGB in seiner Eigenschaft als Dachverband als auch seine Einzelgewerkschaften wie etwa die IG Metall riefen hier wiederholt die Arbeitgeberverbände und Betriebsräte öffentlich zum Boykott des Christlichen Gewerkschaftsbundes auf[651]. Damit einher gingen Drohungen des DGB, durch die von ihm dominierten Betriebsräte in den Kundenbetrieben der Zeitarbeit dafür zu sorgen, dass Zeitarbeitsfirmen mit anderen Tarifverträgen als

647 *Link*, AuR 1966, 41 ff.

648 BAG, AP Nr. 10 zu Art. 9 GG, bestätigt durch BAG, NZA 205, 1182 ff.

649 So auch *Rieble*, Wettbewerb, Rn. 1793.

650 Zum Ganzen etwa *Schüren*, AÜG, § 9 Rn. 218 f.; *Böhm*, DB 2003, 2598; *Schöne*, DB 2004, 136.

651 Vgl. dazu die Pressemitteilung des CGB im Internet unter http//www.cgb.info/archiv/p_bza_archiv.php. mit Bezug auf Äußerungen des IG-Metall-Vorsitzenden Peters; dazu ebenfalls *Rieble*, Handelsblatt vom 18.2.2002, 12 sowie die DGB-Broschüre „Ratgeber Zeitarbeit – Handlungshilfe für Betriebs- und Personalräte".

mit DGB-Gewerkschaften keine Aufträge erhielten[652]. In diesem Zusammenhang nur konsequent erschien die den entsprechenden Broschüren beigefügte Auflistung der Mitgliedsunternehmen von BZA und IGZ, den Tarifpartnern der DGB-Tarifgemeinschaft.

Bereits unabhängig von der rechtlichen Wirksamkeit solcher Boykottmaßnahmen ist deren tatsächlicher Einfluss auf den Konkurrenzkampf der Gewerkschaften immens, da die betroffenen Arbeitgeber umfangreiche Gegenmaßnahmen wie etwa klärende Kundengespräche treffen mussten, um ihre Zusammenarbeit mit der kleineren Gewerkschaft zu rechtfertigen[653]. Der CGB selbst sah sich gegenüber den Arbeitnehmern der Betriebe gezwungen, diesen Imageverlust und den vermeintlich drohenden Ausschluss von zukünftigen Tarifverhandlungen zu entkräften.

Solche Drohgebärden einer Gewerkschaft lassen die eindeutige Zielsetzung der Vernichtung des horizontalen Gewerkschaftskonkurrenten erkennen. Im Wirtschaftswettbewerb ist daher aus genau diesem Grund ein Boykottaufruf nach § 21 GWB unzulässig, wenn ein Unternehmen ein anderes zu Liefersperren gegenüber einem dritten Unternehmen auffordert, sofern dem subjektiv die Absicht zugrunde liegt, das dritte Unternehmen unbillig zu beeinträchtigen[654]. Zweck des Verbotes ist es, allen potentiellen Wettbewerbsteilnehmern den freien Zugang zu allen Absatzmöglichkeiten zu erhalten[655]. Dieser Wettbewerbsgrundsatz lässt sich auch für die Situation des Gewerkschaftswettbewerbs fruchtbar machen.

Die Absicht einer unbilligen Benachteiligung des Konkurrenten ist hier jedenfalls dann nach außen hinreichend dokumentiert, wenn der Boykottaufruf an den Arbeitgeber mit Sanktionsdrohungen gegen diesen verknüpft wird, falls er doch mit der anderen Gewerkschaft abschließen sollte. Ziel einer solchen Maßnahme ist es allein, dem Konkurrenten die Möglichkeit, seine „Markterfolge" als mitgliedschaftliche Interessenvertretung gegenüber dem Arbeitgeber durch Tarifverträge durchzusetzen, von vorneherein zu verwehren[656]. Aufgrund der grundlegenden Bedeutung des Tarifvertrages für die Existenzberechtigung einer Gewerkschaft kann dies mit der bereits als unlauter eingestuften Zielsetzung, dem Konkurrenten den Zugang zum Markt selbst zu verwehren, gleichgesetzt werden. Somit ist eine entsprechende Druckausübung gegen den Arbeitgeber als nach Art. 9 III 2 GG rechtswidriger Boykottaufruf zu werten. Der Verweis auf die Kartell-

---

652 Dazu *Bill*, Blickpunkt Dienstleistung 4/2003,11 ff.

653 *Bill* , Blickpunkt Dienstleistung, 4/2003, 11 ff.; *Focken*, Westfälische Nachrichten vom 24.12.2003, 1.

654 Zum Boykottverbot im Wirtschaftswettbewerb im Einzelnen vgl. *Emmerich*, Kartellrecht, S. 210 ff.; *Bechtold*, GWB, § 21 Rn. 1 ff.

655 *Immenga/Mestmäcker*, GWB, § 21 Rn. 3 m.w.N.

656 Vgl. dazu auch Handelsblatt vom 19.11.2003, 24.

funktion des Tarifrechts greift hier dagegen nicht, denn es handelt sich nicht um einen durch Arbeitskampf legitimierten Boykott des tariflichen Gegenspielers, sondern des gewerkschaftlichen Konkurrenten im Mitgliederwettbewerb. Adressat des Aufrufs ist zwar hier der tarifliche Gegenspieler und nicht die Belegschaft des Betriebs, doch kann sich daraus keine andere Beurteilung ergeben. Die massive Behinderung der konkurrierenden Gewerkschaft in ihrer tariflichen Tätigkeit beeinträchtigt die Entscheidungsfreiheit der Arbeitnehmer, die auf der Beurteilung der tariflichen Leistungsstärke einer Interessenvertretung fußt, ebenso unmittelbar an die Belegschaftsmitglieder gerichtete Boykottaufrufe.

Die derart boykottierte Gewerkschaft hat daher gemäß §§ 823 I, 1004 BGB analog iVm Art. 9 III GG einen Anspruch auf Unterlassung dieser Beeinträchtigung ihrer Koalitionsfreiheit. Die von *Rieble* erwogene Bußgeldsanktion der boykottierenden Gewerkschaft[657] ist dagegen abzulehnen. Mangels direkter und analoger Anwendbarkeit des GWB auf Gewerkschaften bleibt der Weg über den Ordnungswidrigkeitstatbestand des § 81 I Nr. 1 GWB versperrt.

Der bloße Hinweis auf die mögliche Tarifunfähigkeit und eine damit verknüpfte Warnung vor den Rechtsfolgen solcher Tarifverträge gegenüber dem Arbeitgeber[658] ist dagegen wettbewerblich zulässig. Schwerpunkt ist hier weniger die Beeinträchtigung des Konkurrenten als die Aufklärung des tariflichen Gegenspielers über mögliche – wenn auch umstrittene – Rechtsfolgen eines anderweitigen Tarifabschlusses. Dies muss im Rahmen eines als antagonistische *Kooperation* zwischen Arbeitgeber- und Arbeitnehmerseite verstandenen Tarifrechts zulässig sein.

3. Wirtschaftliche Betätigung der Gewerkschaften als Wettbewerbsverhalten

Zu untersuchen bleibt damit, inwieweit rein erwerbswirtschaftliches Verhalten der Gewerkschaften die Garantie eines fairen Gewerkschaftswettbewerbs im Betrieb beeinflussen kann und welche Bewertungsmaßstäbe für dessen Zulässigkeitsbeurteilung anzulegen sind. Insbesondere der DGB hat sich in der Vergangenheit eigenständig als Wirtschaftsunternehmen auf dem Gütermarkt betätigt. 1958 schlossen sich die nach dem Krieg regional wieder entstandenen Gewerkschaftsbanken des DGB zur Bank für Gemeinwirtschaft (BfG) zusammen, schon 1949 war die Neue Heimat Wohnungsbaugesellschaft aus alliierter Treuhand übernommen worden. 1972 wurde aus der Bundesorganisation der Konsumgenossenschaften und der GEG die Co-op Zentrale in Hamburg gegründet. Als viertes großes gemeinwirtschaftliches Unternehmen wurde vom DGB die Volks-

657 *Rieble*, Handelsblatt vom 18.2.2002, 13.

658 Dazu Handelsblatt vom 19.11.2003, 24 mit Verweis auf eine entsprechende Äußerung des DGB-Tarifkoordinators Reinhard Dombre zur möglichen Tarifunfähigkeit des CGB.

fürsorge betrieben[659]. In den frühen achtziger Jahren des 20. Jahrhunderts waren diese gewerkschaftlichen Vermögenswerte allerdings so gut wie vollständig verbraucht, so dass schließlich der 13. Bundeskongress des DGB im Jahr 1986 beschloss, sich insbesondere aus der unternehmerischen Wohnungswirtschaft ganz zurückzuziehen[660].

Seitdem beschränkt sich die Teilnahme von Gewerkschaften am Gütermarkt vorwiegend auf Angebote von Versicherungsleistungen an ihre Mitglieder[661], das Betreiben von Schulungseinrichtungen, Rechtsberatungen und Steuerberatungen bis hin zu Buchclubs[662]. Insbesondere die betriebliche Werbung für solche Zusatzleistungen der Gewerkschaft muss daher an wettbewerblichen Grundsätzen gemessen werden. Anders als beim allgemeinen Wettbewerb um Mitglieder erkennen hier Schrifttum und Rechtsprechung einhellig die unmittelbare Anwendung der Rechtsnormen des UWG an[663].

Bezweifelt worden ist dies allerdings für den Fall, dass der jeweilige Konkurrent der Gewerkschaft selbst eine wirtschaftliche tätige Gewerkschaft ist[664]. Zwar soll es sich dabei um ein Tätigwerden im geschäftlichen Verkehr handeln, da es für die Anwendung des UWG nicht auf die Person des Handelnden, sondern allein auf die Zuordnung von dessen Tätigkeit zum geschäftlichen Verkehr ankomme. Dass Gewerkschaften regelmäßig nicht als Kaufleute auftreten, spiele hier deshalb keine Rolle. Nicht so unbesehen bejaht werden könne dagegen das Merkmal des Handelns zu Zwecken des Wettbewerbs, denn auch das Angebot von Zusatzleistungen wie Versicherungsschutz diene zumindest auch der Mitgliederwerbung. Gegenüber einer anderen Gewerkschaft, der es ebenfalls auf das Werben von Mitgliedern ankomme, fehle es daher an einem ausreichenden wirtschaftlich-geschäftlichen Bezug[665].

Eine solche Differenzierung erscheint nachvollziehbar, denn gerade zusätzliche Serviceleistungen können tragende Entscheidungsmomente bei der Auswahl der individuell passenden Gewerkschaftsvertretung darstellen. Dies ermöglicht aber eine Einordnung dieser Gewerkschaftstätigkeit als Teil ihrer gesamten Mitgliederbetreuung, eine versicherungsrechtliche Absicherung ihrer Mitglieder kann davon nicht abstrahiert werden[666]. Im Regelfall wird die Werbung für solche Serviceleistungen in derselben Broschüre oder demselben Aushang wie auch

---

659 Zum Ganzen *Schneider*, Kleine Geschichte der Gewerkschaften, S. 349 ff.
660 Schroeder/Weßels-*Müller/Wilke*, Gewerkschaften, S. 129.
661 Dazu ausführlich *Piper*, Festschrift von Gamm, S. 147 ff.
662 Zum Ganzen auch *Gamillscheg*, Kollektives Arbeitsrecht, S. 464 f.
663 Köhler/Piper-*Piper*, UWG, 3.A., § 3 Rn. 77.
664 Vgl. *Piper*, Festschrift von Gamm, S. 149 ff.
665 So BGHZ 42, 210 ff.
666 Kritisch aber *Piper*, Festschrift von Gamm, S. 150, der auf die Umstände des Einzelfalls abstellen will.

die weitere, allgemeine Mitgliederwerbung publiziert werden. Eine getrennte Beurteilung einmal unmittelbar anhand der Normen des UWG und einmal anhand allgemeiner Wettbewerbsgrundsätze wäre hier nicht sachgerecht, zumal sich im Ergebnis kein Unterschied ergeben wird.

Für das wettbewerbliche Verhalten der Gewerkschaften auf dem Gütermarkt ist daher eine unmittelbare Anwendung wettbewerbsrechtlicher Normen nur dann möglich, sofern das auf dem Gütermarkt konkurrierende Unternehmen nicht selbst eine Gewerkschaft ist.

Inhaltlich ergeben sich damit dieselben Zulässigkeitsgrenzen wie bei der allgemeinen Mitgliederwerbung. Denkbar ist dabei insbesondere die Fallgestaltung, dass die Inanspruchnahme solcher Zusatzserviceleistungen nicht nur fakultativ den Mitgliedern angeboten wird, sondern obligatorisch mit der Mitgliedschaft im Verband verknüpft wird[667]. Beurteilt man diese Kopplung unter allgemeinen wettbewerblichen Grundsätzen, liegt ihre Unzulässigkeit auf der Hand. Zu den Grundvoraussetzungen jeden Wettbewerbs zählt die Orientierung am Leistungswettbewerb, d.h. dem freien Zutritt zum Markt sowie der Möglichkeit freier wirtschaftlicher Betätigung und Entscheidung. Die Vereinsmitglieder als Nachfrager werden aber in ihrer Auswahl des möglichen Dienstleistungsanbieters beeinträchtigt, da sie nicht mehr frei die angebotene Leistung mit der Leistung anderer Anbieter nach Preiswürdigkeit und Inhalt vergleichen können[668]. Die obligatorische Verknüpfung von Mitgliedschaft und Versicherungsschutz lässt ihnen nicht die Möglichkeit, die Leistung abzulehnen oder wieder aufzuheben. Dies ist mit dem Grundsatz des Leistungswettbewerbs nicht vereinbar. Darüber hinaus läge zumindest gegenüber dem nichtgewerkschaftlichen Versicherungsanbieter eine unlautere Konkurrenzvereitelung mit sachfremden Mitteln vor[669], da der Abschluss einer zweiten Versicherung durch die Gewerkschaftsmitglieder kaum wahrscheinlich wäre. Etwas anderes würde sich hier nur dann ergeben, wenn es sich bei den verbundenen Leistungen um solche handelte, die zwingend aufeinander beruhen wie etwa der Gewerkschaftsmitgliedschaft und einer damit verknüpften Rechtsschutzgewährleistung.

III. Probleme der Gewerkschaftskooperation

Die Thematik des Gewerkschaftspluralismus im Betrieb umfasst nicht nur den antagonistischen Wettbewerb der Gewerkschaften gegeneinander, sondern auch dessen Spiegelbild im Sinne einer freiwilligen gewerkschaftlichen Kooperation. Dabei ist die Gewerkschaftskooperation als Teil des Gewerkschaftspluralismus

667 Dazu *Piper*, Festschrift von Gamm, S. 152.
668 So auch *Piper*, Festschrift von Gamm, S. 152.
669 Dazu grundlegend BGH, GRUR 1966, 265; vgl. auch BGH, GRUR 1990, 522.

ebenso wenig wie der Gewerkschaftswettbewerb schrankenlos gewährleistet, doch sind Kollisionsfälle deutlich seltener anzutreffen. Im Wesentlichen lassen sich dabei drei Verhaltenskategorien unterscheiden.

1. Die tarifliche Kooperation mehrerer Gewerkschaften

Zum einen werfen Absprachen über die wechselseitige Achtung der gegenseitigen Tarifzuständigkeiten die Frage auf, inwieweit dem eine bindende Wirkung für die Kooperationspartner zukommt. Dieser Gesichtspunkt wird in der tariflichen Praxis allerdings allein für Gewerkschaften desselben Dachverbandes relevant und wurde deshalb bereits dort ausführlich behandelt[670]. Sollte dagegen ein solcher Gebietsaufteilungsvertrag zwischen Verbänden, die nicht Mitglieder desselben Dachverbandes sind, stattfinden[671], ergeben sich für die Beurteilung dieser Abrede keine Besonderheiten.

Zum anderen besteht für konkurrierende Verbände die Möglichkeit, sich zu tariflichen Verhandlungsgemeinschaften zusammenzuschließen. Ein aktuelles Beispiel dafür findet sich seit 2002 bei der Deutschen Bahn AG durch die Gewerkschaften transnet und GDBA. Selbst gegen die vereinzelte Ablehnung ihrer Dachverbände DGB und DBB findet hier eine tarifliche Kooperation statt, die bis hin zur Errichtung eines gemeinsamen Büros und – auf europäischer Ebene – der Umwandelung der bloßen Verhandlungsgemeinschaft in eine Tarifgemeinschaft reicht[672]. Darüber hinaus streben beide Gewerkschaften einen gegenseitigen Abwerbestopp an, um Gewerkschaftsübertritte ihrer Mitglieder zu begrenzen[673]. Sofern sich dies auf den Verzicht konkurrierender Mitgliederwerbung erstreckt, erscheint das unproblematisch. Sobald allerdings einzelne Mitglieder an einem frei entschiedenen Gewerkschaftsübertritt gehindert werden sollen, verstößt die gewerkschaftliche Kooperation gegen die individuelle Koalitionsfreiheit der betreffenden Arbeitnehmer aus Art. 9 III GG.

2. Gewerkschaftliche Kooperation zur Verdrängung eines dritten Verbandes aus dem Betrieb

Eine weitere auf gewerkschaftlicher Kooperation beruhende Konfliktmöglichkeit ist zumindest theoretisch dann denkbar, wenn zwei im Betrieb vertretene Gewerkschaften zusammenarbeiten, um eine dritte Gewerkschaft aus dem Betrieb zu verdrängen. Da eine Pflicht zur Zusammenarbeit aller Koalitionen derselben Seite im Betrieb aber nur im Rahmen des § 2 I BetrVG gegenüber den Betriebs-

---

670 Vgl. oben 3. Teil B. II. 2.

671 So *Biedenkopf*, Tarifautonomie, S. 90, allerdings ohne dies mit einem Beispiel der Praxis zu belegen.

672 Dazu ausführlich *Hansen/Hommel*, transnet-inform 11/2004, 10 f.

673 Dazu ebenfalls *Hansen/Hommel*, transnet-inform 11/2004, 11.

partnern zum Wohl der Arbeitnehmer und des Betriebes besteht, kann hier auf die diesbezüglichen Ausführungen verwiesen werden[674]. Darüber hinaus steht dieser dritten Gewerkschaft der Konkurrenzschutz des Art. 9 III GG ebenso zu wie im Falle zweier konkurrierender Gewerkschaften. Maßnahmen einer bloß auf ihre Vernichtung angelegten Kooperation der beiden anderen Verbände wären jedenfalls unlauter und damit als koalitionsfeindliche Abreden im Sinn des Art. 9 III 2 GG nichtig.

Dagegen erscheint der bereits erwähnte Abwerbestopp zwischen den Bahngewerkschaften transnet und GDBA gegenüber dem dritten Verband, der GDL, als wettbewerblich unproblematisch. Der Versuch, die Wanderungsbewegungen zwischen den Mitgliedern ihrer Verbände zu begrenzen, weist keine Außenwirkung gegenüber der GDL auf. Anders wäre nur dann zu entscheiden, wenn Übertritte gerade auch zur GDL verhindert werden sollten. Dann läge jedenfalls ein Verstoß gegen deren Betätigungsfreiheit aus Art. 9 III GG vor.

3. Gewerkschaftskooperation im Arbeitskampf – das Streikrecht der anders organisierten Arbeitnehmer

Von den bisherigen Untersuchungsergebnissen abstrahierte Problemkreise können sich dagegen im Falle gewerkschaftlicher Kooperation im Arbeitskampf ergeben.

Oft sind Gewerkschaften im Rahmen eines Arbeitskampfes darauf angewiesen, mehr als nur die eigenen Mitglieder zum Streik zu mobilisieren, um dessen Effektivität gegenüber der Arbeitgeberseite zu gewährleisten[675]. Zwar ist eine rechtliche Kopplung der Fähigkeit zum effektiven Arbeitskampf an das Erfordernis einer von außen aufoktroyierten Durchsetzungsfähigkeit einer Gewerkschaft abzulehnen, doch soll damit nicht die faktische Abhängigkeit des Erfolges von Arbeitskampfmaßnahmen von deren tatsächlicher Resonanz in der Belegschaft verkannt werden[676]. Für diese Untersuchung nur von untergeordneter Bedeutung ist hier die Frage nach dem Streikrecht der nicht gewerkschaftlich organisierten Mitglieder der Belegschaft. Im Ergebnis kann es hier mit der Feststellung sein Bewenden haben, dass ein solches von der ganz überwiegenden Ansicht anerkannt wird[677]. Obwohl eine privatrechtliche Begründung des Streikrechts Nichtorganisierter schwer fällt, wird hier in der Regel die effektive Gewährleistung der Streikfreiheit aus Art. 9 III GG zur Herleitung herangezogen[678]. Darüber hinaus soll es für Nichtorganisierte nicht zumutbar sein, andernfalls gewissermaßen zur

---

674 Vgl. oben 2. Teil B. II. 2.
675 Vgl. dazu BAG, AP Nr. 43 zu Art. 9 GG Arbeitskampf.
676 Vgl. oben 2. Teil E. III. 3. b. cc. (1).
677 *Kissel*, Arbeitskampfrecht, § 42 Rn. 55; *Brox/Rüthers*, Arbeitskampfrecht, Rn. 289 m.w.N.
678 Ausführlich *Lembke*, Arbeitskampfbeteiligung von Außenseitern, S. 56 ff. m.w.N.

Streikbrecherarbeit verpflichtet zu werden[679], da die soziale Wirklichkeit des Kampfgeschehens die Behandlung der Belegschaft als Einheit erfordere[680]. Zudem komme das Streikergebnis zumindest über Bezugnahmeklauseln auch den nicht organisierten Belegschaftsmitgliedern in der Regel zugute[681].

Ob dagegen diese insoweit unstrittigen Grundsätze auf das Streikrecht anderweitig gewerkschaftlich gebundener Belegschaftsmitglieder angewendet werden können, bedarf einer eigenständigen Betrachtung. Dies kommt – wenn auch nur unterschwellig – in der für die Anerkennung der Streikteilnahme grundlegenden Entscheidung des Großen Senats des Bundesarbeitsgerichts vom 21.4.1971 zum Ausdruck, indem dieser darauf abstellt, dass sich für anderweitig organisierte Arbeitnehmer unter Umständen eine abweichende Beurteilung ergeben kann[682].

Unmittelbar mit dem individuellen Streikrecht der in anderen als der kämpfenden Gewerkschaft gebundenen Arbeitnehmer verknüpft ist die Möglichkeit gerade dieser anderen Verbände, ihre Mitglieder zur Teilnahme an fremden Arbeitskämpfen im Betrieb aufzurufen. Besteht bereits die individuelle Möglichkeit einer solchen unterstützenden Teilnahme nicht, kann sich insofern für die Streikkooperation der Verbände keine abweichende Beurteilung ergeben. Einwände gegen derartige Unterstützungsmaßnahmen im Arbeitskampf können sich zum einen aus einer etwaig bestehenden Friedenspflicht aufgrund eigener Tarifverträge der unterstützenden Verbände und zum anderen aus ihrer Einordnung als unzulässige Sympathiestreiks ergeben.

a) Unterstützungsmaßnahmen als Verstoß gegen die tarifvertragliche Friedenspflicht

In der bereits erwähnten Entscheidung des Großen Senats vom 21.4.1971 hat das Gericht zwar die Frage nach der Friedenspflicht der anderweitig organisierten Belegschaftsmitglieder aufgeworfen, sie jedoch nicht beantwortet[683].

Im bisherigen Regelfall der tariflichen Praxis ist das Problem der Vereinbarkeit der Streikteilnahme anders organisierter Arbeitnehmer mit deren Friedenspflicht deshalb selten zum Tragen gekommen, da aufgrund des von der Rechtsprechung vertretenen Prinzips der Tarifeinheit bei Tarifpluralität diese Arbeitnehmer regelmäßig nicht in den Geltungsbereich eines eigenen gültigen Tarifvertrag fallen[684]. Ein zumindest dogmatischer Klärungsbedarf besteht hier dennoch, da eine solche Anwendbarkeit des Prinzips der Tarifeinheit in Fällen der

679 *Brox*, JA 1980, 630 f.
680 BAG, AP Nr. 43 zu Art. 9 GG Arbeitskampf.
681 BAG, AP Nr. 43 zu Art. 9 GG Arbeitskampf.
682 BAG, AP Nr. 43 zu Art. 9 GG Arbeitskampf.
683 BAG, AP Nr. 43 zu Art. 9 GG Arbeitskampf.
684 *Thüsing*, Der Außenseiter im Arbeitskampf, S. 56: „Die Frage stellt sich in der Praxis kaum."

Tarifpluralität gerade abzulehnen ist[685]. Geht man daher von der möglichen Geltung mehrerer Tarifverträge in einem Betrieb aus, könnte der Arbeitgeber gegenüber der Gewerkschaft, die zur Unterstützung des anderen Verbandes durch Streikteilnahme aufruft, einen Unterlassungsanspruch wegen Verletzung der schuldrechtlichen Friedenspflicht des eigenen Tarifvertrages haben[686]. Zwar bindet die Friedenspflicht nur die Koalitionen, nicht aber unmittelbar deren Mitglieder[687], doch kann der Arbeitgeber mittels eines Anspruches aus einem Vertrag mit Schutzwirkung zugunsten Dritter die Gewerkschaft dazu bestimmen, auf ihre Mitglieder einzuwirken, um diese von einer solchen Streikteilnahme abzuhalten[688]. Betrachtet man dagegen die Natur der tarifvertraglichen Friedenspflicht näher, erscheint ein solches Ergebnis nicht begründbar.

Die Friedenspflicht hat den Zweck, den konkreten Tarifvertrag als Friedensordnung zu schützen[689]. Diese Schutzwirkung ist zwar für die Tarifvertragsparteien schuldrechtlich bindend, aber eben nur auf die in diesem Tarifvertrag geregelte Materie beschränkt. Sie wirkt daher nicht umfassend, sondern bloß relativ[690]. Damit ist aber gerade belegt, dass eine rein fremdnützige Streikteilnahme anders Organisierter, welche nicht auf den eigenen Tarifvertrag bezogen ist[691], keinen Verstoß gegen die Friedenspflicht ihres Verbandes bedeutet[692]. Ein solcher Schluss wäre unter dem Aspekt der Umgehung nur dann begründet, wenn durch die Unterstützung eigene tarifliche Ziele verfolgt würden[693].

Dazu genügt aber nicht, dass der unterstützte Arbeitskampf einen Gegenstand betrifft, den der eigene Tarifvertrag der Unterstützenden selbst regelt[694]. Denn ein sachlicher Bezug zu diesem fremden Tarifvertrag besteht in der Regel nicht, auch eine individualrechtliche Bezugnahme erscheint hier kaum plausibel. Etwas anderes kann aber dann gelten, wenn es sich bei dem nicht umkämpften Tarifvertrag um einen bloßen Anschlusstarifvertrag zu dem nun abgelaufenen, neu zu verhandelnden Tarifvertrag handelt. Hier liegt ein ausreichender Sachzusammenhang nahe.

---

685 Vgl. ausführlich oben 2. Teil E. IV.

686 So etwa *Rieble*, Festschrift Wiedemann, S. 536 f.

687 BAG, AP Nr. 3 zu § 1 TVG Friedenspflicht.

688 Dazu allgemein *Kissel*, Arbeitskampfrecht, § 26 Rn. 51; BAG, NZA 2003, 735 stellt dagegen auf einen Vertrag zugunsten Dritter ab, ebenso MünchArbR-*Otto* § 277 Rn. 9; vgl. auch BAG, AP Nr. 1 zu § 1 TVG Friedenspflicht.

689 Vgl. dazu *Thüsing*, Die Arbeitskampfbeteiligung des Außenseiters, S. 57 m.w.N.

690 BAG, AP Nr. 2 zu Art. 9 GG Arbeitskampf.

691 So *Lieb*, Arbeitsrecht, Rn. 686; *Konzen*, DB 1990, Beil. 6, 4.; LAG Hamm, LAGE Nr. 50 zu Art. 9 GG; BAG, AP Nr. 85 zu Art. 9 GG Arbeitskampf.

692 So auch *Thüsing*, Der Außenseiter im Arbeitskampf, S. 58 f.

693 *Konzen*, DB 1990. Beil 6, 13.

694 *Birk/Konzen/Löwisch/Raiser/Seiter*, Entwurf, S. 42 ff.; zustimmend MünchArbR-*Otto* § 285 Rn 62.

Ein genereller Verstoß der Gewerkschaft gegen die ihr obliegende Friedenspflicht ist durch ihren Aufruf zur Unterstützung eines fremden Arbeitskampfes im Betrieb jedenfalls nicht anzunehmen.

b) Unterstützungsmaßnahmen als rechtswidriger Sympathiestreik

Die Streikbefugnis kooperierender Gewerkschaften hat Anfang der neunziger Jahre im arbeitsrechtlichen Schrifttum eine unerwartete Renaissance erlebt. Anlass dazu waren Arbeitskämpfe innerhalb der Druckindustrie, die nach der Fusion der Gewerkschaften IG Druck und Papier mit der Gewerkschaft Kunst zur Industriegewerkschaft Medien Druck und Papier, Publizistik und Kunst (IG Medien) mehrfach durch Solidaritätsstreiks der jeweils nicht beteiligten Verbände unterstützt wurden[695]. Insbesondere die Frage, ob in dieser Beteiligung ein unzulässiger Sympathiestreik liegen könne, stand im Mittelpunkt der Diskussion.

Begrifflich ist ein Sympathiestreik nach allgemein anerkannter Definition gekennzeichnet durch die Unterstützung des Streiks anderer Arbeitnehmer in einem fremden Betrieb mit einem fremden Tarifziel[696]. Das Auseinanderfallen der Arbeitgeberpositionen für die Streikenden ist allerdings keine unersetzliche Voraussetzung eines Sympathiestreiks, denn auch hier kämpfen die anders organisierten Streikenden für einen Tarifvertrag, von dem sie nicht selbst betroffen sind[697]. Daher ist die Grundkonstellation des Sympathiestreiks zunächst diejenige[698], dass alle Arbeitnehmer derselben Belegschaft unabhängig von ihrer anderweitigen Tarifgebundenheit für einen Tarifvertrag streiken[699]. Die Bedeutung dieser Fallgruppe für die vorliegende Untersuchung liegt auf der Hand. Allerdings ist dabei wiederum zu differenzieren zwischen der Solidarität zweier im Betrieb vertretenen Gewerkschaften desselben Dachverbandes und der Solidarität nicht miteinander verbundener Gewerkschaften im Betrieb. Zwar ist ein Vertretensein zweier Gewerkschaften desselben Dachverbandes in einem Betrieb oder Unternehmen aufgrund der meist reibungslosen Koordinierung ihrer Tarifzuständigkeiten eher selten, doch keinesfalls unmöglich oder auch nur realitätsfremd[700].

Darüber hinaus sind Unterstützungsstreiks aller Arbeitnehmer, die zwar in unterschiedlichen Unternehmen, aber für denselben Arbeitgeber arbeiten[701], sowie Unterstützungsstreiks aller Arbeitnehmer derselben Gewerkschaft unabhän-

695 *Lieb*, Arbeitsrecht, Rn. 664.; *ders.*, RdA 1991, 145 ff.; *Rüthers*, BB 1990, Beil. 25; 1 ff.; *Konzen*, DB 1990, Beil. 6, 1 ff.

696 Vgl. statt aller *Hueck/Nipperdey/Säcker*, Arbeitsrecht II/2, S. 899.

697 *Rüthers*, BB 1990 Beil. 25, 5.

698 Vgl. dazu auch *Lieb*, RdA 1991, 148 f.

699 So vor allem *Birk/Konzen/Löwisch/Raiser/Seiter*, Entwurf, S. 42 ff.

700 Vgl. oben 3. Teil B. I. 2. m.w.N.

701 Dafür vor allem *Birk*, Die Rechtmäßigkeit gewerkschaftlicher Unterstützungsmaßnahmen, S. 22 ff.

gig von ihrem jeweiligen Arbeitgeber als mögliche Sympathiestreiks einzuordnen. Die beiden letztgenannten Fallgruppen zeigen bereits, dass eine umfassende Behandlung der Problematik der Sympathiearbeitskämpfe den Rahmen der vorliegenden Arbeit sprengen würde[702]. Entscheidend soll hier deshalb der Focus auf den Fall zweier im umkämpften Bereich vertretenen Gewerkschaften und deren mögliche gegenseitige Kooperation gelegt werden.

Das Bundesarbeitsgericht hat zur Begründung des Streikrechts nicht gebundener Belegschaftsmitglieder den Grundsatz der arbeitskampfrechtlichen Einheit einer Belegschaft herangezogen und dies – wenn auch unter Vorbehalt – auf die anders organisierten Arbeitnehmer übertragen[703]. Diejenigen Autoren des Schrifttums, welche eine Zulässigkeit solcher unterstützender Streikteilnahmen als zulässig erachten, sind dem Gericht auch in dieser Herleitung überwiegend gefolgt[704]. Als Begründung stellt das Bundesarbeitsgericht allerdings wenig konkret auf die soziale Wirklichkeit des Kampfgeschehens ab[705].

Nicht umsonst hat aber bereits *Konzen* in diesem Zusammenhang darauf hingewiesen, dass letztlich jede Arbeitskampfmaßnahme, also auch jede Form des Unterstützungsstreiks, an den allgemein anerkannten Kriterien der Rechtmäßigkeit solcher Maßnahmen zu messen ist[706]. Dazu zählt insbesondere die Verhältnismäßigkeit jeder Beeinträchtigung der gegnerischen Koalitionsfreiheit, welche im arbeitskampfrechtlichen Paritätsgrundsatz[707] und dem ultima-ratio-Prinzip[708] Ausdruck findet[709].

Deshalb ist auch die vom Bundesarbeitsgericht vorgenommene Zusammenfassung *aller* gewerkschaftlich organisierten Arbeitnehmer zu einer arbeitskampfrechtlichen Einheit nur dann zulässig, wenn sie überhaupt als Arbeitskampfform geeignet und gemäß einer solchen Paritätsabwägung erforderlich ist.

---

702 Insbesondere soll die folgende Darstellung von den der bisherigen Literatur zum Sympathiestreik zugrunde liegenden Fallgestaltungen der Druckindustrie abstrahiert werden, um die generellen Problembereiche der Streikkooperation verschiedener Gewerkschaften deutlicher herauszustellen. Zu den Besonderheiten in der Druckindustrie vgl. *Konzen*, DB 1990, Beil. 6, 1 ff.; *Rüthers*, BB 1990, Beil. 25, 1 ff.

703 BAG, AP Nr. 43 zu Art. 9 GG Arbeitskampf.

704 *Kissel*, Arbeitskampfrecht, § 38 Rn. 15 ff.; anders dagegen *Rieble*, Wettbewerb, Rn. 1387; *Birk*, Die Rechtmäßigkeit gewerkschaftlicher Unterstützungsmaßnahmen, S. 22 ff. und S. 51 ff.

705 BAG, AP Nr. 43 zu Art. 9 III GG Arbeitskampf.

706 *Konzen*, DB 1990 Beil. 6, 7 ff.

707 Zum Paritätserfordernis im Arbeitskampf allgemein vgl. MünchArbR-*Otto* § 285 Rn. 1 ff.

708 Ausführlich dazu BAG, AP Nr. 1; 34; 43 zu Art. 9 GG Arbeitskampf.

709 Gegen eine Beurteilung anhand des Maßstabes von Art. 9 III dagegen *Birk*, Die Rechtmäßigkeit gewerkschaftlicher Unterstützungsmaßnahmen, S. 25 ff.

aa) Die Geeignetheit der Streikbeteiligung

Eine Geeignetheit dieser Arbeitskampfform wäre vor allem dann nicht gewahrt, wenn es sich hierbei um eine den grundlegenden Prinzipien des Art. 9 III GG zuwiderlaufende Zwangszusammenfassung der Arbeitnehmer einer Seite handeln würde. Denn Gewerkschaften als mitgliedschaftliche Interessenvertretung ziehen ihre Existenzberechtigung allein aus der auf der Ungleichheit der Ausgangspositionen beim Arbeitsvertrag beruhenden Delegationsmöglichkeit des einzelnen Arbeitnehmers an ein entsprechend gleichwertiges Kollektiv.

Dazu ist im Schrifttum vertreten worden, eine Anerkennung des Streikrechts Andersorganisierter durch den Grundsatz einer arbeitskampfrechtlichen Einheit der Belegschaft führe wie die Anwendung des Grundsatzes der Tarifeinheit bei Tarifpluralität zur Nivellierung des Gewerkschaftswettbewerbs im Betrieb[710]. Eine betriebseinheitliche Regelung des Arbeitskampfes habe daher keine dogmatische Grundlage. Diese Argumentation geht indes fehl, denn eine Vergleichbarkeit mit der Rechtsprechung zur Tarifeinheit liegt gar nicht vor. Dort geht es um das Recht der Koalition, den eigenen Tarifvertrag gegenüber dem Arbeitgeber unabhängig vom Bestehen weiterer Tarifverträge konkurrierender Gewerkschaften geltend zu machen. Die Fälle der Streikunterstützung dagegen betreffen in der Regel die Möglichkeiten freiwilliger gewerkschaftlicher Kooperation. Etwas anderes könnte aber dann gelten, wenn der nicht kämpfende Verband gerade nicht zur Kooperation mit der Konkurrenz aufgerufen hat, seine Mitglieder aber dennoch am Streik teilnehmen wollen. Ob hier der Gewerkschaft die Möglichkeit erhalten bleiben muss, gerichtlich oder durch Androhung mitgliedschaftlicher Sanktionen die Unterlassung eines solchen Verhaltens durchzusetzen, kann an dieser Stelle der Untersuchung noch nicht erörtert werden[711]. Es genügt zunächst festzustellen, dass eine generelle Ablehnung der Geeignetheit unterstützender Streikteilnahmen anders organisierter Belegschaftsmitglieder nicht mit dem Verweis auf den Koalitionswettbewerb des Art. 9 III GG begründet werden kann, da dies den Fällen freiwilliger gewerkschaftlicher Verbandskooperation im Streik nicht gerecht würde.

Auch die Einordnung der Tarifautonomie als mitgliedschaftlich legitimierter Interessenvertretung kann eine fehlende Geeignetheit des Zusammenfassens aller organisierten Arbeitnehmer als arbeitskampfrechtlicher Einheit nicht begründen. Denn gerade auf der Betriebsebene ist es denkbar, dass eine gegenseitige Kooperation der auftretenden Gewerkschaften dem Interesse ihrer Mitglieder am besten entspricht. Dies gilt insbesondere in den Fällen, in denen beide Gewerkschaften

---

710 *Lembke*, Die Arbeitskampfbeteiligung des Außenseiters, S. 61 f.

711 Vgl. ausführlich unten 3. Teil E. III. 7.

etwa gleich stark vertreten sind und die Mitglieder ein starkes Solidaritätsinteresse aufgrund der Zugehörigkeit zum selben Dachverband verbindet.

bb) Die Erforderlichkeit der Streikbeteiligung

Die Erforderlichkeit der konkreten Arbeitskampfmaßnahme bildet den unmittelbaren Ansatzpunkt der Paritätsbeurteilung, da hier die Abwägung gegenüber dem konkreten tariflichen Gegenspieler zu untersuchen ist[712].

Bei Unterstützungsarbeitskämpfen außerhalb des umkämpften Betriebes soll nach überwiegender Ansicht und Rechtsprechung grundsätzlich eine Erforderlichkeit dieser Maßnahme nicht gegeben sein[713]. Die Rechtsprechung stellt hier zur Begründung insbesondere darauf ab, dass der unterstützende Verband kein eigenes tariflich regelbares Ziel verfolge, da der Unternehmer eines anderen Betriebes nicht auf die Forderung des in Rede stehenden Arbeitskampfes reagieren könne[714]. Allerdings lässt das Bundesarbeitsgericht ausdrücklich Ausnahmen von dieser Regel wie etwa die wirtschaftliche Verflechtung beider Unternehmen gelten[715].

Diese höchstrichterlich anerkannte Ausnahme weist den Weg zur Beurteilung der Sachlage bei den vorliegend allein relevanten Unterstützungskämpfen im selben Betrieb. Denn hier geht es nicht nur um eine wirtschaftliche Verflechtung, sondern sogar um einen identischen Arbeitgeber. Dieser ist als richtiger Adressat des Unterstützungsstreiks anders als ein dritter Unternehmer nicht gesondert schutzbedürftig[716]. Eine generelle Verschiebung der Parität der beteiligten Tarifparteien zugunsten der Arbeitnehmerseite ist unter diesem Aspekt daher nicht zu erkennen[717].

Eine Überschreitung der Paritätsgrenzen könnte bei Streikteilnahmen anders organisierter Arbeitnehmer allerdings darin begründet liegen, dass dies für den Arbeitgeber eine unverhältnismäßig häufige Konfrontation mit Betriebsunterbrechungen wegen Streiks seiner Belegschaft bedeuten würde[718]. Dies könnte umso mehr gelten, wenn man nicht auf die Häufigkeit, sondern auf die Intensität dieser Streiks abstellt. Denn die Häufigkeit der Streiks orientiert sich letztlich an der Zahl der für den Betrieb zuständigen Gewerkschaftsverbände. Unverhältnismäßig

712 So grundlegend *Seiter*, Streikrecht und Aussperrungsrecht, S. 172 ff., ihm folgend BAG, AP Nr. 84 zu Art. 9 GG Arbeitskampf.

713 *Konzen*, DB 1990 Beil. 6, 13 ff. m.w.N. ; anders noch *Kissel*, Arbeitskampfrecht, § 24 Rn. 16 ff.

714 BAG, AP Nr. 85 zu Art. 9 GG Arbeitskampf; vgl. auch *Rüthers*, BB 1990, Beil 5, 3.

715 BAG, AP Nr. 85 zu Art. 9 GG Arbeitskampf.

716 So auch *v. Hoyningen-Huene*, JuS 1987, 510 f. und vor allem ArbG Bonn, EzA Nr. 93 zu Art. 9 GG Arbeitskampf.

717 Einen solchen sachlichen Zusammenhang legt etwa BAG, AP Nr. 5 zu § 98 BetrVG 1972 nahe.

718 Dazu auch *Lieb*, RdA 1991, 151.

ist dagegen, dass der Arbeitgeber es in all diesen Fällen mit *allen* Belegschaftsangehörigen zu tun hat. Denn versteht man Tarifautonomie als kollektivierte Privatautonomie, so bedeutet dies für das Verhältnis zum Arbeitgeber, dass die erforderliche Parität auf der tatsächlich ausgeübten Delegation der arbeitsvertraglichen Verhandlungsbefugnisse der Arbeitnehmer beruht. Eine darüber hinausgehende Konfrontation des Arbeitgebers mag für die nicht gebundenen Belegschaftsmitglieder in der Gewährleistung einer effektiven Streikfähigkeit begründet sein. Eine Ausdehnung auf diejenigen Belegschaftsmitglieder, die in der Paritätsrechnung bereits anderweitig auftauchen, kann dies aber nicht mehr rechtfertigen. Darin liegt vielmehr eine unzulässige Verschiebung der grundsätzlichen Parität zwischen Arbeitgeber und konkreter Gewerkschaft im Arbeitskampf. Dem kann auch nicht mit dem Argument begegnet werden, dass gerade kleine Gewerkschaften oft auf die Unterstützung der Mitglieder „großer Kollegen" in der Regel desselben Dachverbandes angewiesen sind. Ihnen bleibt immer noch der Verweis auf die noch nicht gewerkschaftlich gebundenen Arbeitnehmer, welche ihr individuelles Delegationsrecht noch nicht ausgeübt haben. Dass hier gerade für kleinere Verbände genügend Mitgliederpotential, welches es sich zu überzeugen lohnt, brach liegt, beweisen die aktuellen gewerkschaftlichen Organisationsgrade in den Betrieben zur Genüge[719].

Ein Recht zur Streikteilnahme anderweitig gewerkschaftlich organisierter Belegschaftsmitglieder würde bedeuten, dass ihre verfassungsrechtlich gewährleistete Befugnis, ihre einzelvertragliche Verhandlungsbefugnis zwecks Parität bei der Festlegung ihrer materiellen Arbeitsbedingungen auf ein Kollektivorgan zu übertragen, im Arbeitskampf gegenüber dem Arbeitgeber doppelt ins Gewicht fallen würde. Dazu gibt aber das geltende System der Tarifautonomie keinen Anlass. Wer sich für eine Interessenvertretung entscheidet, hat das Recht, als deren Legitimationsträger für ihre Tarifforderungen zu kämpfen. Eine Befugnis zur Streikteilnahme an einem fremden Streik, wenn man die eigenen durch die Tarifautonomie verliehenen Möglichkeiten einer gewerkschaftlichen Interessenvertretung bereits ausgeschöpft hat, besteht dagegen nicht. Die Streikteilnahme anderweitig organisierter Belegschaftsmitglieder ist daher mit einer als mitgliedschaftliche Interessenvertretung verstandenen Tarifautonomie nicht vereinbar[720].

Zu untersuchen bleibt vor diesem Hintergrund abschießend die Zulässigkeit einer Streikbeteiligung derjenigen Arbeitnehmer, welche sowohl in dem streik-

---

719 Vgl. dazu oben Einleitung A. II.

720 Die vom Bundesverfassungsgericht in BVerfGE 84, 212, 225 für die Arbeitgeberseite erwähnte Möglichkeit eines Kampfbündnisses zwischen Außenseiter und tariffähigem Verband steht diesem Ergebnis nicht entgegen. Eine Übertragung dieser Möglichkeit auf die Arbeitnehmerseite beträfe nur die Kampfteilnahme der hier nicht zu behandelnden nicht organisierten Belegschaftsmitglieder.

führenden Verband als auch in einer konkurrierenden Gewerkschaft organisiert sind. Zwar kann der generellen Zulässigkeit einer solchen Doppelmitgliedschaft erst im Rahmen der Rechtsbeziehungen zwischen Gewerkschaftsverband und seinen Mitgliedern umfassend nachgegangen werden[721]. Selbst wenn man aber an dieser Stelle der Untersuchung von der Zulässigkeit einer Doppelmitgliedschaft ausginge, so wäre eine Streikteilnahme unter den genannten Paritätserwägungen nur dann möglich, wenn der betreffende Tarifvertrag auch tatsächlich auf das streikende Mitglied Anwendung finden könnte. In solchen Fällen der Tarifkonkurrenz findet der Grundsatz der Tarifeinheit Anwendung[722]. Eine Teilnahme wäre dem doppelt organisierten Mitglied also nur an demjenigen Arbeitskampf möglich, welcher auf den spezielleren, mithin für sein Arbeitsverhältnis Geltung entfaltenden Tarifvertrag gerichtet wäre. Die Beteiligung an einem Arbeitskampf, dessen Ziel für den Arbeitnehmer keinesfalls erreichbar ist, muss dagegen als Verstoß gegen das arbeitskampfrechtliche Übermaßverbot gewertet werden.

Eine etwaige gewerkschaftliche Doppelmitgliedschaft ermöglicht daher nicht auch die doppelte Teilnahme an Arbeitskämpfen.

C. Das Rechtsverhältnis des Arbeitgebers zu mehreren Gewerkschaften im Betrieb

I. Die Einflussnahme des Arbeitgebers auf den Gewerkschaftswettbewerb in seinem Betrieb

Der Arbeitgeber kann sowohl in seiner Stellung als Tarifpartner als auch in der als Betriebsinhaber auf vielfältige Weise in den Gewerkschaftswettbewerb innerhalb seines Betriebes eingreifen. Dies ergibt sich für den Bereich des Arbeitskampfes in seiner zu hinterfragenden Befugnis, auch anderweitig organisierte Belegschaftsmitglieder aussperren zu können. Noch weitreichendere Einflussmöglichkeiten stehen ihm darüber hinaus dann zu, wenn er mit bestimmten Verbänden Rechte aushandelt beziehungsweise einseitig gewährt und andere Verbände von der Teilhabe daran ausschließt. Hier stellt sich die Frage, ob der Arbeitgeber einer umfassenden Gleichbehandlungspflicht gegenüber allen in seinem Betrieb auftretenden Gewerkschaften unterliegt. Praktische Bedeutung erlangt diese Problemstellung insbesondere deshalb, weil gerade kleinere, aufstrebende Gewerkschaften hier oft die schlechtere Ausgangsposition im Betrieb haben. Denn der Arbeitgeber wird sich nicht selten im Vorfeld des Tarifabschlusses nach dem Grundsatz „bekannt und bewährt" nur mit den Gegenspielern ausein-

---

721 Vg. unten 3. Teil E. III. 4.
722 Vgl. oben 2. Teil E. IV. 2. b.

andersetzen wollen, bei denen er bereits Erfahrungswerte in vorherigen Tarifverhandlungen hat sammeln können. Umgekehrt ist aber auch der Fall denkbar, dass der Arbeitgeber die erstmalige Gewährung von bestimmten Rechten im Betrieb an einen neuen Verband zum Druckmittel gegenüber dem bisherigen Tarifpartner benutzt, um hier seinen eigenen tariflichen Forderungen mehr Gewicht zu verleihen. Die Möglichkeiten unterschiedlicher Gewährleistungen reichen dabei von der freiwilligen Bereitstellung von Räumen für eine Gewerkschaft bis hin zum Abschluss von Tarifverträgen mit der Verpflichtung, nur Mitglieder der betreffenden Gewerkschaft einzustellen oder diesen bestimmte tarifliche Sonderzulagen zukommen zu lassen.

Eine erste Klarstellung ist bereits an dieser Stelle erforderlich: in Betracht kommen in diesem Zusammenhang nur solche Gewährungen durch den Arbeitgeber, welche über die unmittelbar aus der Koalitionsbetätigungsfreiheit resultierenden Gewerkschaftsrechte im Betrieb *hinausgehen.* Zählt die betreffende Tätigkeit zu dem nach Art. 9 III GG geschützten koalitionsspezifischen Verhalten der Gewerkschaft, so stellt sich die Frage nach einer etwaigen Privilegierung bestimmter Verbände schon gar nicht. Hier ist die Gleichbehandlung aller Gewerkschaften nicht in Frage gestellt. Etwas anderes gilt aber für solche Rechte, welche in ihrem Maß über den unmittelbar durch die Verfassungsgarantie vorgegebenen Rahmen hinausgehen oder die bereits gar nicht nach Art. 9 III GG als zur Koalitionsbetätigung erforderlich eingeordnet werden können.

Ehe auf diese einzelnen Gestaltungsmöglichkeiten einseitiger Vergünstigungen aufgrund freiwilliger Gewährleistung oder tariflicher Verpflichtung eingegangen werden kann, bleibt zunächst zu untersuchen, auf welche Rechtsgrundlage sich eine etwaige Gleichbehandlungspflicht des Arbeitgebers gegenüber mehreren Gewerkschaften im Betrieb überhaupt stützen kann.

II. Gleichbehandlungspflicht des Arbeitgebers und Gewerkschaftswettbewerb

1. Die Funktion des Arbeitgebers im Gewerkschaftswettbewerb

Der Staat ist durch Art. 9 III GG verpflichtet, die gesetzlichen Voraussetzungen für einen fairen Wettbewerb der Arbeitnehmerkoalitionen zu schaffen. Dabei unterliegt er einer strikten Gleichbehandlungspflicht gegenüber allen den Koalitionstatbestand erfüllenden Verbänden[723].

723 Zur Neutralitätspflicht des Staates aus Art. 9 III GG vgl. ausführlich MünchArbR-*Löwisch/ Rieble* § 246 Rn. 234 ff.

Die Position des privatrechtlichen Arbeitgebers im Gewerkschaftswettbewerb ist von der des Staates dagegen grundlegend verschieden[724]. Zwar ist er gemäß der unmittelbaren Drittwirkung des Art. 9 III 2 GG zur Achtung der Garantien der Koalitionsfreiheit, also auch des darin enthaltenen fairen Koalitionswettbewerbs, verpflichtet. Anders als der Staat befindet sich der privatrechtliche Arbeitgeber mit seiner faktischen Möglichkeit, verschiedene Verbände in seinem Betrieb unterschiedlich zu behandeln, aber an der Schnittstelle zwischen bloßer Umsetzung der Resultate des bis dato stattgefundenen Gewerkschaftswettbewerbs und dessen zukünftiger Determinierung.

Einerseits handelt es sich bei der Vergabe von Bevorzugungen durch den Arbeitgeber um eine Reaktion auf die Entwicklung des jeweiligen Verbandes im Betrieb. Je attraktiver die betreffende Gewerkschaft für die Arbeitnehmer des Betriebs ist, desto mehr Druck kann sie ausüben und desto weniger kommt der Arbeitgeber an ihren Forderungen vorbei. Findet also eine Gewerkschaft in der Belegschaft eine große Resonanz, so kann sie durch tarifliche Regelungen den Arbeitgeber leichter zu Erleichterungen und Vergünstigungen seiner Arbeit bewegen als ein Verband, der im bisherigen Gewerkschaftswettbewerb nur wenige Belegschaftsangehörige auf seine Seite ziehen konnte. Letzterer wird den Arbeitgeber kaum von einer Notwendigkeit seiner Belange überzeugen können, er ist allein auf die freiwillige Gewährung solcher Zusatzrechte angewiesen. Darauf wird zurückzukommen sein. Dagegen spiegelt das Erkämpfen bestimmter Vorzugsrechte gegenüber dem Arbeitgeber reflexartig das aktuelle Machtverhältnis zwischen diesem und der betreffenden Gewerkschaft wider. Es ist somit ein Maßstab für die Fähigkeit dieser Gewerkschaft, sich im Gewerkschaftswettbewerb durchsetzen zu können.

Zum anderen ist aber gerade diese Gewährung bestimmter betrieblicher Rechte wie etwa die Bereitstellung von Räumen oder Werbeflächen nicht allein Dokumentation des bisherigen Gewerkschaftswettbewerbs, sondern sie bestimmt auch entscheidend über den zukünftigen Verlauf desselben. Je leichter einem Verband seine Repräsentation und Arbeit im Betrieb gelingt, auf je mehr Mittel er hierzu zurückgreifen kann, desto günstiger sind seine Voraussetzungen, um seine Position künftig gegenüber konkurrierenden Verbänden zu erhalten und weiter auszubauen. Die Gefahr einer „Zementierung" des status quo im Gewerkschaftswettbewerb kann daher gerade durch die Einflussnahme des Arbeitgebers sehr hoch sein. Besonders deutlich wird das mit Blick auf neu entstehende Verbände, welche an den bisherigen Tarifrunden noch gar nicht teilnehmen konnten.

---

724 Zur Frage der Gleichbehandlungspflicht des öffentlich-rechtlichen Arbeitgebers vgl. unten 3. Teil C. II. 4.

Damit zeigt sich, dass die Funktion des Arbeitgebers im Gewerkschaftswettbewerb nicht nur Reflex auf die bisherigen Wettbewerbsergebnisse, sondern vielmehr auch schöpferischer, gestaltender Natur ist.

Somit stellen das ungleiche Gewähren von Leistungen als systemimmante Folge des Gewerkschaftswettbewerbs einerseits und die Notwendigkeit gleicher Startvoraussetzungen aller Gewerkschaften im Betrieb andererseits gegensätzliche Anforderungen an das Verhalten des Arbeitgebers gegenüber mehreren Gewerkschaften im Betrieb. Diese Kollision gilt es sachgerecht aufzulösen, um die von Art. 9 III 2 GG geforderte Bindung des Arbeitgebers an die Garantie eines fairen Koalitionswettbewerbs effektiv umzusetzen. Dabei wird deutlich, dass die Annahme einer Gleichbehandlungs*pflicht* des Arbeitgebers gegenüber allen Gewerkschaften diese Kontroverse einseitig zugunsten der kleineren Verbände entscheiden würde[725]. Damit würde aber eine Nivellierung der bisherigen Ergebnisse des betrieblichen Gewerkschaftswettbewerbs erreicht, da so die im Wettbewerb bislang nicht erfolgreichen Verbände mit denen gleichgestellt würden, welche genügend Mitglieder für sich gewinnen konnten, um gegenüber dem Arbeitgeber hinreichenden Druck zur Durchsetzung bestimmter Befugnisse auszuüben. Ein solches Ergebnis wäre mit der Garantie des fairen Wettbewerbs nach Art. 9 III GG nicht vereinbar[726].

Damit ist eine erste wesentliche Klarstellung erzielt: die Gleichbehandlung der Gewerkschaften durch den Arbeitgeber bedeutet nicht – obwohl dies terminologisch zunächst nahe zu liegen scheint – die Umsetzung der Garantie eines fairen Gewerkschaftswettbewerbs im Betrieb, sondern gerade dessen Nivellierung. Der Arbeitgeber ist zwar gemäß Art. 9 III 2 GG unmittelbar der Achtung des fairen Koalitionswettbewerbs verpflichtet. Dies bedeutet aber nicht, dass er alle Gewerkschaften in seinem Betrieb gleich behandeln muss. Eine Parallele zum staatlichen Rechtsschöpfungsakt, welcher dem Gebot des Bereitstellens gleicher Startvoraussetzungen aller Koalitionen unterliegt, besteht für den Arbeitgeber daher nicht.

Andererseits sind aber auch der Ungleichbehandlung durch den Arbeitgeber die Grenzen zu setzen, welche den fairen Gewerkschaftswettbewerb vom unfairen Konkurrenzkampf trennen, da ansonsten die Interessenlage einseitig zugunsten der bisher starken Verbände entschieden würde.

Inhaltlich sind dazu jene Wettbewerbsregeln heranzuziehen, welche bereits das Verhältnis der Gewerkschaften zueinander kennzeichnen. Denn ordnet man

725 Dafür etwa *Gamillscheg*, Kollektives Arbeitsrecht, S. 281 f., MünchArbR-*Löwisch/ Rieble* § 246 Rn. 259.

726 Vgl. dazu auch in anderem Zusammenhang BAG, AP Nr. 14 zu Art. 9 GG: „Die Koalition (…) hat einen Rechtsanspruch darauf, dass Erfolge, die sie erstritten hat, nicht von einer anderen Koalition für deren Zwecke ausgenutzt werden.“

Bevorzugungen des Arbeitgebers gegenüber einem bestimmten Verband als dessen erkämpfte Leistung in der Tarifbeziehung ein, so handelt es sich – zumindest im Falle der tariflichen Festschreibung derartiger Konkurrenzbegünstigungen – um ein primär horizontal konkurrenzbezogenes Gewerkschaftsverhalten[727]. Gilt unter Gewerkschaften allein das Gebot der fairen Konkurrenz nach Art. 9 III 2 GG, so kann für den ebenfalls an Art. 9 III 2 GG gebundenen Arbeitgeber, der hier nur unterstützend auf den Gewerkschaftswettbewerb Einfluss nehmen kann, nichts anderes gelten.

Dies gilt gleichermaßen im Verhältnis zu bisher schwächeren Verbänden wie auch gegenüber neu entstehenden Verbänden im Betrieb. So ist etwa eine allein auf die Vernichtung oder den Boykott des gewerkschaftlichen Konkurrenten zielende tarifliche Regelung mit dem Arbeitgeber nach Art. 9 III 2 GG unmittelbar nichtig. Dies wird im weiteren Verlauf der Untersuchung näher zu konkretisieren sein.

Die Ablehnung einer generellen Gleichbehandlungspflicht des Arbeitgebers gegenüber den in seinem Betrieb vertretenen Verbänden verstößt des Weiteren – wie auch das Bundesarbeitsgericht in einer Entscheidung zum tariflichen Verhandlungsanspruch zutreffend festgestellt hat[728] – nicht gegen Art. 3 I GG. Unabhängig von der Frage, ob Art. 3 I GG überhaupt zwischen den Tarifparteien einschlägig ist, besteht durch das von Art. 9 III GG vorgegebene Gebot des fairen gewerkschaftlichen Konkurrenzkampfes ein ausreichender sachlicher Grund zur entsprechenden Differenzierung durch den Arbeitgeber.

Ausnahmsweise kann sich eine Gleichbehandlungspflicht des Arbeitgebers aber doch ergeben, wenn ein über den einseitigen Konkurrentenschutz des Art. 9 III GG hinausgehendes Schutzgut beeinträchtigt ist. Denn auch der die internen Schutzgüter des Art. 9 III GG miteinander vereinbarende faire Gewerkschaftswettbewerb ist nicht schrankenlos gewährleistet[729]. Für den Bereich des Betriebsverfassungsgesetzes ergibt sich dies bereits einfachgesetzlich aus der in § 2 I BetrVG normierten Verpflichtung des Arbeitgebers und – in unterstützender Funktion auch der Gewerkschaften im Betrieb – dem Wohl der Arbeitnehmer und des Betriebes gegenüber. Damit wird die Zusammenarbeit mit den im Betrieb vertretenen Gewerkschaften in das pflichtgemäße Ermessen der Betriebspartner gestellt. Daraus kann sich unter Umständen auch die Pflicht zu deren Gleichbehandlung im Einzelfall ergeben.

Wenn also *Gamillscheg* davon ausgeht, eine Pflicht zur Gleichbehandlung bestünde zumindest gegenüber gleich großen Verbänden, während Abstufungen

727 So richtig *Seiter*, SAE 1969, 231.
728 BAGE 14, 282, 290.
729 Dazu ausführlich oben 2. Teil der Untersuchung.

zwischen großen und kleinen Verbänden durchaus möglich seien[730], so stimmt dies nur für den Fall, dass sonst etwa der betriebliche Frieden durch anhaltende Streitigkeiten zwischen den einzelnen Gewerkschaftsmitgliedern nachhaltig gestört wäre. Eine generelle Gleichbehandlungspflicht des Arbeitgebers besteht hingegen nicht.

2. Freiwillige Bevorzugung und Gleichstellung durch den Arbeitgeber

Dieses Ergebnis wirft Fragen auf. Insbesondere scheinen davon diejenigen Fälle nicht erfasst zu sein, in denen sich der Arbeitgeber nicht nach den Resultaten des Gewerkschaftswettbewerbs in seinem Betrieb richtet, sondern freiwillig einen Verband unterstützt, der bislang zumindest nur eine untergeordnete Rolle gespielt hat, während er die vorherrschenden Verbände von der Begünstigung ausschließt. Denn nicht jede Vergünstigung durch den Arbeitgeber muss erkämpft, also durch gewerkschaftliche Druckausübung zustande gekommen sein, auch wenn das grundsätzlich antagonistisch ausgerichtete Verhältnis der Tarifpartner freiwillige Vergünstigungen zumindest als wenig wahrscheinlich erscheinen lässt. Nicht immer ist also die Bevorzugung durch den Arbeitgeber Ausdruck dessen, was die Gewerkschaft in Verhandlungen ihm gegenüber in die Waagschale werfen konnte.

Man mag dem Arbeitgeber dabei die Motivation unterstellen, auf diese Weise den Gewerkschaftswettbewerb zugunsten einer ihm angenehmeren Gewerkschaft lenken zu wollen. Deren entsprechend weniger arbeitnehmerfreundliche Ziele werden zwar grundsätzlich auch nur wenige Arbeitnehmer zu Beitritt und Unterstützung überzeugen können. Dennoch bleibt das Problem bestehen, dass der Arbeitgeber durch massive freiwillige Vergünstigungen wie das Bereitstellen von Schwarzen Brettern, die Überlassung von Räumen und die Freistellung von Vertrauensleuten zur Mitgliederbetreuung ein Repräsentationsmonopol solcher an sich chancenloser Gewerkschaften im Betrieb schafft. Damit ist aber auch die Gefahr gegeben, die freie Entscheidung der Belegschaft über die Auswahl ihrer gewerkschaftlichen Interessenvertretung zu manipulieren.

Resultiert somit aus der Ablehnung einer Gleichbehandlungspflicht unmittelbar die Pflicht zur Ungleichbehandlung, darf der Arbeitgeber also nur die Gewerkschaften begünstigen, die sich das „verdient" haben? Ich denke ja. Denn eine willkürliche Privilegierung schwacher Verbände führt die Ergebnisse des bis dato stattgefundenen Wettbewerbs unmittelbar vor den Augen der Belegschaft ad absurdum. Dies ergibt sich bereits aus einem argumentum a maiore ad minus zur Ablehnung einer Gleichstellungspflicht bezüglich solcher kleinen Verbände ge-

---

730 *Gamillscheg*, Kollektives Arbeitsrecht, S. 282. Ohne diese Einschränkung dagegen MünchArbR-*Löwisch/Rieble* § 246 Rn. 259.

genüber ihren mitgliederstarken Konkurrenten. Auch der Verweis auf das der Tarifautonomie zugrunde liegende Prinzip der Vertragsfreiheit gemäß Art. 2 I GG[731] kann hier keine andere Beurteilung rechtfertigen, denn die Privatautonomie erfordert in der Tarifautonomie gerade einen fairen Koalitionswettbewerb[732].

Damit ergeben sich drei mögliche Fallgruppen der Einflussnahme des Arbeitgebers in den Gewerkschaftswettbewerb im Betrieb.

Grundlegend und in der Praxis die Regel bilden diejenigen Konstellationen, in denen der Arbeitgeber aufgrund gewerkschaftlichen Drucks eines entsprechend überzeugungskräftigen und mithin stark repräsentierten Verbandes diesem bestimmte Vorzugsrechte einräumt. Dies ist zulässig, solange es in den Grenzen der Fairness geschieht[733]. Eine Gleichbehandlungspflicht gegenüber allen anderen Verbänden im Betrieb existiert hier – mit Ausnahme der Wahrung von Drittschutzgütern – nicht.

Das exakte Gegenteil dazu bilden die Fälle, in denen der Arbeitgeber nicht aufgrund gewerkschaftlichen Drucks tätig wird, etwa weil dem privilegierten Verband eine solche Fähigkeit mangels Mitgliederstärke (noch) nicht zukommt. Hier geschieht die Gewährung also allein auf freiwilliger Basis. Eine solche Benachteiligung der übrigen Verbände ist aus den genannten Gründen nicht mit der unmittelbaren Bindung des Arbeitgebers an einen fairen Koalitionswettbewerb vereinbar. Hier ist der Arbeitgeber verpflichtet, diese benachteiligten Verbände an den eingeräumten Rechten teilhaben zu lassen. Darüber hinausgehende Besserstellungen der großen Verbände muss er dagegen nicht gewähren. Deren Erstreitung bleibt nach wie vor dem antagonistischen Wettstreit zwischen Arbeitgeber- und Arbeitnehmerinteressen überlassen.

Denkbar wäre darüber hinaus auch noch eine freiwillige Gleichbehandlung aller Gewerkschaften durch den Arbeitgeber. Auch diese ist, da sie grundsätzlich eine Nivellierung der bisherigen Wettbewerbsergebnisse zur Folge hat, nur dann zulässig, wenn sie zum Schutze dritter Rechtsgüter erforderlich ist. Kann der Arbeitgeber also darlegen, dass im Falle einer tariflichen Ungleichbehandlung etwa der Betriebsfrieden erheblich gestört würde, so muss die Gewerkschaft auf eine entsprechende Tarifklausel verzichten[734].

Das bedeutet im Umkehrschluss aber auch, dass Gewerkschaften durch tarifliche Absprachen dem Arbeitgeber gerade verbieten können, für eine Gleichstellung aller Gewerkschaften einzelvertraglich zu sorgen. Diese Problematik hat in

---

731 Vgl. dazu auch die Argumentation des BAG in BAGE 14, 282, 290.

732 Dazu oben 1. Teil B. II. 2.

733 Dazu unten 3. Teil C. II.

734 Allerdings kann ein bloßes Interesse des Arbeitgebers an einer einheitlichen Regelung als Drittschutzgut noch nicht ausreichen; vgl. dazu *Bruhn*, Tariffähigkeit, S. 200.

Schrifttum und Literatur insbesondere anhand der so genannten tariflichen Differenzierungsklauseln Bedeutung erlangt. Ohne an dieser Stelle bereits eine ins Detail gehende Zulässigkeitsbeurteilung einzelner solcher Klauseln vornehmen zu können, stellt sich dennoch hier die Frage, ob das Verbot einer Gleichbehandlung nicht per se wettbewerbsrechtlich unzulässig ist.

In diesem Zusammenhang hat insbesondere *Franzen*[735] darauf hingewiesen, solche Verbote einer Gleichstellung seien in Anlehnung an die wirtschaftswettbewerbliche Norm des § 20 I GWB generell als wettbewerbswidrig anzusehen. Dementsprechend wäre eine absprachewidrige Gleichstellung der anderen Gewerkschaften durch den Arbeitgeber nicht selbst wettbewerbswidrig, sondern gerade zur Erhaltung eines lauteren Wettbewerbs gefordert.

Franzen sieht die wettbewerbliche Parallele zwischen § 20 GWB und den tariflichen Differenzierungsklauseln darin, dass solche Klauseln immer dazu dienen, den bisherigen Markterfolg einer Gewerkschaft rechtlich abzusichern und alle Andersorganisierten in ihrer privatautonomen Chancenfreiheit, dasselbe zu erreichen, gezielt zu beeinträchtigen[736]. Im Folgenden wird zu zeigen sein, dass zwar § 20 GWB durchaus für den Fall der Differenzierungsklauseln fruchtbar gemacht werden kann, allerdings nicht in dem von *Franzen* vorgeschlagenen Sinn.

§ 20 I GWB bestimmt für den Bereich des Wirtschaftswettbewerbs, dass marktstarke und marktbeherrschende Unternehmen an ein Verbot der Diskriminierung und Behinderung ihrer Konkurrenten gebunden sind, sofern kein sachlicher Grund zur Ungleichbehandlung vorliegt. Seine Begründung findet dieses Verbot darin, dass das konkurrenzbezogene Verhalten solcher Unternehmen nur in geringem Maße durch einen funktionierenden Wettbewerb gesteuert ist[737].

Diese Interessenwertung des Wirtschaftswettbewerbs ist auch auf den Gewerkschaftswettbewerb übertragbar. Marktstärke werden hier allein die Verbände demonstrieren können, welche es zum Abschluss eines Tarifvertrages bringen. Sie determinieren durch solche Klauseln gerade die Wettbewerbschancen der anderen Gewerkschaften. Soweit kann *Franzen* in der Heranziehung der Grundgedanken des § 20 I GWB gefolgt werden. Daraus aber ein allgemeines Verbot der tariflichen Ungleichbehandlung zu entnehmen, kann dagegen nicht überzeugen. Denn § 20 GWB will gerade kein allgemeines Gleichbehandlungsgebot statuieren, vielmehr geht es auch hier „nur“ um das Verbot *unbilliger* Diskriminierungen[738]. Auch im Güterwettbewerb gilt der allgemeine Wettbewerbsgrundsatz,

---

735 *Franzen*, RdA 2001, 8 ff.

736 *Franzen*, RdA 2001, 10.

737 Ausführlich zum Wettbewerbsrecht *Bechtold*, GWB, § 20 Rn. 3 ff.; *Immenga/ Mestmäcker*, GWB, § 20 Rn. 15 ff.

738 So *Immenga/Mestmäcker*, GWB, § 20 Rn. 19; *Bechtold*, GWB, § 20 Rn. 4.

dass die Ausnutzung fremder Leistungen wettbewerbswidrig ist, wenn sie zum Schaden dessen geschieht, dem billigerweise die Früchte zufallen müssten[739]. Dieser allgemeine Wettbewerbsgrundsatz konkretisiert die in § 20 GWB enthaltene Wertung des Verbots allein unbilliger Diskriminierungen und lässt sich entsprechend auf den Fall der tariflichen Differenzierungsklauseln anwenden[740]. Ein wettbewerblicher Grundsatz, der tarifliche Differenzierungsklauseln per se für unzulässig erachtet, ist daher nicht zu erkennen. Vielmehr geht es auch hier um eine Vermeidung unbilliger Diskriminierungen anderer Verbände, nicht aber um deren generelle Gleichbehandlung.

Eine freiwillige Gleichbehandlung mehrerer Gewerkschaften durch den Arbeitgeber ist daher als wettbewerbswidrig und damit rechtswidrig im Sinne des Art. 9 III 2 GG anzusehen. Gewerkschaften dürfen grundsätzlich derartige Gleichbehandlungen tariflich verbieten, sofern damit nicht die konkreten Grenzen der Billigkeit überschritten werden.

Eine solche Anknüpfung der Zulässigkeitsbeurteilung an die Motivation des Arbeitgebers bei der Gewährung von Vorzugsrechten gegenüber mehreren Gewerkschaften im Betrieb wirft Beweisprobleme auf. Insbesondere stellt sich die Frage, wie nach außen erkennbar ist, ob eine Gewährung aufgrund von gewerkschaftlichem Druck oder allein auf freiwilliger Basis stattfindet.

Die Antwort darauf ergibt sich aus dem Wesen des Tarifvertrages selbst. Der Tarifvertrag beinhaltet das Resultat des antagonistischen Interessenkampfes zwischen Arbeitgeberseite und Arbeitnehmerseite. Er bildet einen paritätisch erstrittenen Interessenausgleich in Form eines für beide Seiten verbindlichen Kompromisses[741]. Kommt daher eine betriebliche Bevorzugung des betreffenden Verbandes im Rahmen des wechselseitigen Gebens und Nehmens eines Tarifvertrages zustande, so kann dabei von einem „Kampferfolg" der Gewerkschaft ausgegangen werden. Tarifliche Absprachen gelten also immer als erkämpft, denn hier hat es die Gewerkschaft im Wettbewerb mit ihren Konkurrenten immerhin bis zum Tarifabschluss geschafft.

Was dagegen nicht durch tarifliche Absprachen erstritten werden kann und dennoch von Arbeitgeberseite aus gewährt wird, muss als freiwillige Bevorzugung eingestuft werden. Ein hinreichend objektiviertes Kriterium für die innere Motivation der Arbeitgeberseite bei der Gewährung gewerkschaftlicher Privilegien ist daher darin zu sehen, ob dies im Rahmen eines Tarifvertrages geschieht oder nicht. Maßgeblich ist insofern der *Tarifpartner*: im Falle des Firmentarif-

---

739 Ausdrücklich BGH, BB 1968, 1450.
740 So ausdrücklich *Hanau*, JuS 1969, 219.
741 Vgl. oben 1. Teil B. II. 1.

vertrages ist dies der einzelne Arbeitgeber, bei Abschluss eines Flächentarifvertrages dagegen der betreffende Arbeitgeberverband.

Dies muss – um die Objektivität des Kriteriums auch für die Arbeitgeberseite zu erhalten – sowohl gegenüber großen wie gegenüber kleinen Verbänden gelten. Eine freiwillige Bevorzugung im Betrieb starker Verbände ist daher ebenso wenig möglich wie die nur schwach organisierter Gewerkschaften. Versäumt es also ein großer Verband, eine bevorzugte Behandlung im Betrieb im Tarifvertrag mit dem Tarifpartner festzulegen, geht ihm die Möglichkeit auf diese Privilegierung solange verloren, bis er dies nachholt. Eine freiwillige Gewährung dieser Rechte durch die Arbeitgeberseite kann bis dahin nur alle im Betrieb vertretenen Gewerkschaften erfassen.

Daraus ergibt sich eine notwendige Einschränkung des Grundsatzes, dass eine Gewerkschaft mittels tariflicher Absprache dem Arbeitgeber untersagen darf, eine von ihr erkämpfte Privilegierung auch anderen Gewerkschaften im Betrieb zukommen zu lassen. Beruht nämlich diese anderweitige Gleichstellung einer konkurrierenden Organisation ebenfalls auf einem eigenen mit dem Arbeitgeber oder zuständigen Arbeitgeberverband geschlossenen Tarifvertrag, muss dieser als eigenes wettbewerbliches Kampfresultat seinerseits in den Schutzbereich des Art. 9 III GG fallen. Die bestehende Möglichkeit der anderen Verbände, selbst mit dem vorherrschenden Verband gleichzuziehen, ist grundlegender Bestandteil eines fairen Koalitionswettbewerbs. Ansonsten käme es lediglich darauf an, welcher Gewerkschaft zuerst der Tarifabschluss gelänge. Ein solcher wertungsmäßiger Vorrang bei Bestehen mehrerer unterschiedlicher Tarifverträge ist aber, wie der Vergleich mit der Problematik der Tarifeinheit bei Tarifpluralität zeigt, gerade nicht mit Art. 9 III GG vereinbar[742].

Eine Tarifklausel kann also immer nur freiwillige Gleichstellungen des Arbeitgebers mit Mitgliedern konkurrierender Gewerkschaften untersagen. Gelingt deren Verband dagegen ein eigener Tariferfolg, verstieße ein Verbot desselben gegen die Koalitionsbetätigungsfreiheit dieses zweiten tarifschließenden Verbandes und wäre damit nach Art. 9 III 2 GG nichtig.

Dagegen lässt sich auch nicht die theoretisch mögliche Instrumentalisierung des Tarifvertrages durch den Arbeitgeber dergestalt einwenden, dass er durch bloße Gefälligkeitstarifverträge mit offensichtlich nicht mitgliederstarken und damit nicht privatautonom legitimierten Verbänden diese gegenüber starken Verbänden bevorzugen kann. In diesen Fällen wird es bereits regelmäßig an der Gegnerunabhängigkeit des schwachen Verbandes fehlen, da er zur koalitionsspezifischen Betätigung allein auf die Hilfe des tariflichen Gegenspielers angewiesen ist.

742 Vgl. bereits oben 2. Teil E. IV. 3.

3. Individualrechtliche Gleichbehandlungspflicht?

Eine Gleichbehandlungspflicht des Arbeitgebers gegenüber allen Verbänden lässt sich auch nicht erreichen, indem man gewissermaßen den Adressaten der Bevorzugung austauscht und nicht auf den Verband, sondern auf das einzelne Belegschafts- wie Gewerkschaftsmitglied abstellt. Denn der allgemeine arbeitsrechtliche Gleichbehandlungsgrundsatz steht ebenso wie das betriebsverfassungsrechtliche Gleichbehandlungsgebot des § 75 I 1 BetrVG[743] immer unter dem Vorbehalt der durch einen sachlichen Grund gerechtfertigten Ungleichbehandlung[744]. Ein solcher liegt aber in der Garantie eines fairen Gewerkschaftswettbewerbs vor[745]. Die Grenze der Sachlichkeit wird allerdings dann überschritten, wenn die Maßnahme gar keinen kollektiven Bezug mehr aufweist. So ist etwa die die Zuweisung von beliebter Mehrarbeit nur an Mitglieder einer bestimmten Gewerkschaft nicht mit dem allgemeinen arbeitsrechtlichen Gleichheitsgrundsatz vereinbar, der Verweis auf die Garantie eines fairen Koalitionswettbewerbs geht hier fehl.

4. Gleichbehandlungspflicht des öffentlich-rechtlichen Arbeitgebers?

Auf den ersten Blick scheint eine Differenzierung der bisher für den privatrechtlichen Arbeitgeber gefundenen Ergebnisse gegenüber dem Staat als Arbeitgeber auf der Hand zu liegen. Man könnte meinen, der Staat sei aufgrund seiner unmittelbaren Bindung an den verfassungsrechtlichen Gleichheitssatz des Art. 3 I GG auch gegenüber verschiedenen in seinen Betrieben vertretenen Gewerkschaftsverbänden zur Gleichbehandlung verpflichtet[746].

Diese Beurteilung ist indessen nicht überzeugend. Es geht hier nicht um die Verpflichtungen des Staates in seiner Rolle als Gesetzgeber, sondern um den Staat als Arbeitgeber. Dessen Einflussnahme in den Gewerkschaftswettbewerb ist aber gekennzeichnet durch die bereits erläuterte Doppelnatur einerseits als bloße Umsetzung der bisherigen Wettbewerbsresultate und andererseits als Determinierung zukünftiger betrieblicher Wettbewerbsgestaltung. Dementsprechend ist auch für den Staat als Arbeitgeber die aus Art. 9 III 1 GG begründete Verpflichtung der Gewährleistung eines fairen Gewerkschaftswettbewerbs nicht mit der generellen Pflicht zu deren Gleichbehandlung gleichzusetzen. Insoweit liegt in der betreffenden Verpflichtung aus Art. 9 III GG ein ausreichender sachlicher Grund

743 Ob es sich hierbei überhaupt um eine Vorschrift individualrechtlicher Natur handelt, ist umstritten; bejahend *Galperin/Löwisch*, BetrVG, § 75 Rn. 2; *Fitting* § 75 Rn. 13; ablehnend GK-BetrVG-*Kreutz* § 75 Rn. 4; *Richardi*, BetrVG, § 74 Rn. 8 jeweils m.w.N.

744 Dazu ausführlich *Schaub*, Arbeitsrechtshandbuch, § 112 Rn. 3 ff.

745 Im Ergebnis auch *Gamillscheg*, Kollektives Arbeitsrecht, S. 196.

746 So ausdrücklich *Gamillscheg*, Kollektives Arbeitsrecht, S. 281; MünchArbR-*Löwisch/Rieble* § 246 Rn. 243.

zur Differenzierung vor, so dass ein Verstoß gegen das Gleichheitsgebot des Art. 3 I GG nicht besteht.

Auch für den Staat ist daher eine generelle Pflicht zur Gleichbehandlung der Gewerkschaften in seinen Betrieben nicht anzuerkennen.

5. Zwischenergebnis

Als Fundament für die anschließend zu untersuchenden einzelnen Möglichkeiten arbeitgeberlicher Einflussnahme auf den Gewerkschaftswettbewerb ergibt sich damit Folgendes.

Bei der Gewährung von über den koalitionsspezifischen Betätigungsschutz des Art. 9 III GG hinausgehenden Verhaltensweisen einer Gewerkschaft kommt dem Arbeitgeber eine Doppelfunktion zu, um seiner Bindung an einen fairen Gewerkschaftswettbewerb im Betrieb nach Art. 9 III 2 GG zu genügen. Bewilligt er derartige Privilegierungen, so muss sich darin einerseits das Resultat des bisherigen Gewerkschaftswettbewerbs widerspiegeln. Dieser erforderliche Wettbewerbsbestandsschutz wird erreicht durch ein Verbot der freiwilligen Besser- oder Gleichstellung schwacher Verbände gegenüber im Wettbewerb erfolgreichen Verbänden. Die Grenze zwischen auf gewerkschaftlichem Kampferfolg beruhender und bloß freiwilliger arbeitgeberlicher Gewährleistung ist anhand des Tarifabschlusses selbst zu ziehen. Gelingt einem Gewerkschaftsverband die Festschreibung betrieblicher Bevorzugungen in einem Tarifvertrag mit dem sozialen Gegenspieler, so ist dies als Ausdruck seiner Wettbewerbsstärke zu schützen.

Andererseits bedeutet die arbeitgeberliche Gewährung betrieblicher Sonderrechte an bestimmte Gewerkschaftsverbände auch immer eine Determinierung des künftigen Gewerkschaftswettbewerbs im Betrieb. Um darin die Chancengleichheit aller im Betrieb vertretenen Verbände zu wahren, müssen die tarifvertraglich festgeschriebenen Privilegierungen bestimmter Verbände inhaltlich den Lauterkeitsregeln eines fairen Gewerkschaftswettbewerbs entsprechen.

III. Einzelne Verhaltensweisen des Arbeitgebers im Gewerkschaftswettbewerb

1. Die Problematik tariflicher Lohndifferenzierungsklauseln

Besondere Aufmerksamkeit in Literatur und Rechtsprechung haben in diesem Zusammenhang tarifliche Lohndifferenzierungsklauseln erworben[747]. Zweck solcher Absprachen ist es, den tarifgebundenen Arbeitgebern zu verbieten, bestimmte tariflich festgelegte Leistungen und Vergünstigungen auch ihren nicht

747 Ausführlich zum Ganzen *Kempen/Zachert*, TVG, Grundlagen Rn. 162 ff.; § 3 Rn. 113 ff.; *Däubler*, TVG, Einl. Rn. 283 m.w.N.

oder anderweitig gebundenen Arbeitnehmern zu gewähren. Damit ist eine bereits thematisch notwendige Einschränkung der Problematik im hier zu behandelnden Rahmen aufgezeigt: für den Gewerkschaftswettbewerb von Bedeutung sind allein solche Klauseln, die eine Abgrenzung der eigenen Gewerkschaftsmitglieder von anderweitig organisierten Belegschaftsmitgliedern vorsehen. Denkbar sind damit folgende Fallgruppen der Differenzierungsklauseln.

Die deutlichste Unterscheidung nehmen hier so genannte beschränkte Organisationsklauseln vor. Mit ihnen soll dem Arbeitgeber tariflich untersagt werden, Mitglieder einer konkurrierenden Gewerkschaft einzustellen[748]. Verhältnismäßig milder gestalten sich dagegen Tarifausschlussklauseln, welche vorsehen, dass tarifliche Leistungen nicht an anders organisierte Belegschaftsmitglieder ausgeschüttet werden dürfen. Ebenfalls der Sicherstellung der tariflichen Exklusivbehandlung der eigenen Gewerkschaftsmitglieder dienen Spannensicherungsklauseln, die zwar nicht die Gewährung von Zusatzleistungen an Andersorganisierte verbieten, gleichzeitig aber vorsehen, dass solche Zusatzleistungen auch immer den eigenen Gewerkschaftsmitgliedern zukommen müssen. Auch auf diese Weise bleibt damit der Abstand zwischen tarifgebundenen und anders organisierten Arbeitnehmern gewahrt.

Der Große Senat des Bundesarbeitsgerichts hat in einem Beschluss vom 29.11.1967 die grundsätzliche Unzulässigkeit tariflicher Differenzierungsklauseln festgestellt[749]. In seiner Begründung geht er dabei allein auf die Interessenlage nicht gewerkschaftlich organisierter Arbeitnehmer ein, während die Situation anderweitig organisierter Belegschaftsmitglieder keiner eigenen Betrachtung zugeführt wird.

Daher kann es wenig überraschen, dass die Argumentationslinie des Senats für die besondere Interessenlage des Gewerkschaftswettbewerbs wenig ergiebig ist. Weder die negative Koalitionsfreiheit der nicht gebundenen Arbeitnehmer noch der Verweis auf die tarifrechtliche Unzumutbarkeit gegenüber dem Arbeitgeber, durch solche Klauseln den Anreiz zum Gewerkschaftsbeitritt zu fördern und damit die tarifliche Gegenseite zu stärken, stellen taugliche Ansätze mit Blick auf die anders organisierten Arbeitnehmer dar. Ihre negative Koalitionsfreiheit haben sie bereits durch die Delegation ihrer arbeitsvertraglichen Verhandlungsbefugnis an ein Kollektivorgan aufgegeben. Eine Stärkung der Gegenseite kann für sie schon deshalb nicht begründet werden, weil sie bereits am tariflichen Kampfgeschehen – wenn auch für einen konkurrierenden Kollektivverband – teilnehmen.

---

748 Zum so genannten closed-shop-system vgl. allgemein *Brox/Rüthers*, Arbeitskampfrecht, Rn. 246 f.

749 BAG GS, AP Nr. 13 zu Art. 9 GG; ausführlich dazu *Hanau*, JuS 1969, 213 ff. m.w.N.

Auch die Stellungnahmen im Schrifttum zum Beschluss des Großen Senats behandeln die Interessenlage gegenüber den anders organisierten Arbeitnehmern recht stiefmütterlich[750]. Sofern hier überhaupt zwischen nicht gebundenen und anders gebundenen Arbeitnehmern differenziert wird, geht die überwiegende Ansicht von der Unzulässigkeit solcher Klauseln gegenüber anderweitig Organisierten aus, meist mit dem nicht näher begründeten Verweis auf die in Art. 9 III GG enthaltene Garantie des Koalitionspluralismus[751]. Die Gegenansicht stellt kaum weniger pauschalisierend auf den Bestandsschutz großer Gewerkschaften gegenüber unlauterer Billigkonkurrenz ab[752]. Gerade der zwischengewerkschaftliche Wettbewerb erfordert aber eine differenzierte Abwägung, um dem verfassungsrechtlichen Gebot der Fairness gerecht zu werden.

Zu beachten ist dabei zunächst, dass tarifvertragliche Differenzierungsklauseln über den gewöhnlichen Fall der tariflichen Privilegierung hinausgehen. Hier geht es nicht um die Gewährung der Sonderleistung an sich, sondern um das Verbot, diese anders Organisierten zukommen zu lassen[753]. Die einer solchen Tarifabsprache zuwiderlaufende willkürliche Gleichstellung aller Gewerkschaften durch den Arbeitgeber ist aber grundsätzlich wettbewerbswidrig, sofern die Absprache selbst nicht als unlautere und damit wettbewerbswidrige Vereinbarung einzuordnen ist[754]. Etwas anderes ist nur für den Fall zu entscheiden, wo die gleiche Gewährung nicht durch freiwillige Gewährung des Arbeitgebers durch einzelvertragliche Bezugnahme, sondern aufgrund einer anderweitigen tariflichen Absprache mit der konkurrierenden Gewerkschaft zustande kommt. Eine Differenzierungsklausel, die auch hier die gleiche Entlohnung verbietet, ist als unzulässige Abrede im Sinn des Art. 9 III 2 GG unmittelbar nichtig. Anhand der abstrakt herausgearbeiteten Ergebnisse zur Möglichkeit der arbeitgeberlichen Ungleichbehandlung gegenüber Gewerkschaften stellt sich damit die Frage, wo im Falle der Differenzierungsklauseln die Grenzen eines fairen Wettbewerbs zu ziehen sind.

Eine Antwort darauf liefert ein allgemeiner Wettbewerbsgrundsatz, der sich aus dem Wirtschaftswettbewerb auf den Gewerkschaftswettbewerb übertragen lässt. Denn Voraussetzung eines jeden lauteren Wettbewerbs ist immer die Frei-

---

750 Vgl. etwa *Hanau*, JuS 1969, 216; *Hueck/Nipperdey*, Arbeitsrecht II/1, S. 163.

751 Vgl. etwa *Hanau*, JuS 1969, 216; eine Ausnahme hiervon bilden allein die Beiträge von *Gamillscheg*, Differenzierung, S. 65 ff. sowie vor allem *Kempen/Zachert*, TVG, Grundlagen Rn. 162 ff.

752 Vgl. *Kempen/Zachert*, TVG, Grundlagen Rn. 162 ff.

753 Ein solches zusätzliches Verbot ist natürlich auch für jede andere einseitige Vorteilsgewährung zumindest denkbar.

754 Vgl. dazu oben 3. Teil C. II. 2.

heit des Marktzugangs. Diese als zentrales wettbewerbliches Schutzgut zu wahren, ist auch gerade ratio des § 20 I GWB[755].

Damit können tarifliche Organisationsklauseln nur als unlautere, wettbewerbswidrige Maßnahme einzuordnen sein. Sie sollen gerade verhindern, dass anderen Gewerkschaften überhaupt eine Teilnahme am Gewerkschaftswettbewerb in den Betrieben ermöglicht wird. Alleiniges Ziel solcher Klauseln ist die Sicherung des eigenen Gewerkschaftsmonopols ohne dabei den Legitimationsträgern jeder gewerkschaftlichen Interessenvertretung, nämlich den Arbeitnehmern selbst, eine tatsächliche Auseinandersetzung mit den Inhalten der Konkurrenzorganisationen zu bieten. Die vereinzelt vorgeschlagene Differenzierung danach, ob durch Organisationsklauseln ein Austrittszwang gegenüber den anders gebundenen Arbeitnehmern ausgeübt wird[756], greift daher zu kurz. Der konkrete Wettbewerb im Betrieb wird bereits durch die Verhinderung einer bloßen Konkurrenzmöglichkeit gestört[757].

Diese Beurteilung tariflicher Organisationsklauseln lässt sich dagegen nicht auf bloße tarifliche Vorteilsgewährungen der eigenen Mitglieder gegenüber anders organisierten Mitgliedern übertragen. Der Zugang zum Markt ist in diesen Fällen nicht betroffen. Die verbindliche Ungleichbehandlung bei der Lohnauszahlung entspricht gerade dem, was die tarifschließende Gewerkschaft im Gegensatz zu ihrer Konkurrenzorganisation gegenüber dem Arbeitgeber hat erkämpfen können. Allerdings bleibt hier zu beachten, dass in Lohnfragen anders als bei Raumfreistellungen oder dem Überlassen ausreichender Aushangflächen nicht die Gewerkschaft, sondern der einzelne tarifgebundene Arbeitnehmer Adressat der tariflichen Privilegierung ist. Daraus kann sich aber letztlich keine unterschiedliche Beurteilung rechtfertigen. Denn ein sachlicher Grund zur Ungleichbehandlung liegt auch auf der individualrechtlichen Ebene dann vor, wenn es sich um eine Maßnahme handelt, die einen unmittelbaren kollektiven Bezug zum Gewerkschaftswettbewerb im Betrieb aufweist.

Dieser kollektive Bezug ist im Fall der tariflichen Lohndifferenzierung darin begründet, dass der Arbeitgeber den Arbeitnehmern der konkurrierenden Gewerkschaft andernfalls denselben Tariflohn zugestehen könnte wie den Mitgliedern des tarifschließenden Verbandes. Der konkurrierende Verband könnte also die fremden tariflichen Früchte ohne eigenen finanziellen und organisatorischen Aufwand ernten und entsprechend die eigenen Mitgliedsbeiträge bei gleicher ta-

755 BGH, NJW 1972, 486, BGH, NJW 1991, 2963; *Immenga/Mestmäcker* § 20 Rn. 19.

756 *Kempen/Zachert*, TVG, § 3 Rn. 253 ff.; eine ähnliche Argumentation findet sich bereits in RGZ 104, 327.

757 Ein nicht verallgemeinerungsfähiger Fall einer ausnahmsweise zulässigen closed-shop-Klausel gegenüber ausländischen Konkurrenzgewerkschaften im Bereich der Hochseeschifffahrt findet sich in BVerfGE 92, 26, 40.

riflicher Absicherung wesentlich niedriger halten[758]. Die Gleichstellung der Mitglieder beider Gewerkschaften hätte also schließlich die Privilegierung des schwächeren Verbandes zur Folge. Damit wird deutlich, dass tarifliche Ausschluss- und Spannensicherungsklauseln in Lohnfragen wesentlich zum Erhalt des fairen Wettbewerbs der verschiedenen Arbeitnehmerkoalitionen im Betrieb beitragen. Ihre Zulässigkeit gegenüber anderweitig organisierten Mitgliedern der Belegschaft ist damit nicht zu beanstanden.

2. Das tarifliche Verbot anderer Tarifabschlüsse

Eng mit den Aussagen zu den Differenzierungsklauseln ist die Problematik verwandt, ob ein Arbeitgeber sich tariflich gegenüber einer Gewerkschaft wirksam verpflichten kann, mit keiner anderen Gewerkschaft Tarifverträge abzuschließen. Ansatzpunkt der Regelung ist hier nicht eine differenzierte Lohngestaltung, sondern vielmehr das Bestreben, die konkurrierende Gewerkschaft von vorneherein ganz aus dem Gewerkschaftswettbewerb herauszuhalten. Die Parallele zur tariflichen Organisationsklausel ist unverkennbar, ihre wettbewerbliche Beurteilung ebenfalls. Es kann keinen Unterschied ergeben, ob durch Tarifklauseln bereits die bloße Mitgliedschaft in anderen Gewerkschaften verhindert werden soll oder ob zwar die Mitgliedschaft erlaubt ist, dem Verband aber das zentrale Mittel zur Vertretung und Geltendmachung seiner Mitgliederinteressen verwehrt wird. Auch eine solche Tarifexklusivklausel versperrt jedem weiteren potentiellen Wettbewerbsteilnehmer den freien Zugang zum Markt, eine freie Entscheidung der Belegschaftsmitglieder über ihre Interessenvertretung ist damit nicht mehr gewährleistet. Daher genügt es auch nicht, darauf zu verweisen, eine solche Klausel im Tarifvertrag sei zwar wirksam, entfalte aber nur eine Bindung inter partes, so dass bei Abschluss anderer Tarifverträge deren Wirksamkeit nicht berührt werde[759]. Jede derartige Tarifvereinbarung verstößt bereits gegen die Garantie des fairen Koalitionswettbewerbs nach Art. 9 III 1 GG und ist als unzulässige Abrede im Sinn des Art. 9 III 2 GG unmittelbar nichtig[760].

3. Die tarifliche Gleichstellung durch Betriebsnormen und betriebsverfassungsrechtliche Normen nach § 3 II TVG

Eine der Intention der Differenzierungsklauseln entgegengesetzte Situation ergibt sich für den Fall, in dem eine Gewerkschaft durch Betriebsnormen ihren Tarifinhalt gerade auf alle Belegschaftsangehörige unabhängig von deren konkreter

758 So ausdrücklich *Kempen/Zachert*, TVG, § 3 Rn. 253 ff.; *Däubler*, Tarifvertragsrecht, Rn. 1187.

759 Vgl. aber BAG, AP Nr. 2 zu Art. 9 GG; zustimmend *Hessel*, BB 1955, 1029 f.; nicht eindeutig dagegen *Hueck/Nipperdey*, Arbeitsrecht II/1, S. 328.

760 MünchArbR-*Löwisch/Rieble* § 245 Rn. 9, *Gamillscheg*, Kollektives Arbeitsrecht, S. 281.

Mitgliedschaft erstrecken möchte. § 3 II TVG erklärt dies bei betrieblichen und betriebsverfassungsrechtlichen Fragen für grundsätzlich möglich. Eine derartige Motivation einer tarifschließenden Gewerkschaft ist für den Gewerkschaftswettbewerb insbesondere dann wahrscheinlich, wenn es um das Ziel der Beschäftigungssicherung im Betrieb geht. Denkbar wäre insofern ein betriebliches Bündnis für Arbeit nicht durch den Betriebsrat, sondern durch Tarifvertrag mit einer zweiten Gewerkschaft, welche mittels vom üblichen Tarifstandard abweichender Entgeltforderungen und Arbeitszeitregelungen eine betriebseinheitliche Beschäftigungssicherung gegen die Normen des konkurrierenden Tarifvertrages durchsetzen wollte.

Ein solcher Versuch wäre allerdings zum Scheitern verurteilt. Sowohl Entgelt als auch Arbeitszeit beinhalten individualrechtliche Fragen, welche bereits gar nicht in den Anwendungsbereich des § 3 II TVG fallen[761]. Ihre betriebseinheitliche Regelung mittels entsprechender Tarifnormen bedeutete daher einen rechtswidrigen Verstoß gegen das duale Interessenvertretungssystem und wäre nach Art. 9 III 2 GG nichtig.

4. Das Überlassen eines Schwarzen Brettes zur Mitgliederwerbung

Das grundlegende Verständnis der Gewerkschaften als mitgliedschaftlich legitimierte Interessenvertretung ist untrennbar mit dem verfassungsrechtlich garantierten Betätigungsrecht verknüpft, in den Betrieben und Dienststellen um ihre Mitglieder zu werben[762]. Zur Ausübung solcher koalitionsspezifischer Betätigungen begründet Art. 9 III GG auch für noch nicht im Betrieb vertretene Gewerkschaften ein betriebliches Zugangsrecht[763]. Beide Bestandteile der koalitionsspezifischen Betätigungsfreiheit sind unmittelbar gegenüber dem Arbeitgeber durch Art. 9 III GG geschützt.

Daraus folgt eine Duldungspflicht des Arbeitgebers insbesondere gegenüber dem Verteilen von Werbematerial und der Inanspruchnahme der betrieblichen Räume zur Anbringung entsprechenden Schriftgutes[764]. Zumindest die Zuweisung einer geeigneten Fläche von der Größe eines normalen Plakates kann deshalb von jeder Gewerkschaft gegenüber dem Arbeitgeber verlangt werden[765]. Für diesen Bereich ist dem Arbeitgeber die Gleichbehandlung aller Gewerkschaften im Betrieb bereits durch Art. 9 III GG vorgeschrieben, eine Beeinträchtigung dieser Rechte aufgrund tariflicher Vereinbarungen ist daher unzulässig.

---

761 *Rieble*, ZfA 2004, 29.

762 Statt aller *Richardi*, BetrVG, § 2 Rn. 142 ff.; *Däubler*, Gewerkschaftsrechte, Rn. 365 ff. m.w.N.

763 Dazu bereits oben 3. Teil B. II. 2. a. bb.

764 Grundlegend BAG, AP Nr. 26 zu Art. 9 GG und AP Nr. 38 zu Art. 9 GG; zum Ganzen MünchArbR-*Löwisch/Rieble* § 246 Rn. 160 ff. m.w.N.

765 *Brock*, Gewerkschaftliche Betätigung, S. 168.

Fragen ergeben sich dann, wenn eine Ungleichbehandlung im Rahmen einer über diesen Mindestschutz hinausgehenden Überlassung von Werbeflächen vereinbart wird. Denkbar ist etwa der Fall, dass tariflich einem Verband die Zuweisung mehrerer eigener Schwarzer Bretter garantiert wird, während seine Konkurrenten sich mit den betriebsüblichen Aushangflächen begnügen müssen[766]. Eine solche tarifliche Differenzierung ist nach Art. 9 III GG eine zulässige Ausformung des fairen Koalitionswettbewerbs. Ein über diesen Mindestbetätigungsschutz hinausgehendes Werberecht muss jede Gewerkschaft für sich selbst erkämpfen. Gleiches gilt für die tariflich vereinbarte unterschiedliche Größe gewerkschaftlicher Aushangflächen, sofern die Untergrenze der normalen Plakatgröße nicht unterschritten wird.

Auch eine der Lohndifferenzierungsklausel ähnliche Tarifvertragsregelung, welche nicht nur die Bevorzugung einer Gewerkschaft festlegt, sondern gleichzeitig das Gewähren gleich großer Schwarzer Bretter untersagt, wäre grundsätzlich nicht rechtsungültig nach Art. 9 III 2 GG. Die vom Arbeitgeber freiwillig eingeräumte Gleichstellung aller Gewerkschaften würde den erkämpften Wettbewerbserfolg der allein tarifschließenden Gewerkschaft zunichte machen. Dagegen wäre ein tarifliches Verbot, welches sich auch auf gleiche Gewährungen innerhalb anderer Tarifverträge bezieht, nicht mehr mit der Koalitionsfreiheit der konkurrierenden Gewerkschaft vereinbar.

Zum Teil ist versucht worden, eine gleiche Gewährung betrieblicher Werbemöglichkeiten damit zu begründen, dass bei nur einem Gewerkschaftsbrett im Betrieb ein zeitlicher Wettlauf der einzelnen Gewerkschaften um diese einzige Aushangfläche stattfinden würde[767]. Für den Fall einer tariflichen Zuweisung eines Schwarzen Brettes erscheint das nicht plausibel. Denn einen Anspruch auf eine solche Aushangfläche hat nur die Gewerkschaft, die dies tariflich mit dem Arbeitgeber vereinbart hat. Benutzt nun eine konkurrierende Organisation dasselbe Brett, hat die beeinträchtigte Gewerkschaft sowohl gegenüber dem Arbeitgeber aus der schuldrechtlichen Verpflichtung des Tarifvertrages wie auch gegenüber der konkurrierenden Gewerkschaft selbst aus Art. 9 III 2 GG iVm § 1004 BGB analog einen Anspruch darauf, die Unterlassung dieser wettbewerbswidrigen Betätigung zu erreichen. Ein den Betriebsfrieden störender „Gewerkschaftswettlauf" ist in diesen Fällen nicht möglich. Dies darf im Umkehrschluss aber nicht bedeuten, dass damit die konkurrierende Gewerkschaft nun gar keine Aushangmöglichkeit mehr hat. Hier muss der Arbeitgeber zumindest dafür

766 Für eine Gleichbehandlung in diesen Fällen *Brock*, Gewerkschaftliche Betätigung, S. 169 mit nicht näher begründetem Verweis auf den Koalitionspluralismus des Art. 9 GG. Dies kann aus den genannten Gründen nicht überzeugen.

767 *Brock*, Gewerkschaftliche Betätigung, S. 168.

sorgen, dass die üblichen Werbeflächen des Betriebes dem Mindestschutz der koalitionsmäßigen Betätigungsfreiheit gerecht werden.

Allein dann, wenn eine solche Tarifabsprache mit keiner der betreffenden Gewerkschaften getroffen wurde, muss der Arbeitgeber notfalls durch Bereitstellen weiterer gewerkschaftseigener Bretter dafür sorgen, dass jede Gewerkschaft die Möglichkeit zur betrieblichen Werbung erlangt[768]. Dies folgt unmittelbar aus dem Betätigungsrecht jeder einzelnen Gewerkschaft selbst. Der Verstoß gegen den Betriebsfrieden durch einen Gewerkschaftskampf um die einzige Aushangmöglichkeit wäre insofern nur als Reflex auf den Verstoß des Arbeitgebers gegen das Schutzgut des Art. 9 III 1 GG zu werten.

Ein wesentliches bei der Gewährung betrieblicher Werbemöglichkeiten zu beachtendes Drittschutzgut bildet die Wahrung der Neutralität des Betriebsrates gegenüber den werbenden Gewerkschaften. Die dualistische Aufgabentrennung der arbeitnehmerlichen Interessenvertretung, welche dem kollektiven Arbeitsrecht zugrunde liegt, muss gerade auch im Betrieb selbst für die Arbeitnehmer deutlich sein. Daraus folgt eine klare Trennung von gewerkschaftlichen Aushangflächen gegenüber denen des Betriebsrates[769].

5. Tarifliche Regelungen zur Stellung der gewerkschaftlichen Vertrauensleute im Betrieb

Die Bestellung gewerkschaftlicher Vertrauensleute im Betrieb durch eine Gewerkschaft ist der koalitionsrechtlich geschützten Betreuungs-, Werbe- und Informationstätigkeit der Gewerkschaften zuzurechnen[770]. Aufgabe der Vertrauensleute ist die unmittelbare Interessenvertretung der Gewerkschaft vor Ort. Sie dient insbesondere der Aufrechterhaltung der Verbindung zwischen Verbandsführung und den Mitgliedern des Verbandes. Zwar kommt solchen Vertrauensleuten nicht die Stellung betriebsverfassungsrechtlicher Organe zu, da sie allein im Rahmen der allgemeinen Koalitionsbetätigung einer Gewerkschaft auftreten, während das Betriebsverfassungsgesetz keine besonderen Befugnisse für sie statuiert. Dennoch steht bereits aufgrund ihrer exponierten Stellung innerhalb der Belegschaft und gegenüber dem Arbeitgeber fest, dass durch sie ein besonderer koalitionsrechtlicher Pflichtenkreis begründet wird, den es zur effektiven Umsetzung der Garantien des Art. 9 III GG zu schützen gilt. Dementsprechend finden sich in Tarifverträgen häufig Regelungen, welche einen besonderen Tätig-

768 Vg. auch LAG Hamm, BB 1977, 1054.

769 *Brock*, Gewerkschaftliche Betätigung, S. 168.

770 BAG, AP Nr. 28 zu Art. 9 GG; zum Ganzen *Richardi*, BetrVG, § 2 Rn. 171; MünchArbR-*v.Hoyningen- Huene* § 302 Rn. 28 ff.; *Kraft*, ZfA 1976, 243 ff.; *Blomeyer*, DB 1977, 103 ff. jeweils m.w.N.

keitsschutz und damit verbundene weitreichende Privilegierungen solcher für die Gewerkschaft tätiger Belegschaftsmitglieder vorsehen[771].

Die Zulässigkeit derartiger Klauseln mit Blick auf die damit verbundene Benachteiligung von Vertrauensleuten anderer als der tarifschließenden Gewerkschaft ist grundsätzlich unbedenklich. Über den normalen gewerkschaftlichen Betätigungsschutz hinausreichende Privilegierungen sind als Tariferfolge der Gewerkschaft gegenüber den weniger erfolgreichen Gewerkschaften im Betrieb gerade zu schützen. Eine freiwillige Gleichbehandlung durch den Arbeitgeber verstieße daher gegen Art. 9 III GG. Zu beachten gilt es allerdings, dass Adressat der Privilegierung nicht die Gewerkschaft selbst, sondern die einzelne Vertrauensperson ist. Die Ungleichbehandlung der anders organisierten Vertrauensleute ist also nur dann mit dem Diskriminierungsverbot des § 75 I 1 BetrVG und dem allgemeinen arbeitsrechtlichen Gleichbehandlungsgrundsatz vereinbar, wenn in der konkreten Begünstigung ein hinreichender Bezug zum kollektiven Gewerkschaftswettbewerb liegt[772]. Damit ist gewährleistet, dass ein sachgerechter Tätigkeitsschutz zur Erhaltung und Förderung der betrieblichen Interessenvertretung gewahrt bleibt[773].

Dies gilt insbesondere für die Gewährung von Freistellungen zur Teilnahme an gewerkschaftlichen Schulungen, welche einen unmittelbaren koalitionsspezifischen Zusammenhang aufweisen[774], sowie für das Einrichten eigener Büros zur Mitgliederbetreuung durch Vertrauensleute oder das Benutzen der Hauspost für das Verteilen von Informationsmaterial. In all diesen Fällen handelt es sich um unmittelbar gegenüber dem Arbeitgeber erstrittene Privilegien der eigenen Gewerkschaftsarbeit, die als Wettbewerbserfolge gegenüber den nicht tarifschließenden Koalitionen zu schützen sind.

Auch für die Frage nach der Bereitstellung von Räumen zur Durchführung gewerkschaftlicher Wahlen der Vertrauensleute im Betrieb ergibt sich insoweit kein anderes Ergebnis. Hierin liegt kein in Art. 9 III GG verbürgtes Recht jeder Koalition, da es sich dabei um ein formalisiertes Verfahren handelt, welchem ein überwiegend gewerkschaftsinterner Charakter zukommt[775]. Anders als bei der betrieblichen Werbung kann der Arbeitgeber hier deshalb nicht zu einer Hilfe-

---

771 Vgl. die Beispiele bei *Kempen/Zachert*, TVG, § 1 Rn. 546 ff.

772 Dies verkennt *Brock*, Gewerkschaftliche Betätigung, S. 243, der hier von einer Wettbewerbsverzerrung zugunsten der privilegierten Gewerkschaften ausgeht.

773 So dazu auch Art. 5 des Übereinkommens Nr. 135 der Internationalen Arbeitsorganisation.

774 Dazu *Kempen/Zachert*, TVG, § 1 Rn. 546 ff.; *Wiedemann*, TVG, Einl. Rn. 451; zustimmend *Brock*, Gewerkschaftliche Betätigung, S. 244 ff.

775 BAG, AP Nr. 28 zu Art. 9 GG; zustimmend *Hess/Schlochauer/Worzalla/Glock*, BetrVG, § 2 Rn. 85; GK-BetrVG-*Kraft/Franzen* § 2 Rn. 99.

stellung verpflichtet sein[776]. Sein Haus- und Eigentumsrecht[777] machen die Gewährung vielmehr davon abhängig, ob es einer Gewerkschaft gelingt, eine solche Forderung in einem Tarifvertrag durchzusetzen.

Handelt es sich dagegen um eine individuelle Bevorzugung der einzelnen Vertrauensperson ohne unmittelbaren Bezug zur koalitionsspezifischen Tätigkeit seines Verbandes, verstößt die Tarifklausel gegen § 75 I 1 BetrVG sowie den allgemeinen arbeitsrechtlichen Gleichbehandlungsgrundsatz. Praktisch relevant wird dies bei der Gewährung eines besonderen Kündigungsschutzes für gewerkschaftliche Vertrauensleute. Vor Benachteiligungen aufgrund der Stellung als Vertrauensperson schützen bereits die Verbote der § 75 I 1 BetrVG und Art. 9 III 2 GG[778]. Dies gilt unabhängig von Tariferfolgen des jeweiligen Verbandes – andernfalls könnte die Bildung neuer Koalitionen mühelos durch den Arbeitgeber verhindert werden. Damit ist aber jede mit der Stellung als Vertrauensperson verbundene Kündigungsgefahr hinreichend abgegolten. Hier kann es bereits systematisch keine Abstufung zwischen ein wenig Kündigungsschutz oder mehr Kündigungsschutz geben. Eine mit der zulässigen Tätigkeit für die Gewerkschaft in Zusammenhang stehende Kündigung verstößt jedenfalls gegen § 75 I 1 BetrVG oder unmittelbar gegen Art. 9 III 2 GG. Ein darüber hinausgehender Kündigungsschutz bedeutet gerade eine Bevorzugung aufgrund der Tätigkeit für eine Gewerkschaft. § 75 I 1 BetrVG verbietet aber sowohl die negative wie auch die positive unterschiedliche Behandlung von Personen wegen ihrer gewerkschaftlichen Betätigung oder Einstellung[779].

Dagegen erscheint es unproblematisch, der Kündigung die vorherige Beratung des Arbeitgebers mit dem zuständigen Gewerkschaftsorgan voranzustellen. Hier ergibt sich die damit verbundene Möglichkeit einer gütlichen Einigung im Vorfeld der Kündigung gerade aus der Tätigkeit als Mittelsmann gewerkschaftlicher Interessenvertretung[780].

6. Versammlungen im Betrieb

Die tarifliche Zulassung betrieblicher Gewerkschaftsversammlungen etwa zur Urabstimmung vor einem Streik zählt nicht zur koalitionsspezifischen, unerlässlichen Betriebstätigkeit einer Gewerkschaft und ist daher nur in Absprache mit

---

776 GK-BetrVG-*Kraft/Franzen* § 2 Rn. 98 m.w.N.; a.A. nur *Däubler*, Gewerkschaftsrechte, Rn. 106 ff.; *Fitting* § 2 Rn. 60 ff.

777 GK-BetrVG-*Kraft/Franzen* § 2 Rn. 98.

778 Vgl. ausführlich *Blomeyer*, DB 1977, 109.

779 So auch GK-BetrVG-*Kraft/Franzen* § 2 Rn. 85; *Kraft*, ZfA 1976, 243; MünchArbR-*v.Hoyningen-Huene* § 302 Rn. 32. Dem widersprechend aber ArbG Kassel, EzA Nr. 18 zu Art. 9 GG, 1675; *Fitting* § 2 Rn. 62; *Löwisch/Rieble*, TVG, § 1 Rn. 548; *Däubler*, Gewerkschaftsrechte, Rn. 521 ff.; *Mayer*, BlStSozAR 1977, 17 ff.

780 Im Ergebnis auch *Wiedemann*, TVG, Einl. Rn.450.

dem Arbeitgeber möglich[781]. Aufgrund des unmittelbaren Bezugs zur Mitgliederbetreuung im Koalitionswettbewerb ergeben sich hier keine Besonderheiten.

7. Betreibung der Entlassung anders organisierter Arbeitnehmer

In Extremfällen betrieblicher Gewerkschaftskonkurrenz ist es denkbar, dass eine Gewerkschaft ihren tariflichen Einfluss gegenüber dem Arbeitgeber geltend macht, um die Entlassung von Mitgliedern konkurrierender Verbände zu betreiben[782]. Derartige Maßnahmen verstoßen sowohl gegen die individuelle Koalitionsfreiheit des Arbeitnehmers als auch gegen die des Verbandes selbst, da auf die Vernichtung anderer Gewerkschaften angelegte Wettbewerbsverhaltensweisen gegen den Konkurrenzschutz eines fairen Gewerkschaftswettbewerbs verstoßen. Die darauf erlassene Kündigung des Arbeitnehmers wäre daher gemäß Art. 9 III 2 GG nichtig.

8. Einflussnahme des Arbeitgebers im Betriebsverfassungsrecht?

Das Betriebsverfassungsgesetz gibt den im Betrieb vertretenen Gewerkschaften zahlreiche Möglichkeiten, um die Ziele der Betriebspartner erfolgreich zu unterstützen. Dabei handelt es sich allerdings vorwiegend um durch das Gesetz eingeräumte Rechte, die nicht von freiwilligen Gewährungen des Arbeitgebers abhängen[783]. Auch die vertrauensvolle Zusammenarbeit mit den Gewerkschaften zum Wohle der Arbeitnehmer und des Betriebs, welche § 2 I BetrVG in das pflichtgemäße Ermessen des Arbeitgebers stellt, bindet ihn gegenüber allen im Betrieb vertretenen Gewerkschaften gleichermaßen. Eine Besonderheit ergibt sich dabei allein für die Situation der Betriebsratswahl, die die eigenständige Position der Gewerkschaften in der Betriebsverfassung gegenüber ihrer grundsätzlich nur unterstützenden Funktion hervorhebt[784]. Der damit ermöglichte Spielraum des Arbeitgebers, etwa besondere Werbemöglichkeiten bestimmten Verbänden zu gewähren, begegnet hier dem Drittschutzgut der freien Betriebsratswahl, welches wiederum das generelle Ziel der Betriebsverfassung, auf das Wohl der Arbeitnehmer und des Betriebes hinzuwirken, konkretisiert. Während das gegeneinander gerichtete Werbeverhalten der Gewerkschaften im Rahmen der Betriebsratswahl inhaltlich verschärften Grenzen unterliegt, ergibt sich für die Einflussnahme des Arbeitgebers hier keine Besonderheit. Die unterschiedliche Behandlung verschiedener Verbände muss den Lauterkeitsgrenzen eines fairen Wettbewerbs ge-

781 Statt aller MünchArbR-*Löwisch/Rieble* § 246 Rn.158 m.w.N; a.A. aber Däubler-*Wolter*, Arbeitskampfrecht, Rn. 489, dessen Begründung einer Unerlässlichkeit allerdings durch den Verweis auf die davon abweichende gängige Praxis wenig konsequent erscheint.

782 Beispiel nach *Gamillscheg*, Kollektives Arbeitsrecht, S. 201.

783 MünchArbR-*Löwisch/Rieble* § 246 Rn. 205 ff.

784 Dazu bereits oben 3. Teil B. III. 1. a. bb.

nügen und darf nicht dazu führen, dass ein Verband in seinem Mindestbetätigungsschutz verletzt wird. Demnach hat der Bundesgerichtshof in einem Urteil vom 8.7.1982 zur Wahl von Arbeitnehmern in den Unternehmensrat zutreffend entschieden, dass der Ausschluss jeglicher Wahlwerbung durch den Arbeitgeber gemäß Art. 9 III 2 GG nichtig ist[785].

9. Weitere Einflussnahmen des Arbeitgebers

Auch über die Gewährung betrieblicher Privilegien an bestimmte Verbände hinaus stehen dem Arbeitgeber Möglichkeiten zu, auf den Gewerkschaftswettbewerb Einfluss zu nehmen. Insbesondere die eigene Koalitionsfreiheit des Arbeitgebers nach Art. 9 III GG stellt ihm bestimmte Rechte zur Verfügung, deren Ausübung sich auf sein Verhältnis gegenüber mehreren Gewerkschaften im Betrieb auswirken kann. Diese Berührungspunkte der unterschiedlichen Garantien des Art. 9 III GG sind im Folgenden einer näheren Betrachtung zuzuführen.

a) Verhandlungsanspruch

Nach der Rechtsprechung des Bundesarbeitsgerichtes besteht kein Anspruch einer Gewerkschaft gegenüber dem Arbeitgeber, mit diesem in Tarifverhandlungen zu treten oder zu Tarifverhandlungen des Arbeitgebers mit einer anderen Gewerkschaft hinzugezogen zu werden[786]. Ob dieser Ansicht in allen Argumenten gefolgt werden kann, ist im Rahmen dieser Untersuchung nicht zu erörtern. Für das Ziel dieser Arbeit steht vielmehr allein im Vordergrund, ob das Verneinen eines solchen Verhandlungsanspruches mit dem Grundsatz eines fairen Gewerkschaftswettbewerbes zu vereinbaren ist.

In diesem Zusammenhang erscheint ein Argument, auf welches das Bundesarbeitsgericht seine Rechtsprechung maßgeblich stützt, von besonderer Bedeutung. Nach Auffassung des Gerichts widerspricht ein Verhandlungsanspruch sowohl in Bezug auf eigenständige Tarifverhandlungen als auch in Form eines Hinzuziehens zu fremden Tarifverhandlungen dem in Art. 2 I GG normierten Grundsatz der Vertragsfreiheit des Arbeitgebers[787]. Der Arbeitgeber hat vielmehr die in Art. 2 I und Art. 9 III GG verfassungsrechtlich garantierte Freiheit, sich den tariflichen Verhandlungspartner unter den im Betrieb vertretenen Koalitionen auszusuchen[788].

Geht man von einem Grundverständnis der Tarifautonomie als kollektivierter Privatautonomie aus, versteht sich diese Erkenntnis von selbst. Für die Frage

785 BGH, NJW 1982, 2369.

786 BAGE 14, 282.

787 BAGE 14, 282.

788 Dazu auch *Müller*, Arbeitskampf, S. 155 f., der neben Art. 2 I GG auch die Koalitionsfreiheit des Arbeitgebers aus Art. 9 III GG heranzieht.

nach der Vereinbarkeit des Verhandlungsanspruches mit den Grundsätzen eines fairen Koalitionswettbewerbs ergibt die Begründung des Bundesarbeitsgerichts aber noch einen über den Schutz der verfassungsrechtlichen Interessen des tariflichen Gegenspielers hinausgehenden Aspekt. Die Aufnahme von Tarifverhandlungen ist auch unmittelbarer Ausdruck des bisherigen Erfolges der Gewerkschaft in der Belegschaft, denn je mehr Stimmen eine Gewerkschaft im Betrieb gegenüber konkurrierenden Organisationen für sich gewinnen kann, desto schlagkräftiger ist sie im Verhältnis zum tariflichen Gegenspieler. Die Tarifverhandlung wie auch der spätere Tarifabschluss zählen also nicht zu den Verhaltensweisen innerhalb des Gewerkschaftswettbewerbs, sondern sind gerade deren Resultat. Der Tarifvertrag ist Ausdruck des zwischen Arbeitgeberseite und Arbeitnehmerseite getroffenen Kompromisses ihrer widerstreitenden Interessen und damit Spiegelbild des tariflichen Kampferfolges jeder Gewerkschaft. Die Frage nach dem Verhandlungsanspruch weist also nicht nur einen Bezug zu den Schutzgütern des tariflichen Gegenspielers auf, sondern auch zu denen des Wettbewerbs mehrerer Arbeitnehmerkoalitionen im Betrieb.

Ein fairer Gewerkschaftswettbewerb bedingt allein solche Gewerkschaften, welche gegenüber konkurrierenden Verbänden genügend Mitglieder der Belegschaft auf ihre Seite ziehen können, um dem Arbeitgeber gegenüber paritätisch aufzutreten und ihn so – notfalls durch Arbeitskampf – zur Aufnahme von Tarifverhandlungen zu bewegen. Ein Verhandlungsanspruch jeder im Betrieb vertretenen Gewerkschaft würde indes die mitgliedschaftliche Legitimation des Verbandes von deren Ziel, nämlich dem Abschluss eines Tarifvertrages, sachwidrig abkoppeln. Zwar bliebe dem Arbeitgeber auch in den Tarifverhandlungen immer noch die Möglichkeit, den Abschluss eines Tarifvertrages zu verweigern. Nicht aber erst der Abschluss, sondern auch bereits das Bewegen des Arbeitgebers, überhaupt in Tarifverhandlungen zu treten, ist Resultat des auf individueller Delegation der arbeitsvertraglichen Verhandlungsbefugnis beruhenden Koalitionswettbewerbs. Ein Verhandlungsanspruch jeder Gewerkschaft würde bereits diesen Kampferfolg nivellieren.

Auch eine über die Grenzen der Lauterkeit hinausgehende Determinierung des zukünftigen Gewerkschaftswettbewerbs liegt in der Ablehnung eines Verhandlungsanspruches nicht begründet[789]. Es bleibt schließlich jedem Verband unbenommen, den Arbeitgeber notfalls durch Arbeitskampf zur Verhandlungsaufnahme für einen eigenen Tarifvertrag oder einen Anschlusstarifvertrag zu bewegen. Auch mit Blick auf das Interesse des Arbeitgebers an möglichst einheitli-

789 So aber *Hottgenroth*, Verhandlungspflicht, S. 79 ff. und *Mayer-Maly*, RdA 1966, 206; wohl auch *Brox/Rüthers*, Arbeitskampfrecht, Rn. 201 in Fn.271.

chen Arbeitsbedingungen in seinem Betrieb[790] erscheint dieser Verweis auf die übliche koalitionsmäßige Betätigung nicht als unlautere Benachteiligung der (noch) nicht tarifschließenden Verbände, sondern bedeutet gerade die Erhaltung gleicher Wettbewerbsbedingungen. Ist eine Gewerkschaft hierzu nicht in der Lage, darf es nicht die Aufgabe der Rechtsordnung sein, eine solche innere Schwäche des Verbandes zu kompensieren[791].

Daraus ergibt sich für die Frage nach dem Verhandlungsanspruch ein anderes Ergebnis als bei den Privilegierungen im Gewerkschaftswettbewerb selbst. Während der Arbeitgeber diese nicht freiwillig gewähren darf, bleibt ihm die Wahl des tariflichen Verhandlungspartners frei überlassen. Gerade die auf dem Charakter des wechselseitigen Geben und Nehmens beruhende Bewilligung von Gewerkschaftsrechten im Tarifvertrag ist ja das entscheidende Merkmal dafür, ob es sich um eine freiwillige Gewährung des Arbeitgebers oder einen Kampferfolg der Gewerkschaft handelt[792].

Tritt der Arbeitgeber dagegen aus bloßer Gefälligkeit in Tarifverhandlungen mit einem Verband ein, der einem solchen paritätischen Ringen um einen Tarifkompromiss mangels hinreichender mitgliedschaftlicher Legitimation offensichtlich nicht gewachsen ist, so muss bereits die Gegnerunabhängigkeit des Verbandes in Frage gestellt werden.

Zusammenfassend bleibt es daher jeder Gewerkschaft selbst überlassen, aus eigener Kraft den Arbeitgeber zu Verhandlungen über einen Tarifvertrag oder zur Teilnahme an Verhandlungen des Arbeitgebers mit einer konkurrierenden Gewerkschaft zu bewegen. Der Rechtsprechung des Bundesarbeitsgerichts, welche einen tariflichen Verhandlungsanspruch gegenüber dem tariflichen Gegenspieler ausdrücklich verneint, ist daher im Ergebnis zuzustimmen. Daraus ergibt sich darüber hinaus auch die Lösung einer vom Bundesarbeitsgericht und der Literatur bisher in diesem Zusammenhang nicht behandelten Frage: ein Anspruch gegen die konkurrierende Koalition auf Teilnahme an deren Verhandlungen besteht aufgrund der Garantie eines fairen Koalitionswettbewerbs aus Art. 9 III GG ebenfalls nicht.

b) Stellungnahmen des Arbeitgebers im Betrieb

Eine weitere Einflussnahmemöglichkeit des Arbeitgebers im Koalitionswettbewerb ergibt sich dann, wenn er durch eigene Stellungnahmen im Betrieb seine

---

790 Dazu deutlich BAGE 14, 219.

791 Vgl. auch *Koopmann*, Gewerkschaftsfusion und Tarifautonomie, S. 219; *Hanau*, AuR 1983, 263.

792 BAGE 14, 290 spricht diesbzgl. vom „(...) berechtigten Interesse des Arbeitgebers, (...) nur mit den Gewerkschaften zu verhandeln, die unstreitig die größte Anzahl der Bediensteten zu ihren Mitgliedern zählen."

Sympathie für die eine oder andere Gewerkschaft bekundet. Anders als der Staat kann der Arbeitgeber hier keiner umfassenden Neutralitätspflicht gegenüber konkurrierenden Verbänden unterstellt werden. Die Möglichkeit zur Kritik an seinen tariflichen Widersachern muss ihm aufgrund seiner eigenen Koalitionsfreiheit erhalten bleiben[793]. Art. 9 III GG des Arbeitgebers tritt insofern als Schranke eines fairen Koalitionswettbewerbs auf: sachliche Kritik gehört zwingend zur Natur des Tarifrechts als antagonistischer Interessenvertretung von Arbeitgeber- und Arbeitnehmerseite.

Der Inhalt einer arbeitgeberlichen Kritik an einer Gewerkschaft im Betrieb muss allerdings sachlich an der Wahrheit orientiert bleiben, da nur so eine sachgerechte Information der Belegschaft über die Tätigkeit ihrer kollektiven Interessenvertretung sichergestellt ist. Seine Grenze findet daher das Recht des Arbeitgebers zur eigenen Stellungnahme im Gewerkschaftswettbewerb dann, wenn er damit nicht an Tatsachen orientierte Polemik äußert.

Ein Recht zur Manipulation der Interessenvertretungsauswahl im Betrieb kann ihm Art. 9 III GG hier ebenso wenig wie bei der freiwilligen Gewährleistung betrieblicher Privilegien geben, da mangels tariflicher Regelung kein Wettbewerbserfolg der begünstigten Gewerkschaft vorliegt. So sind etwa Austritts- oder Übertrittsforderungen des Arbeitgebers an anders organisierte Belegschaftsmitglieder als Verstoß gegen die Garantie eines fairen Koalitionswettbewerbs nach Art. 9 III 2 GG unzulässig[794]. Andernfalls wäre dem Arbeitgeber die Möglichkeit zur Hand gegeben, die Stärke des tariflichen Gegenspielers nach eigenem Belieben und ohne Bezug zum tatsächlichen Wettbewerbserfolg der betreffenden Gewerkschaft zu beeinflussen. Eine sachgerechte Auswahl der Belegschaft über ihre kollektive Interessenvertretung wäre nicht mehr gewährleistet.

Ebenfalls in den Bereich der arbeitgeberlichen Stellungnahmen ist die von *Gamillscheg* aufgeworfene Frage zu rechnen, ob ein Arbeitnehmer verlangen kann, dass der Arbeitgeber seine Zugehörigkeit zu einer Mindergewerkschaft gegenüber den Arbeitskollegen geheim halten soll[795]. Dies ist uneingeschränkt zu bejahen. Das Veranlassen eines möglichen Spießrutenlaufs des betreffenden Arbeitnehmers im Betrieb verstößt sowohl gegen die arbeitsvertragliche Fürsorgepflicht des Arbeitgebers als auch gegen die Koalitionsfreiheit des Arbeitnehmers nach Art. 9 III GG. In kollektiver Sicht läge hierin ein Verstoß gegen die Koalitionsbetätigung der Minderheitsgewerkschaft und damit gegen den freien Koalitionswettbewerb vor, da dadurch eine der Abwerbung einzelner Mitglieder

---

793 Vgl. *Gamillscheg*, Kollektives Arbeitsrecht, S. 206.
794 So auch AK-GG-*Kittner/Schiek* Art. 9 III GG Rn. 149.
795 *Gamillscheg*, Kollektives Arbeitsrecht, S. 196.

durch den Arbeitgeber ähnliche Behinderung kleiner Gewerkschaften vorliegen kann[796].

c) Einflussnahme des Arbeitgebers im Arbeitskampf

Auch im Bereich des Arbeitskampfes sind Einflussmöglichkeiten des Arbeitgebers im Gewerkschaftswettbewerb erkennbar. Dabei steht zum einen die bislang in Literatur und Rechtsprechung kaum erwähnte[797] Frage im Vordergrund, ob insbesondere die Aussperrung von Außenseitern, die einer nicht am Arbeitskampf beteiligten Gewerkschaft angehören[798], zulässig sein kann. Zum anderen ist ebenfalls mit Blick auf die andersgebundenen Arbeitnehmer eines Betriebs das Problem der so genannten Notdienstvereinbarungen zwischen Arbeitgeber und einer Gewerkschaft zu nennen[799].

aa) Die Aussperrung anders organisierter Arbeitnehmer

Aktive und passive Arbeitskampfbeteiligung hängen im auf Schlag und Gegenschlag ausgerichteten Arbeitskampf systematisch eng miteinander zusammen[800]. Ein Streikteilnahmerecht der anders organisierten Arbeitnehmer für einen fremden Tarifvertrag ist mit dem in Art. 9 III GG begründeten Paritätsgrundsatz des Arbeitskampfrechtes nicht vereinbar[801]. Dieselben Erwägungen müssen auch spiegelbildlich für die Frage nach der Aussperrungsbefugnis des Arbeitgebers gegenüber diesen Belegschaftsmitgliedern gelten[802]. Wer nicht streiken darf, muss auch nicht mit der Gefahr einer Aussperrung bedroht werden dürfen. Ihre aktive wie passive Teilnahme am Arbeitskampf ist bereits durch die Möglichkeit, für eigene Tarifverträge streiken zu dürfen, hinreichend gewährleistet.

Das Bundesarbeitsgericht hat zur Problematik der Aussperrung anderweitig organisierter Arbeitnehmer noch nicht Stellung bezogen. Die dargelegten Grundsätze machen aber bereits deutlich, dass eine Übertragung des vom Gericht anerkannten Verbotes der Selektivaussperrung nur gewerkschaftlich gebundener Arbeitnehmer gegenüber nicht organisierten Belegschaftsmitgliedern auf die anders

---

796 Im Ergebnis auch *Gamillscheg*, Kollektives Arbeitsrecht, S. 196.

797 Vgl. dazu das Zitat bei *Lieb*, Symposium Hugo Seiter, S. 146: „(...) vor allem haben wir in unserem gesamten Arbeitskampfrecht die Stellung der Anders-Organisierten noch nicht untersucht."

798 BAG, AP Nr. 43 zu Art. 9 GG; *Rieble*, Wettbewerb, Rn. 1386 und Rn. 1821.

799 Dazu *Löwisch*, Festschrift Gitter, S. 533 ff.

800 *Scholz/Konzen*, Aussperrung, S. 256.

801 Vgl. oben 3. Teil B. III. 3.

802 So auch im Ergebnis aber mit abweichender Begründung *Birk/Konzen/Löwisch/ Raiser/Seiter*, Entwurf, S. 42 ff.; ähnlich auch *Thüsing*, Der Außenseiter im Arbeitskampf, S. 91 f. und *Lembke*, Arbeitskampfbeteiligung von Außenseitern, S. 93 ff.

802 BAG, AP Nr. 66 zu Art. 9 GG Arbeitskampf; dazu ausführlich *Gamillscheg*, Kollektives Arbeitsrecht, S. 1080 m.w.N.

gebundenen Arbeitnehmer nicht möglich ist. Ob man in der fehlenden Erwähnung der Anders-Organisierten durch das Bundesarbeitsgericht eine fehlende Pflicht zur Aussperrung derselben sehen will[803], kann daher dahinstehen.

bb) Die Problematik der Notdienstvereinbarungen

Anderweitig organisierte Arbeitnehmer können weder selbst aktiv an einem fremden Tarifkampf teilnehmen noch durch den Arbeitgeber mittels Aussperrung passiv hineingezogen werden.

Umso überraschender erscheint dagegen die Problematik der Notdienstvereinbarungen, die auf einen Arbeitskampf des öffentlichen Dienstes in Nordrhein-Westfalen im Jahre 1992 zurückgeht. Hier machte die ÖTV den Abschluss einer Notdienstvereinbarung, welche die Durchführung bestimmter Sonderfahrten im nicht umfassend bestreikten öffentlichen Nahverkehr vorsah, erfolgreich davon abhängig, dass der Arbeitgeber zustimmte, den Betrieb in allen kommunalen Nahverkehrsunternehmen einzustellen. Durch die daraufhin von Gewerkschaft und Arbeitgeber getroffene Vereinbarung wurden auch solche Betriebsteile vorübergehend stillgelegt, die grundsätzlich trotz des Streiks funktionsfähig waren. Die dort angestellten, bis dato nicht streikenden Arbeitnehmer verloren entsprechend der Arbeitskampfrisikolehre ihren Entgeltanspruch für die Dauer der Stilllegung[804].

Das Bundesarbeitsgericht hat in zwei unmittelbar aufeinander folgenden Entscheidungen die Zulässigkeit einer solchen Absprache zunächst verneint[805], dann aber umfassend bejaht[806].

Dies kann vor dem Hintergrund der Stellung des anderweitig organisierten Belegschaftsmitglieds im fremden Arbeitskampf nicht überzeugen. Wenn weder der fremde Verband diese Arbeitnehmer zur Teilnahme wirksam aufrufen kann noch der Arbeitgeber sie wirksam aussperren kann, so darf sich aus einer durch gewerkschaftlichen Druck zustande gekommenen Absprache beider Parteien nichts anderes ergeben. Ein Betriebsstilllegungsrecht des Arbeitgebers ist als Arbeitskampfmaßnahme nur dann mit dem ultima-ratio-Gebot in Einklang zu bringen, wenn eine Fortführung der Arbeit und eine Erhaltung des normalen Arbeitsablaufes infolge der arbeitskampfbedingten Betriebsstörungen nicht mehr mög-

---

803 *Thüsing*, Der Außenseiter im Arbeitskampf, S. 90.

804 Zur Arbeitskampfrisikolehre grundlegend BAG, AP Nr. 70 und Nr. 71 zu Art. 9 GG Arbeitskampf mit gemeinsamer Anm. Richardi.

805 BAG, AP Nr. 129 zu Art. 9 GG Arbeitskampf.

806 BAG, AP Nr. 130 zu Art. 9 GG Arbeitskampf, bestätigt in AP Nr. 138 und AP Nr. 139 zu Art. 9 GG Arbeitskampf; ablehnend *Lieb*, SAE 1995, 254 ff.; *Löwisch*, Festschrift Gitter, S. 533 ff., *Rieble*, Wettbewerb, Rn. 1710 ff.

lich oder wirtschaftlich vollkommen unzumutbar ist[807]. Der Verlust des Entgeltanspruches der dann arbeitswilligen, aber nicht einsetzbaren Arbeitnehmer – insbesondere also derjenigen, welche infolge anderweitiger Tarifgebundenheit gar nicht am Arbeitskampf teilnehmen dürfen – ergibt sich notwenig als Folge des Arbeitskampfrisikos.

So lag der Fall der erörterten Notdienstvereinbarung aber gerade nicht. Hier legte der Arbeitgeber auf entsprechenden gewerkschaftlichen Druck auch solche Betriebsteile still, welche trotz des bestehenden Arbeitskampfes noch funktionsfähig waren. Das Bundesarbeitsgerichts zieht zur Rechtfertigung dieser ausdrücklich erkannten Belastung der anders organisierten Arbeitnehmer eine Abwägung mit dem durch die streikende Gewerkschaft verfolgten tarifpolitischen Vorteil heran, da dieser Vorteil letztlich allen Arbeitnehmern zugute kommen soll[808]. Dies begegnet bereits deshalb Bedenken weil Arbeitnehmer, welche in anderen Verbänden als der streikenden Gewerkschaft tariflich gebunden sind, nicht zu einer solchen vom Gericht vorausgesetzten tariflichen Einheit der Belegschaft gerechnet werden können. Für sie gilt ein eigener Tarifvertrag, den sie selbst erkämpfen müssen. Ihre doppelte Berücksichtigung auch bei Tarifkämpfen fremder Gewerkschaften würde aber darüber hinaus das Paritätsverhältnis des Arbeitgebers gegenüber diesem Mitgliederpotential seiner tariflichen Gegenspieler zugunsten der letzteren sachwidrig beeinflussen. Die Belegschaft ist im Hinblick auf unterschiedlich organisierte Arbeitnehmer im Arbeitskampf so wenig eine Einheit wie sie es für den Tarifvertrag ist[809].

Die Einbeziehung anderweitig gebundener Arbeitnehmer durch eine von der streikenden Gewerkschaft erzwungene komplette Betriebsstilllegung ist daher nur dann mit dem tariflichen Paritätsgrundsatz vereinbar, wenn eine Weiterbeschäftigung dieser Arbeitnehmer aufgrund der bereits bestehenden Betriebsstörungen nicht möglich oder dem Arbeitgeber nicht zumutbar ist[810].

IV. Einflussnahme des Arbeitgeberverbandes in den Gewerkschaftswettbewerb außerhalb tariflicher Regelungen

Die unmittelbare Drittwirkung des Art. 9 III 2 GG verpflichtet den Arbeitgeberverband ebenso wie den einzelnen Arbeitgeber zur Achtung eines fairen Koali-

807 Zur Zulässigkeit der Betriebsstilllegung als Arbeitskampfmaßnahme vgl. BAG, SAE 1995, 254 ff.; 1996, 190 ff.

808 BAG, AP Nr. 130 zu Art. 9 GG Arbeitskampf.

809 *Rieble*, Wettbewerb, Rn. 1387; zur Tarifeinheit bei Tarifkonkurrenz bereits ausführlich oben 2. Teil E. IV.

810 So im Ergebnis auch *Rieble*, Wettbewerb, Rn. 1714, der dazu allerdings die Friedenspflicht der anders gebundenen Arbeitnehmer heranzieht; dazu bereits 3. Teil B. III. 3. a.

tionswettbewerbs[811]. Für seine Betätigung als Tarifpartner bedeutet dies, dass er dann zur Gleichbehandlung aller Gewerkschaften verpflichtet ist, wenn eine Ungleichbehandlung zur Beeinträchtigung der Tätigkeit einer Gewerkschaft führt und dies nicht dem tariflichen Kampferfolg einer konkurrierenden Gewerkschaft zuzuschreiben ist.

Dass auch der Arbeitgeberverband die Möglichkeit besitzt, außerhalb tariflicher Regelungen in den Konkurrenzkampf mehrerer Gewerkschaften einzugreifen, zeigt ein aktuelles Beispiel aus der Zeitarbeitsbranche. Hier hatte im März 2003 die dem Christlichen Gewerkschaftsbund angehörende Tarifgemeinschaft Christlicher Gewerkschaften für Zeitarbeit und PSA (CGZP) zwei Flächentarifverträge mit dem Arbeitgeberverband Interessengemeinschaft Nordbayerischer Zeitarbeitsunternehmen (INZ) sowie der Mittelstandsvereinigung Zeitarbeit (MVZ) abgeschlossen. Darauf hatte der Arbeitgeberverband Bundesverband Zeitarbeit Personaldienstleistungen e.V. (BZA) mit der IG Metall und später weiteren DGB-Gewerkschaften ebenfalls einen Manteltarifvertrag abgeschlossen, weitere DGB-Tarifverträge mit dem Interessenverband Zeitarbeit (IGZ) folgten[812].

Diesem Abschluss war ein Rundschreiben des BZA an seine Mitgliedsunternehmen vorausgegangen, in dem der BZA zu einem Boykott der christlichen Gewerkschaften aufrief[813].

Der Christliche Gewerkschaftsbund warf daraufhin dem BZA mangelnde Gegnerfreiheit vor, da er als tariflicher Gegenspieler die Forderungen einer bestimmten Gewerkschaft öffentlich unterstütze[814]. Dem kann kaum gefolgt werden, da auch ein Arbeitgeberverband gemäß Art. 9 III GG die Freiheit hat, unter mehreren möglichen Gewerkschaften den für sich geeigneten Tarifpartner herauszusuchen[815]. Gegnerfreiheit setzt nicht eine kompromisslose Interessenvertretung voraus, gerade das Gegenteil ist der Fall: der Tarifvertrag ist schließlich nichts anderes als das Ergebnis einer antagonistischen *Kooperation* beider Seiten.

Nichtsdestotrotz zeigt der Boykottaufruf eines Arbeitgeberverbandes an seine Unternehmen dessen tatsächliche Möglichkeit, effektiv in den Wettbewerb mehrerer Gewerkschaften determinierend einzugreifen. Da es sich dabei nicht um einen tariflich festgeschriebenen Kampferfolg der bevorzugten Gewerkschaft, sondern um eine freiwillige Stellungnahme des Verbandes handelt, könnte darin ein

---

811 MünchArbR-*Löwisch/Rieble* § 246 Rn. 258.

812 Dazu *Böhm*, DB 2003, 2598 f.; vgl. auch *Schüren*, AÜG, § 9 Rn. 218; *Schöne*, DB 2004, 136 f.

813 Zum Ganzen vgl. die Pressemitteilung des CGB auf der Internetseite http://www. cgb.info/archiv/. In einem Interview in Blickpunkt Dienstleistung 4/2003, 12 gab die BZA allerdings an, ein solcher Boykottaufruf des DGB sei nicht mit dem BZA abgestimmt worden.

814 Vgl. http://www.cgb.info/archiv/.

815 Statt aller *Kempen/Zachert*, TVG, § 2 Rn. 99 ff. m.w.N.

Verstoß gegen dessen Verpflichtung zur Achtung des fairen Gewerkschaftswettbewerbs begründet sein. Das würde allerdings voraussetzen, dass ein solcher Boykottaufruf überhaupt die Fairness des Gewerkschaftswettbewerbs beeinflussen kann.

Das Verhalten des Arbeitgeberverbandes müsste also entweder einen direkten Bezug zur Willensbildung der Arbeitnehmer bei ihrer Entscheidung über ihre Interessenvertretungsauswahl aufweisen oder es müsste durch den Boykottaufruf die Tätigkeit einer Koalition im Betrieb derart behindert werden, dass der damit einhergehende Attraktivitätsverlust der Gewerkschaft gegenüber ihren potentiellen Legitimationsträgern ebenfalls zu einer unsachlichen äußeren Beeinflussung deren freier Entscheidung führen würde.

Anders als bei Stellungnahmen des Einzelarbeitgebers in seinem Betrieb wird eine unmittelbare Einwirkung auf den Willensprozess der Belegschaft bei Boykottaufrufen eines Arbeitgeberverbandes in der Regel nicht vorliegen. Adressat des Rundschreibens ist schon gar nicht die Belegschaft, sondern vielmehr der Arbeitgeber selbst.

Zu untersuchen bleibt daher, ob durch ein solches Rundschreiben an die Arbeitgeber die Tätigkeit der zu boykottierenden Gewerkschaft im Betrieb beeinflusst wird.

Für den gleich gelagerten Fall des Boykottaufrufs durch eine konkurrierende Gewerkschaft ist dies unter Heranziehung des dem § 21 GWB zugrunde liegenden allgemeinen Wettbewerbsgrundsatzes des freien Marktzugangs dann anzunehmen, wenn damit für den Fall des Zuwiderhandelns Sanktionen durch die Gewerkschaft gegenüber den Arbeitgebern angedroht werden[816].

Möglicherweise lässt sich dies auf Boykottaufrufe durch den Arbeitgeberverband an seine Unternehmen übertragen.

Unproblematisch erscheint in diesem Zusammenhang die bloße Empfehlung oder Aufforderung an den Einzelarbeitgeber, nur mit einer bestimmten Gewerkschaft abzuschließen. Sie beeinträchtigt nicht seine freie Entscheidung über die Wahl seines Tarifpartners. Ein Nachteil für die Tätigkeit, insbesondere für das Ziel des Tarifabschlusses, der nicht empfohlenen Gewerkschaft liegt in diesen Fällen nicht vor. Der Arbeitgeberverband weist hier den Einzelarbeitgeber auf eine Verhaltensmöglichkeit hin, welche diesem aufgrund seiner freien Wahl des Tarifvertragspartners sowieso offen steht.

Eine andere Beurteilung verdienen aber Boykottaufrufe an die einzelnen Unternehmen, welche mit Sanktionen bei Abschluss mit der ungeliebten Gewerkschaft verknüpft werden. Eine tatsächliche Benachteiligung der Betätigungsfreiheit dieser Gewerkschaft liegt hier ebenso wie bei den vergleichbaren Boykott-

816 Vgl. bereits ausführlich oben 3. Teil B. II. 2. c.

aufrufen durch eine Konkurrenzgewerkschaft vor. Damit einher geht die Beeinträchtigung der Arbeitnehmer bei der Beurteilung der für sie optimalen kollektiven Interessenvertretung.

Dieser Eingriff in die Koalitionsbetätigungsfreiheit durch den Arbeitgeberverband könnte aber ausnahmsweise gerechtfertigt sein, wenn der Verband damit eigene schützenswerte Interessen wahrnimmt. Denn die Stellung des Arbeitgeberverbandes gegenüber dem einzelnen Arbeitgeber ist von der einer Gewerkschaft grundlegend verschieden. Der Verband kann grundsätzlich von seinen Mitgliedern neben der Erfüllung ihrer Beiträge auch verlangen, dass sie die Zielsetzung des Verbandes selbst fördern[817]. Die sich daraus ergebende Tariftreuepflicht im Rahmen bestehender Verbandstarifverträge liegt im ureigensten Interesse des Arbeitgeberverbandes als Interessenvertretung der darin zusammengeschlossenen Unternehmen. Der Abschluss von – aus Arbeitgebersicht – günstigeren Firmentarifverträgen mit derselben Gewerkschaft bedeutet einen eklatanten Wettbewerbsvorteil gegenüber den an den ungünstigeren Verbandstarifvertrag gebundenen Unternehmen bezüglich desselben Tarifgegenstandes. Ein abweichendes Verhalten des Einzelarbeitgebers verstößt hier gegen seine mitgliedschaftliche Folgepflicht gegenüber dem Verband[818]. Diese findet ihre Grenze allein im Ende der Verbandsgewalt durch den Austritt des Arbeitgebers[819].

Die vorliegend zu klärende Frage liegt aber anders: hier geht es nicht um die Verletzung bereits bestehender Tarifverträge, sondern um sowohl für Arbeitgeberverband als auch Einzelarbeitgeber erstmalige Tarifabschlüsse, die zudem eine andere als die vom Arbeitgeberverband als Tarifpartner erstrebte Gewerkschaft betreffen.

Erstreckt man die mitgliedschaftliche Folgepflicht des Einzelarbeitgebers zur Wahrung einer Tarifdisziplin über den Geltungsbereich bestehender Verbandstarifverträge hinaus, so wirft dies zwei Fragen auf. Einmal ist zu klären, ob der einzelne Arbeitgeber überhaupt für die Dauer seiner Verbandsmitgliedschaft selbst tariffähig bleibt oder ob er seine eigene individuelle Tariffähigkeit aufgibt (1.). Im Anschluss daran bleibt zu erörtern, ob trotz individueller Tariffähigkeit dem Verband die Möglichkeit gegeben ist, ein statutarisches Verbot von derartigen Firmentarifverträgen auszusprechen und daran mitgliedschaftliche Sanktionen zu knüpfen (2.).

---

817 Dazu statt aller MünchArbR-*Löwisch/Rieble* § 251 Rn. 21 ff.

818 Zur Problematik eines Verstoßes gegen die tarifvertragliche Friedenspflicht in diesen Fällen vgl. *Lieb*, DB 1999, 2058 ff.

819 *Wallisch*, Die tarifvertraglichen Einwirkungspflichten, S. 132 ff. m.w.N. Eine Abschwächung hat die mitgliedschaftlichen Tariffolgepflicht in neuerer Zeit durch die vereinzelt satzungsgemäß vorgesehene Möglichkeit der Mitgliedschaft des Arbeitgebers ohne Tarifbindung in Arbeitgeberverbänden (OT-Mitgliedschaft) erfahren; dazu ausführlich LAG Rheinland-Pfalz, NZA 1995, 800; *Otto*, NZA 1996, 628; *Buchner*, NZA 1994, 5 ff.; *Schaub*, BB 1994, 2007.

1. Der Erhalt der Tariffähigkeit trotz Mitgliedschaft im Kollektivverband

Die Frage nach dem Erhalt der Tariffähigkeit für die Dauer arbeitgeberlicher Verbandsmitgliedschaft ist insbesondere von *Matthes* in den Blickpunkt rechtswissenschaftlicher Diskussion gerückt worden[820]. *Matthes* will den von ihm angenommenen Verlust der Tariffähigkeit des Arbeitgebers während seiner Verbandsmitgliedschaft durch teleologische Reduktion des § 2 I TVG begründen[821]. Dieser Vorschlag hat allerdings zu Recht nur wenig Zustimmung gefunden[822]. § 2 I TVG hat gerade den Sinn, der individuellen Privatautonomie des Arbeitgebers – und damit seiner Fähigkeit, selbst Tarifverträge abschließen zu können – unabhängig von seiner kollektiven Bindung Ausdruck zu verleihen[823]. Das begründet sich bereits aus dem Verständnis der Tarifautonomie selbst: sowohl auf Arbeitnehmer- als auch auf Arbeitgeberseite besteht die Möglichkeit, die Verhandlungsbefugnis über die Arbeitsverträge auf ein Kollektiv zu übertragen. So wie es dabei dem Arbeitnehmer unbelassen bleibt, für sich individuell günstigere Arbeitsbedingungen durchzusetzen, muss dies auch für den Arbeitgeber gelten. Der Tarifvertrag setzt für die Arbeitnehmer aufgrund des Günstigkeitsprinzips Mindestarbeitsbedingungen fest, diese bedeuten für die Arbeitgeberseite daher Höchstbedingungen. Gelingt es einem Arbeitgeber nun, mit einer anderen Gewerkschaft bessere Bedingungen für sich zu erreichen, muss ihm dies kraft der ihm verliehenen Privatautonomie auch möglich sein.

Eine Gefahr für die Interessenvertretung der Arbeitnehmer liegt darin nicht, denn nicht immer bedeuten Flächentarifverträge auch die Festschreibung ihres bestmöglichen Interessenschutzes[824]. Die Problematik um die betrieblichen Bündnisse für Arbeit oder die besondere, durch das equal-pay-Gebot des § 9 I Nr. 2 AÜG begründete Interessenlage in der Zeitarbeit zeigen dies hinreichend. Sollte dagegen tatsächlich einmal ein Tarifvertrag die Arbeitnehmerinteressen nur völlig unzureichend gegenüber dem Arbeitgeber durchsetzen, kann auf das bereits erörterte Selbstregulativ der Tarifautonomie als mitgliedschaftliche Interessenvertretung vertraut werden: eine solche Gewerkschaft wird kaum die Belegschaften von ihrer Arbeitsweise überzeugen können.

Es entspricht daher dem System der Tarifautonomie, dem Einzelarbeitgeber auch während seiner Verbandsmitgliedschaft die Tariffähigkeit zu erhalten. Diese

---

820 *Matthes*, Festschrift Schaub, S. 250 ff.

821 *Matthes*, Festschrift Schaub, S. 250 ff.

822 BAG, AP Nr. 26 zu § 4 TVG Tarifkonkurrenz mit zust. Anm. *Jacobs*; *Rieble*, NZA 2000, 227 ff.; *Söllner*, NZA Beil 24/2000, 39 ff.; *Jacobs*, ZTR 2001, 250 f.; *Matthes*, Festschrift Schaub, S. 476 ff.; *Wiedemann*, TVG, § 2 Rn. 112, 128.

823 So auch BAG, NZA 1991, 428; vgl. ebenfalls *Gamillscheg*, Kollektives Arbeitsrecht, S. 524; *Rieble*, NZA 2000, 529.

824 Dazu insbesondere *Söllner*, NZA Beil. 24/2000, 39.

Wahrung seiner Privatautonomie innerhalb der Tarifautonomie ist unmittelbar in seiner positiven Koalitionsfreiheit aus Art. 9 III GG begründet[825].

2. Statutarische Verbote des Abschlusses von Firmentarifverträgen

Steht somit fest, dass der einzelne Arbeitgeber trotz Verbandsmitgliedschaft selbst tariffähig bleibt, stellt sich die notwendige Frage, ob der Verband durch entsprechenden Beschluss ein statutarisches, mit Sanktionen in Form von Boykottaufrufen, Geldbußen oder Verbandsausschluss bewehrtes Verbot des Abschlusses von Firmentarifverträgen durch einzelne Mitglieder aussprechen darf.

Festzustellen ist dabei zunächst, dass eine Außenwirkung solcher Sanktionen auf die Wirksamkeit des verbandswidrigen Tarifvertrages einem Verlust der Tariffähigkeit des Arbeitgebers gleich käme und daher nicht mit Art. 9 III GG vereinbar wäre[826]. Dennoch sind wie bereits gezeigt die faktischen Auswirkungen auf den Gewerkschaftswettbewerb auch bei bloß verbandsinternen Sanktionen erheblich.

Die Unwirksamkeit eines solchen faktischen Zwangs zur Tarifdisziplin lässt sich allerdings nicht gemäß Art. 9 III 2 GG über die Koalitionsfreiheit des Arbeitgebers begründen[827]. Durch Beitritt in den Arbeitgeberverband verzichtet er zwar nicht auf seine Tariffähigkeit. Er unterwirft sich aber dennoch freiwillig dem Verbandszweck und muss somit bei Zuwiderhandeln mit Sanktionen rechnen.

Denkbar wäre aber ein ungerechtfertigter Eingriff in die Koalitionsbetätigung der benachteiligten Gewerkschaft, denn ihre Möglichkeit eines Tarifabschlusses mit dem Einzelarbeitgeber wird durch Sanktionsdrohungen des Arbeitgeberverbandes de facto erheblich geschmälert. Es könnte somit ein – auch durch Dritte möglicher[828]- Verstoß gegen den allgemeinen Wettbewerbsgrundsatz eines unverfälschten, lauteren Leistungswettbewerbs die Unzulässigkeit des Boykottaufrufs nach Art. 9 III 2 GG begründen. Eine solche Schlussfolgerung erscheint allerdings als zu weitgehend. Auch der tariffähige Arbeitgeberverband hat ein nach Art. 9 III GG schützenswertes Interesse an der Tarifdisziplin seiner Mitgliedsunternehmen. Der freie Gewerkschaftswettbewerb stößt hier an eine Grenze, die in der Organisationshoheit des sozialen Gegenspielers selbst begründet liegt. Darin liegt keine unzumutbare Einschränkung der Auswahlfreiheit der Arbeitnehmer,

---

825 So im Ergebnis auch MünchArbR-*Löwisch/Rieble* § 255 Rn. 36, *Rieble*, NZA 2000, 229 und *Söllner*, NZA Beil. 24/2000, 39.

826 So auch BAG, AP Nr. 26 zu § 4 TVG Tarifkonkurrenz mit zust. Anm. *Jacobs*; *Rieble*, NZA 2000, 229 f.; *Jacobs*, ZTR 2001, 251 m.w.N.

827 Dies lässt *Rieble*, NZA 2000, 229 f. insofern inkonsequent dahinstehen.

828 Vgl. für den Wirtschaftswettbewerb insbesondere die Neufassung des § 2 Nr. 1 UWG, der nun vom Erfordernis eines konkreten Wettbewerbsverhältnisses absieht; dazu oben 2. Teil F. II. 1. c.

da der Arbeitgeber als möglicher Tarifpartner erhalten bleibt. Entweder er tritt aus dem Kollektivverband aus oder er nimmt vorherige vereinsrechtliche Sanktionen in Kauf, welche im Außenverhältnis die Wirksamkeit eines solchen Firmentarifvertrages gerade nicht berühren können.

Boykottaufrufe durch Arbeitgeberverbände zur Verhinderung verbandswidriger Firmentarifverträge ihrer Mitgliedsunternehmen verstoßen daher nicht gegen die Garantie eines lauteren Koalitionswettbewerbs nach Art. 9 III GG.

V. Die Einflussnahmen weiterer Dritter auf den Gewerkschaftswettbewerb

Die Einflussnahme des Staates auf den Gewerkschaftswettbewerb ist nicht nur auf seine legislatorische Rechtssetzungsbefugnis und seine Stellung als Arbeitgeber beschränkt. Möglich ist auch eine faktische Einwirkung etwa durch das Überlassen von Plakatflächen einer Gemeinde nur an eine bestimmte Gewerkschaft. Dabei handelt es sich um freiwillige Gewährleistungen, welche nicht auf einem tariflichen Kampferfolg der privilegierten Gewerkschaft beruhen. Somit greift hier das in Art. 9 III GG statuierte spezielle Diskriminierungsverbot ein, welches als lex specialis das allgemeine Diskriminierungsverbot des Art. 3 I GG verdrängt. Es besteht daher eine staatliche Pflicht zur Gleichbehandlung aller in Betracht kommenden Gewerkschaften[829].

Nichts anderes gilt für private Dritte, sofern nicht ein sachlicher Grund ausnahmsweise eine Ungleichbehandlung rechtfertigt. So kann etwa eine Gewerkschaftszeitung nicht verpflichtet sein, auch die Werbeanzeigen des Konkurrenten abzudrucken.

Voraussetzung der grundsätzlichen Gleichbehandlungspflicht ist aber in allen Fällen, dass das privilegierende Verhalten des Dritten überhaupt Einfluss auf die Tätigkeit einer Koalition ausübt. Nur dann ist die Garantie des fairen Gewerkschaftswettbewerbs überhaupt als Schutzbereich des Art. 9 III 1 GG eröffnet, nur dann kann der allgemeine Wettbewerbsgrundsatz eines unverfälschten Leistungswettbewerbs über Art. 9 III 2 GG zur Anwendung kommen.

D. Das Rechtsverhältnis des Betriebsrats zu mehreren Gewerkschaften im Betrieb

I. Die Einflussnahme des Betriebsrates auf den Gewerkschaftswettbewerb

Den Gewerkschaften ist im Betriebsverfassungsgesetz trotz ihrer bloßen Hilfsfunktion gegenüber den Betriebspartnern ein umfangreicher Mindestbetätigungs-

829 Zum Ganzen MünchArbR-*Löwisch/Rieble* § 246 Rn. 257.

schutz durch die Einräumung eigenständiger Rechte zugestanden worden[830]. Insbesondere die im Zusammenhang mit der für den Gewerkschaftswettbewerb maßgeblichen Betriebsratswahl stehenden Rechte kann daher jede im Betrieb vertretene Gewerkschaft unabhängig vom Willen des Betriebsrates wahrnehmen. Auch dies ist Ausdruck der von Art. 9 III GG vorgegebenen gesetzlichen Ausgestaltungsgarantie des Gewerkschaftswettbewerbs durch das Schaffen gleicher Wettbewerbsvoraussetzungen[831].

Der Koalitionsbetätigungsschutz verpflichtet den Betriebsrat in diesen Fällen zu einem strikten Behinderungsverbot derart einfachgesetzlich garantierter Gewerkschaftsarbeit. Möglichkeiten der Einflussnahme des Betriebsrates auf den Gewerkschaftswettbewerb ergeben sich dagegen dann, wenn er im Rahmen der ihm durch das Betriebsverfassungsgesetz verliehenen Möglichkeiten bestimmten Gewerkschaften besondere Rechte gewähren kann, die ihnen selbst als eigenständige Rechte gerade nicht zustehen.

Eine hervorragende Bedeutung kommt dabei der in § 31 BetrVG geregelten Teilnahme einer Gewerkschaft an Betriebsratssitzungen zu, welche nur für im Betriebsrat vertretene Gewerkschaften aufgrund eines Antrags von mindestens einem Viertel der Mitglieder des Betriebsrates möglich sein soll[832].

Darüber hinaus sind in der betrieblichen Praxis insbesondere die Fälle bedeutsam, in denen eine Gewerkschaft außerhalb ihrer eigenen Werbungstätigkeit Zugang zum Betrieb verlangt[833], weil sie der Betriebsrat zur Unterstützung seiner Aufgaben heranziehen will. Denkbar sind in diesem Zusammenhang auch Betriebsvereinbarungen zwischen Betriebsrat und Arbeitgeber, die – unter Beachtung der Regelungssperre des § 77 III BetrVG – betriebliche Privilegierungen einer bestimmten Gewerkschaft vorsehen.

II. Übertragung der Wettbewerbsgrundsätze zwischen Arbeitgeber und mehreren Gewerkschaften auf die Tätigkeit des Betriebsrats?

Bei der Frage nach den Grenzen derartiger Privilegierungen einer bestimmten Gewerkschaft durch den Betriebsrat scheinen die Parallelen zur Fallgestaltung

830 Vgl. §§ 14, 16, 19, 23 I, 23 III, 46 BetrVG.

831 Dazu oben 1. Teil B. II. 5.

832 Diese Regelung gilt kraft gesetzlicher Verweisung auch für den Gesamtbetriebsrat (§ 51 I BetrVG) und den Konzernbetriebsrat (§ 59 I BetrVG) sowie für die Jugend- und Auszubildendenvertretung (§ 65 I BetrVG), die Gesamtjugend- und Auszubildendenvertretung (§ 73 II BetrVG), die Konzern-Jugend- und Auszubildendenvertretung (§ 73 b II), die Bordvertretung (§ 115 IV 1) und den Seebetriebsrat (§ 116 III). Der vom DGB wiederholt ausgesprochenen Forderung nach einem eigenständigen Teilnahmerecht ist der Gesetzgeber nicht nachgekommen, vgl. dazu *Richardi*, BetrVG, § 31 Rn. 2 m.w.N.; zur vergleichbaren Situation im Personalvertretungsrecht vgl. § 36 BPersVG.

833 Dazu LAG Köln, AP Nr. 1 zu § 2 LPVG NW.

der betrieblichen Begünstigung einer Gewerkschaft durch den Arbeitgeber nahe zu liegen.

Die Betriebsratswahl ist eines der wesentlichen Scharniere des Gewerkschaftswettbewerbs auf Betriebsebene. Bereits deshalb herrscht oft zwischen Betriebsrat und der im Betrieb vorherrschenden Gewerkschaft eine Personalunion[834]. Entsprechend geht das gewerkschaftliche Selbstverständnis vielfach von den Betriebsräten als eigener gewerkschaftlicher Organisationsbasis aus[835]. Damit wird deutlich, dass Betriebsräte in der Praxis oft auch Schauplatz des gewerkschaftlichen Konkurrenzkampfes sind, ihre Zusammensetzung ist gerade Spiegelbild des Resultates der vorhergehenden Betriebsratswahl.

Dementsprechend scheint es auf den ersten Blick nur folgerichtig, in den Privilegierungen einer Gewerkschaft durch einen von ihr dominierten Betriebsrat einen Wettbewerbserfolg zu sehen, der ähnlich einer gleich gerichteten tariflich erkämpften Regelung mit dem Arbeitgeber gegenüber den weniger erfolgreichen Gewerkschaftskonkurrenten nach Art. 9 III 2 GG unmittelbar zu schützen ist. Auch für den Betriebsrat wäre daher nicht eine umfassende Gleichbehandlungspflicht, sondern gerade die Bevorzugung der stärksten, im Wettbewerb miteinander erfolgreichsten Verbände Ausdruck einer fairen Gewerkschaftskonkurrenz.

Allerdings darf man bei dieser grundsätzlichen Überlegung nicht stehen bleiben. Denn die Zielsetzungen des Betriebsverfassungsgesetzes, das Wohl der Arbeitnehmer und des Betriebs zu schützen, wirken auf die Garantien des Gewerkschaftswettbewerbs aus Art. 9 III GG beschränkend ein[836]. Aufgrund der bloßen Hilfsstellung der Gewerkschaften innerhalb der Betriebsverfassung[837] steht daher auch ihr Interesse an einem fairen Gewerkschaftswettbewerb unter dem Vorbehalt der Vereinbarkeit mit betriebsverfassungsrechtlichen Schutzgütern.

Eine Vergleichbarkeit der Wertungen des vom Betriebsrat beeinflussten Gewerkschaftswettbewerbs im Betrieb mit tariflichen Absprachen von Arbeitgeber und Gewerkschaft besteht daher nur dann, wenn dies mit den strukturellen Besonderheiten des Betriebsverfassungsrechts in Einklang steht.

Der Frage, welche strukturellen Besonderheiten und deren einfachgesetzliche Ausformung im Betriebsverfassungsgesetz für die Behandlung unterschiedlicher

---

834 Dazu im Einzelnen Schroeder/Weßels-*Kädtler*, Gewerkschaften, S. 410 ff., der allerdings von einer Verbreitung des organisatorischen Dualismus von über 50 % ausgeht. Nach Angaben des DGB waren im Jahre 2003 etwa 75 % aller Betriebsratsmitglieder zugleich auch Mitglied in einer DGB-Gewerkschaft, vgl. www.dgb.de.

835 Vgl. etwa *Streek*, GewM 1979, 8 ff.; *Däubler*, Gewerkschaftsrechte im Betrieb, S. 56, der von einer Interessengleichheit von Betriebsrat und Gewerkschaft spricht.

836 Vgl. auch *Gamillscheg*, Kollektives Arbeitsrecht, S. 234 und *Müller*, RdA 1976, 47 ff.

837 BAG, AP Nr. 20 zu § 40 BetrVG 1972; *Buchner*, DB 1972, 1236 ff.; *Stege/ Weinspach/Schiefer*, BetrVG, § 2 Rn. 11 ff.; *v. Hoyningen-Huene*, Betriebsverfassungsrecht, S. 92 spricht vom Grundsatz der Subsidiarität der Koalitionsbetätigung im Betrieb.

Gewerkschaften durch den Betriebsrat von Bedeutung sein können, ist im Folgenden nähere Aufmerksamkeit zu widmen.

1. Die Gleichbehandlungspflicht des Betriebsrats nach § 75 I 1 BetrVG

Gemäß § 75 I 1 BetrVG hat der Betriebsrat darüber zu wachen, dass alle im Betrieb tätigen Personen nicht aufgrund ihrer gewerkschaftlichen Betätigung oder Einstellung diskriminiert werden. Daraus folgt bereits dem eindeutigen Wortlaut nach eine strikte Neutralitätspflicht des Betriebsrates im Konflikt zwischen den Angehörigen verschiedener Gewerkschaften im Betrieb[838]. Ihre systematische Legitimation zieht die Vorschrift des § 75 I 1 BetrVG unmittelbar aus dem im Betriebsverfassungsgesetz verankerten Prinzip der dualen Arbeitnehmerinteressenvertretung selbst. Im Gegensatz zur mitgliedschaftlich legitimierten Interessenvertretung kraft Delegation an den Gewerkschaftsverband handelt es sich beim Betriebsrat um eine Zwangsvertretung aller Arbeitnehmer des Betriebes[839]. Mit den durch die Betriebsverfassung verliehenen weitreichenden Eingriffsmöglichkeiten in die Arbeitsverhältnisse jedes Arbeitnehmers des Betriebs muss daher aufgrund der Rechte jedes einzelnen Belegschaftsmitgliedes aus Art. 1, Art. 2 I GG ein Gleichbehandlungsgebot gegenüber diesen Schutzadressaten einhergehen[840].

Dementsprechend muss der Betriebsrat, um dieser Aufgabe überhaupt gerecht werden zu können, sich in seiner Amtsführung so verhalten, dass das Vertrauen der Arbeitnehmer in seine Neutralität und Objektivität nicht beeinträchtigt wird[841]. Folgt daraus aber auch eine Gleichbehandlungspflicht des Betriebsrates gegenüber den im Betrieb vertretenen Gewerkschaften[842]? Wohl kaum. Denn die Gleichbehandlungspflicht des § 75 I 1 BetrVG gilt ausdrücklich nur gegenüber den einzelnen Arbeitnehmern. Dies ist auch systemgerecht, denn es geht um das notwendige Korrelat zu ihrer aufoktroyierten Mitgliedschaft in einem betrieblichen Zwangsverband. Geschützt werden soll also beispielsweise der einzelne nicht oder anders gebundene Arbeitnehmer davor, dass der Betriebsrat kraft der ihm verliehenen Befugnisse nur für Mitglieder einer bestimmten Gewerkschaft besonderen Kündigungsschutz oder höhere Gratifikationszahlungen des Arbeitgebers bewirken kann. Ebenso wenig dürfen Mitglieder des Betriebsrates im Zusammenhang mit ihrer Amtsführung für ihre Koalition werben[843] oder durch un-

838 So ausdrücklich *Reuter*, Festschrift Müller, S. 392.

839 BVerfGE 18, 18, 31; *Richardi*, BetrVG, § 2 Rn. 170.

840 *Kraft*, ZfA 1973, 256 ff.

841 GK-BetrVG-*Kreutz* § 75 Rn. 58; für die Mitglieder des Personalrats BVerfG, AP Nr. 31 zu Art. 9 GG.

842 Dafür wohl *Müller*, ZfA 1972, 229, 239.

843 Ausführlich dazu *Galperin/Löwisch*, BetrVG, § 74 Rn. 25; GK-BetrVG-*Kreutz* § 75 Rn. 59 m.w.N.

sachliche Angriffe auf Andersorganisierte diese zum Gewerkschaftswechsel bewegen[844]. Um den Einzelnen umfassend vor einer derartigen Verletzung seiner Rechte aus Art. 1, 2 I, 9 III GG umfassend zu schützen gilt im Zweifel, dass ein Betriebsratsmitglied auch als solches gehandelt hat[845].

Diese vertikale Schutzdimension[846] kann aber nicht auf die Fälle, in denen nicht der einzelne Arbeitnehmer, sondern ein Gewerkschaftsverband selbst privilegiert oder benachteiligt wird, ausgedehnt werden. Sie zählen nicht zu den Schutzadressaten der Betriebsverfassung, ihr Verhältnis zum Betriebsrat ist allein horizontal als das zweier nebeneinander bestehender Kollektivvertretungen im Gesamtschutzkonzept der arbeitnehmerlichen Interessenvertretung zu begreifen.

Dies kommt gerade in der für dieses Verhältnis zentralen Norm des § 2 I BetrVG zum Ausdruck. Hier ist nicht der einseitige gewerkschaftliche Betätigungsschutz durch den Betriebsrat, sondern gerade das gemeinschaftliche Zusammenwirken beider Kollektive zum Wohle der Arbeitnehmer und des Betriebes gefordert.

Handelt es sich also um betriebliche Gewährungen des Betriebsrats gegenüber einer Gewerkschaft und nicht gegenüber einzelnen Arbeitnehmern aufgrund ihrer Mitgliedschaft in einer Gewerkschaft, so ist das Gleichbehandlungsgebot des § 75 I 1 BetrVG nicht einschlägig.

Dies gilt insbesondere auch für den Anwendungsbereich des § 31 BetrVG. Adressat des Teilnahmerechts ist hier die Gewerkschaft selbst und nicht etwa ihr Beauftragter. Denn welche Person die Gewerkschaft in die Betriebsratssitzung letztlich entsendet, liegt allein in ihrem Ermessen. Bei der Bestimmung des Beauftragten handelt es sich nur um einen innergewerkschaftlichen Willenakt, nachdem ihr die Teilnahme an der Sitzung gewährt worden ist[847].

2. Gleichbehandlungspflicht des Betriebsrats aus § 2 I BetrVG gegenüber mehreren Gewerkschaften im Betrieb?

Ein Gleichbehandlungsgebot des Betriebsrates gegenüber mehreren Gewerkschaften kann sich daher nur aus dem Gebot des Zusammenwirkens zum Wohle der Arbeitnehmer und des Betriebes zwischen Betriebsrat und den im Betrieb vertretenen Gewerkschaften gemäß § 2 I BetrVG ergeben[848]. Denkbar wäre dies vor allem dann, wenn § 2 I BetrVG entsprechend der Wertung des § 75 I 1

844 Vgl. bereits BAG, AP Nr. 10 zu Art. 9 GG; *Blomeyer*, ZfA 1972, 122.

845 BAG, AP Nr. 10 zu Art. 9 GG; BVerwG, JZ 1971, 288 mit einzelfallbezogener kritischer Anmerkung *Säcker*.

846 GK-BetrVG-*Kreutz* § 75 Rn. 2; Erfurter Kommentar-*Kania* § 75 BetrVG Rn. 1.

847 GK-BetrVG-*Raab* § 31 Rn. 16; *Fitting* § 31 Rn. 19; *Hess/Schlochauer/Worzalla/ Glock*, BetrVG, § 31 Rn. 13; *Richardi*, BetrVG, § 31 Rn. 19.

848 So etwa *Rewolle*, DB 1965, 364 ff. zu § 49 I, II BetrVG 1952.

BetrVG Ausdruck eines allgemeinen betriebsverfassungsrechtlichen Prinzips wäre, Minderheiten zu schützen[849].

Überzeugen kann ein solcher Vergleich des § 2 I BetrVG mit § 75 I 1 BetrVG schon nicht mit Blick auf die unterschiedlichen Adressaten beider Normen. Diese sind bei § 75 I 1 BetrVG die Arbeitnehmer des Betriebes, der darin statuierte umfassende Minderheitenschutz begründet sich systematisch aus der kollektiven Zwangsvertretung ihrer betrieblichen Interessen durch den Betriebsrat. Demgegenüber sind die im Betrieb vertretenen Gewerkschaften gerade nicht Schutzadressat des Betriebsverfassungsrechts. Einen auf sie anwendbaren Minderheitenschutz begründet das Betriebsverfassungsrecht also gerade nicht.

Das Zusammenwirken des Betriebsrates mit den Gewerkschaften, insbesondere also auch die Frage, wann er sie zu seinen Entscheidungen beratend hinzuziehen will, stellt § 2 I BetrVG damit grundsätzlich in das Ermessen des Betriebsrates selbst. Der Betriebsrat hat also das Recht, Gewerkschaften um Hilfe zu bitten, aber keine über sein pflichtgemäßes Ermessen hinausgehende Pflicht hierzu[850].

Der Betriebsrat ist also nur dann zu einer Gleichbehandlung mehrerer Gewerkschaftsverbände aufgerufen, wenn sich dieses Ermessen zum Schutze der betriebsverfassungsrechtlichen Schutzgüter ausnahmsweise auf Null reduziert. Dies ist dann der Fall, wenn die effektive Erfüllung seiner durch das Betriebsverfassungsgesetz vorgegebenen Aufgaben nur unter Teilnahme mehrerer Gewerkschaften überhaupt möglich ist[851].

Praktische Relevanz kann eine solche Ermessensreduktion vor allem dann erlangen, wenn es sich um etwa gleich stark im Betrieb vertretene Gewerkschaften handelt, welche beide im konkreten Fall für die in Frage stehende inhaltliche Problematik sachlich zuständig sind. Verschafft hier der Betriebsrat nur einem der konträren gewerkschaftlichen Standpunkte betriebliches Gehör, kann die effektive Interessenwahrnehmung im Sinne aller Belegschaftsangehöriger oder des Betriebes selbst gefährdet sein. Allein in Fällen eines solchen Fehlers in der Ermessensausübung kann die benachteiligte im Betrieb vertretene Gewerkschaft die

849 Vgl. *Rewolle*, DB 1965, 364 ff.

850 *Richardi*, BetrVG, § 2 Rn. 35, GK-BetrVG-*Kraft/Franzen* § 2 Rn. 24; *Däubler*, Gewerkschaftsrechte im Betrieb, Rn. 169; *Kraft*, ZfA 1973, 252 ff.; *Kreutz*, BlStSozArbR 1972, 63 f.; *Buchner*, DB 1972, 1236 ff.; dem widersprechend einzig *Fitting* § 2 Rn. 32, der – allerdings ohne dies eingehend zu begründen – von einer generellen Pflicht der Betriebspartner zur Zusammenarbeit mit den Verbänden ausgeht.

851 *Kreutz*, BlStSozArbR 1972, 64; *Müller*, ZfA 1972, 213 f.; a.A. *Gamillscheg*, Kollektives Arbeitsrecht, S. 238, der es dem Arbeitgeber ohne Ausnahme gestatten will, dass er die Zusammenarbeit mit einer ungeliebten Gewerkschaft ablehnt.

Auflösung des Betriebsrates nach § 23 I BetrVG beim Arbeitsgericht beantragen[852].

3. Auswirkung auf die Regelung des § 31 BetrVG

Dieser grundlegenden Systematik des Verhältnisses von Betriebsrat zu mehreren Gewerkschaften trägt gerade auch die Regelung des § 31 BetrVG Rechnung, welche die grundsätzliche Regelung des § 2 I BetrVG für die Frage der gewerkschaftlichen Teilnahme an Betriebsratssitzungen konkretisiert[853].

Gemäß dieser Vorschrift ist die Teilnahme einer im Betriebsrat vertretenen Gewerkschaft vom Antrag mindestens eines Viertels der Mitglieder des Betriebsrates abhängig. Darin spiegelt sich zum einen ein Konkurrenzschutz des Wahlerfolges der im Betriebsrat entsprechend stark vertretenen Verbände wider. Dementsprechend nehmen auch die ganz überwiegende Lehre und die Rechtsprechung an, dass ein solcher Antrag nicht durch einseitiges Verhalten des Betriebsratsvorsitzenden boykottiert werden darf[854]. Ebenso erscheint es hier aufgrund des von Art. 9 III GG gewährleisteten fairen Gewerkschaftswettbewerbs folgerichtig, diesen Wettbewerbserfolg einer Gewerkschaft dadurch gegenüber weniger erfolgreichen Verbänden abzusichern, dass eine Teilnahmeberechtigung ohne das in § 31 BetrVG vorgegebene Verfahren für im Betriebsrat nicht ausreichend oder gar nicht vertretene Verbände nicht anzuerkennen ist[855]. Das im Rahmen des Verhältnisses zwischen Arbeitgeber und mehreren Gewerkschaften erörterte Problem der freiwilligen, nicht auf einem gewerkschaftlichen Kampferfolg beruhenden Bevorzugung stellt sich für die Privilegierung einer Gewerkschaft durch den Betriebsrat gerade nicht. Bereits die Möglichkeit, überhaupt vor jeder Teilnahme ein Viertel der Mitglieder des Betriebsrates für sich vereinen zu können, ist ja Ausfluss des konkreten Wettbewerbserfolges der betreffenden Gewerkschaft bei der Betriebsratswahl.

Zum anderen sichert das Antragserfordernis von mindestens einem Viertel der Betriebsratsmitglieder auch, dass gerade die Zielsetzungen des Betriebsverfassungsgesetzes, das Wohl der Arbeitnehmer und des Betriebes zu schützen, effektiv erfüllt werden können. Denn eine Beeinträchtigung dieser betriebsverfassungsrechtlichen Schutzgüter wird in aller Regel nur dann vorliegen, wenn es sich um die betriebsratliche Nichtbeachtung einer stark im Betrieb vertretenen Gewerkschaft handelt. Eine solche starke Gewerkschaft wird es aber schaffen,

---

852 Vgl. dazu auch *Kraft*, ZfA 1973, 252 ff.; *Kreutz*, BlStSozArbR 1972, 64.

853 *Fitting* § 31 Rn. 1.

854 Vgl. *Däubler/Kittner/Klebe*, BetrVG, § 31 Rn. 8; GK-BetrVG-*Raab* § 31 Rn. 15; Erfurter Kommentar-*Eisemann* § 31 BetrVG Rn. 1.

855 *Däubler/Kittner/Klebe*, BetrVG, § 31 Rn. 12.

ein Viertel der Mitglieder des Betriebsrates für ihre Ziele einzuspannen[856]. Anders als eine potentielle gesetzliche Regelung, die etwa nur Anträge allein der im Betriebsrat stärksten vertretenen Gewerkschaft vorsähe, gewährleistet § 31 BetrVG, dass eine Gefährdung der betriebsverfassungsrechtlichen Aufgabenerfüllung durch den Betriebsrat aufgrund mangelnder Zusammenarbeit mit den vorherrschenden gewerkschaftlichen Interessenvertretungen auf ein Minimum reduziert ist.

Damit deckt der Wortlaut des § 31 BetrVG vor dem Hintergrund des pflichtgemäßen Ermessens des Betriebsrates nach § 2 I BetrVG nur solche – in der Praxis kaum denkbaren – Fallgestaltungen nicht ab, in denen eine Gewerkschaft nicht oder nicht ausreichend im Betriebsrat vertreten ist, die Zusammenarbeit mit ihr aber für das Wohl des Betriebes oder seiner Arbeitnehmer unerlässlich ist. Dass der Betriebsrat hier dem Teilnahmegesuch einer solchen Minderheitsgewerkschaft stattgeben muss, ergibt sich nicht aus dem Wortlaut des § 31 BetrVG, wohl aber aus dessen systematischer Auslegung im Zusammenhang mit § 2 I BetrVG[857].

Ein aus der Hinzuziehung eines Konkurrenten abgeleitetes Teilnahmerecht einer Gewerkschaft besteht außerhalb der dargestellten Fälle nicht[858].

Insofern erscheint auch der im Gesetzgebungsverfahren zum Betriebsverfassungsgesetz 1972 gestellte Antrag der CDU/CSU-Fraktion im Bundestag auf Einführung eines generellen Antragsrechts jeder im Betrieb vertretenen Gewerkschaft[859] nicht systemgerecht. Ordnet man die gewerkschaftliche Teilnahme an Betriebsratssitzungen nicht dem Mindestbetätigungsschutz der Koalitionsbetätigung zu[860], so kann es sich nur um eine die Betriebspartner im Rahmen der Betriebsverfassung unterstützende gewerkschaftliche Tätigkeit handeln. Eine Pflicht des Betriebsrates zur Zusammenarbeit kann sich dann aber nur aus einem konkreten sachlichen Erfordernis zur Wahrung der betriebsverfassungsrechtlichen

---

856 Nicht verständlich ist dagegen die Einordnung des § 31 BetrVG als Regelung zum Schutz von Minderheitsgewerkschaften durch *Fitting* § 31 Rn. 11. Eine Minderheitsgewerkschaft wird es, sofern sie überhaupt im Betriebsrat vertretenen ist, nur selten auf die erforderliche Stimmenanzahl bringen; hätte der Gesetzgeber § 31 BetrVG als Mindestbetätigungsschutz aller im Betrieb vertretenen Koalitionen normieren wollen, so wäre dies nur durch Schaffung eines eigenständigen gewerkschaftlichen Teilnahmerechts möglich gewesen.

857 Die von *Gamillscheg*, Kollektives Arbeitsrecht, S. 241 geäußerten Bedenken gegenüber einer Gleichbehandlungspflicht des Betriebsrates greifen deshalb nicht, weil diese bei § 31 BetrVG bereits nur in absoluten Ausnahmefällen überhaupt in Betracht kommt.

858 Vgl. ausführlich dazu GK-BetrVG-*Raab*, § 31 Rn. 7; *Hess/Schlochauer/Worzalla/ Glock*, BetrVG, § 31 Rn. 9, *Richardi*, BetrVG, § 31 Rn. 10; *Fitting* § 31 Rn. 9; *Däubler/Kittner/ Klebe*, BetrVG § 31 Rn. 14.

859 Vgl. dazu BT-Drucks. VI/2729, S. 22.

860 Andernfalls läge bereits ein eigenständiges Teilnahmerecht jeder im Betrieb vertretenen Gewerkschaft und nicht nur ein bloßes Antragsrecht dazu vor.

Schutzgüter ergeben. Ein generelles Antragsrecht jeder im Betrieb vertretenen Gewerkschaft trüge dieser Systematik nicht hinreichend Rechnung[861].

Dieses Ergebnis lässt sich auch für die in Schrifttum und Rechtsprechung kontrovers diskutierte Frage fruchtbar machen, ob ein gewerkschaftliches Teilnahmerecht im Rahmen des § 31 BetrVG generell festgelegt werden kann oder ob eine Teilnahme immer nur für eine oder mehrere konkrete Betriebsratssitzungen möglich ist[862]. Denn sobald eine Gewerkschaft im Betriebsrat mit absoluter Mehrheit vertreten wäre, könnte sie etwa durch eine generelle Regelung in der Geschäftsordnung nicht nur die eigene permanente Teilnahme sichern, sondern gleichzeitig auch jede andere Gewerkschaft zukünftig davon ausschließen. § 31 BetrVG soll aber gerade eine Teilnahme solcher Gewerkschaften dann sicherstellen, wenn ein Antrag der ausreichenden Zahl von Betriebsratsmitgliedern im konkreten Einzelfall oder eine entsprechende Sachkonnexität zu den Schutzgütern der Betriebsverfassung vorliegt[863]. Eine generelle Teilnahmeregelung in der Geschäftsordnung des Betriebsrates liefe dieser Wertung des § 2 I BetrVG, dessen Konkretisierung § 31 BetrVG darstellt, zuwider.

4. Auswirkung auf weitere Gewerkschaftsrechte

Dieses grundsätzliche, an § 31 BetrVG konkretisierte Verständnis der Zulässigkeitsgrenzen einer unterschiedlichen Behandlung mehrerer im Betrieb vertretener Gewerkschaften durch den Betriebsrat lässt sich auf weitere solcher Einflussnahmemöglichkeiten des Betriebsrates auf den Gewerkschaftswettbewerb übertragen.

a) Das gewerkschaftliche Teilnahmerecht an Sitzungen betrieblicher Ausschüsse

Für die gewerkschaftliche Teilnahme von Gewerkschaftsbeauftragten an Sitzungen des Betriebsausschusses nach § 27 BetrVG und der übrigen Ausschüsse nach § 28 BetrVG ist die Regelung des § 31 BetrVG entsprechend anzuwenden[864]. Gleiches gilt für die Besprechungen von Arbeitgeber und Betriebsrat nach § 74 I BetrVG[865]. Hier ergeben sich zu den bisherigen Ergebnissen keine Besonderheiten, insbesondere die Beteiligung des Arbeitgebers an der Entscheidung über

---

861 So im Ergebnis auch der Bericht des 10. Ausschuss zu BT-Drucks. VI/2729, S. 22.

862 Für ein generelle Festlegung etwa BAG, AP Nr. 1 zu § 31 BetrVG 1972; *Müller*, ZfA 1972, 227; ablehnend *Richardi*, BetrVG, § 31 Rn. 14; GK-BetrVG-*Raab* § 31 Rn. 20; *Brecht*, BetrVG, § 31 Rn. 5; *Klosterkemper*, Zugangsrecht der Gewerkschaften, S. 15.

863 So auch GK-BetrVG-*Raab* § 31 Rn. 20.

864 MünchArbR-*Joost* § 307 Rn. 27; *Richardi*, BetrVG, § 31 Rn. 25; GK-BetrVG-*Raab* § 31 Rn. 3; *Hess/Schlochauer/Worzalla/Glock*, BetrVG, § 31 Rn. 21; *Däubler*, Gewerkschaftsrechte im Betrieb, Rn. 146.

865 *Müller*, ZfA 1972, 218 f.

die gewerkschaftliche Teilnahme ist nach § 2 I BetrVG denselben Ermessensgrundsätzen verpflichtet wie auch der Handlungsspielraum des Betriebsrates.

b) Die Hinzuziehung eines Gewerkschaftsbeauftragten nach § 80 III BetrVG

Auch Beauftragte einer nicht im Betriebsrat vertretenen Gewerkschaft können vom Betriebsrat nach § 80 III BetrVG als Sachverständige zu dessen Tätigkeit beratend hinzugezogen werden. Voraussetzung dazu ist allerdings, dass die Hinzuziehung zur ordnungsgemäßen Erfüllung seiner Aufgaben erforderlich ist. Auch diese Möglichkeit der Rechtsgewährung durch den Betriebsrat ist damit Ausdruck der in § 2 I BetrVG normierten Ausübung seines pflichtgemäßen, an der Zielsetzung des Betriebsverfassungsgesetzes orientierten Ermessens.

Ist das Ermessen bezüglich der Beratung einer Gewerkschaft ausnahmsweise aufgrund dieser Schutzgüter auf Null reduziert, muss die Gewerkschaft als Sachverständige angehört werden, ansonsten bleibt es bei der fakultativen Wahrnehmung dieses Rechts durch den Betriebsrat nach näherer Vereinbarung mit dem Arbeitgeber.

c) Das Zugangsrecht der Gewerkschaften zum Betrieb nach Aufforderung des Betriebsrates

§ 2 II BetrVG gewährt den im Betrieb vertretenen Gewerkschaften ein Zugangsrecht zum Betrieb zur Wahrnehmung ihrer von der Betriebsverfassung eingeräumten Aufgaben. Eng damit verknüpft ist der Fall, dass der Betriebsrat zur Erfüllung der ihm obliegenden Aufgaben eine Gewerkschaft unterstützend heranziehen will und diese dementsprechend Zugang zum Betrieb verlangt. Auch hier gelten die Voraussetzungen des § 2 I BetrVG[866]. Der Betriebsrat entscheidet also frei darüber, welche Gewerkschaft er zur Unterstützung benötigt, sofern er damit sein pflichtgemäßes Ermessen nicht überschreitet.

d) Betriebsvereinbarungen als Mittel zur Gewährung gewerkschaftlicher Privilegien?

Die inhaltliche Kompetenz des Betriebsrates zum Abschluss von Betriebsvereinbarungen mit dem Arbeitgeber ist nicht ausdrücklich durch das Gesetz bestimmt worden. Allein in § 77 III 1 BetrVG findet sich eine negative Regelungssperre zugunsten des Tarifvertrages.

Allerdings ergibt sich bereits aus der funktionalen Stellung des Betriebsrats als Repräsentant der Belegschaft, dass er nur im Rahmen der ihm durch das Be-

866 BAG, BB 1972, 493; *Buchner*, DB 1972, 1338 f.; *Stege/Weinspach/Schiefer*, BetrVG, § 2 Rn. 16 m.w.N.

triebsverfassungsgesetz auferlegten Zuständigkeiten Betriebsvereinbarungen abschließen kann[867].

Aus dieser Überlegung folgt aber unmittelbar, dass eine Betriebsvereinbarung, welche die Gewährung von besonderen Rechten zugunsten einer bestimmten Gewerkschaft vorsieht, auch an die Ermessensgrenzen des § 2 I BetrVG gebunden sein muss.

5. Die Schlichtungsfunktion der Betriebspartner im Gewerkschaftswettbewerb

Gemäß § 75 I 1 BetrVG trifft den Betriebsrat wie den Arbeitgeber die Pflicht, darüber zu wachen, dass eine Diskriminierung einzelner Arbeitnehmer aufgrund ihrer gewerkschaftlichen Einstellung und Betätigung unterbleibt. Bezogen auf den Gewerkschaftskonkurrenzkampf im Betrieb bedeutet dies neben der entsprechenden eigenen gewerkschaftlichen Neutralitätspflicht des Betriebsrates in seiner Amtsführung auch, dass ihm dort, wo dies möglich ist, eine Schlichtungsfunktion bei zwischengewerkschaftlichen Streitigkeiten zukommt.

Dabei gilt es aber zu unterscheiden. Wird nicht die individuelle Koalitionsfreiheit eines einzelnen anderweitig gebundenen Arbeitnehmers verletzt, sondern lediglich das in Art. 9 III GG ebenfalls begründete kollektive Konkurrenzschutzinteresse des jeweiligen Verbandes, so greift § 75 I 1 BetrVG nicht ein. Denn Schutzadressat ist hier gerade nicht der Kollektivverband, sondern allein die einzelne im Betrieb tätige Person.

Eine Schlichtungspflicht der Betriebspartner zum Schutz der Rechtsgüter der Kollektivverbände lässt sich auch nicht aus dem Gebot zur Achtung des Betriebsfriedens nach § 74 II 2 BetrVG begründen. Anders als in § 75 I 1 BetrVG wird in § 74 II 2 BetrVG eine eigene Unterlassungspflicht der Betriebspartner angeordnet, nicht aber eine positive Überwachungspflicht. Zwar sind auch die im Betrieb vertretenen Verbände dem Gebot des Betriebsfriedens unterworfen. Es obliegt dabei aber nicht dem Betriebsrat oder dem Arbeitgeber, auf die Einhaltung dieser Pflicht durch die Gewerkschaften im Betrieb aktiv hinzuwirken.

Handelt es sich dagegen um eine Beeinträchtigung der positiven oder negativen Koalitionsfreiheit des Einzelnen, so steht der aus der Überwachungsaufgabe hergeleiteten Schlichtungspflicht zudem ein Schlichtungsrecht gleich. Dem Betriebsrat wie dem Arbeitgeber ist damit die Rechtsmacht eingeräumt, die Wahrung der gegenseitigen individuellen Koalitionsbetätigungsfreiheit in den Grenzen eines fairen Wettbewerbs zu überwachen[868]. Beide Betriebspartner sind also damit berechtigt und verpflichtet, nicht nur Beschwerden und Hinweisen von Ar-

---

867 *Richardi*, BetrVG, § 77 Rn. 64 ff.; *Fitting* § 77 Rn. 45 ff.; *v. Hoyningen-Huene*, Betriebsverfassungsrecht, S. 222 jeweils m.w.N.

868 BAG, AP Nr. 1 zu § 87 BetrVG 1972 Altersversorgung; GK-BetrVG-*Kreutz* § 75 Rn. 18; *Däubler/Kittner/Klebe*, BetrVG, § 75 Rn. 8; *Fitting* § 75 Rn. 12.

beitnehmern nachzugehen, sondern selbst die Einhaltung der Grundsätze eines fairen Gewerkschaftswettbewerbs zu überprüfen.

E. Das Rechtsverhältnis der Gewerkschaft zu ihren Mitgliedern

I. Bedeutung für den Gewerkschaftspluralismus im Betrieb

Die Garantie eines Gewerkschaftspluralismus setzt neben der Beitrittsfreiheit der noch nicht gebundenen Arbeitnehmer auch die Möglichkeit der bereits verbandlich organisierten Belegschaftsmitglieder voraus, ihren Verband zu verlassen und einem anderen Verband beizutreten. Da sie sich aber durch den Beitritt zu ihrem bisherigen Verband dessen Zielsetzungen und Regeln zumindest für die Dauer der Mitgliedschaft verpflichtet haben, kann es hier zu einer Kollision zwischen den Interessen des Verbandes und denen seiner Mitglieder kommen. Die Problemkreise reichen dabei einerseits von den Verhaltensweisen der Mitglieder, welche den eigenen Verband in seinem Konkurrenzverhalten beeinträchtigen, bis hin zu den Möglichkeiten des Verbandes, durch Austrittsfristen einen Gewerkschaftswechsel seiner Mitglieder zu erschweren oder ganz zu verhindern.

Die Austarierung der verbandsinternen beiderseitigen Rechte und Pflichten vor dem Hintergrund eines Gewerkschaftspluralismus im Betrieb setzt zunächst eine Untersuchung der Rechtsgrundlagen dieses Rechtsverhältnisses voraus, ehe dies anhand der einzelnen Verhaltensmöglichkeiten näher konkretisiert werden kann.

II. Das Rechte- und Pflichtengefüge zwischen Gewerkschaft und ihren Mitgliedern

Obwohl Gewerkschaften grundsätzlich als nicht rechtsfähige Vereine organisiert sind, werden die Vorschriften des BGB-Vereinsrechts entgegen der Norm des § 54 BGB auf sie angewandt[869]. Gemäß § 40 BGB sind allerdings viele dieser Normen nicht zwingend, sondern zur Disposition des Verbandes gestellt. Insbesondere durch das einfachgesetzlich in § 25 BGB statuierte Recht des Verbandes zur eigenen Satzungsgebung ist es diesem möglich, das Verhältnis zu seinen Mitgliedern eigenständig zu regeln[870]. Die Befugnis zur Satzungsgebung sichert da-

869 Vgl. oben 3. Teil B. I. 2. a.

870 Vgl. zum Vereinsrecht des BGB bereits *v. Tuhr*, Der Allgemeine Teil des Deutschen Bürgerlichen Rechts, Band 1, S. 548 ff.; aus neuerer Zeit *Reichert*, Handbuch des Vereins- und Verbandsrechts, S. 200 ff.; Soergel-*Hadding*, BGB, § 25 Rn. 1 ff.; MünchKommBGB-*Reuter*, § 25 Rn. 1 ff.; *Dütz*, Festschrift Hilger und Stumpf, S. 103 ff. jeweils m.w.N.

mit die in Art. 9 III GG gewährleistete Organisationsautonomie der Gewerkschaften. Darüber hinaus finden sich Rechtsnormen, welche Rechte und Pflichten zwischen Verband und Mitgliedern festlegen, neben der Satzung in den nicht dispositiven Vorschriften des BGB-Vereinsrechts sowie in ungeschriebenen Rechtsgrundsätzen wie etwa dem der Gleichbehandlung der Mitglieder[871].

Allerdings ergeben sich aufgrund der besonderen Freiheitsgarantien des Art. 9 III GG vielfache Besonderheiten, welche die genannten Grundlagen des verbandsinternen Rechte- und Pflichtenverhältnisses deutlich modifizieren. Art. 9 III GG garantiert zwei gegensätzliche Freiheitsrechte, deren Ausübung gerade auf dieser Binnenebene zwischen Verband und Mitglied zwangsläufig miteinander kollidieren. Begreift man die Legitimation der Gewerkschaften als kollektive Interessenvertretung ihrer Mitglieder in einer privatautonom bestimmten Tarifautonomie, so ist damit zwingend das Recht des Einzelnen verbunden, sowohl jegliche Form der Delegation seiner Verhandlungsbefugnisse ganz abzulehnen als auch – im Falle des Bestehens mehrerer Gewerkschaften – seine Freiheit, eine unabhängige Auswahl zwischen den unterschiedlichen Verbänden zu treffen[872].

Aus der Legitimation als Interessenvertretung ergibt sich aber darüber hinaus im Falle einer tatsächlich ausgeübten Delegation auch, dass dem Verbandsmitglied die Möglichkeit gegeben sein muss, sich an der verbandsinternen Willensbildung gleichberechtigt zu beteiligen. Dieses Gebot einer demokratischen Binnenverfassung[873] der Gewerkschaften beruht also nicht darauf, dass dem Einzelnen mangels anderer Gewerkschaftsalternativen in der Praxis manchmal keine andere Möglichkeit als die der Delegation an den konkreten Verband gegeben ist[874]. Ein mangelnder Außenpluralismus verschärft zwar die Notwendigkeit von innerverbandlichen Teilhaberechten der Mitglieder, er begründet sie jedoch nicht. Die Möglichkeit der Mitbestimmung des Einzelnen über die innerverbandliche Willensbildung resultiert vielmehr unmittelbar aus dem mitgliedschaftlichen Charakter der Gewerkschaften selbst. Nicht die Koalition hat ein eigenes Recht an ihren Legitimationsträgern, sondern die Mitglieder haben ein Recht an ihrer Koalition[875]. Das bedeutet für das Rechte- und Pflichtenverhältnis des Verbandes zu seinen Mitgliedern insbesondere, dass dem Verband grundsätzlich kein unein-

---

871 Vgl. etwa BGHZ 47, 381, 386.

872 Im Einzelnen dazu bereits oben 1. Teil B. II. 2.

873 Dazu ausführlich Maunz/Dürig-*Scholz* Art. 9 Rn. 103 ff. und Rn. 206 ff.; Jarass/Pieroth-*Jarass* Art. 9 Rn. 13 ff.; *Kempen/Zachert*, TVG, Grundlagen Rn. 33 ff.; *Schüren*, Legitimation tariflicher Normsetzung, S. 239 ff. jeweils m.w.N.

874 So aber wohl *Vorderwülbecke*, Rechtsform der Gewerkschaften, S. 84; vgl. zum Ganzen *Schüren*, Legitimation tariflicher Normsetzung, S. 243 ff.

875 *Rieble*, Wettbewerb, Rn. 1155 ff. nennt dies die Privatnützigkeit der Koalitionsfreiheit.

geschränktes Recht zur Geschlossenheit der Verbandsführung zukommt. Vielmehr unterliegt er einer Pflicht zur Duldung innerverbandlicher Opposition[876].

Damit ist die Reichweite des Gebotes der demokratischen Binnenverfassung als Folge der Tarifautonomie als Interessenvertretung aber noch nicht ausgeschöpft. Ziel der Delegation der einzelvertraglichen Verhandlungsmacht auf das Kollektiv ist es gerade, das Verhandlungsgleichgewicht zum Arbeitgeber zu erreichen. Diesem Paritätsgebot kann nur ein Verband gerecht werden, der entsprechend stark und geschlossen nach außen die Interessen seiner Mitglieder vertreten kann. Daraus folgt, dass die Koalitionsfreiheit dem Verband selbst, abgeleitet aus seiner Pflicht zur Interessenvertretung seiner Mitglieder, umfassende Rechte zur Verfügung stellen muss, um dies zu gewährleisten. Auch die kollektive Dimension der Koalitionsfreiheit ist ein Ausfluss der individuellen Freiheitsgewährleistung und dient daher letztlich den Individualinteressen der einzelnen Arbeitnehmer[877]. Bezogen auf das verbandliche Binnenverhältnis bedeutet dies, dass der Verband gerade in seiner Funktion als Mitgliedervertretung ein berechtigtes Interesse daran hat, dass sich in internen Streitfragen die Minderheit dem Ergebnis der demokratischen Willensbildung beugen muss[878]. Denn nur so ist es ihm möglich, gegenüber dem tariflichen Gegenspieler als schlagkräftige, in sich geschlossene Mitgliedervertretung aufzutreten und seinen tariflichen Forderungen entsprechendes Gewicht zu verleihen[879]. Daher kann es gerade die Tarifautonomie als kollektiv ausgeübte Privatautonomie erfordern, dass in gewissem Umfang das mitgliedschaftliche Interesse des Einzelnen hinter das der übrigen Mitglieder zurücktreten muss. Ein Anspruch des Einzelnen auf jederzeitige Durchsetzung seiner Interessen innerhalb des Verbandes besteht daher nicht[880]. Das einzelne Mitglied unterliegt vielmehr durch seinen Beitritt einer mitgliedschaftlichen Loyalitäts-, Treue- und Folgepflicht aus der gemeinsamen Verbindung zur verbindlichen Erreichung eines gemeinsamen Zwecks[881]. Insofern bildet die Schlüsselstellung der Freiheitsrechte des Einzelnen in der Tarifautonomie für ihn ein zweischneidiges Schwert. Die sich aus dieser grundsätzlichen Interessenkollision zwischen individueller und kollektiver Koalitionsfreiheit ergebenden Auswirkungen auf den Gewerkschaftspluralismus im Betrieb gilt es nun anhand der konkreten Verhaltensweisen von Mitgliedern und Verband selbst in ein verfassungsrechtlich ausgewogenes Verhältnis zu bringen.

---

876 *Schüren*, Legitimation tariflicher Normsetzung, S. 245 ff.; mit Verweis darauf *Reuter*, RdA 2000, 102.

877 Vgl. *Raab*, ZfA 2004, 395 m.w.N.

878 *Popp*, ZfA 1977, 430 ff.

879 Vgl. jetzt auch BVerfGE 100, 214, 223.

880 MünchArbR-*Löwisch/Rieble* § 245 Rn. 35 m.w.N.

881 Vgl. BGHZ 65 S.15 ff.; *Lutter*, AcP 180 (1980), 110 ff.; *Reichert*, Handbuch des Vereins- und Verbandsrechts, Rn. 608 m.w.N.

III. Einzelne Verhaltensweisen

1. Die Kandidatur auf einer gegnerischen Liste bei der Betriebsratswahl

Die Bedeutung der Betriebsratswahl für den gewerkschaftlichen Mitgliederwettbewerb im Betrieb wurde bereits mehrfach im Laufe der Untersuchung herausgestellt[882]. Umso empfindlicher trifft es einen Verband, wenn eigene Mitglieder nicht auf der Liste des Verbandes, sondern auf konkurrierenden Listen für die Wahl zum Betriebratsamt kandidieren. Hintergrund eines solchen „Abweichlerverhaltens" kann zum einen sein, dass einzelne Gewerkschaftsmitglieder mit der Art der Interessenvertretung nicht einverstanden sind und ihrem Verband gewissermaßen einen „Denkzettel" verpassen wollen. Zum anderen ist denkbar, dass ihnen auf der Gewerkschaftsliste selbst kein oder kein aussichtsreicher Listenplatz eingeräumt worden ist. Die betroffene Gewerkschaft wird in den meisten Fällen ein solches Verhalten nicht einfach hinnehmen, sondern stattdessen daran Verbandsverfahren anknüpfen, welche den endgültigen Ausschluss oder ein temporäres Funktionsverbot zum Ziel haben.

Eine Bedeutung für die Rechtsgüter der Betriebsverfassung erlangen derartige Verfahren insbesondere dann, wenn ihnen bereits während der Kandidatur zur Betriebsratswahl Ausschlussdrohungen der Gewerkschaft an die betreffenden Mitglieder vorausgehen. Da § 20 II BetrVG gerade die Unbeeinflussbarkeit der Betriebsratswahl gegenüber jedermann – also auch gegenüber den im Betrieb vertretenen Verbänden – sicherstellen will, folgen diesen Ausschlussdrohungen daher nicht selten Anfechtungen der Betriebsratswahl wegen unzulässiger Wahlbehinderung oder Wahlbeeinflussung vor den Arbeitsgerichten. Gleichzeitig werden mit derselben Begründung die für vereinsrechtliche Streitigkeiten zuständigen ordentlichen Gerichte zur Überprüfung der Rechtmäßigkeit der Gewerkschaftsausschlüsse angerufen[883].

Im Rahmen der vorliegenden Untersuchung ist allein die Kandidatur auf der Liste einer konkurrierenden *Gewerkschaft* näher zu betrachten. Verneint man hier ein Recht der Gewerkschaft, dem Mitglied mit Verbandsausschluss zu drohen, so konterkariert man die bisherigen Ergebnisse zum betrieblichen Wahlrecht der Gewerkschaften vor Betriebsratswahlen. Denn dies würde bedeuten, dass man es der betreffenden Gewerkschaft zwar gestatten müsste, im Wahlkampf unter Umständen auch in sehr scharfem Ton gegen den Konkurrenten Stellung zu beziehen[884], es ihr aber andererseits zumuten würde, die Unterstützung dieses Verbandes durch *eigene* Mitglieder sanktionslos hinnehmen zu müssen. Gerade mit

---

882 Vgl. oben 3. Teil B. II. 1. a. bb.; 3. Teil C. III. 8.; 3. Teil D. II.

883 Vgl. die Fälle von BGHZ 71, 126; 87, 337; BAG, AP Nr. 2 zu § 19 BetrVG, BVerfGE 100, 214, 223.

884 Dazu ausführlich oben 3. Teil B. II. 2. a. cc.

Blick auf die Bedeutung der Betriebsratswahl für die Mitgliederwerbung im Betrieb und damit das System der kollektiven Interessenvertretung überhaupt kann ein solcher Wertungswiderspruch nicht überzeugen. Zwar wirken die Schutzgüter der Betriebsverfassung – und damit auch der Grundsatz der Unbeeinflussbarkeit der Betriebsratswahl – zunächst als Drittschranken auf die in Art. 9 III GG statuierte Gewähr eines fairen Gewerkschaftswettbewerbs ein. Damit ist aber kein ständiger Vorrang dieser Schutzgüter vor denen des Art. 9 III GG begründet. Entscheidend ist hier vielmehr die Gewichtung im Einzelfall im Sinne einer praktischen Konkordanz. Dabei ist aber die Gefahr der Unglaubwürdigkeit der gewerkschaftlichen Interessenvertretung und der damit verbundene Eindruck mangelnder Durchsetzungsfähigkeit deutlich höher einzuschätzen als die Gefahr der Beeinflussung der freien Betriebsratswahl. § 20 II BetrVG erfasst nämlich nicht jede Drohung mit Nachteilen, sondern nur eine solche, welche im Sinne der Zweck- Mittel-Relation nicht verhältnismäßig ist. Eine Verletzung der Schutzgüter der Betriebsverfassung liegt daher in den Ausschlussandrohungen einer Gewerkschaft gegenüber ihren Mitgliedern im Fall der Kandidatur auf einer gewerkschaftlichen Konkurrenzliste nicht vor[885].

Ein anderes Ergebnis ergibt sich auch nicht mit Blick auf die Kollision der Interessen des einzelnen Mitglieds gegenüber seinem Verband. Jeder Arbeitnehmer, der Mitglied eines Gewerkschaftsverbandes wird, anerkennt gerade durch diesen – freiwilligen – Beitritt die Pflicht, nur den eigenen Verband, nicht aber Konkurrenten zu unterstützen[886]. Dieses Interesse des Verbandes an geschlossenen Reihen leitet sich letztlich aus dem seiner Mitglieder an einer paritätischen Interessenvertretung gegenüber dem tariflichen Gegenspieler ab, da nur so der Eindruck einer schlagkräftigen Organisation begründet werden kann. Dies gilt umso mehr mit Blick auf die noch nicht organisierten Belegschaftsmitglieder, die es für den eigenen Verband zu gewinnen gilt[887].

2. Sonstiges Unterstützen einer Konkurrenzorganisation

Aus den zur Kandidatur auf einer gewerkschaftlichen Konkurrenzliste bei Betriebsratswahlen genannten Erwägungen lässt sich noch ein weiterer Schluss ziehen. Auch das offene Werben für eine Konkurrenzorganisation im Betrieb kann ebenso wenig eine andere Beurteilung erfahren wie gleich gerichtete, den Gewerkschaftskonkurrenten unterstützende Maßnahmen. Die mitgliedschaftliche

885 So auch bereits zu BetrVG 1952 BAG, AP Nr. 2 zu § 19 BetrVG; für das BetrVG 1972 dann BGH, AP Nr. 27 zu Art. 9 GG; *Popp*, ZfA 1977, 403 ff.; *Richardi*, BetrVG, § 20 Rn. 23 ff.; GK-BetrVG-*Kreutz* § 20 Rn. 35 ff.; *Däubler/Kittner/Klebe*, BetrVG, § 20 Rn. 25; ohne Eingrenzung auf die Kandidatur auf Listen des Gewerkschaftsgegners jetzt auch BVerfGE 100, 214 ff.; dazu *Reuter*, RdA 2000, 104 ff.; *Sachse*, AuR 1999, 387 ff.

886 Dazu *Popp*, ZfA 1977, 419 ff., *Fitting* § 20 Rn. 29.

887 BVerfGE 100, 214, 223.

Folge- und Loyalitätspflicht setzt einer derartigen aktiven Bekämpfung des eigenen Verbandes deutliche Grenzen[888].

3. Das Verbot der Gründung von Konkurrenzgewerkschaften durch eigene Mitglieder

Ebenfalls keine Besonderheiten ergeben sich für die Beurteilung der Gründung einer Konkurrenzgewerkschaft durch Mitglieder des eigenen Verbandes. So frei ihnen diese Möglichkeit nach Ausscheiden aus ihrem bisherigen Verband gemäß Art. 9 III GG stehen muss, so sehr ist ihnen ein solches Tätigwerden für die Dauer ihrer Mitgliedschaft untersagt[889].

Auch die Werbung gegenüber anderen Mitglieder für einen Übertritt darf erst nach Beendigung der eigenen Mitgliedschaft beginnen. Aus wettbewerblicher Sicht lässt sich hier in Parallele zum allgemeinen Grundsatz des Verleitens zum Vertragsbruch das Verbot des Verleitens zum Bruch der Vereinstreue heranziehen[890].

Davon strikt zu unterscheiden ist dagegen die Frage nach der Zulässigkeit der Bildung einer Gewerkschaft in der Gewerkschaft. In einem Urteil vom 17.2.1998 hat das Bundesarbeitsgericht entschieden, dass eine solche Gründung einer Gewerkschaft der Gewerkschaftsbeschäftigten verfassungsrechtlich grundsätzlich nicht zu beanstanden sei[891]. Dabei ging es allerdings nicht um die Frage der Gründung einer Konkurrenzorganisation gegenüber demselben tariflichen Gegenspieler, sondern gerade um die Gewerkschaft selbst in ihrer Arbeitgeberfunktion. Das oben erläuterte Gründungsverbot für die Dauer der Mitgliedschaft war auf diesen Fall bereits nicht anwendbar, weil die Gewerkschaft (hier der DGB) ihre gewerkschaftliche Funktion gegenüber den gründungswilligen Mitgliedern gar nicht ausführen konnte. Den Ausführungen des Bundesarbeitsgerichtes bleibt daher unter dem Gesichtspunkt dieser Untersuchung nichts hinzuzufügen.

4. Das Problem der Doppelmitgliedschaft in verschiedenen Gewerkschaftsverbänden

Ein ähnlich gelagerter Konflikt zwischen individueller und kollektiver Koalitionsfreiheit ergibt sich für die Frage nach der Zulässigkeit der gleichzeitigen Mitgliedschaft in mehreren Gewerkschaftsverbänden. Lehnt man die Zulässigkeit einer Doppelmitgliedschaft generell ab[892], so ergeben sich daraus für den Ein-

---

888 Vgl. dazu BAG, AP Nr. 25 zu Art. 9 GG; BGH, NJW 1978, 991; NJW 1991, 485; NJW 1994, 43 ff.

889 So auch BGH, NJW 1992, 914; vgl. auch MünchArbR-*Löwisch/Rieble* § 245 Rn. 9.

890 MünchArbR-*Löwisch/Rieble* § 245 Rn. 9.

891 BAG, AP Nr. 87 zu Art. 9 GG.

892 So etwa Bettermann/Nipperdey/Scheuner-*Dietz*, Die Grundrechte III/1, S. 417, 450; offen gelassen dagegen bei *Hromadka/Maschmann*, Arbeitsrecht Bd. 2, S. 29.

zelnen weitreichende Konsequenzen. Der Verband könnte dies in seiner Satzung als Beitrittshindernis oder als Ausschlussgrund im Falle bereits bestehender Mitgliedschaft statuieren[893], der beitretende Arbeitnehmer hätte dementsprechend eine Pflicht zur wahrheitsgemäßen Antwort vor dem Beitritt zum Verband.

Eine solche generelle Ablehnung jeglicher Doppelmitgliedschaften würde allerdings verkennen, dass weder der Wortlaut noch der Sinn und Zweck des Art. 9 III GG den Schluss zulassen, dass die Delegation der arbeitsvertraglichen Verhandlungsbefugnis nur einmal ausgeübt werden darf[894]. Ein Verbrauch des Individualrechts durch Beitritt zu einem Verband lässt sich so nicht begründen[895], die Fiktion eines entsprechend vereinbarten vertraglichen Verzichts des zukünftigen Mitglieds auf seine weitere Ausübung verstieße daher gegen Art. 9 III GG. Eine maßgebliche Einschränkung dieses Grundsatzes erfordert dagegen das Paritätserfordernis im Arbeitskampf: eine Doppelmitgliedschaft bedeutet für das Mitglied nicht auch die Befugnis zur doppelten Streikteilnahme[896].

Verfassungsrechtlich möglich ist daher eine Mitgliedschaft in mehreren Gewerkschaften auf jeden Fall. Stellt also eine DGB-Gewerkschaft ihren Mitgliedern den gleichzeitigen Beitritt zu einer anderen DGB-Gewerkschaft frei, so ist dies zulässig.

Ebenso zulässig ist es allerdings auch, wenn eine Gewerkschaft die Mitgliedschaft in anderen, insbesondere unmittelbar mit ihr konkurrierenden Verbänden, verbieten will. Denn als Folge ihres durch Art. 9 III GG geschützten Interesses an möglichst einheitlicher und geschlossener Interessenvertretung nach außen kann der Verband grundsätzlich frei darüber entscheiden, wen er als Mitglied aufnehmen will und wen nicht[897]. Ein schützenswertes Interesse des Einzelnen an einer Doppelmitgliedschaft ist gegenüber diesem Interesse des Verbandes nicht begründbar, denn die Möglichkeit der effektiven kollektiven Repräsentation seiner Interessen bleibt ihm ja jedenfalls durch seinen bisherigen Verband erhalten[898].

---

893 Vgl. § 6 Abs. 2 der Satzung der Gewerkschaft ver.di; § 7 Abs. 3 der Satzung der Gewerkschaft transnet; § 10 Abs. 10 der Satzung der Gewerkschaft NGG; § 3 Abs. 6 der Satzung der IG Metall; § 4 Abs. 3 der Satzung der IG Bauen-Agrar-Umwelt; § 7 der Satzung der IG BCE jeweils für die Mitgliedschaft in einer gegnerischen Organisation; anders aber § 9 der Satzung der GDP, welcher nach dem auch die Zugehörigkeit zu einer konkurrierenden Berufsorganisation nicht von der Pflicht eines schriftlichen Austritts entbindet. Eine – in der Natur der Sache begründete – Ausnahme bildet darüber hinaus die Satzung der DGB-Beschäftigten GdED, welche gerade die gleichzeitige Mitgliedschaft in einer DGB-Gewerkschaft voraussetzt.

894 BAG, AP Nr. 87 zu Art. 9 GG.

895 BAG, AP Nr. 87 zu Art. 9 GG.

896 Vgl. ausführlich oben 3. Teil B. III. 3. b. bb.

897 MünchArbR-*Löwisch/Rieble* § 245 Rn. 21, *Schmiegel*, Die Inhaltskontrolle von Koalitionssatzungen, S. 52.

898 So auch BGH, AP Nr. 25 zu Art. 9 GG; *Dütz*, Festschrift Hilger und Stumpf, S. 120.

Eine Grenze dieser Aufnahmefreiheit besteht aber dann, wenn dem Verband eine monopolähnliche, überragende Machtstellung in der gewerkschaftlichen Interessenvertretung zukommt und der Beitrittssuchende daher letztlich auf diesen Verband angewiesen ist, um überhaupt von seinem Grundrecht der positiven Koalitionsfreiheit Gebrauch machen zu können. Da eine Neugründung oder der Beitritt zu einer anderen Gewerkschaft hier de facto wertlos wären, besteht für den einzelnen Arbeitnehmer hier ausnahmsweise ein Anspruch auf Mitgliedschaft unmittelbar aus Art. 9 III GG[899]. Vor diesem Hintergrund ließe sich argumentieren, dass dann auch die gleichzeitige Bindung an einen nicht durchsetzungsfähigen Konkurrenzverband kein Beitrittshindernis sein dürfe.

Vergegenwärtigt man sich dagegen die Folgen für den stärkeren Verband, so kann dies kaum überzeugen. Denn die Mitgliedschaft einer in der unmittelbaren Gewerkschaftskonkurrenz organisierten Person würde den Verband der Gefahr einer Agitation durch eine Fünfte Kolonne in den eigenen Reihen aussetzen. Gegenüber dem Interesse des Verbandes, solchen internen Interessenkonflikten der eigenen Mitglieder vorzubeugen, erscheint die Pflicht des Mitglieds zum vorherigen Austritt aus seinem bisherigen Verband angemessen. Denn im Falle eines tatsächlichen Monopols ist die Mitgliedschaft in einer derart schwachen Konkurrenzorganisation wirtschaftlich offensichtlich wenig sinnvoll für den Einzelnen. Die gleichzeitige Mitgliedschaft in einem Konkurrenzverband bildet daher einen sachlichen Grund, um trotz eines grundsätzlich bestehenden Aufnahmeanspruchs dem anderweitig Organisierten die Mitgliedschaft zu versagen.

Aus dieser Erwägung ergibt sich aber auch, dass ein Versagungsrecht der Gewerkschaft dann nicht mehr anzuerkennen ist, wenn ein Konkurrenzbezug in dem anderen Verband gar nicht vorliegt. Dies gilt insbesondere für die Fälle, in denen sich ein Arbeitnehmer in zwei branchenverschiedenen Teilzeitarbeitsverhältnissen befindet. Eine Konkurrenz der Verbände ist hier aufgrund ihrer unterschiedlichen sachlichen Zuständigkeit gar nicht möglich, ein etwaiger Aufnahmeanspruch des Einzelnen wäre daher nicht durch schutzwürdige Interessen des Kollektivverbandes beeinträchtigt.

5. Das Recht zur Teilnahme an einem fremden Streik

Gerade im eigenen Arbeitskampf als der unmittelbaren Konfrontation mit der Arbeitgeberseite sind die Gewerkschaften auf eine geschlossene Mitgliederrepräsentation angewiesen[900]. In der Praxis hat insbesondere der Streik der IG Metall

---

899 Grundlegend zum Aufnahmeanspruch BGHZ 93, 151; dazu *Gamillscheg*, Kollektives Arbeitsrecht, S. 446; *Reichert*, Handbuch des Vereins- und Verbandsrechts, Rn. 643 ff. m.w.N.

900 *Schmiegel*, Inhaltskontrolle von Koalitionssatzungen, S. 101 f., MünchArbR-*Löwisch/Rieble* § 251 Rn. 32 f.; a.A. *Rieble*, Wettbewerb, Rn. 1669, der von einer individuellen Arbeitskampfbefugnis ausgeht.

in Brandenburg und Sachsen im Frühjahr 2003 gezeigt, dass Uneinigkeiten innerhalb der Gewerkschaft das Scheitern des gesamten Arbeitskampfes nach sich ziehen können[901].

Darüber hinaus hat der Verband aber in seinem Bestreben, möglichst viele Arbeitnehmer gegenüber dem Arbeitgeber in Position zu bringen, auch ein erhebliches Interesse daran, die nicht bei ihm organisierten Belegschaftsmitglieder zur Streikteilnahme zu bewegen.

Für die Frage des Streikrechts der noch gar nicht organisierten Arbeitnehmer kann die Antwort im Rahmen dieser Untersuchung dahin stehen. Für die anderweitig gebundenen Arbeitnehmer wurde bereits festgestellt, dass ein solches Streikteilnahmerecht nicht mit Art. 9 III GG zu vereinbaren ist[902]. Auf verbandsinterner Ebene bedeutet dies einerseits, dass die Gewerkschaft eine solche Streikteilnahme ihrer Mitglieder rechtmäßig verbieten kann. Zum anderen ist sie aber nicht befugt, ihre Mitglieder – etwa zur Unterstützung des Streiks einer Gewerkschaft desselben Dachverbandes – aufzurufen.

6. Pflicht zur Teilnahme am Konkurrenzarbeitskampf?

Bislang sind diejenigen Verhaltensweisen untersucht worden, die aufgrund ihres gegen den eigenen Verband gerichteten Inhalts einen Konflikt mit der dem Mitglied obliegenden Verbandstreue- und Loyalitätspflicht begründen.

Daneben steht die Frage, inwieweit der Verband aufgrund dieser Treuepflicht vom Mitglied verlangen kann, aktiv am Wettbewerb um Mitglieder im Betrieb teilzunehmen. Zu erörtern ist damit, ob der Arbeitnehmer offen Stellung für „seine" Gewerkschaft im Betrieb beziehen muss, wenn diese das von ihm verlangt, oder ob er ein der OT-Mitgliedschaft in Arbeitgeberverbänden ähnliches Recht auf Mitgliedschaft ohne eine solche Inanspruchnahme hat. Die dabei aufeinander prallenden Interessenlagen sind offensichtlich. Während der Verband auf eine möglichst breite Werbung aus den eigenen Reihen im Betrieb angewiesen ist[903], um sich gegenüber konkurrierenden Organisationen hinreichend zu behaupten, hat das einzelne Mitglied möglicherweise Bedenken, sich im Betrieb derart zu exponieren. Schließlich bleiben in der Praxis immer Fallgestaltungen denkbar, in denen die faktische Benachteiligung aufgrund einer Gewerkschaftsmitgliedschaft durch den Arbeitgeber wie auch der übrigen Belegschaft nur auf dem Papier durch den gerichtlichen Rechtsschutz aufgefangen werden kann[904].

---

901 Dazu *Könke*, GewMH, 3/2004, 175 ff.

902 Vgl. oben 3. Teil B. III. 3.

903 So auch *Schmiegel*, Inhaltskontrolle von Koalitionsatzungen, S. 106 ff.

904 Dementsprechend lehnen *Säcker*, AuR 1979, 39; *Schwerdtner*, SAE 1980 114; LAG Köln, EzA Nr. 31 zu Art. 9 GG einen Anspruch der Gewerkschaft gegenüber ihren Mitgliedern auf Mitarbeit grundsätzlich ab.

Dem kann nur eine abgestufte verbandsinterne Pflichtenregelung ausreichend Rechnung tragen. Tätigkeiten wie das Aufhängen von Plakaten oder das Auslegen von Prospekten sind jedem Mitglied zuzumuten. Etwas anderes kann im Einzelfall aber etwa für persönliche Gespräche mit Arbeitskollegen zum Ziel der Gewerkschaftswerbung gelten. Denn hier hat das Mitglied ein aus Art. 1, 2 I GG geschütztes Recht an dem Erhalt einer störungsfreien Arbeitsatmosphäre, das sich auch im betriebsverfassungsrechtlichen Friedensgebot widerspiegelt, welchem die im Betrieb vertretenen Gewerkschaften nach § 2 I BetrVG unterliegen[905].

Des Weiteren gilt es zu berücksichtigen, ob das Mitglied in der Gewerkschaft bereits freiwillig eine Pflichtenstellung übernommen hat, aus der sich besondere Gefahrtragungspflichten ergeben können. Dem steht auch nicht der allgemeine vereinsrechtliche Grundsatz der Gleichbehandlung aller Mitglieder gegenüber, da in der Amtsübernahme ein sachlicher Grund für die verstärkte Indienstnahme vorliegt[906]. Da dem gewerkschaftlichen Vertrauensmann zur Verwirklichung des Koalitionszwecks auf Betriebsebene eine Schlüsselfunktion zukommt, die er freiwillig übernommen hat, kann die Gewerkschaft an seine Loyalitätspflicht auch höhere Anforderungen stellen als an die eines einfachen Mitglieds[907].

Darüber hinaus trifft aber jedes Mitglied auch und gerade in Bezug auf den gewerkschaftlichen Konkurrenzkampf im Betrieb eine umfassende Mitteilungspflicht gegenüber dem eigenen Verband. Tritt beispielsweise ein neuer Verband erstmals im Betrieb auf oder kommt es verstärkt zu Konkurrenzstreitigkeiten zwischen den Belegschaftsmitgliedern, so muss die eigene Gewerkschaft hiervon umgehend in Kenntnis gesetzt werden[908].

7. Sanktionsrecht des Verbandes

a) Unterlassungsklage des Verbandes gegen das Mitglied

An die bisher behandelten Problemkreise des Konflikts zwischen individueller und kollektiver Koalitionsfreiheit auf Verbandsebene schließt sich die Frage an, inwieweit der Verband die Einhaltung der Mitgliedspflichten gerichtlich erzwingen und ihre Verletzung sanktionieren kann.

Zu erwägen ist dabei zunächst eine Klage der Gewerkschaft gegenüber dem Mitglied auf Unterlassen des satzungswidrigen verbandsschädigenden Verhaltens. Die Rechtsprechung hat die Zulässigkeit einer solchen Unterlassungsklage im Vereinsrecht bis dato offen gelassen[909]

---

905 Vgl. ausführlich oben 2. Teil B. II. 1. b.

906 Dazu *Dütz*, Festschrift Hilger und Stumpf, S. 116 ff. m.w.N.

907 Vgl. *Dütz*, Festschrift Hilger und Stumpf, S. 116.

908 So auch *Dütz*, Festschrift Hilger und Stumpf, S.123 f.; *Lutter*, AcP 180 (1980), 109; *Reichert*, Handbuch des Vereins- und Verbandsrechts, Rn. 612.

909 So bereits RG, HRR 1928 Nr. 1551; BGH, AP Nr. 25 zu Art. 9 GG.

In neuerer Zeit hat sich insbesondere *Löwisch* vor dem Hintergrund der Burda-Entscheidung des Bundesarbeitsgerichts vom 20.4.1999[910] mit diesem Problem beschäftigt[911]. Er wirft dabei die Frage auf, ob der vom Bundesarbeitsgericht den Gewerkschaften gegenüber den Arbeitgebern zuerkannte quasi-negatorische Unterlassungsanspruch aus Art. 9 III GG iVm §§ 823 I, 1004 analog BGB folgerichtig auch dem Verband gegenüber seinen eigenen, am Tarifbruch beteiligten Mitgliedern zustehen müsse[912]. Dagegen wendet *Löwisch* ein, dass zwar das Mitglied aus der Mitgliedschaft selbst ein sonstiges Recht im Sinn des § 823 I BGB habe[913], nicht aber der Verband gegenüber dem Mitglied aus dessen Loyalitätspflicht ein derart absolutes Recht herleiten könne. Für die Ansprüche des Verbandes gegenüber dem unloyalen Mitglied müsse es vielmehr bei der durch die Satzungsautonomie begründeten besonderen Ordnung und den darin statuierten Rechten und Pflichten verbleiben. Für einen deliktischen Rechtsschutz sei hier kein Raum[914].

Diese Auffassung begegnet Bedenken. Es erscheint zunächst kaum schlüssig, dass das Rechtsschutzbedürfnis für eine Unterlassungsklage schon deshalb entfällt, weil dem Verein nach der Satzung die Möglichkeit gegeben ist, gegen das treuwidrige Mitglied mit Vereinsstrafen bis hin zum Ausschluss vorzugehen. Die bloße Möglichkeit der vereinsinternen Ahndung rechtfertigt noch nicht den Schluss, dass sich der Verein damit des Rechts begeben habe, den Unterlassungsanspruch gerichtlich geltend zu machen[915].

Auch der Verweis auf die in Art. 9 III GG statuierte Organisationsautonomie vermag an dieser Beurteilung nichts zu ändern. Die von *Löwisch* gestellte Frage, ob ein Legitimierter überhaupt gegen die ihn Legitimierenden qua Deliktsrecht vorgehen kann[916], verliert dann bereits an Aussagekraft, wenn man sich vergegenwärtigt, dass es sich dabei um ein aus der Interessenvertretung der übrigen, mehrheitlichen Legitimierten abgeleitetes Recht handelt. Der Durchsetzungsanspruch des Kollektivs gegenüber abweichendem Einzelverhalten beruht ja gerade auf der mehrheitlich legitimierten innerverbandlichen Willensbildung der Verbandsmitglieder.

Darüber hinaus erscheint der Weg über einen deliktischen Unterlassungsanspruch auch nicht als der einzig mögliche: nach überwiegender Ansicht des ver-

---

910 BAG, AP Nr. 89 zu Art. 9 GG; vgl. bereits oben 2. Teil E. III. 3. b. aa.
911 *Löwisch*, BB 1999, 2080 ff.
912 Das BAG, AP Nr. 89 zu Art. 9 GG hat zu dieser Frage nicht Stellung bezogen.
913 Dazu Erman-*Westermann*, BGB, § 38 Rn. 9.
914 *Löwisch*, BB 1999, 2082.
915 So auch *Sauter/Schweyer/Waldner*, Der eingetragene Verein, Rn. 648.
916 *Löwisch*, BB 1999, 2082.

einsrechtlichen Schrifttums soll vielmehr ein Unterlassungsanspruch unmittelbar aus der mitgliedschaftlichen Folge- und Loyalitätspflicht selbst folgen[917].

b) Schadenersatzansprüche des Verbandes

Ähnliches gilt für die Frage nach der Schadenersatzpflicht des einzelnen Mitglieds gegenüber seinem Verband bei konkurrenzschädigendem Verhalten. Hier begründet bereits das Mitgliedsverhältnis selbst eine – über den Pflichtenkreis des § 242 BGB hinausgehende[918]- Sonderverbindung, die ähnlich der positiven Forderungsverletzung Schadenersatzansprüche bei Pflichtverletzungen begründen kann[919]. Diese Schadenersatzmöglichkeit ist jetzt auch einfachgesetzlich in §§ 241 II, 280 I BGB festgeschrieben worden. Mögliche Schadenersatzposten sind hier etwa die Aufwendungen des Verbandes, um das verbandsschädigende Verhalten seines Mitglieds abzuwehren und auszugleichen.

Zu erwägen bleibt aber im Einzelfall, ob sich das Mitglied nicht auf den zivilrechtlichen Grundsatz des rechtmäßigen Alternativverhaltens berufen darf, wenn seine verbandsschädigende Handlung nicht auch mit dem gleichen Schadenserfolg nach einem rechtzeitigen Austritt aus dem Verband hätte durchgeführt werden können[920]. Dies erscheint aber unter zwei Gesichtspunkten zumindest zweifelhaft.

Zum einen wird es sich in der Regel in den Fällen eines Konkurrenzverhaltens noch während der Dauer der Mitgliedschaft bereits nicht um denselben Schaden handeln wie dem nach Austritt aus der Gewerkschaft. Denn dem Werben für eine Konkurrenzorganisation gerade während der Mitgliedschaft kommt eine ganz andere Qualität zu als dem durch ein gewerkschaftsfremdes Belegschaftsmitglied. In den Augen der anderen Arbeitnehmer wird die Gewerkschaft viel stärker herabgesetzt, wenn sie es nicht einmal schafft, ihre eigenen Mitglieder für sich zu überzeugen. Zum anderen soll die Loyalitätspflicht gerade einen solchen Ansehensverlust der Gewerkschaft verhindern. Ein derartiger Pflichtwidrigkeitszusammenhang verhindert aber nach überwiegender Ansicht die Berufung auf das rechtmäßige Alternativverhalten[921].

---

917 *Lutter*, AcP 180 (1980), 110 ff.; MünchKommBGB-*Reuter*, § 38 Rn. 43; *Reichert*, Handbuch des Vereins- und Verbandsrechts, Rn. 619; Soergel-*Hadding*, BGB, § 38 Rn. 23 ff.; *Sauter/Schweyer /Waldner*, Der eingetragene Verein, Rn. 648, *Dütz*, Festschrift Hilger und Stumpf, S. 118 ff.

918 BGHZ 65, 15, 19; *Lutter*, AcP 180 (1980), 111; *Dütz*, Festschrift Hilger und Stumpf, S. 105; *Reichert*, Handbuch des Vereins- und Verbandsrechts, Rn. 608 jeweils m.w.N.

919 So BGH, AP Nr. 25 zu Art. 9 GG; dazu Soergel-*Hadding*, BGB, § 38 Rn. 24; *Sauter/Schweyer/Waldner*, Der eingetragene Verein, Rn. 348.

920 Dies gibt insbesondere *Grunsky*, Anmerkung zu BAG, AP Nr. 25 zu Art. 9 GG zu bedenken.

921 Grundlegend *von Caemmerer*, Gesammelte Schriften Bd. 1, S. 445 ff.

c) Verbandsinterne Sanktionen

Aus der Satzungsautonomie der Gewerkschaften nach Art. 9 III GG folgt auch ihr Recht zur Bestimmung verbandsinterner Sanktionen gegenüber dem Mitglied, welches die ihm aus der Satzung und Mitgliedschaft obliegenden Pflichten verletzt. Den in der Praxis bedeutendsten Anwendungsfall bildet dabei die Möglichkeit des Verbandes zum Entzug der Unterstützungszahlung und zum Ausschluss der betreffenden Mitglieder aus der Gewerkschaft[922]. Maßnahmen der Vereinsgewalt kommen allerdings naturgemäß nur solange in Betracht, wie der Betreffende noch Mitglied des Verbandes ist.

8. Der Austritt aus dem Verband

Die verfassungsrechtliche Garantie eines Gewerkschaftspluralismus setzt voraus, dass den einzelnen bereits verbandlich organisierten Mitgliedern die Möglichkeit gegeben sein muss, ihren bisherigen Verband möglichst ungehindert zu verlassen und dann einem anderen Verband beizutreten. Die Freiheit des Einzelnen zum Verbandsaustritt beruht daher bei Fehlen weitergehender Motivation auf seiner negativen Koalitionsfreiheit oder – im Falle einer Verbandswechselabsicht – auf seiner positiven individuellen Koalitionsfreiheit.

Eine Satzungsklausel, die etwa Austrittsgebühren für den Fall des Verbandsaustritts dem Mitglied auferlegen würde, wäre daher unmittelbar nach Art. 9 III 2 GG rechtswidrig.

Eine eigenständige Betrachtung verdient in diesem Zusammenhang die Frage nach der Zulässigkeit satzungsgemäßer Austrittsfristen.

Die einfachgesetzliche Regelung des § 39 I BGB sieht die Möglichkeit eines jederzeitigen Austritts vor, lässt aber in § 39 II BGB dessen Beschränkung auf eine Höchstfrist von zwei Jahren zu. Allerdings gilt es zu beachten, dass § 39 BGB nicht für die interne Grundrechtskollision des Art. 9 III GG zwischen Kollektiv und Individuum konzipiert worden ist, sondern allein für solche Vereine, in denen das Austrittsrecht die maßgebliche Mindestgewährleistung mitgliedschaftlicher Rechte darstellt[923].

Die Beschränkung des Austrittsrechts durch § 39 II BGB auf eine zweijährige Frist kann für das Koalitionsrecht daher nicht beibehalten werden. Zwar hat der Verband, der sich als Massenorganisation in der ständigen Gefahr größerer Mitgliederfluktuationen befindet, ein durch Art. 9 III GG geschütztes Bestandsinteresse daran, zumindest ein Minimum an Planungssicherheit durch ein kontinuierliches Beitragsaufkommen zu erreichen. Eine zweijährige Bindung des

---

922 Zu den Grenzen der verbandlichen Strafgewalt im Einzelnen vgl. *Gamillscheg*, Kollektives Arbeitsrecht, S. 451 ff.

923 Ebenso *Vorderwülbecke*, Rechtsform der Gewerkschaften, S. 83.

Austrittswilligen an den Verband würde dabei aber weit über dieses Ziel hinaus schießen und die Möglichkeit eines Verbandswechsel de facto zunichte machen[924].

Ebenso wenig kann auch die Annahme eines jederzeitigen Austrittsrechts als Ausgleich der kollidierenden Mitglieds- und Verbandsinteressen in Betracht kommen. Dies wäre nur möglich, wenn sich das sofortige Austrittsverlangen des Mitglieds jederzeit gegenüber dem Planungssinteresse des Verbandes als vorrangig erweisen würde. Damit würde aber wiederum eben dieses Planungsinteresse des Verbandes vollkommen missachtet. Der in diesem Zusammenhang in der Rechtsprechung der Amtsgerichte Ettenheim und Köln anzutreffende Verweis auf eine Analogie zu § 10 II 3 PartG[925] geht hier fehl. Für politische Parteien sieht § 18 I 1 PartG eine staatliche Teilfinanzierung vor. Ein derartiger finanzieller Mindestschutz steht den Gewerkschaften – strukturell bedingt durch ihre alleinige Legitimation als mitgliedschaftliche Interessenvertretung – gerade nicht zu[926]. Es fehlt also bereits an einer Vergleichbarkeit der Interessenlage zwischen politischen Parteien und Gewerkschaften.

Allein sinnvoll erscheint deshalb eine Abwägung im konkreten Einzelfall[927]. Diese ist daran zu orientieren, inwieweit der Austritt des Einzelnen die finanzielle Planungssicherheit des Verbandes beeinflusst. Die Rechtsprechung des Bundesarbeitsgerichts hat dazu unter ähnlichen Erwägungen eine Obergrenze von sechs Monaten festgelegt, zugleich aber deutlich gemacht, dass auch geringere Fristen im Einzelfall angemessen sein können[928].

Wenig überzeugen kann demgegenüber die Unterscheidung nach dem subjektiven Austrittszweck des Mitglieds[929]. Systematisch steht der Dispositionsschutz des Verbandes, welcher die Beschränkung eines jederzeitigen Austritts-

---

924 So auch deutlich BGH, AP Nr. 25 zu Art. 9 GG; gegenüber der grundrechtlichen Abwägung kritisch ist dagegen *Grunsky*, Anm. zu BGH, AP Nr. 25 zu Art. 9 GG, der stattdessen allein auf eine einfachgesetzliche Begründung der Vereinstreue abstellt.

925 AG Ettenheim, NJW 1985, 979; AG Köln, NJW 1987, 2450, die jeweils ein jederzeitiges Austrittsrecht befürworten; a.A. AG Hamburg, NJW 1987, 2380.

926 *Oetker*, ZfA 1998, 62.; i.E. ebenfalls *Gamillscheg*, Kollektives Arbeitsrecht, S. 454; MünchArbR-*Löwisch/Rieble* § 245 Rn. 62.

927 So auch Bettermann/Nipperdey/Scheuner-*Dietz*, Die Grundrechte Band III/2, S. 450 f.

928 BAG, AP Nr. 25 zu Art. 9 GG; BGH, NJW 1981 340; im Ergebnis auch *Schmidt*, Die Mitgliedschaft in Verbänden, S. 228 f. und AG Hamburg, NJW 1987, 2380. Noch enger war die Rechtsprechung der Weimarer Zeit mit Bezug auf die negative Koalitionsfreiheit des Art. 159 WRV; vgl. LG Leipzig, NZfA 1924, Sp. 305 (sechsmonatige Austrittsfrist verstößt gegen Art. 159 WRV); AG Leipzig, NZfA 1922, Sp. 580 und AG Dresden, NZfA 1924, Sp. 306 (zweimonatige Frist als zulässige Höchstgrenze).

929 So aber *Mann*, Zeitliche Beschränkungen in Tarifverbänden, S. 39 und S. 67 ff., der bei Verbandswechselabsicht drei Monate, in sonstigen Fällen sechs Monate für zulässig erachtet.

rechts der Mitglieder auf bestimmte Austrittsfristen rechtfertigt, in keinem Zusammenhang zur Motivation des jeweiligen Austritts selbst[930].

Im Ergebnis lässt sich daher die zulässige Dauer von gewerkschaftlichen Austrittsfristen anhand der Rechtsprechung des Bundesarbeitsgerichtes auf eine Spanne von bis zu sechs Monaten anerkennen[931].

Darüber hinaus ist in besonders schwerwiegenden Fällen dem einzelnen Mitglied immer die Möglichkeit einer außerordentlichen Kündigung der Mitgliedschaft aus wichtigem Grund eröffnet[932].

9. Übertrittsklauseln bei Arbeitsplatzwechsel

Ebenfalls in diesem Zusammenhang von Bedeutung sind Übertrittsklauseln in einer Satzung, welche bei einem Arbeitsplatzwechsel des Arbeitnehmers diesen zum Übertritt in die nun tarifzuständige Gewerkschaft desselben Dachverbandes verpflichten[933]. Die Mitgliedschaft im selben Dachverband kann hier nicht darüber hinweg täuschen, dass es sich für den Arbeitnehmer um den Austritt aus dem einen und den Eintritt in den anderen Verein mit eigener Tarifpolitik und eigenen Verbandsregeln handelt[934]. Daraus können sich für den einzelnen Arbeitnehmer vollkommen neue Gesichtspunkte ergeben, die er seiner erneuten Delegationsentscheidung – insbesondere auch mit Blick auf dortige gewerkschaftliche Alternativvertretungen – zu Grunde legen wird. Die Freiheit dieser neuen Auswahlentscheidung für seine kollektive Interessenvertretung darf ihm der vorherige Verband nicht nehmen, sie bildet vielmehr den Grundstein des Gewerkschaftspluralismus als Bestandteil der privatautonom legitimierten Tarifautonomie.

Eine derartige Übertrittsbestimmung in einer Gewerkschaftssatzung verstößt daher gegen Art. 9 III GG[935].

---

930 So auch *Oetker*, ZfA 1998, 69; *Schaub*, Arbeitsrechtshandbuch, § 191 Rn. 12.

931 Dem werden zum Beispiel die Satzungen der DGB-Gewerkschaften auch gerecht: § 8 der Satzung der IG- Metall (sechs Wochen); § 5 I der Satzung der IG Bauen-Agrar-Umwelt (fünf Monate); § 6 I der Satzung der IG BCE (sechs Wochen); § 6 I der Satzung der GEW (drei Monate); § 6 I der Satzung der Gewerkschaft NGG (sechs Wochen); § 9 der Satzung der GDP (sechs Wochen), § 9 der Satzung der Gewerkschaft transnet (drei Monate), § 11 der Satzung der Gewerkschaft ver.di (drei Monate).

932 MünchArbR-*Löwisch/Rieble* § 251 Rn. 5 m.w.N.

933 Vgl. § 6 I der Satzung der IG Metall, der einen automatischen Gewerkschaftswechsel in diesen Fällen vorsieht, welcher nur bei Vorligen eines sachlichen Grundes abgelehnt werden kann.

934 So auch *Schmiegel*, Inhaltskontrolle von Koalitionssatzungen, S. 118.

935 Zur Zulässigkeit von Übertrittsklauseln in Falle einer Gewerkschaftsfusion vgl. *Hanau/Kania*, AuR 1994, 206 f.; *Wiedemann/Thüsing*, WM 1999, 2278 ff.

F. Die Rechtswegzuständigkeit für die einzelnen Rechtsverhältnisse des Gewerkschaftspluralismus im Betrieb

Abschließend bleibt zu untersuchen, welcher Rechtsweg für die jeweiligen Streitigkeiten innerhalb der unterschiedlichen Rechtsverhältnisse des Gewerkschaftspluralismus eröffnet ist.

Eine eindeutige Antwort ergibt sich hier zunächst für alle das Verhältnis von den Betriebsräten zu den Gewerkschaften betreffenden Fallgruppen: gemäß § 2a I Nr.1 ArbGG sind die Arbeitsgerichte für Angelegenheiten aus dem Betriebsverfassungsgesetz im Beschlussverfahren anzurufen.

Eine ebenso ausschließliche Zuständigkeit der Arbeitsgerichte im Urteilsverfahren begründet für alle Streitigkeiten zwischen Arbeitgeber und Gewerkschaften aus Tarifverträgen § 2 I Nr. 1 ArbGG.

Die im Rahmen dieser Untersuchung aufgeworfenen Streitfragen zwischen den einzelnen Akteuren des Gewerkschaftspluralismus im Betrieb werden allerdings von diesen Regelungen nur teilweise erfasst. Insbesondere lassen sich hierunter nicht all jene Probleme fassen, die im Vorfeld eines Tarifabschlusses und außerhalb des Betriebsverfassungsrechtes den Gewerkschaftswettbewerb bestimmen.

Zentrale Norm für die Rechtswegbestimmung ist hier § 2 I Nr. 2 ArbGG. Danach ist der Rechtsweg zu den Arbeitsgerichten dann ausschließlich eröffnet, wenn es sich um Streitigkeiten zwischen tariffähigen Parteien oder zwischen diesen und Dritten aus unerlaubten Handlungen im Zusammenhang mit Maßnahmen eines Arbeitskampfes oder Fragen der Vereinigungsfreiheit einschließlich des Betätigungsrechts der Koalitionen handelt.

Wird also der Gewerkschaftswettbewerb durch den sozialen Gegenspieler unlauter beeinflusst und damit in die Koalitionsbetätigungsfreiheit der benachteiligten Gewerkschaft eingegriffen, so sind daraus resultierende Rechtsstreitigkeiten vor den Arbeitsgerichten auszutragen[936].

Mehr Probleme könnte dagegen die Frage aufwerfen, ob dies auch für solche Auseinandersetzungen gilt, welche im horizontalen Verhältnis, also zwischen konkurrierenden Gewerkschaften, stattfinden.

Denkbar wäre hier der Einwand, das Verfahren vor den Arbeitsgerichten sei gerade auf das Ungleichverhältnis von Arbeitgeber- und Arbeitnehmerseite geeicht. Darüber hinaus würde bei Einbeziehung des horizontalen Verhältnisses das vom DGB vorgesehene Schiedsverfahren der begrenzten Regelung des § 101 I ArbGG widersprechen, da es sich hier nicht um eine bürgerliche Rechtsstreitig-

---

936 Dazu *Germelmann/Matthes/Prütting/Müller-Glöge*, ArbGG, § 2 Rn. 45.

keit zwischen Tarifvertragsparteien *aus einem Tarifvertrag* handele[937]. Ob sich die Regelung des § 2 I Nr. 2 ArbGG tatsächlich derart eingeschränkt verstehen lässt, erscheint allerdings zweifelhaft. Denn die Schiedsstelle des DGB gemäß §§ 15 ff. DGB-Satzung ist – unabhängig von ihrer legitimatorischen Problematik[938]- bereits kein Schiedsgericht im prozessrechtlichen Sinne[939]. Auch der Verweis auf die Ausrichtung des Arbeitsgerichtsgesetzes allein auf das Ungleichgewicht von Arbeitgeber- und Arbeitnehmerseite erscheint mit Blick auf den Wortlaut und die ratio des § 2 I Nr. 2 ArbGG problematisch. Die Vorschrift stellt gerade nicht auf das Verhältnis der sozialen Gegenspieler zueinander ab, sondern fordert nur, dass eine tariffähige Partei beteiligt ist und dass Streitgegenstand eine unerlaubte Handlung im Zusammenhang gerade mit dem Betätigungsrecht der Vereinigung ist. Ziel der Regelung ist es, einheitlich alle Streitfragen des Koalitionsrechts den Arbeitgerichten zuzuordnen[940]. Anders ergäbe es wenig Sinn, dass auch entsprechende Streitigkeiten nur einer tariffähigen Partei im Verhältnis zu einem Dritten genügen sollen. Erfasst werden vielmehr alle Berührungspunkte mit der Koalitionsfreiheit und Betätigungsfreiheit eines tariffähigen Verbandes[941]. Da die Betätigungsfreiheit des Verbandes nach Art. 9 III GG gerade auch durch das Verhalten konkurrierender Gewerkschaften beeinträchtigt werden kann und genau dies für den nach einhelliger Ansicht weit auszulegenden Begriff der unerlaubten Handlung gemäß § 2 I Nr. 2 ArbGG[942] ausreichend ist, fällt auch jedes im horizontalen Verhältnis begründete unlautere Wettbewerbsverhalten grundsätzlich unter den Anwendungsbereich dieser Norm[943].

Für das besondere Konkurrenzverhalten eines Verbandes durch das Stellen eines Antrags auf Feststellung der Tariffähigkeit oder Tarifzuständigkeit eines Konkurrenten sehen daneben die §§ 2a I Nr. 4, 97 ArbGG ein eigenständiges Verfahren zur gerichtlichen Klärung dieser Statusfrage vor[944].

---

937 Ohne nähere Begründung geht die Rechtsprechung von einer Rechtswegzuständigkeit der ordentlichen Gerichte aus, vgl. BGH, AP Nr. 1 zu § 1004 BGB; AP Nr. 6 zu Art. 5 GG Meinungsfreiheit; BGHZ 42, 210 ff.; dem zustimmend *Ostrowicz/Künzl/Schäfer*, Arbeitsgerichtsprozeß, Rn. 6. *Schwab/Weth*, ArbGG, § 2 Rn. 71 sowie *Dütz*, RdA 1979, 82 gehen dagegen davon aus, dass sich die Ansicht der Rechtsprechung durch die Neufassung des § 2 I ArbGG durch das Gesetz zur Bereinigung und Beschleunigung des arbeitsgerichtlichen Verfahrens 1979 überholt hat.

938 Dazu ausführlich oben 3. Teil B. I. 2. c.

939 Vgl. BAG, AP Nr. 10 zu § 2 TVG Tarifzuständigkeit.

940 *Germelmann/Matthes/Prütting/Müller-Glöge*, ArbGG, § 2 Rn. 46.

941 *Schwab/Weth*, ArbGG, § 2 Rn. 71; *Kissel*, GVG, § 13 Rn. 141.

942 Dazu *Schwab/Weth*, ArbGG, § 2 Rn. 71; *Kissel*, GVG, § 13 Rn. 143 m.w.N.

943 So auch *Schwab/Weth*, ArbGG, § 2 Rn. 59 und Rn. 71; *Germelmann/Matthes/Prütting/Müller*-Glöge, ArbGG, § 2 Rn. 46; *Stahlhacke*, RdA 1979, 402; *Grunsky*, ArbGG, § 2 Rn. 72; *Hauck/Helml*, ArbGG, § 2 Rn. 17; *Kissel*, GVG, § 13 Rn. 143.

944 Vgl. bereits oben 3. Teil B. II. 1. c.

Darüber hinaus stellt sich aber die Frage, inwieweit sich die arbeitsgerichtliche Rechtswegzuständigkeit nach § 2 I Nr. 2 ArbGG auch auf das Rechtsverhältnis der Gewerkschaft zu ihren Mitgliedern als weitere horizontale Beziehungsebene ausdehnen lässt.

Sinnvoll erscheint hier die Unterscheidung zwischen primär verbandsrechtlich und primär koalitionsrechtlich geprägten Streitigkeiten. Liegt der Schwerpunkt der Auseinandersetzung in der Kollision der negativen oder positiven Koalitionsfreiheit des einzelnen Mitglieds mit der Koalitionsfreiheit des Verbandes selbst, so ist der Rechtsweg zu den Arbeitsgerichten aufgrund des Regelungsgehaltes des § 2 I Nr. 2 ArbGG eröffnet. Handelt es sich dagegen um eine rein mitgliedschaftliche Frage wie etwa Streitigkeiten um die Höhe der Beitragszahlung, so sind die ordentlichen Gerichte zuständig[945]. Der dagegen von der Rechtsprechung und einem Teil des Schrifttums vorgebrachte Einwand, im Falle der Rechtswegzuständigkeit der Arbeitsgerichte wäre die Beteiligung der Mitglieder gegnerischer Berufsverbände als Beisitzer im Verfahren über eine interne Verbandsangelegenheit nicht sachgerecht[946], bleibt entgegen zu halten, dass dem Schutz der Verbandssphäre durch die Möglichkeit einer vorherigen verbandsinternen Klärung des Problems ausreichend Rechnung getragen wird.

Zusammenfassend lässt sich daher feststellen, dass für diejenigen Streitigkeiten, welche sich innerhalb der unterschiedlichen Rechtsverhältnisse im Rahmen des Gewerkschaftspluralismus im Betrieb ergeben, eine umfassende Rechtswegzuständigkeit der Arbeitsgerichte anzunehmen ist.

---

945 *Hauck/Helml*, ArbGG, § 2 Rn. 18; *Grunsky*, ArbGG, § 2 Rn. 73; *Schwab/Weth*, ArbGG, § 2 Rn. 72; MünchArbR-*Brehm* § 389 Rn. 24.

946 BGH, AP Nr. 33 zu Art. 9 GG; BGH, DB 1991; 1684; *Kissel*, GVG, § 13 Rn. 143; *Germelmann/Matthes/Prütting/Müller-Glöge*, ArbGG, § 2 Rn. 47; *Dütz*,RdA 1979, 82.

Zusammenfassung und Ausblick

Die Ergebnisse der Untersuchung lassen sich wie folgt zusammenfassen.

Art. 9 III GG eröffnet mit der individuellen Koalitionsgründungsfreiheit die verfassungsrechtlich garantierte Möglichkeit eines Verbandspluralismus der Arbeitnehmerkoalitionen. Die aktuelle Gewerkschaftslandschaft in der Bundesrepublik zeigt im Einklang mit der gesamten historischen Entwicklung der Gewerkschaften in Deutschland, dass von dieser Gründungsfreiheit des Art. 9 III GG auf vielfältige Weise Gebrauch gemacht worden ist. Somit lässt sich ein breiter Außenpluralismus der Kollektivverbände der Arbeitnehmerseite feststellen.

Aus Art. 9 III GG folgt für die Rechtsordnung, dass der Gesetzgeber auf der individuellen Ebene der Koalitionsfreiheit den Arbeitnehmern sachgerechte An- und Abwahlmöglichkeiten zur Verfügung stellen muss, damit diese frei zwischen den bestehenden Verbänden wählen können. Denn versteht man die von Art. 9 III GG geschützte Tarifautonomie als kollektiv ausgeübte Vertragsautonomie, so kann die Richtigkeit eines paritätisch ausgehandelten Tarifabschlusses nur so lange gewährleistet sein, wie die Delegation der einzelvertraglichen Verhandlungsbefugnis frei ausgeübt werden kann und damit eine tatsächliche mitgliedschaftliche Legitimation der verhandelnden Arbeitnehmerverbände durch den Willen ihrer Mitglieder besteht.

Derselbe Schutz der freien Delegationsbefugnis erfordert es darüber hinaus auf kollektiver Ebene, dass den bestehenden Kollektivverbänden ein umfassender Betätigungsschutz anzuerkennen ist. Dies gilt insbesondere auch für das horizontale Verhältnis von Koalitionen derselben sozialen Seite. Die Normkomplexgarantie des Art. 9 III GG für den Koalitionspluralismus umfasst daher auch die Bereitstellung eines tauglichen Wettbewerbsmodells der konkurrierenden Arbeitnehmerverbände.

Durch die unmittelbare Drittwirkung des Art. 9 III 2 GG werden die einzelnen verfassungsrechtlichen Schutzrichtungen des Koalitionspluralismus nicht nur auf das Verhältnis zum Staat, sondern auch auf alle Beeinträchtigungen durch private Dritte erstreckt.

Der verfassungsrechtliche Schutz des Koalitionspluralismus kann in Kollision mit zahlreichen anderen Schutzgütern treten.

Diese mögliche Schranken des Koalitionspluralismus lassen sich zunächst in solche Schutzgüter, welche Art. 9 III GG selbst gewährleistet, und solche, die neben den Garantien des Art. 9 III Geltung entfalten, unterteilen. Für die externen Schranken lässt sich insbesondere feststellen, dass auch das einfachgesetzlich statuierte Schutzgut des Betriebsfriedens in enger sachlicher Verknüpfung zu den verfassungsrechtlichen Schutzgütern der Art. 2 I, 14 GG, nicht aber dem des Art. 9 III GG selbst steht. Daraus folgt, dass gerade auch der Betriebsfrieden als zunächst nicht verfassungsrechtliches Schutzgut die Reichweite eines Gewerkschaftswettbewerbs wirksam begrenzen kann.

Für die in Art. 9 III GG selbst angelegten Gewährleistungen konnte zum einen herausgestellt werden, dass das Erfordernis überbetrieblich organisierter Gewerkschaften für die Funktionalität des in Art. 9 III GG garantierten Tarifvertragssystems nicht erforderlich ist. Ihm ist vielmehr eine bloße Indizfunktion im Rahmen der Beurteilung der vom Schutzzweck des Art. 9 III GG geforderten Gegnerfreiheit einer Arbeitnehmervertretung beizumessen. Demnach sind auch auf nur einen Betrieb angelegte Koalitionen grundsätzlich taugliche Teilnehmer eines Gewerkschaftspluralismus im Betrieb.

Auch die äußere Feststellung der Durchsetzungsfähigkeit einer Gewerkschaft gegenüber dem sozialen Gegenspieler ist für ihre Tariffähigkeit zum Schutz der Funktionalität des Tarifvertragssystems nicht anzuerkennen. Gerade die Koalitionspluralismusgarantie als Bestandteil einer privatautonom verstandene Tarifautonomie des Art. 9 III GG erfordert vielmehr eine Rückbesinnung auf den einzelnen Arbeitnehmer als Entscheidungs- und Legitimationsträger seiner Kollektivvertretungen. Daher kann es den daraus resultierenden Selbstregulatorien eines freien Gewerkschaftswettbewerbs überlassen bleiben, das notwendige Paritätserfordernis zum sozialen Gegenspieler zu erhalten.

Gleiches gilt für die Beurteilung der Wirksamkeit mehrerer nebeneinander bestehender Tarifverträge. Eine Begrenzung des Koalitionspluralismus dergestalt, dass in diesen Fällen nur der sachnächste Tarifvertrag alleinige Wirksamkeit entfalten darf, lässt sich mit dem Schutzzweck des Art. 9 III GG nicht vereinbaren.

Darüber hinaus beschränkt sich der Koalitionspluralismus selbst, da er in seiner kollektiven Dimension einen Wettbewerb der verschiedenen Arbeitnehmerkoalitionen und damit ein gegeneinander gerichtetes, jeweils von Art. 9 III GG geschützte Konkurrenzverhalten dieser Verbände umfasst. Insofern lässt sich die Garantie eines freien Spiels der horizontalen Koalitionskräfte auf die Garantie eines fairen Spiels der Kräfte konkretisieren. Da die unmittelbare Drittwirkung des Art. 9 III 2 GG aber sowohl einer einfachgesetzliche Regelung als auch einer unmittelbaren oder analogen Heranziehung anderer Rechtsnormen im Wege steht, bleibt die inhaltliche Ausgestaltung der einzelnen aufeinander treffenden Betätigungsrechte zunächst unscharf.

Eine präzise Konkretisierung lässt sich hier aber durch eine Heranziehung allgemeiner Wettbewerbsgrundsätze, wie sie dem Wirtschaftswettbewerb zugrunde liegen, erreichen. Das rechtsethische Prinzip der Vertragsfreiheit und Privatautonomie des Einzelnen liegt sowohl dem Wirtschaftswettbewerb als auch dem Gewerkschaftswettbewerb zugrunde. Daher kann die Konkretisierung dieser verfassungsrechtlichen Wertentscheidung für einen lauteren Wettbewerb im Wirtschaftswettbewerb als Formulierungshilfe für die Konkretisierung derselben Werte im Gewerkschaftswettbewerb herangezogen werden, soweit strukturelle Besonderheiten der beiden Rechtsgebiete dem nicht entgegenstehen. Eine solche Heranziehung allgemeiner Regelungsgedanken bedarf hier keines einfachgesetzlichen Scharniers, da die unmittelbare Drittwirkung des Art. 9 III 2 GG gerade die wechselseitige Verbindung zwischen Grundrechtstatbestand und einfachem Gesetzesrecht vornimmt.

Dieses grundsätzliche Fundament, in das sich die unterschiedlichen Verhaltensweisen miteinander konkurrierender Gewerkschaften einbetten lassen, erfährt dann eine Modifikation, wenn es sich um Gewerkschaften desselben Dachverbandes handelt. Hier wird durch den Beitritt zum gemeinsamen Verband ein weitergehendes Pflichtengefüge begründet, welches insbesondere die Anerkennung eines Schlichtungsrechtes des Dachverbandes gegenüber konkurrierenden Einzelgewerkschaften beinhalten kann. Voraussetzung der wirksamen Begründung einer solchen Schlichtungsfunktion ist aber deren ausdrückliche Ausgestaltung in den Satzungen der Mitgliedsverbände. Nur dann, wenn die einzelnen Gewerkschaftsmitglieder als Legitimationsträger der Verbände derart deutlich über die Rechte des Dachverbandes in Kenntnis gesetzt werden, kann die Tarifzuständigkeit ihres Verbandes wirksam begrenzt werden.

Im Verhältnis zum tariflichen Gegenspieler erlangt eine solche Beschränkung dagegen keine Außenwirkung.

Diese allgemeinen Erkenntnisse zum Rechtsverhältnis miteinander konkurrierender Gewerkschaften lassen sich auf einzelne Verhaltensweisen im Gewerkschaftswettbewerb konkretisieren. Dabei zeigt sich im Rahmen der gesetzlich normierten Gewerkschaftsbetätigungen, dass insbesondere die Regelungen des Betriebsverfassungsgesetzes zur Betriebsratswahl durch das eigene Vorschlagsrecht der im Betrieb vertretenen Gewerkschaften in § 14 III BetrVG und durch das Abstellen des Gesetzes auf das Prinzip der Verhältniswahl in §§ 27 I 3, 28 I 2, 38 II BetrVG einen fairen Gewerkschaftswettbewerb im Betrieb garantieren. Im ähnlich gelagerten Bereich der Regelung des Mitbestimmungsgesetzes zur Delegiertenwahl bedeuten dagegen die Unterschriftenquoren des § 12 I 2 MitbestG eine Benachteiligung kleiner Gewerkschaften. Zu Recht hat daher das Bundesverfassungsgericht am 12.10.2004 entschieden, dass die Norm des § 12 I 2 MitbestG mit der Verfassungsnorm des Art. 9 III GG nicht zu vereinbaren ist.

Die in §§ 2a I Nr. 4, 97 ArbGG vorgesehene Möglichkeit eines Gewerkschaftsverbandes, die Überprüfung der Tariffähigkeit und Tarifzuständigkeit eines Konkurrenten beim Arbeitsgericht zu beantragen, lässt sich funktional als Konkurrentenschutzklage im Gewerkschaftswettbewerb einordnen und schützt damit das Interesse des antragstellenden Verbandes an lauterer Konkurrenz.

Viele gewerkschaftliche Verhaltensweisen, welche im horizontalen Verhältnis zu Verbänden derselben sozialen Gruppe auftreten, haben dagegen keine eigene gesetzliche Normierung erfahren. Die allgemeinen Wettbewerbsgrundsätze der Prinzipien des freien Leistungswettbewerbs, des freien Marktzugangs aller Marktteilnehmer und des allgemeinen Irreführungsverbots, welche für den Bereich des Wirtschaftswettbewerbs eine einfachgesetzliche Ausgestaltung besitzen, lassen sich daher unmittelbar zur Konkretisierung der von Art. 9 III GG bestimmten Grenzen des fairen Gewerkschaftswettbewerbs heranziehen. Insbesondere im Bereich der inhaltlichen Reichweite konkurrierender Mitgliederwerbung lassen sich darüber hinaus die allgemeinen Rechtsgedanken zur vergleichenden Werbung und dem Verleiten zum Vertragsbruch mit in die Zulässigkeitsbeurteilung einbeziehen.

Im spiegelbildlichen Verhältnis der rechtlichen Möglichkeiten gewerkschaftlicher Kooperationen konnte dagegen festgestellt werden, dass vor allem ein Beteiligungsrecht gewerkschaftlich organisierter Arbeitnehmer am Streik eines fremden Verbandes nicht besteht. Allerdings lässt sich dieses Ergebnis nicht wie teilweise angenommen über die Friedenspflicht ihres Verbandes begründen, sondern es ergibt sich vielmehr aus dem Paritätsgedanken im Arbeitskampf: der Arbeitgeber muss bei Arbeitnehmern, welche ihre Delegationsbefugnis bereits gegenüber einem Kollektivverband ausgeübt haben, die Ausübung ihrer Streikbefugnis auch nur im Verhältnis zu dieser konkreten Gewerkschaft tragen.

Die Einflussnahmemöglichkeiten des Arbeitgebers auf den Gewerkschaftswettbewerb im Betrieb sind vielfältig. Dabei kommt ihm eine Doppelfunktion zu: einmal bedeuten gegenüber dem Arbeitgeber erreichte Privilegierungen eines Verbandes eine Dokumentation des bisherigen Wettbewerbs im Betrieb, zum anderen determiniert der Arbeitgeber gerade durch eine solche Vorteilsgewährung auch dessen zukünftige Voraussetzungen. Eine Gleichbehandlungspflicht des Arbeitgebers gegenüber mehreren Gewerkschaften in seinem Betrieb würde indessen eine Nivellierung der Resultate der bisherigen Gewerkschaftskonkurrenz bedeuten und ist daher abzulehnen. Vielmehr folgt aus der Ablehnung einer Gleichbehandlungspflicht unmittelbar eine Pflicht zur Ungleichbehandlung. Eine freiwillige Bevorzugung bestimmter Verbände verstößt hier ebenfalls gegen die Garantie eines fairen Gewerkschaftswettbewerbs.

Der Arbeitgeber darf einem Gewerkschaftsverband daher allein solche Privilegierungen gewähren, welche unmittelbar auf einem Kampferfolg des betreffenden Verbandes beruhen. Dies ist grundsätzlich nur für solche Bestimmungen anzuerkennen, welche in einem Tarifvertrag beider Tarifpartner festgeschrieben worden sind. Diese Tarifklauseln unterliegen ebenfalls den bereits erläuterten Grenzen eines lauteren Gewerkschaftswettbewerbs.

Bezogen auf konkrete Maßnahmen des Arbeitgebers gegenüber mehreren Gewerkschaften im Betrieb bedeutet dies insbesondere für den Fall tariflicher Differenzierungsklauseln, dass Organisationsklauseln, welche den Zugang einer anderen Gewerkschaft zum Betrieb verhindern sollen, nicht mit Art. 9 III GG vereinbar sind. Dahingegen sind Lohndifferenzierungsklauseln grundsätzlich als zulässiges Konkurrenzverhalten anzuerkennen. Außerhalb tariflicher Regelungen ist vor allem ein Verhandlungsanspruch aller Gewerkschaftsverbände gegenüber dem Arbeitgeber abzulehnen.

Auch Arbeitgeberverbände besitzen Möglichkeiten, gestaltend auf den Gewerkschaftswettbewerb in einzelnen Betrieben Einfluss zu nehmen. Dabei entfalten Sanktionsandrohungen gegenüber Mitgliedsarbeitgebern bei deren Tarifabschluss gegen den Verbandswillen allein eine verbandsinterne Wirkung. Weder verliert der Arbeitgeber für die Dauer seiner Verbandsmitgliedschaft seine eigene Tariffähigkeit noch ist ein gegen den Verbandswillen geschlossener Tarifvertrag unwirksam.

Im Verhältnis des Betriebsrats zu mehreren im Betrieb vertretenen Gewerkschaften gilt es die besonderen Zielsetzungen des Betriebsverfassungsgesetzes, welche das Aufgabenfeld des Betriebsrates bestimmen, hinreichend zu berücksichtigen. Der Betriebsrat bildet im Gegensatz zur mitgliedschaftlichen Arbeitnehmervertretung der Gewerkschaften einen betrieblichen Zwangsverband und unterliegt daher besonderen Neutralitätspflichten. Allerdings binden ihn diese Pflichten gemäß der ausdrücklichen Schutzrichtung des Betriebsverfassungsgesetzes allein gegenüber den einzelnen Arbeitnehmern, während den Gewerkschaften hier nur eine unterstützende Hilfsfunktion zukommt. Dementsprechend ist dem Betriebsrat in den Grenzen seines pflichtgemäßen Ermessens eine Ungleichbehandlung unterschiedlicher Gewerkschaften möglich. Eine gelungene Austarierung dieser widerstreitenden Interessen bietet insbesondere die Regelung des § 31 BetrVG zur Teilnahme von Gewerkschaftsbeauftragten an Betriebsratssitzungen.

Auf der verbandsinternen Ebene zwischen Gewerkschaftsverband und seinen Mitgliedern kann das auf dem mehrheitlichen Willen der Mitglieder beruhende Interesse des Verbandes an einer möglichst geschlossenen Interessenvertretung mit dem abweichenden Interesse einzelner Mitglieder kollidieren. Ein für den Gewerkschaftspluralismus im Betrieb bedeutendes Beispiel liefert dabei im Rahmen der Wahlen zum Betriebsrat die Kandidatur eines Gewerkschaftsmitglieds auf der Liste eines konkurrierenden Verbandes. Hier ist zugunsten des Verbandsinteresses an geschlossenen Reihen zu entscheiden, entsprechende Sanktionen verstoßen nicht gegen das Beeinflussungsverbot des § 20 II BetrVG. Ein ähnliches Ergebnis konnte für die Frage der Zulässigkeit von Doppelmitgliedschaften eines Arbeitnehmers in mehreren Gewerkschaftsverbänden herausgearbeitet werden. Gleichzeitig trifft das einzelne Mitglied eine seiner konkreten Funktion in der Gewerkschaft korrespondierende Pflicht, aktiv die Interessen seines Verbandes im Gewerkschaftswettbewerb zu vertreten und zu unterstützen. Bei Zuwiderhandlungen stehen dem Verband Unterlassungsansprüche aus Delikt sowie der mitgliedschaftlichen Folgepflicht selbst zu. Darüber hinaus kann er Schadenersatzansprüche geltend machen und weitere innerverbandliche Sanktionsrechte wie Vereinsbußen und Vereinsausschlüsse durchsetzen.

Die von § 39 II BGB vorgesehene Höchstdauer gewerkschaftlicher Austrittsfristen von zwei Jahren ist mit der Garantie einer sachgerechten Delegationsan- und -abwahl der Arbeitnehmer aus Art. 9 III GG nicht vereinbar. Die Rechtsprechung erkennt hier zu Recht im Einzelfall maximale Austrittsfristen von sechs Monaten Dauer an.

Im Rahmen der Rechtswegzuständigkeit konnte herausgearbeitet werden, dass die §§ 2, 2a ArbGG grundsätzlich alle koalitionsrechtlichen Streitigkeiten des Gewerkschaftswettbewerbs einheitlich den Arbeitsgerichten zuordnen sollen. Eine Ausnahme gilt hier allein für Streitigkeiten zwischen einer Gewerkschaft und ihren Mitgliedern, welche rein verbandsinterne Fragen zum Gegenstand haben. In diesen Fällen ist der Rechtsweg zur ordentlichen Gerichtsbarkeit eröffnet.

Die Auseinandersetzung mit den Fragen des Gewerkschaftspluralismus im Betrieb hat erst begonnen. Die eingangs erwähnten unterschiedlichen rechtspolitischen Erwartungen, welche sich an eine weitere Zunahme der Pluralität in der Gewerkschaftslandschaft der Bundesrepublik knüpfen, konnte und wollte diese Untersuchung weder bestätigen noch ablehnen.

Möge die Arbeit aber einen Beitrag dazu leisten, die rechtlichen Problemkreise eines Gewerkschaftspluralismus im Betrieb auf ein solides Fundament zu stellen, sie in einen einheitlichen Gesamtzusammenhang einzubetten und so einer jeweils schlüssigen konkreten Lösung zuzuführen.

Schriften zum Deutschen und Europäischen Arbeits- und Sozialrecht

Herausgegeben von Ulrich Preis

Band 1 Ulrich Preis / Felipe Temming: Die Urlaubs- und Lohnausgleichskasse im Kontext des Gemeinschaftsrechts. 2006.

Band 2 Einiko B. Franz: Der Abschluss eines Aufhebungsvertrags. Schutz des Arbeitnehmer-Verbrauchers und seine Grenzen. Insbesondere das Widerrufsrecht gem. §§ 312, 355 BGB. 2006.

Band 3 Klaus Tenbrock: Die betriebliche Altersversorgung im Betriebsübergang bei konkurrierenden Versorgungszusagen. 2006.

Band 4 Christoph Nießen: Fehlerhafte Betriebsratswahlen. Eine am Gang des Wahlverfahrens orientierte Untersuchung der Folgen von Rechtsverstößen bei der Betriebsratswahl unter besonderer Berücksichtigung deren Relevanz für die Gewährung von einstweiligem Rechtsschutz zur Verhinderung einer fehlerhaften Betriebsratswahl. 2006.

Band 5 Klaus Linde: Übertragung von Aufgaben des Betriebsrats auf Arbeitsgruppen gemäß § 28a BetrVG. 2006.

Band 6 Petra M. Knorr: Der Vergleich der Invaliditätsrenten in Deutschland und den Niederlanden. 2006.

Band 7 Jan Botterweck: Gewerkschaftspluralismus im Betrieb. 2007.

www.peterlang.de

FSC
www.fsc.org
MIX
Papier | Fördert
gute Waldnutzung
FSC® C083411

Kolibri 360 GmbH
Ferdinand-Jühlke-Straße 7
99095 Erfurt, Deutschland
produktsicherheit@kolibri360.de

Druck:
CPI Druckdienstleistungen GmbH
im Auftrag der
Kolibri 360 GmbH
Ferdinand-Jühlke-Str. 7
99095 Erfurt